DEAR CHAIRMAN:
BOARDROOM BATTLES and the RISE of
SHAREHOLDER ACTIVISM

拝啓
取締役会長殿

台頭する株主アクティビズム、
取締役会における闘争

【著】 ジェフ・グラム
Jeff Gramm

【訳】 井潟正彦
Masahiko Igata

仲野博之
Hiroyuki Nakano

沼田優子
Yuko Numata

一般社団法人 金融財政事情研究会

Dear Chairman:
Boardroom Battles and the Rise of Shareholder Activism
by Jeff Gramm

Copyright © 2015_ by Jefferson Gramm
All rights reserved.
Japanese translation rights arranged with The Gernert Company, New York,
through Tuttle-Mori Agency, Inc., Tokyo.

日本語版の刊行に寄せて

　過去10年にわたり、コーポレートガバナンス改革によって日本企業は変革し、株主とのより有意義なエンゲージメントへの道が開かれました。

　本書は、米国において企業とのエンゲージメントをうまく進め、その業績を大きく改善するために使われた手法を解説しています。日本も現在、同様の道を歩み始めています。本書は私にとって重要な資料であり、株主による実りあるエンゲージメントや日本での活動のために有用な指針となっています。

　私たちオアシスは、詳細で緻密な調査に基づく書簡や面談などを通じて、日本企業との有意義なエンゲージメントを継続しています。多くの日本企業の経営陣は、企業戦略、収益性、ROE、そして株主リターンの有意な改善の実現に向けて、私たちの書簡やプレゼンテーションに真剣に向き合い、迅速に行動を起こしています。時には、こうした取組みが公に行われる委任状争奪戦などへと発展することもあります。

　私は、日本がコーポレートガバナンス発展の次の段階に踏み込んでおり、経営陣や取締役会がその業績に対していっそうの説明責任を問われるようになってきていると考えています。こうした状況下において、日本企業がその眠れるポテンシャルを解き放つためにどうエンゲージメントに取り組むかについて実践的かつ有意義な洞察を提供してくれるという点で、本書で示される教訓はこれまで以上に重要性が増しています。

オアシス・マネジメント

CIO　セス・フィッシャー

「米国上場企業100年の歩みが映し出す、株主との対話の歴史的意義」
　ガバナンスの進化の軌跡から、日本の価値創造経営に向けた新たな視座が得られる一冊。

いちごアセットマネジメント株式会社

代表取締役社長　スコット・キャロン

「コーポレートガバナンス・コードの策定に関する有識者会議」メンバー

日本語版への序文

　1986年、公開会社のガバナンスと株主アクティビズムの歴史にとって重要な転機の1つとなる出来事があった。この出来事は、公開会社へ投資する世界最大の投資家の多くにおける自身の所有者としての役割のとらえ方を変え、米国において今日まで続く株主至上主義の時代をもたらした。この出来事を起こしたのは、生意気な企業乗っ取り屋でもアクティビスト・ファンド・マネジャーでもなかった。コーポレート・ガバナンスや株主のスチュワードシップに関するコードの導入といった政府による新たな政策があったわけでもなかった。米国の受動的な株主を所有者としての権利を主張するようにさせた主な原動力の1つは、トヨタやホンダなど日本の製造会社の業務効率性だった。

　ロス・ペロー氏が1984年に自身の会社だったエレクトロニック・データ・システムズ（以下、EDS）社をゼネラル・モーターズ（以下、GM）に売却した際、同氏はGMの取締役会に席を得て、その筆頭株主となった。同氏は日本の自動車メーカーがなぜGMに勝っているのかを理解しようとし、取締役会でその結論を説明した。同氏は、日本の自動車メーカーは技術や資金でGMに勝っているわけではない、優れた経営によってより良質で安価な自動車をつくっていると説明した。トヨタが自社の人材の才能を最大限に活用することに卓越していた一方で、GMは自社の才能ある人たちを抑圧していた。ペロー氏が自身の発見をGM取締役会の同僚たちに提示したところ、彼らは同氏が保有するGM株式を大きなプレミアムをつけた価格で買い取り、同氏に取締役の辞任を要求することを決定した。

　GMの株主たちは、ペロー氏のような高名なビジネスマンが取締役会に活力を与え、GMの悪名高い官僚主義に立ち向かおうとしたことに胸を躍らせていた。会社がペロー氏を追い出し、取締役会を弱体化させるために7億ドルを費やしたことに対して、彼らは激怒した。ペロー氏の退任後、ある大規模な機関投資家は「過去30年ないし40年の間、私たちは株主としての責任を果たさずにいました」と述べた。

ii

ペロー氏は、日本の自動車メーカーがどのようにして米国産業界の覇者の1つを打ち負かしたのかを正しくとらえていた。そして、日本最大の会社となった（現在もそうである）トヨタのような会社に支えられて、戦後に奇跡的な成長を遂げた日本経済は1980年代後半に米国に次ぐ規模となった。しかし、米国の経済と市場がその後35年間で急速に成長した一方で、日本の株式市場は1989年にピークを迎え、その後長期的な停滞期に入った。

　その低迷にもかかわらず、約4,000社の公開会社の大半がグローバル・スタンダードでみて安価であり、過剰資本の日本は、西洋の金融家たちにとっては依然として大変魅力的な存在だった。日本市場はインベストメント・バンカーやファンド・マネジャーにとって一見、夢のような存在だったが、実際には日本の株式は何十年にもわたって「価値の罠（value trap）」だった。その主な原因は、株主リターンを優先しないコーポレート・ガバナンスと、株式持合によって後押しされた、現職の取締役会の守りを盤石にする株主基盤であった。

　日本の安価な株式は、長いこと著名な米国のアクティビスト投資家を引き寄せ、日本企業のガバナンス改善を推進させてきた。ウォーレン・バフェット氏からウォーレン・リヒテンシュタイン氏に至るまで、本書で取り上げられている投資家の多くが日本の株式投資に乗り出している。ブーン・ピケンズ氏（本書の第4章に登場）は1990年に小糸製作所をターゲットにしたことで有名だが、何ら目的を達成できずに株式を売却し、大きな損失を被った。ダニエル・ローブ氏（第7章に登場）は、日本への投資で良好な成果をあげたが、ソニーをより小さな会社に分割するなどの同氏の提案の多くは無視された。スティール・パートナーズ（第8章に登場）は、2002年に日本市場にきわめて攻撃的な進出を果たし、最終的には30社以上をターゲットにして数十億ドルを投入した。

　スティール・パートナーズの日本における経験は示唆に富んでいる。多くの強気の発言と、敵対的公開買付けや委任状争奪戦などの米国式のアクティビスト戦術で武装していたにもかかわらず、同社は日本企業とその株主によって繰り返し拒絶された。スティールがブルドックソース社の株式の10%を購入し、株価に対して25%の健全なプレミアムをつけて同社の支配権を取

得するための公開買付けを実施した際、驚くべきことに同社の株主の83%がこのアクティビストの持分を希薄化させる「ポイズン・ピル」を承認した。スティールによる米国式戦術に反対したある株主は記者に対し「これはまるで他人の家に土足で入るようなものだ」と述べた。

　スティール・パートナーズの、日本のコーポレート・ガバナンス改革への賭けは、ほぼ失敗に終わった。数年後、私は同社で働いていた友人に、日本における同社の実験が成功したかどうかを尋ねた。彼はしばらくの間考え、微笑んで「まあ、私たちにとってはうまくいった」と答えた。しかし、日本市場は全体的に苦闘を続けており、世界はその状況に気づいていた。フィナンシャル・タイムズ紙の編集委員会は声明で、ブルドック社の件について、「日本企業の経営陣は、事実上、自らの株主を選ぶことを許されている。これは不適切な経営陣が指揮を執り続けるのを助長するひどいコーポレート・ガバナンスの前例であり、海外投資家に対して「日本には近づくな」という明確なメッセージを送るものだ」と批判した（The Financial Times, August 12, 2007）。

　スティール・パートナーズやブーン・ピケンズ氏による頑なな経営陣との苦闘は、一部の海外投資家に日本への資本投入を躊躇させたかもしれないが、必ずしも皆が引き下がったわけではなかった。実際、過去30年間にわたり、投資アイデアを求めて日本市場で残骸集めに専念する熱心なファンド・マネジャーのコミュニティが存在していた。私は若いヘッジファンド・アナリストだった2000年代初頭に何度か香港に赴いたが、アジア市場にキャリアを捧げる、現地駐在の金融プロフェッショナルの数に感銘を受けた。

　見出しを飾ったのはブーン・ピケンズ氏やスティール・パートナーズだったかもしれないが、何十年間も日本で「バスケットボールのゴール付近で待ち構える（hanging around the hoop）」ようにチャンスをねらい、コーポレート・ガバナンスの改善を推進してきた賢明で洗練された投資家が存在する。スティーブン・バット氏は1994年にシルチェスター・インターナショナル・インベスターズを設立し、日本株に約2兆円を投入してきた。村上世彰氏は1999年にファンドを設立し、日本初のアクティビスト投資家の1人となった。セス・フィッシャー氏は2002年にオアシス・マネジメントを立ち上げ

た。今日、日本最大のアクティビストの1つであるエフィッシモは2012年[1]に村上氏のファンドの系譜から生まれた。

　日本企業に生産性向上の大きな可能性があることを見出していたのは、この洞察力ある投資家たちのグループだけではなかった。日本政府は長年の停滞といくつかの注目を集めた企業スキャンダルの後、コーポレート・ガバナンス向上を促すために一連の重要な改革を開始した。それが、コーポレートガバナンス・コード（2015年、2018年と2021年に改訂）、スチュワードシップ・コード（2014年、2017年と2020年に改訂）、そして会社法（2006年、2015年と2019年に改正）である。2011年の東京電力による福島第一原子力発電所の事故への対処がまだ記憶に新しかった2012年に就任した安倍晋三首相は、コーポレート・ガバナンス改善と資本市場改革を推し進めた。

　「アベノミクス」の登場以来、株主アクティビズムは日本企業への投資家にとって、次第に実用的なツールとなってきた。2013年、オアシス・マネジメントのセス・フィッシャー氏は任天堂に対し、同社はその非常に価値ある知的財産をもっと上手にマネタイズできるはずだと主張する公開書簡を送った。「私たちを驚かせてください」とその書簡は訴えた。同じ年、シルチェスターからの長年の圧力を受けて、床材や壁装材の会社であるサンゲツはついに自社株買いや配当を通じた株主への資本還元を始めた[2]。

　長年蚊帳の外に置かれていた日本の株主アクティビストたちも、取締役会に入り込む道を見つけ始めた。1990年のブーン・ピケンズ氏にとって、米国のファンド・マネジャーが日本企業に新たなガバナンス基準について助言を行い、さらに権威ある会社の取締役会の1つに加わる日が来るとは決して想像できなかったはずだ。

　日本の株式市場はそれに反応した。2024年2月、日経平均株価はついに

---

[1]　山下耕太郎「『国内最強のアクティビスト』と呼ばれるエフィッシモ・キャピタル・マネジメントの投資手法とは？」、マネックス証券・マネクリ・アクティビストタイムズ、2021年3月30日（※）では2006年とされている。（※）https://media.monex.co.jp/articles/-/16448。

[2]　次の資料に同様の記述がある。Michael Fritzell, "Complete guide to Japan shareholder activism", Thematic Reports, Asian Century Stocks, March 20, 2022。https://asiancenturystocks.com/p/japanactivism。

1989年のピークを超え、本稿執筆時点で日本株は史上最高値近辺にある。ダン・ラスムッセン氏のヴェルダード・キャピタルは、東京証券取引所の株価動向の背景に関する興味深い研究を行った。2023年3月、東京証券取引所は簿価を下回る株価で取引されているすべての上場会社に対し、会社の市場評価を引き上げるための改善策を開示するよう要請した[3]。ラスムッセン氏とそのチーム[4]は、数千件の計画を体系的にレビューした[5]。同氏は「これは大規模なアクティビズムである」「日本株の継続的な上昇に向けた強力な触媒である」と書いた[6]。

ヴェルダードは、対象の上場会社を6つのカテゴリーに分類した。1)開示なし、2)「検討中」だが具体的な行動なし、3)あいまいな行動、4)増配、5)自社株買い、6)持合株式の売却。開示なしの会社は最も悪いパフォーマンスを示し、市場全体を大幅に下回った。選択肢を検討中で具体的な行動を提示していない会社は、最悪のグループに次ぐ悪いパフォーマンスを示すグループであり、あいまいな計画をもつ会社をややアンダーパフォームした。増配計画を立てた会社は良好なパフォーマンスを示し、開示なしの株式に比べて2倍のリターンだったが、それでも市場をわずかに下回った。自社株買いを計画した会社は平均46％の上昇をみせ、市場をアウトパフォームした。

ヴェルダードの研究で最も興味深いのは、持合株式の売却を発表した会社のパフォーマンスである。これらの銘柄は56％の上昇を記録し、自社株買いや配当を通じて株主に資金を還元するという具体的な計画をもつ会社を大きく打ち負かして最高のパフォーマンスを出したグループとなった。なぜ市場はこれらの会社を、配当を通じて直接株主に資金を還元する会社よりも高く

---

[3]　正確には、東京証券取引所は2023年3月31日にプライム市場とスタンダード市場の全上場会社を対象に、資本コストや株価を意識した経営の実現に向けて「現状分析」「計画策定・開示」「取組みの実行」を要請した。

[4]　彼らはヴェルダード・キャピタルに所属。

[5]　東京証券取引所・上場部の開示資料（2024年8月30日付）によると、2024年7月末時点でプライム市場では1,406社、スタンダード市場では706社が「資本コストや株価を意識した経営の実現に向けた対応」に関する開示を行っている（検討中を含むとのこと）。

[6]　ヴェルダード・キャピタル、2024年8月19日公表、"Activism At Scale in Japan"、Verdad Weekly Research。https://us13.campaign-archive.com/?u=6dc62f307511d466ff78a94fe&id=974bde11a4。

評価したのであろうか。それは株式持合が日本のコーポレート・ガバナンス問題の根源だからだろう。おそらく株主を第一に置くことに最もコミットしているのは、株式持合を解消する会社である。ある程度の配当や自社株買いでせっかちな株主をなだめるのは容易だが、持合株式の売却はより根本的な変化である。

本書の主要テーマの1つは、舞台裏にいる、歴史的に受動的な株主の重要性である。米国の株主アクティビズムは、議決権をもつ株主たちが変化を受け入れるようになった時に本格的に定着した。アクティビストは衆目を集める派手な人物たちだが、米国のコーポレート・ガバナンスは、公開会社の広範な株主基盤の態度の変化とともに進化してきた。日本でもまったく同じダイナミクスが展開していると見受けられる。年金積立金管理運用行政法人（Government Pension Investment Fund、GPIF）がより多くの資本を株式に投入するようになると、同機構は日本の公開会社の資本効率により大きな利害をもつことになった。セス・フィッシャー氏は2015年に次のように書いた。「日本の眠れる巨人たる株主基盤が、その長い眠りから目覚めようとしています。スチュワードシップ・コードとコーポレートガバナンス・コードの帰結として、投資家と会社の両方が活性化され、日本市場は長期的な株式投資家にとって世界で最も魅力的な場所の1つになると信じています」。

これは米国でGMがロス・ペロー氏をお金で退任させたときに起こったこととまったく同じだ。ポートフォリオの保有銘柄に普段はエンゲージしない受動的な株主が、長い眠りから目覚めた。本書は、株主アクティビズムの歴史における重要な出来事を取り上げる8つのケース・スタディを通じて、公開会社のガバナンスがどのように機能し、良好な業績を引き出すことがいかにむずかしいかを説明している。私は、本書の教訓が米国の会社を通じて語られてはいるものの、日本の読者にとっても価値があり、有意義であると信じている。

本書のもう1つの目的は、読者がアクティビストのキャンペーンを評価し、良い介入と悪い介入を区別するのを助けることである。アクティビズムが日本で広がるにつれ、資本配分をめぐるストレートな争いにとどまらない戦いが増えてくるであろう。たとえば、東芝は1章を丸ごと費やすに値する

日本語版への序文　vii

日本のケース・スタディである。東芝は、財務的な苦境と重大な不正会計に長期にわたって見舞われた後、日本の規制当局と手を組んで、アクティビストが指名した取締役候補を打ち負かすために株主投票に影響を与えようとした＊7。これは紛れもなくGMとロス・ペロー氏の状況であり、東芝の株主は反発、最終的に多くのアクティビスト系とされる候補者＊8を取締役会に送り込んだ。しかし、東芝の物語の結末は株主至上主義の明確な勝利とはならなかった。取締役会は、東芝を新たな責任と収益性の時代へ導く（steward）ための斬新なリーダーシップを招致しなかった。同社は大規模な特別配当を支払い、プライベート・エクイティの買い手に売却された。東芝は2023年末までに非公開化され、かつて日本のビジネス界のエスタブリッシュメントの尊敬されるメンバーであった会社は証券取引所から消えた。

　私が本書を執筆してから9年が経ち、本書は一人歩きするようになった。私のコーポレート・ガバナンスに関するマニアックな書籍が何千人もの読者を得て、ウォーレン・バフェット氏やブーン・ピケンズ氏のような投資業界の著名人から称賛を受けるとは夢にも思わなかった。私は本書がいまも評価され続けていることを謙虚に受け止めており、毎週のように最近本書を読んだという新進気鋭の株主アクティビストから連絡を受けている。本書が日本の読者にも響くところがあることを願う。私はすでに若い日本の投資家がアクティビズムに対して強い関心をもっていることに気づいている。

　私は本年から、コロンビア大学経営大学院で株主アクティビズムに関する授業を始めた。学生にコーポレート・ガバナンスをわかりやすく解説することに楽しみを感じており、学生たちの投資アイデアやグローバル株式市場に

＊7　同社の2020年7月の定時株主総会の運営をめぐり、一部の株主に圧力がかけられた疑いがある問題については、2021年2月に監査委員会報告書、同6月に調査者報告書、同11月にガバナンス強化委員会報告書という3つの報告書が公表された。監査委員会報告書は「株主に不当な圧力が加えられた証拠はない」、調査者報告書は「両者が一体となって株主対応を共同して行っていた、総会が公正に運営されたとはいえない」、ガバナンス強化委員会報告書は「当時の執行役らの行為について善管注意義務違反ではないが、企業倫理に反する」といった指摘が行われた。

＊8　2022年6月の同社定時株主総会では、社外取締役候補11人のうち、アクティビスト幹部ないしアクティビストとの協議を経て受け入れた（日本経済新聞2022年6月29日「東芝取締役に物言う株主」）とされる6人全員が選任された。

対する見解に常に興味を引かれている。授業の最後に行われた大変興味深い
プロジェクトの1つに、日本人の学生がリードするグループ発表があった。
それはスズキへのアクティビスト投資を推奨するものであった。その核心は
「コーポレート・ガバナンスにおける大幅な改善の余地」であった。日本で
株主アクティビズムは主流になりつつある！

2024年8月

ジェフ・グラム

原著への賛辞

「株主アクティビズム台頭の物語が、ジェフ・グラム氏による本書で紹介されるほど魅力的かつ啓蒙的に語られたことはこれまでありませんでした。本書は、過去100年の劇的なディールを解剖し、信じられないような個性をもつ人物たちを生き生きと描いています」
──アーサー・レビット氏、元米国証券取引委員会委員長

「公開会社は市場で求められる高い基準に直面しています。すなわち、ニーズを満たし、成長し、そして、常に自社株主の資金の受託者であることを意識していなくてはなりません。本書には魅力的で多彩な事例が描かれています。投資家や経営者に加わりたい人には必読書です」
──チャールズ・シュワブ氏、チャールズ・シュワブ社取締役会長

「ジェフ・グラム氏による株主アクティビズムの魅力的な発掘調査は、現在の波乱に満ちた、パフォーマンス志向の株式市場が立脚する土台を明らかにしています。本書は重要で興味深い、洞察に満ちた歴史書です」
──フレデリック・W・スミス氏、フェデックスコーポレーション取締役会長兼CEO

「主要株主が積極的に関与する場合、彼らは企業やその価値についてどのように考えるのでしょうか？　ジェフ・グラム氏は、おもしろくて、機知に富み、巧筆な、そして、何よりも実践的で有用な書籍で新境地を開いています」
──タイラー・コーエン氏、『The Great Stagnation（邦訳は、タイラー・コーエン著『大停滞』、池村千秋訳、NTT出版、2011年)』著者、ニューヨーク・タイムズ紙ベストセラー作家、ジョージ・メイソン大学経済学部教授

「これは希少な一冊です、専門的理解と物語性の両面で卓越しています」
──アミティ・シュレーズ氏、『Coolodge（邦訳はなし)』および『The Forgotten Man（邦訳はアミティ・シュレーズ著『アメリカ大恐慌「忘れられた人々」の物語』、田村勝省訳、NTT出版、2008年)』著者

「ジェフ・グラム氏は、守りを固めた会社経営陣と株主アクティビストとの何世代かにわたって続く根強い対立に対して、新鮮なアプローチを持ち込みました。同氏は、いくつかのよく知られた、そして驚くほど興味深い事例を研究することで、果てしなく続く様相を示す会社支配権をめぐる闘争を描いています。そこには、1927年のベンジャミン・グレアム氏からジョン・D・ロックフェラー・ジュニア氏への

書簡、1985年のロス・ペロー氏からGM CEOのロジャー・B・スミス氏への書簡などが含まれています。本書は魅力的で、読む価値のある本です」
——アラン・グリーンスパン氏、元連邦準備制度理事会議長

目　次

序　章……………………………………………………………………………1

第 1 章　ベンジャミン・グレアム氏 対 ノーザン・パイプライン社：
　　　　モダン株主アクティビズムの誕生…………………………………18

第 2 章　ロバート・ヤング氏 対 ニューヨーク・セントラル鉄道：
　　　　プロキシティアの嵐がヴァンダービルト線を襲う………………40

第 3 章　ウォーレン・バフェット氏とアメリカン・エキスプレス社：
　　　　サラダオイル巨額詐欺事件…………………………………………71

第 4 章　カール・アイカーン氏 対 フィリップス・ペトロリアム社：
　　　　企業乗っ取り屋の興亡………………………………………………100

第 5 章　ロス・ペロー氏 対 GM：
　　　　現代企業の解体………………………………………………………135

第 6 章　カーラ・シェラー氏 対 R.P. シェラー社：
　　　　カプセルのなかの王国………………………………………………167

第 7 章　ダニエル・ローブ氏とヘッジファンド・アクティビズム：
　　　　恥のゲーム……………………………………………………………196

第 8 章　BKFキャピタル社：
　　　　画一化の錆……………………………………………………………225

結　び……………………………………………………………………………252

付録　書簡原文……………………………………………263

謝　辞……………………………………………………319

原著脚注…………………………………………………323

翻訳者あとがき…………………………………………351

事項索引…………………………………………………360

著者略歴・訳者略歴……………………………………372

（本文中に付した数字は原著脚注、アスタリスク（＊）数字は訳注を示す。）

序　章

　1966年、ウィリアム・シュレンスキー氏はついに堪忍袋の緒が切れた。同氏はある有名な公開会社の我慢強い株主として、10年以上の長きにわたり、その会社が財務上および競争力上で大した実績をあげていないことに辛抱してきた。その会社は、ほぼ1世紀に及ぶ歴史を誇る由緒ある存在で、かつてはシカゴの誇りだった。しかし、過去30年間にわたり、新興の競合他社がテクノロジーを駆使して業界を革新するなか、その会社は蔦で覆われた城塞に身をひそめているかのようだった。社長兼CEO*1はシカゴで最も有名な実業家の1人だったが、頑固な保守主義者でもあった。「野球は昼間のスポーツだ」が彼の口癖だった[1]。

　シュレンスキー氏が14歳の時に、父親がシカゴ・カブスの株式を2株贈ってくれた。この2株によって同氏は、リーグ優勝などには縁遠いのに生涯、熱狂的に応援を続けるファンになったが、それよりもコーポレート・ガバナンスに関する厳しい戒めを教えられた。その後の14年間、カブスはナショナル・リーグで下位に低迷し続けた。実のところ、その半分に当たる7年間では最下位、ないし最下位から2番目で、勝ち越しは1シーズンしかなかった。さらに悪いことに、カブスの情けなさは野球場だけにとどまらなかった。カブスは何年もの間、営業利益を計上できていなかった。

　1960年代半ばには、メジャーリーグでは試合の約60％がナイトゲームになっていた。ナイトゲームはファンに非常に人気で、ほとんどのチームは平日の試合のほとんどをナイトゲームで行うようになっていた。しかし、カブスは唯一、デイゲームにこだわり続けていた。1965年にはシカゴの南側でホワイトソックスが平日のナイトゲームに平均1万9,809人のファンを集めていたのに対し、カブスの平日のデイゲームにはたった4,770人のファンしか来なかった。両チームとも週末には1万5,000人ほどのまずまずの観客動員ができていたが、それもソックスの平日のナイトゲームに比べるとさみしい

＊1　Chief Executive Officer。最高経営責任者。

ものだった[2]。

　シュレンスキー氏は、カブスが悪循環に陥っていると考えていた。カブス
の経営陣がリグレー・フィールド*2でのナイトゲーム開催を拒み続けるこ
とで、有能な選手を雇ったり、育成したりする力が損なわれ、そのために
チームは負け続け、観客動員数が減ってしまう。同氏はこの悪循環を断ち切
るために、何かをしようと思った。

　本書は株主アクティビズムを取り上げている。株主アクティビズムとは、
公開会社の株主たちがスタンドのなかで観客の1人としてじっとしているこ
とに満足しないことだ。ほとんどの投資家にとって、大会社の株式を保有す
ることは受け身の活動だ。会社の経営のされ方に納得できない場合、彼らは
さっさと保有株式を売り払ってしまうだけだろう。しかし、一部の投資家
は、自分が保有する株式の価値を向上させるために積極的に会社に意見や要
望を伝えようと決心する。本書は、株主が「受動的な傍観者」から「積極的
な当事者」に転じ、自分の主張を述べるためにペンを執る劇的な場面に焦点
を当てている。

　株主アクティビズムは目新しい現象ではない。会社が株式を公開していれ
ば、投資家、取締役会、そして経営陣の間には緊張が生じる。4世紀前、オ
ランダ東インド会社の怒れる株主たちは権利拡大に向けて政治運動を展開す
るとともに、取締役たちが会社と自己取引をしていることを弾劾した[3]。19
世紀の米国では、橋、運河、港湾、鉄道、そして銀行を経営する公開会社を
株主が厳しく監視した。なかでも鉄道会社では、1860年代後半の熾烈なエ
リー戦争*3を含む、数々の支配権争奪戦が勃発した。しかし、米国の過去
1世紀は会社経営監視の動乱期であり、経営陣と株主との間で権力闘争が繰
り広げられ、その結果、株主が空前の力をもつ時代が到来した。今日、株主
との対峙を免れられるほど大きな公開会社は存在しない。株主総会をコント

＊2　カブスの本拠地球場。
＊3　当時、ニューヨークと五大湖地域を結ぶ主要な鉄道網を運営していたエリー鉄道の
　　支配権争奪戦。実業家コーネリアス・ヴァンダービルト氏が支配権を得ようとした
　　が、同鉄道の取締役ジェイ・グールド氏、ダニエル・ドリュー氏、ジェームズ・フィ
　　スク氏らが新株の大量発行などを通じて阻止した。

ロールできる議決権を握っていない限り、どんなCEOや取締役も標的になりうる。

どうしてこうなったのだろうか。なぜ株主が会社支配権の闘いで勝利を収めたのだろうか。このいわゆる株主至上主義の時代を導いたキー・プレーヤーはだれか。株主の台頭を理解したいのであれば、偉大な投資家たちが公開会社の経営に物申した書簡の原文を読むといい。彼らの書簡とそれらの背後にある物語は、1世紀にわたる株主アクティビズムの歴史を語っている。1920年代のベンジャミン・グレアム氏によるノーザン・パイプライン社との戦い、1980年代のロス・ペロー氏によるGMとの対決、そして直近では意気揚々と自己主張するニューフェイスのヘッジファンド・マネジャーらによる世間の耳目を集めた挑戦など、本書にはプロキシティア、コングロマリットの経営者、乗っ取り屋たちが登場し、巨大な公開会社が彼らにどう対処したかが描かれている[4]。

私は株主アクティビズムの歴史における重要な事例として下記の8件に注目し、株主が経営陣や取締役会などに送った書簡の原文を取り上げた。

ベンジャミン・グレアム氏とノーザン・パイプライン社
ベンジャミン・グレアム氏から
ジョン・D・ロックフェラー・ジュニア氏への書簡
（1927年6月28日付）

プロのファンド・マネジャーが率先した、株主アクティビズムの初期事例の1つ。ベンジャミン・グレアム氏はノーザン・パイプライン社に対し、余剰に積み上がった内部留保を株主に還元するよう説得を試みる。

---

[4]　株主提案を行う株主は会社が送付する議決権行使書とは別途、委任状（プロキシィ）を他の株主に送付する場合がある。プロキシティアと呼ばれる人たちは、会社提案の否決または株主提案への賛成を求めて、この委任状の取得を会社の経営陣と争う委任状争奪戦を仕掛ける。

ロバート・R・ヤング氏とニューヨーク・セントラル鉄道
ロバート・R・ヤング氏から
ニューヨーク・セントラル鉄道の株主への書簡
（1954年4月8日付）

プロキシティアのロバート・R・ヤング氏が、1954年にウィリアム・ホワイト氏が率いるニューヨーク・セントラル鉄道に戦争を仕掛けた。これによりバロンズ紙[5]は1954年を「委任状争奪戦の年」と名付ける。

ウォーレン・バフェット氏とアメリカン・エキスプレス社
ウォーレン・バフェット氏から
社長兼CEOハワード・クラーク氏への書簡
（1964年6月16日付）

サラダオイル巨額詐欺事件でアメリカン・エキスプレス社が大打撃を被り、株主からも小規模だが反乱が起きた。ウォーレン・バフェット氏による同社への投資は、同氏のキャリアの転機となる。

カール・アイカーン氏とフィリップス・ペトロリアム社
カール・アイカーン氏から
取締役会長兼CEOウィリアム・ドゥース氏への書簡
（1985年2月4日付）

ジム・リング氏、ハロルド・シモンズ氏、ソール・スタインバーグ氏が奏でる短い間奏を経て、企業乗っ取り屋の時代に突入。ミルケン氏が調達する資金を使ってカール・アイカーン氏がフィリップス・ペトロリアム社に対して無慈悲な正面攻撃を行う。

---

[5]　米国の著名な金融情報専門紙。

ロス・ペロー氏とGM
ロス・ペロー氏から
取締役会長兼CEOロジャー・スミス氏への書簡
（1985年10月23日付）

　ポイズン・ピルとグリーンメールの瀬戸際まで追いやられ、GMが自社最大の株主で、世界で最も偉大なビジネスマンの1人である人物を取締役会から締め出すために大金を支払うのをみて、機関投資家はついに冷静さを失う。

カーラ・シェラー氏とR. P. シェラー社
カーラ・シェラー氏から
R. P. シェラー社の株主への書簡
（1988年8月4日付）

　R. P. シェラー社の最大の株主は、堅固な権力基盤をもつCEOと、その取り巻きで占められる取締役会からの抵抗に遭う。彼女はたまたまCEOの妻であり、会社の創業者の娘でもあったのだが。

ダニエル・ローブ氏とスター・ガス社
ダニエル・ローブ氏から
取締役会長兼CEOイリック・セビン氏への書簡
（2005年2月14日付）

　ダニエル・ローブ氏は、業績低迷を続けるCEOを容赦なく公然と絞首刑にする。ヘッジファンド業界が成熟するにつれて、ローブ氏とその仲間は、厄介な騒ぎ立て屋からジャングルの王者へと進化する。

Ｊ・カルロ・カネル氏、ジョン・Ａ・レヴィン氏と
BKFキャピタル社
Ｊ・カルロ・カネル氏から
BKFキャピタル社の取締役会への書簡
（2005年 6 月 1 日付）
取締役会長兼CEOジョン・Ａ・レヴィン氏から
BKFキャピタル社の株主への書簡
（2005年 6 月16日付）

　頭も切れて高給取りのヘッジファンド・マネジャーたちが、同業のヘッジファンド・マネジャーに対して過剰な報酬支払を行っているとしてBKFキャピタル社を標的にする。その結果、同社はズタズタになり、その株主価値はほとんど失われることになる。

　これらの一連の事例を通じて、株主アクティビズムの仕組みを理解するとともに、今日の対立に至る歴史を学ぶことができる。敵対的な企業乗っ取り屋やプロキシティアなどが登場する株主アクティビズムの典型のような闘争もあれば、ベンジャミン・グレアム氏やダニエル・ローブ氏のように経営陣と渡り合う方法を新たに編み出した革新者に焦点を当てた章もある。ウォーレン・バフェット氏やロス・ペロー氏のように、人格的な力で市場を変革した人たちもいる。

　歴史を通じて株主アクティビズムを学ぶことで、投資家が公開会社に対してもつ巨大な影響力と、それが将来引き起こしうる問題を把握できるだろう。また、どのように取締役会が機能するのか、何が経営陣のパフォーマンスを引き出すのか、なぜ会社の監視がそんなに手に負えないものなのかもわかるだろう。考えるのも嫌になるほどだが、現代の会社主導の世界では、会社の経営陣と、彼らの生殺与奪の権を握る株主に重い責任が負わされている。有限責任の法人は過去数世紀にわたり世界を変えてきた。世界が将来どんな姿になるかは、巨大な組織がどのように経営されるかにかかっている。ロス・ペロー氏はGMの取締役会で行ったスピーチで次のように語ってい

る。「私たちは、ある特有の手続が米国の株式会社に必要になっていること
を認識しなければなりません。それは、大株主の存在に欠ける、成熟期を迎
えた会社の経営陣には、自社の取締役会のメンバーに株主を代表する人をき
ちんと選ぶ仕事があるということです」[4]。

　そのスピーチをしてから間もなく、ロス・ペロー氏はGMを去り、自ら手
塩にかけてきたEDS社はGMの支配下に落ちた。公開会社のコーポレート・
ガバナンスに対して不満を感じたのはペロー氏1人ではなかった。『スノー
ボール（The Snowball)』[*6]で著者のアリス・シュローダー氏は、ウォーレ
ン・バフェット氏は公開会社の取締役会への参画を自身のキャリア上、最悪
の間違いだったと考えていると記した[5]。世界で最も楽観的かつエネルギッ
シュなビジネスリーダーの2人が公開会社の取締役会での経験から、「こ
りゃひどい！」と思ったわけだ。ウォーレン・バフェット氏やロス・ペロー
氏ですら取締役会においてポジティブな影響を発揮するのに苦闘するとした
ら、私たち一般人はどうやって大きな公開会社の監視を強化できるだろう
か。

　GMによるペロー氏の追放は、公開会社のガバナンスにとって暗黒時代到
来のようにみえたが、最終的にはその救済につながった。GMが最も積極的
かつ献身的なメンバーを取締役会から追い出すために約7億5,000万ドルも
の手切れ金を支払ったことを知ると、同社の株主は長い無気力から覚醒し、
自分たちは何をしなくてはならないのかを知るに至った。

　株主アクティビズムの歴史は多くの点で、舞台裏にいて受け身で行動する
投資家の存在を無視することができない。彼らは米国の株式会社の議決権の
ほとんどを保有している。ベンジャミン・グレアム氏が1914年にウォール・
ストリートでキャリアを始めた頃、大きな鉄道会社以外の典型的な公開会社
は大量の株式を保有しているごく少数の内部関係者によって支配されてい
た。1950年代までにこうした株式の多くは米国の成長の果実を受け取りたい
新世代の投資家に小分けされ、公開会社の所有権は拡散した。いわゆるプロ
キシティアはこうした状況を利用し、遺産として引き継がれた大量の株式が

*6　邦訳は、アリス・シュローダー著『スノーボール　ウォーレン・バフェット伝』、
　　伏見威蕃訳、日経BP、2014年。

市場で売りに出されるのを熱心に探し回ったり、自身を取締役に選出させるために巧みに演出された呼びかけを展開したりした。

1950年代のプロキシティア運動に結実した株式保有の大規模な分散の後、再び議決権の集中が長期間にわたりゆっくりと進行した。今度の集中先は、起業家精神溢れる資本家の手ではなく、大規模な機関投資家になった。年金基金や投資信託など、広範な個人から託された投資資金を運用するプロの受託者たち（fiduciaries）だ。こうした機関投資家は1960年代に市場を支配したが、1970年代には市場に翻弄されるようになり、1980年代には企業乗っ取り屋とそれに立ち向かう会社経営陣との間で繰り広げられる闘争において「羊のように刈られる」憂き目に遭った。しかし、やがて機関投資家も積極的に行動し始めた。今日、機関投資家は公開会社の経営陣をより厳しく統制するために、ひっそりとヘッジファンドのアクティビストと手を組むこともある＊7。

アクティビストはしばしば個性豊かである。彼らの多くはウォール・ストリートのアウトサイダーとしてキャリアをスタートし、公開会社を標的にすることで金を稼ぐ創造的な方法を編み出した。しかし根本的には、カール・アイカーン氏も、ロバート・ヤング氏も、ハロルド・シモンズ氏も、ルイス・ウルフソン氏も、そしてダニエル・ローブ氏も中身は一緒だ。「株主主権」のレトリックや、見せかけの人物像で隠されてはいるが、利益を追い求める自己中心的な経済主体だ。ウォーレン・バフェット氏を注目すべき例外として、本書に登場する投資家たちはいずれも、ほとんど根本的に変化しない頑なな人物である。彼らの戦術が異なるのは、軍資金の確保状況、会社の法的な防衛策、政府の規制、所有構造、そして最も重要な他の株主からの反応といった動的な状況に応じたからにすぎない。

私の目標の1つは、読者がそれぞれの闘争の賢明さの度合いを評価し、株主による経営への「良い干渉」と「悪い干渉」を区別できるようになること

＊7　アクティビストという用語は一般的には「活動家」を意味するが、株式市場では「株主アクティビズムを実践する投資家」のことを指す。会社の株主になり、企業価値向上などを掲げて株主の権利を駆使し、会社経営への積極的な関与を図ろうとする。

だ。各章の執筆にあたっては、キー・プレーヤーはだれで、どんな意図を
もっていたか、何がインセンティブになっていたかを客観的に把握できるよ
うに、彼らのスローガンや大袈裟な行動に惑わされないだけの十分に深く掘
り下げられた材料を提供している。公開会社の構造や、ポイズン・ピルに代
表される防衛策などをめぐる議論に踏み込むこともあろうが、それらの記述
はコーポレート・ガバナンスに関する論文ではない。本書はコーポレート・
ガバナンスの優良参照事例集ではなく、健全で実践的なビジネス上の判断を
テーマにしている。

　この本で学べるはずだが、株主アクティビズムには良い使われ方と悪い使
われ方がある。株主アクティビズムは貴重な資産を浪費する非効率な会社へ
の挑戦手段だが、破壊的で大きな混乱を招くような短視眼的な経営判断を助
長しうる。また、アクティビストのキャンペーンにおける最大の争点が、説
明責任のほとんどないプロの経営陣と取締役会、あるいは自己利益をもっぱ
ら追求する投資家のどちらに会社の経営の舵取りを任せるのが適切かに帰結
することも多い。

　1950年代にニューヨーク証券取引所が株式保有の普及を図るために、「ピー
プルズ・キャピタリズム（大衆資本主義）」を推進した。そこに現れる株主ポ
ピュリズムの台頭とともに、ギルバート兄弟、ウィルマ・ソス氏、ラルフ・
ネーダー氏＊8といった十字軍のような活動家によって率いられる社会的課
題を志向する株主アクティビズムが登場した。グレイハウンド社の株式を1
株だけ購入し、南部バス路線の統合を働きかけたジェームズ・ペック氏のよ
うな人たちには敬意を感じるほかないが、本書ではこの種の株主アクティビ
ズムには関心を寄せていない。こうしたアクティビストが公開会社に対して
責任ある行動を強く促したとしても、他の株主にも利益になるという訴えか
けなしで経営陣に圧力をかけることはむずかしい。過去1世紀のコーポレー
ト・ガバナンスで生じた大きな変化は、投資から経済的利益を引き出そうと

＊8　1965年の著書で自動車の安全性を批判し、米国における消費者運動の先駆者として
　　台頭。消費者保護や環境保護、政府の透明性などを推進する団体を多数設立し、多く
　　の関連法制の改正を促したことで知られる。

序　章　9

する大株主によってもたらされた。本書はそこに焦点を当てている。

　利益を追求する株主と、労働者やコミュニティなどのステークホルダーとの対立関係も本書で取り扱う範疇には原則入らない。資本主義に関して根本的に不条理を感じる人々にとって、カール・アイカーン氏がアップル社に対して、社会に便益をもたらすような崇高な目的のためにそのキャッシュをどう使うかといった議論もせずに、キャッシュを株主に還元するように求める場面を読むのはフラストレーションが溜まることだろう。しかし、私は本書で資本主義のメリットを論じるつもりはない。本書は、公開会社の目的は法の枠組みを遵守しながら株主のために利益を生み出すことにあるということを重要な前提にしている。これは法的に正確な会社の目的ではないかもしれないし、だれもが哲学的に同意できるものではないかもしれないが、株主が選んだメンバーからなる取締役会に基づくコーポレート・ガバナンスのシステムによって現実にもたらされていることだ。したがって、企業乗っ取り屋がパシフィック・ランバー社の支配権を確保し、セコイアの古木が茂る森を数千エーカーにわたって伐採してしまうようなこと＊9が起きると、私はそれについて企業乗っ取りや株主アクティビズムの結果というより、資本主義の行き過ぎから生じた憂うべき結果だと考える。

　多くの評論家は、ミルトン・フリードマン氏が1970年にニューヨーク・タイムズ紙への寄稿で「会社の社会的責任は利益を増やすことです」と語ったことが株主至上主義という新しい時代を導いたと考えている。しかし、その寄稿を今日あらためて読んでみると、フリードマン氏による脱構築的な会社の目的の再定義には何か必然的なものがあったのではないかと感じる。本書では、株主がいかにして、そして何ゆえに、米国において株式会社の支配権を獲得できたかをみていく。あのラルフ・ネーダー氏自身、2014年にリバティ・メディア社がシリウスXM社に対して行った買収提案6について、リバティ・メディア社は「シリウスXM社の株主価値を過小評価している」と批判する声明を公表しているのだ。

　ラルフ・ネーダー流のアクティビズムさえ株主価値を擁護する今日の世界

＊9　これは現実にあった話。

では、公開会社における他のステークホルダーは蚊帳の外に置かれてしまう。前述のシュレンスキー氏がシカゴ・カブスに挑み、リグレー・フィールドでナイトゲームを行わないことを批判したとき、シカゴ・カブス社長のフィル・リグレー氏はナイトゲームが周辺地域に悪影響を与えると主張し、裁判所も周辺地域の健全性を考慮したいという同社の経営判断は正当化されるという判決を下した。ステークホルダーが株主に対して勝利を収めたまれにみる出来事のようにもみえたが、長続きはしなかった。シュレンスキー氏はリグレー・フィールドでナイトゲームを開催させるという目的を果たせなかったが、フィル・リグレー氏がどうあがこうとも経済合理性の力に抗えるものではなく、リグレー・フィールドに照明が灯されるのは必然だった。ナイトゲームがついに開催された夜、シュレンスキー氏も11万ワットの照明の下で観戦していた。

　私は小規模のヘッジファンドを経営するバリュー投資家だが、その経験が株主アクティビズムに関する私自身の見解に影響を与えているのは間違いない。私の偏見の源について説明しておくことは重要だろう。私が運用するファンドは、少数の銘柄に集中して長期保有を行っている。投資先は15社ほどしかなく、そのほとんどの会社において、経営に直接関与しない株主としては筆頭の地位を占めている。つまり、私たちは高いリターンを追求するために流動性を犠牲にしており、その投資戦略は長期投資を重視する投資家に依拠している。また、投資先の取締役会や経営陣に不満を感じた場合でも、売却によって意思表示する能力は制約されている。もし投資判断を間違えてポジションを早期に売却せざるをえなくなったら、ひどい損失を被ることになる。

　私のファンドの投資戦略が機能するためには、投資先の会社の経営陣がビジネスをうまく経営し、キャッシュフローを賢明に配分しなければならない。投資先の経営の質が決定的に重要であることから、私は会社のビジネスを理解し、分析するために使っているのと同じくらいの時間をCEOと取締役らの評価に費やしている。正直に申し上げて、この作業でがっかりすることもある。通常の相場環境において、株価が安く放置されている良い会社は

序　章　11

大概、コーポレート・ガバナンスに問題を抱えている。もし幸運にも、うまく経営されていて高品質の割安な会社に出会えば、飛びついて絶対に手放さないようにする。

　9年近くファンド・マネジャーとして過ごし、公開会社の経営のされ方について、ますますシニカルな見方をするようになった。特に私がよく投資アイデアを探すスモール・キャップの荒野では、コーポレート・ガバナンスが本当にひどいことになっていることがある。意図的に株主を欺く公開会社に何度か大金を投資してしまったこともあるし、そうした状況を横目でみたことはもっとある。そうした経験から、短期的に自己利益を追求するカール・アイカーン氏のような投資家に対してより大きな敬意をもつようになった。アイカーン氏は会社を容赦なく攻撃して多くの反感を買ってきた。しかし、私は彼が会社をイン・プレイ＊10に置いて短期的なリターンを得ようとしているのをみて怒りを感じ始める度に、「それにしても、彼は50年間も公開会社へ投資しているんだよな」と思わざるをえない。せいぜい10年程度の経験しかない私も、疑い深い嫌な奴になってしまった。プロの投資家としての経験を積めば積むほど、公開会社の経営陣に信頼をまったく置かないカール・アイカーン氏の姿勢に共感するようになった。会社をさっさと身売りさせることで自身と他の株主に迅速に利益がもたらされるのに、経営陣に物事を台無しにさせるような時間を渡す理由なんてないじゃないか。

　それと同時に、短視眼的な投資家たちをみていると、投資先のビジネスの機微を理解していない、精力的なファンド・マネジャーたちに権力が蓄積されつつあることに懸念も感じる。数年前、私は、創業者が非公開化しようとしている公開会社に宛てて「取締役会長殿」書簡を送った。私のファンドは大きな持分を保有しており、私はファンドのために株式買取価格はもっと高くあるべきだと書いた。私は書簡を書きながら、その会社のCEOと他の大株主との間で前年に開催された会合を思い出していた。

　CEOは約3カ月前にその職に就き、会社を再生する任務に直面していた。取り組むべきことは山ほどあった。その会社のブランドは消費者調査で、利

＊10　in play。会社が買収の対象になったり、株主アクティビストによるキャンペーンの対象になったりして、だれでも会社に買収の申入れができる状況を指す表現。

益も規模もその会社を凌駕する競合他社より高い評価を受けていた。一方、グローバルなブランドが展開されている分野なのに、もっぱら国内でビジネスを行っていた。CEOはそのブランドからより多くの価値を生み出すために、ビジネスに投資する機会があることを認識していたが、彼の主張は聞き手に届かなかった。マンハッタンにある無名のホテルのボール・ルームで会合が開催されている間中、株主たちは会社のキャッシュの使用計画に関する質問をCEOに浴びせ続けた。もちろん、彼らは「ビジネスへの投資」以外のことにキャッシュを使うことを欲していた。その数カ月後、会社が非公開化の計画を発表したとき、私は経営陣を非難する気にはなれなかった。

　時間が経つにつれて、アクティビストとして経営に介入したり、取締役会へ参画したりするより、良い投資アイデアを見つけるほうが、自分にずっと向いていることがわかってきた。投資先のすべての会社に変革を促そうとする、決意したアクティビストになったことも一度もない。取締役会に参画するのは通常、ディフェンスのためだ。会社の設備投資の判断を助けることで、自身の投資を守りたいのだ。それでも、私のファンドの持分はスモール・キャップの公開会社ではかなり大きくなるため、たまに衝突が起こることは避けられない。駆け出しの頃は自分を優れた経営陣と協働する建設的なアクティビストだと思っていたが、すぐにそれが妄想であることに気づいた。時間の90％では建設的かつ協働的に振る舞えるが、本当に重要なのは残りの10％であり、この10％において経営陣と株主の利害がしばしば対立する。会社の将来に影響を与える重要な意思決定が行われるとき、「建設的な」株主は無視されてしまうのだ。

　私の投資家としての形成期は2000年代初頭のヘッジファンド・ブームの時期であり、偶然にも株主アクティビストが台頭した時期でもあった。この時代を描写したジャーナリズムの最高の作品は、2004年にスティーブ・フィッシュマン氏によって書かれたニューヨーク・マガジン誌のカバー・ストーリー「最速で大金持ちになろう（Get Richest Quickest）」だろう。その記事は、現在は廃業したヘッジファンドの20代かそこらのアナリストが、公開会社の55歳のCEOに説教する場面から始まる。アナリストは「来年、われわ

序　章　13

れはここにいるが、あなたはいないだろう」という[7]。それをオフィスで回覧し、同僚と一緒に「こいつはなんて傲慢なんだ」と驚いた記憶がある。しかし、いまあらためて読んでみると、自分たちもあのアナリストと大して違いがなかったことに気づく。自分たちも現在は廃業したヘッジファンドの20代かそこらのアナリストだったし、会社の経営のまずさについて自信満々で持論を主張していた。

その年の初め、私はデニーズ社にアクティビストとして初めての書簡を書いた。デニーズ社は、ムーンズ・オーバー・マイ・ハミー（Moons Over My Hammy）やグランド・スラム（Grand Slam）と呼ばれる良質な食事を提供する会社だ。その書簡のなかには次の一文がある。「メロンHBV（Mellon HBV）社は、御社が卵とベーコンの手頃な価格の料理（パンとバター付き）を主要な収益源とする、信頼できるフランチャイズビジネスを展開していることに大きな安心感を見出しています[*11]」[8]。その書簡は今日でもまだ十分に通用する内容で、その後、同社の株価は私たちの最初の購入価格の20倍以上に上昇したのだが、私の当時の乏しい知識を思うと、書簡に溢れ出ている自信に自分で笑ってしまう。その書簡を書く3年前まで、私は財務諸表やキャッシュフロー計算書、ウォーレン・バフェット氏について聞いたこともない若造で、ヘッジファンドが何をするのか、投資銀行業務が何かなんてことも知らなかった。しかし、そんなことは問題ではなかった。私たちは経験も豊富な資金も持ち合わせていなかったが、未熟なアイデアのなかには実に賢明で創造的なものもあった。

投資の基本に関心をもつ若いヘッジファンド・マネジャーにとって、仕事で損失を被ること以外に、その技巧を学ぶ方法はほとんどなかった。この分野に関して役立つ本はほとんどなく、実践的な証券分析を教える経営大学院もほんの一握りだった。秀でた投資家になる方法を学ぼうと、私たちはウォーレン・バフェット氏が経営するバークシャー・ハサウェイ社の年次報告書や、ジョエル・グリーンブラット氏[*12]が書いた『グリーンブラット投

[*11] 英語で「主要な収益源」の慣用句はパンとバター（bread and butter）。
[*12] 米国の著名なバリュー投資家で、有名なヘッジファンド、ゴッサム・アセット・マネジメントの創業者。コロンビア大学経営大学院で教鞭も執り、著作も行う。

資法（You Can Be a Stock Market Genius)』*13を読んだ。私たちはまた、株主アクティビストたちが経営陣や取締役会などに送った書簡も集めた。本書の後半では、ファンド・マネジャーのロバート・チャップマン氏がいかにして「怒れる13Dレター」群からなる文学的遺産を生み出したかを紹介するが、私たちはその13Dレターの収集家だった*14。

　私にとって本書の最も重要な特徴は、「取締役会長殿」書簡の原文を集め、それらに沿って物語が展開されることにある。バリュー投資家は本質的にジャーナリストであり、自分自身で事実を探し、独自の分析を行わなければならないと考えている。当人が実際に書いたり、話したりした言葉や文章を詳細に引用することにより、できる限り主要な登場人物が物語の展開を主導するように努めた。したがって、各章に掲載されている書簡の原文は事例分析にとって必須の中核資料である。それらは株主アクティビズムについて教えてくれるだけではなく、ビジネスと投資に関する貴重な教訓に満ちている。

　ウォーレン・バフェット氏はかつて、もし投資に関して教鞭を執るとすれば、「単純にバリュエーション作業を繰り返すだろう」と述べた[9]。バフェット氏も1950年代に在籍したコロンビア大学経営大学院では、バリュー投資に関するカリキュラムを同様の考え方に基づいてつくっている。私も同大学院でバリュー投資の科目を1つ担当しているが、学生には教科書も参考文献も特に示さず、毎週、新しい会社の調査を課している。だが、履修生たちからの最も一般的な要望は「何か推薦図書がほしい」だ。

　株式ピッカーを志す者にとっては残念なことに、長期投資の規律については理論的な概念があまりなく、「ハウツー」本に簡単にはまとめることもできない。履修生たちからどんな書籍を読むべきかと尋ねられたときは、株主

---

*13　邦訳は、ジョエル・グリーンブラット著『グリーンブラット投資法』、奥脇省三訳、パンローリング、2001年。
*14　13Dとは米国証券取引委員会規則の1つで、投資家が公開会社の株式の5％以上を取得した場合に義務づけられる報告のこと。その提出書類に取得の意図や要求を記した書簡が参考資料として含まれる場合があるが、そうして公開される書簡のことを13Dレターと呼ぶ。ロバート・チャップマン氏は特に13Dレターを駆使したことで知られる。

序　章　15

が公開会社の取締役会や経営陣に送った書簡の原文にあたることを勧めている。株主から会社の取締役会長やCEOに送られた優れた書簡は、投資家がどのように取締役会や経営陣と対話すべきか、どのようにターゲット会社について考えるべきか、そして、どのようにターゲット会社から利益を獲得しようとしているかを教えてくれる。

　どれほど多くのビジネス世界から得られる有用な情報が歴史のなかに埋もれてしまうか、信じられないほどだ。数十年前に開催されたカレッジ・フットボール試合の詳細なボックス・スコアは手に入れられるのに、中型株の会社の1975年の年次報告書を見つけることは驚くほどむずかしい。これはたまたま起きていることではない。米国においてウォール・ストリートと株式会社の活動はずっと見下されていて、その主要な登場人物は忘却の彼方に追いやられるというのが真相だ。さんざん盛り上がった時期が過ぎると、一般の人たちはせいぜい教訓話の１つか２つ（The Go-Go Years[*15]、ライアーズ・ポーカー（Liar's Poker）[*16]、天才たちの誤算（When Genius Failed）[*17]、リーマン・ショック・コンフィデンシャル（Too Big to Fail）[*18]）に耳を傾け、後は満足げに関心を断つ。

　私のオフィスのすぐ近くには、運営資金に恵まれたアメリカ金融博物館があり、コレクションとして古い株券、債券、銀行手形、紙幣、株式ティッカー機や電卓などが展示されている。しかし、いったいだれがそのようなものに興味をもつのだろうか。そうした品々は、私たちの金融システムの残骸であり、廃棄された道具や支払手段でしかない。もちろん本当に大事なのはビジネスリーダーたちの思想とアイデアであり、それらをもっと良い方法で温存できていないのは残念なことだ。

　公開会社は矛盾と利益相反で溢れている。そうした奇妙な組織を学ぶのに

[*15]　邦訳はなし。

[*16]　邦訳は、マイケル・ルイス著『ライアーズ・ポーカー』、東江一紀訳、KADOKAWA、1990年。

[*17]　邦訳は、ロジャー・ローウェンスタイン著『天才たちの誤算』、東江一紀ほか訳、日経BPマーケティング、2001年。

[*18]　邦訳は、アンドリュー・ロス・ソーキン著『リーマン・ショック・コンフィデンシャル』、加賀山卓朗訳、早川書房、2014年。

最適な場所は、株主と経営陣と取締役が出会う断層線上にある。本書では、ロス・ペロー氏、カール・アイカーン氏、ウォーレン・バフェット氏、ベンジャミン・グレアム氏らと一緒にその断層線上を歩むことになる。公開会社で生じるコーポレート・ガバナンスの問題をすべて解決できるわけではないが、私たちには何人かの偉大なキャピタリストの先達がいるのだ。

　私はいつも「取締役会長殿」書簡コレクションを机の上に置いている。私にとって一つひとつの書簡は資本主義の現実の姿を示す魅力的な事例であり、文面には株主が経営陣との対決を決意した臨界点がにじみ出ている。ビジネスの世界には混乱がありうるが、その理解のためには、そこで生じる多くの対立を学ぶしかない。これらの書簡は、米国でビジネスが実際にどのように展開されているかを教えてくれる、興味尽きない当事者たちの声なのだ。

序　章　17

第1章

ベンジャミン・グレアム氏 対
ノーザン・パイプライン社：
モダン株主アクティビズムの誕生

　「石油パイプライン事業における通常の業務遂行に必要とされる水準
や、不測の事態への備えとして必要十分な水準をまかなって余りある
キャッシュは、株主に帰属するものなので、特別配当および／または資
本減少の方法で株主に還元されるべきです」

——ベンジャミン・グレアム、1927年

　「私はここに立ち、勇敢なコルテスやバルボアのように、自分の鷲のよう
な目で新たな太平洋を発見したのだ」[1]。時は1926年、ベンジャミン・グレ
アム氏はワシントンD.C.にある州際通商委員会（Interstate Commerce Com-
mission。以下、ICC）の閲覧室でノーザン・パイプライン社の貸借対照表を
読んでいた。ウォール・ストリートのだれも（何年もノーザン・パイプライン
社を追いかけていた証券会社さえも）、同社がICCに提出して公開情報になって
いた報告書を調べることなどしていなかった。株価が65ドルで低迷するな
か、その報告書ではノーザン・パイプライン社が1株当り年間6ドル以上の
利益を生み出し、1株当り90ドル相当の投資有価証券を保有していることが
明かされていた。ベンジャミン・グレアム氏は後年、回想録でその時の気持
ちを次のように表現している[2]。「私は財宝を手に入れたぞ」。いまやグレア
ム氏がすべきことはただ1つ、ノーザン・パイプライン社の経営陣に会社の
富を株主に還元するように説得することだけだった。

18

株式市場が賭博場と大して変わらなかった時代に、ベンジャミン・グレアム氏は、投資対象の会社に関する徹底したファンダメンタルズ分析に基づくバリュー投資スタイルを開発した。グレアム氏とその後継者たちは、会社の内在価値に焦点を当てながら、やたらと投機的な一般投資家によって生み出される市場の非効率性を利用して大成功を手に入れた。グレアム氏の教えが徐々に投資家たちに受け入れられてきた結果、いまは彼の時代よりも公正価値に近い株価で取引が行われる効率的な市場が形成されている。しかし、アービトラージの余地が1つ、いまも続いている。経営陣と株主の間で頻繁に生じる利益相反によってもたらされるものだ。

　1926年にベンジャミン・グレアム氏がノーザン・パイプライン社の経営陣に立ち向かったとき、同氏は未踏の道を歩んでいた。株主による経営への口出しは当時、大口の少数株主、あるいは支配権を求める戦略的な買い手によるもので、のらりくらりした論争がほとんどだった。1900年から1949年までの株主アクティビズムを追跡した最近の学術研究によると、ファンドを運用する投資家が積極的なアクティビズムのキャンペーンを行った事例はわずか7回だった[3]。そして、こうした初期の対立の多くはかなり穏健なものだった。1911年に証券会社のJ. S. バッチ社がセントラル・レザー社に対して取締役の席を要求したとき、その要求は単に四半期ごとにアップデートされた財務情報を株主に提供することだった[4]。

　なぜ20世紀初頭において株主アクティビズムがそんなに少なかったのだろうか。まず、公開会社の所有権のほとんどが創業者、創業者の家族、創業時の出資者といったごく少数の人たちの手に集中していたことがある。これでは、外部の株主がなんらかの影響を及ぼそうとしてもなかなかむずかしかった[5]。第二に、当時の公開会社は株主に財務情報をほとんど提供していなかった。これにより、投資家が会社を客観的に評価する能力が制約されていた。グレアム氏は、ノーザン・パイプライン社においてもこれらの要素が当てはまることを見抜いていた。他の株主はだれ一人として同社が余剰資本を溜め込んでいることを知らないでいる一方、ロックフェラー財団が23％の持分を通じてノーザン・パイプライン社の経営を実質的に支配していた。

　こうした構造的な要因に加えて、微妙な社会的な要因もあった。ウォー

第1章　ベンジャミン・グレアム氏 対 ノーザン・パイプライン社　19

ル・ストリートはエリートたちが集う内部サークルのような存在で、押しつけがましい株主を恐喝者とみなしていたのだ。しかし、こうしたことのすべてが変わりつつあった。1934年に制定された証券取引所法で財務情報の開示義務が拡充され、それを追い風にしてグレアム氏自身がファンダメンタル分析の革命を導いた。公開会社の所有構造も急速に拡散し、そのためにコーポレート・ガバナンスの性質が大きく変わることになった。業界のお作法についてはどうか。真剣にお金がかかわってくるなら、お作法なんて窓の外に放り出される。大規模な鉄道会社は、広範な株主層に対して詳細な財務情報を提供した最初の公開会社だった。20世紀を迎える直前には、多くの鉄道会社が支配権をめぐる殺伐とした闘争に巻き込まれていた。エリー鉄道の委任状争奪戦や、コーネリアス・ヴァンダービルト氏によるニューヨーク・セントラル鉄道の買収などだ[6]。

　ベンジャミン・グレアム氏は、今日のヘッジファンド・マネジャーや株主アクティビストの知性面における遠い昔の先人とみなされることがよくある。しかし、こうした見方は同氏が本来受けるべき評価に比してあまりに低すぎる。グレアム氏は、しばしば世界初のヘッジファンドとされるA. W.ジョーンズ[7]の設立より10年以上も前に空売りを行い、パフォーマンス・フィーを徴収するパートナーシップを設立しており、ヘッジファンドの本当のパイオニアの1人だ。同氏はまた、投資戦略の一環として株主アクティビズムを駆使するプロ投資家の最初の1人でもあった。ノーザン・パイプライン社は、同氏が経営陣に積極的に自分の意見や要望を伝えようとした最初の試みだったが、同社の経営陣の手から財宝を取り上げるのがどれほどむずかしいことかは知る由もなかった。グレアム氏のキャンペーンは、内部留保を過大に積み上げた会社に対してキャッシュを株主に還元するように迫る投資家の古典的な事例であり、モダン株主アクティビズムの嚆矢の1つである。

革命的なアイデア

　先日、私はベンジャミン・グレアム氏がノーザン・パイプライン社についてロックフェラー財団に書いた書簡を求めて、ニューヨーク州のスリーピー

ホローという村に向かった。私の旅の起点はブルックリンだった。100年以上も前のことだが、ブルックリンの一角、ベッドフォード・スタイベサントにある男子高校で、同氏は神童だった。ブルックリン・バッテリー・トンネルを抜けてウォール・ストリートの先に出た。ウォール・ストリートはグレアム氏が1914年にそのキャリアを出発させ、同氏自身の言葉を借りると「自分が得意とする領域で才覚を発揮できるようになった」場所だ[8]。ヘンリー・ハドソン・パークウェイをたどって、コロンビア大学を通り過ぎた。同大学では学生たちが、同氏が書いた教科書を使った証券分析の授業を受けているが、その教科書は初版から80年経ったいまでも増刷を続けている。そして、ウェストチェスター郡に入り、ロックフェラー邸から約10マイル離れたソー・ミル・リバー・パークウェイのすぐそばにあるウェストチェスター・ヒルズ墓地を通り過ぎた。ウェストチェスター郡は同氏の教え子、ウォーレン・バフェット氏が1954年にグレアム・ニューマン社で働くためにネブラスカ州オマハから結婚したての家族と移住してきた場所で、ウェストチェスター・ヒルズ墓地にはベンジャミン・グレアム氏の遺灰が1976年に埋葬されている。

　ベンジャミン・グレアム氏は死後40年近く経ったいまも、投資の世界では巨人のような存在だ。同氏はその運用するグレアム・ニューマン社が21年に及ぶ運用期間において市場平均を大きく凌駕し続けたという運用実績でも知られているが、その投資に関する著作と、その教え子たちの驚異的な成功も同氏の遺産だ[9]。ウォーレン・バフェット氏のことはだれでも知っているが、ウォルター・シュロス氏のことも忘れてはいけない。シュロス氏はグレアム・ニューマン社の元アナリストで、1955年に自身のファンドを立ち上げた。その後同ファンドは2000年まで年率15.7％（複利）の運用実績を残し、同じ期間におけるS&P 500の年率11.2％（同）を上回った[10]。これは言い換えると、もし1955年にシュロス氏のファンドに投資していたとすれば元手を700倍超にできたのに対し、もしS&P 500に投資していたとすれば120倍程度で終わったということだ。バフェット氏やシュロス氏に加えて、バリュー投資家のビル・ルエーン氏やアーヴィング・カーン氏もグレアム氏の教え子だ。彼らのファンドも長期にわたって市場平均を大きく凌駕したことで知ら

れている。

　ベンジャミン・グレアム氏の著書は投資家の間ではカルト的な地位を獲得し、今日も売れ続けている。『証券分析（Security Analysis）』*1（デビッド・ドッド氏との共著）は、時代遅れな会計の議論や退屈な鉄道債券の分析がぎっしりと700ページにわたり盛り込まれている教科書だ。しかし、一部のバリュー投資家にとって、同書の1934年版、1940年版、1951年版、1962年版のどれを選ぶのかは、音楽マニアがお気に入りのヴェルヴェット・アンダーグラウンドのレコード*2を選ぶのと同じような自己表現の行為だ。私は1949年に一般読者向けに出版された『賢明なる投資家（The Intelligent Investor）』*3に惹かれている。同書は1950年、当時19歳のウォーレン・バフェット氏を魅了し、その人生に転機をもたらした。

　『証券分析』は債券や株式、ならびにそれらの価値を裏付ける事業の評価方法に焦点を当てているが、『賢明なる投資家』は同じくらい重要なことを教えてくれる。それは「市場とどう向き合うべきか」だ。投資家たらんとする者がつまずく最大の原因が市場の変動の激しさであることに鑑みると、『賢明なる投資家』はグレアム氏による不朽の教えといえる。会社の価値評価方法を学ぶのは容易だが、市場とリスクを理解していないと痛い目に遭う。

　『賢明なる投資家』は、ミスター・マーケットの寓話と「安全域」*4の概念で有名になった。グレアム氏は、市場の変動が投資家に対して財務面や心理面でどんな悪影響を与えうるかについて解説した後、ミスター・マーケットを紹介する。ミスター・マーケットは市場の慌ただしい株価変動を擬人化した登場人物であり、その設定はこうだ：(1)ある民間会社の株式１株をあなたが1,000ドルで手に入れたとする、(2)同僚の１人であるミスター・マー

＊1　邦訳は、ベンジャミン・グレアム、デビッド・L・ドッド著『証券分析（1934年版第１版）』、関本博英ほか訳、パンローリング、2002年。

＊2　ヴェルヴェット・アンダーグラウンドは1960年代に活躍した米国のロックバンドで、アンディ・ウォーホル氏とのコラボレーションは有名。

＊3　邦訳は、ベンジャミン・グレアム著『新賢明なる投資家』、増沢和美ほか訳、パンローリング、2005年。

＊4　margin of safety。内在価値よりもできるだけ低い価格で投資を行うことで得られるとされる、バリュー投資の中心的な概念。

22

ケットが毎日、その株価を知らせてくれる、(3)ミスター・マーケットは時には理屈にあっていそうな株価を示してくれるが、(4)しばしば欲望や恐怖に流されて大幅に高すぎたり低すぎたりする価値も伝えてくる。さらに、2つの決まり事がある：(A)ミスター・マーケットは常にその言い値であなたの株式を買ってもくれるし売ってもくれる、(B)そしてミスター・マーケットは「取引はしないよ」といわれても決して怒らず、新たな株価を翌日また用意してくる。

　流動性を確保してくれる存在として、ミスター・マーケットは貴重なビジネス・パートナーだ。ミスター・マーケットの言い値が高すぎる場合には売ればいいし、低すぎる場合には買えばいい。そもそもミスター・マーケットの言い値が、保有する株式の価値についての自分の判断に影響を与えるべき理由は何もない。ところが、現実の世界では、市場の変動によって投資家の判断が左右されて、投資家はしばしば間違ったタイミングで売買をしてしまう。上げ相場では投機的な買いに簡単に誘惑されるし、下げ相場では悲観的なモメンタムが広がるのに押されて自信を失ってしまう[11]。グレアム氏はこう記している。「真の投資家にとって、価格変動が持つ意味は1つです。価格が急激に下落した時には賢明に買えるし、価格が大幅に上昇した時には賢明に売れるということです。それ以外の時には、株式市場のことは忘れて、配当利回りや会社業績に注意を払っていれば良いでしょう」[12]。

　ベンジャミン・グレアム氏は「投資の中心的な概念」としての「安全域」について議論を行い、『賢明なる投資家』を締めくくっている。グレアム氏にとって「安全域」はある意味でかなり厳格な概念で、たとえば、鉄道債券の場合、会社の税引前利益は同債券の利息として支払う金額の5倍以上は必要だとしている。だが、同氏はそうした説明に加えて、より根本的な解説も提示している。株式が割安に評価されている場合、その株価と「評価価値」との間に大きな差があれば、その会社の減益に対する「安全域」が得られるというものだ[13]。この「株式に『内在価値』がある」という考え方は、今日では些細なことのようにみえるかもしれないが、ベンジャミン・グレアム氏の時代には革命的だった。

第1章　ベンジャミン・グレアム氏 対 ノーザン・パイプライン社　23

グレアム氏がウォール・ストリートで働き始めた1914年当時、市場では社債や優先株式の取引が普通株式の取引よりもはるかに多かった。たとえば、鉄道債券の残高は、鉄道会社の普通株式の残高の50％以上も多かった[14]。そして、鉄道会社の株式が公開会社の株式全体の40％以上を占めていた[15]。証券取引所法が公開会社に定期的な財務報告の提出を義務づけるのはこの20年後のことであり、ICCや各州の規制当局が鉄道会社に関する膨大な情報の収集にあたっていた。株式持合は当たり前で、鉄道会社がお互いに別の鉄道会社の株式を保有していた。お買得な鉄道株を見つけた投資家は、その株式を発行している鉄道会社からだけではなく、その株式を大量に保有している他の鉄道会社の株式からも利益を稼ぐことができた。

　鉄道会社の業績に関する公開情報が十分にあり、どの会社が勝ち組かを特定できる人には多大な利益がもたらされるとすれば、ウォール・ストリートの精鋭たちがICCの報告書を徹底的に調べ上げると思いたいところだが、グレアム氏は自伝でこう述べている。「この膨大な財務情報が、普通株式の分析の領域でほとんど無用とされていた」[16]。市場を実際に動かしていたのは噂やインサイダー情報であり、「大口顧客がどんな注文を出すか」をめぐる憶測で株価が急騰することもあった。それ以上に、市場参加者たちは激しい売買で株価を大幅に変動させる大口投機家の思惑に釘付けだった。グレアム氏は次のように説明している。「ウォール・ストリートのベテランにとって、無味乾燥な統計を詳細に調べることは馬鹿げた作業に思えたのでした。なぜなら、株価の変動はまったく別の一連の要素によって決まると考えられていたからです。それらはすべて、非常に人間臭い要素でした」[17]。

　グレアム氏は明晰で緻密な分析家であり、市場の噂は無視し、そのかわりに時系列の財務データに焦点を当てる方法でいずれの会社にもアプローチしようとした。同氏はウォール・ストリートの騒音から距離を置き、「この会社について自分は本当に何を知っているのか」と考えた。それを出発点として、会社の将来の利益や資産の清算価値に基づく内在価値の決定に進んだ。そして、会社の内在価値を理解したうえで、会社に対する所有権の一定割合として株式の価値を評価した。グレアム氏はこう書いている。「私はウォール・ストリートではだれも、本格的かつ洞察力に富む証券価値分析を試して

いないことに気づいたのでした」[18]。

　ベンジャミン・グレアム氏が業界において将来巨人になる人たちを指導したことに鑑みると、「ウォール・ストリートの学長」というニックネームはふさわしいものだ。しかし、これは同氏の学究的な姿勢への敬意の表現でもある。グレアム氏の回顧録は、株式市場に関連する引用よりもローマ詩人からの引用のほうが多い。同氏は実業界に入る決心をする前、コロンビア大学の哲学、数学、国語の各学部から別々に提示された教職のオファーを検討していた。ベンジャミン・グレアム氏は投資コミュニティにおける哲学するアウトサイダーであり、それを自身の強みとして生かしたのだった。ウォール・ストリートの胡散臭いものを見抜き、内在価値を探求するのに最適な人物だった[19]。

　グレアム氏は、割安に評価された普通株式には「安全域」があるうえに、一般的な債券投資よりも大きな利益機会があることに気づいていた。客観的な数字と内在価値へのこだわりもそうだが、この見方は時代を先取りしていた。1914年当時、ほとんどの投資家が債券ばかりに注目し、普通株式を単なる投機対象と蔑んでいたし、グレアム氏が引退した1950年代半ばでさえ、株式市場は一般に詐欺と投機に満ちた荒野とみなされていた。そして、それは違うといえる人はいなかっただろう。ほとんどの洗練された投資家が債券取引に執着する一方で、株式市場は投機や相場操縦を行う者たち、そしてもちろん、ひっそりと大儲けしていたグレアム氏とその弟子たちに委ねられていた。しかし、株式を無視していた債券投資家たちは利益を見逃しただけではなかった。普通株式はその保有者に会社の取締役会の構成メンバーを選任する議決権を与える。大株主は会社のガバナンスに介入する機会を得られるのだ。株式市場は企業支配権市場でもあったのだ。

不意を突かれた標的

　ノーザン・パイプライン社は、1911年の連邦最高裁判所によるスタンダード・オイル社の解体に伴って創設された8つの石油パイプライン会社のうちの1社だった。スタンダード・オイル社はジョン・D・ロックフェラー・シ

ニア氏が所有する独占会社だった。1926年、グレアム氏はICCの年次報告書で鉄道関連のデータを調べていたところ、石油パイプライン関連の統計表が載っていることに気づいた。表の下には「ICCに提出された各社の年次報告書から取得」という注記があった[20]。グレアム氏は石油パイプライン会社が財務情報をICCに提出していることを知らなかったし、ウォール・ストリートの同業者たちも知らないに違いないと踏んで、すぐにワシントンD.C.行きの列車に乗り込んだ。

各石油パイプライン会社が、非常に詳細な財務諸表を含む20ページの年次報告書をICCに提出していたことがわかった。報告書には従業員の給与、設備投資額、株主の氏名と住所も載っていたが、特に投資有価証券の内訳がベンジャミン・グレアム氏の興味を引いた。石油パイプライン会社による株主向けの財務報告は、ICC向けと比較すると信じられないほど貧弱な内容で、たった1行の損益計算書と非常に簡略化された貸借対照表だけだった。グレアム氏はノーザン・パイプライン社のICC報告書を開き、投資一覧のなかに何百万ドルもの米国国債や鉄道債券の詳細が載っていることを発見した。

ノーザン・パイプライン社の業績指標を分析した結果、グレアム氏は同社が株主に特別配当として1株当り90ドルを容易に支払えることを確信した。たとえ同社が投資有価証券の全額を株主に還元したとしても業績に影響はなく、無借金のままでいられるはずだった。このグレアム氏の計画は株主にとって朗報だろう。株主は市場で65ドルと評価されている株式1株につき即座に90ドル受け取ることができるうえに、会社の将来利益に対する権利にはなんら影響なく、それを維持できるのだから。グレアム氏がやるべきことはただ1つ、資金を株主に還元するよう経営陣を説得することだった。同氏はこう述懐している。「私は素朴に、要求をかなり簡単に実現できるはずだと思っていました」[21]。

グレアム氏は回顧録で、ノーザン・パイプライン社の経営陣との会合のようすを詳述している。経営陣は積み上げてきたキャッシュを株主に還元するという提案に驚愕し、同氏のすべての意見を却下した後、こう述べたのだった。「石油パイプライン事業は複雑で専門的なビジネスです。あなたはそれについてほとんど何も知らないでしょうが、私たちは生涯にわたりそれに携

わってきました。当社と株主にとって何が最善かについて、あなたよりも私たちのほうがよく知っているということを認めてもらわなければなりません。もし私たちの方針に同意していただけない場合、あなたには、そのような状況下において健全な投資家が行うべき行為、すなわち、株式の売却をしていただきたい」[22]。

　会社が直ちに90ドルを配当できると知りながら、65ドルで株式を売却するという経営陣からの提案をベンジャミン・グレアム氏が受け入れるはずもない。会社が保有するキャッシュと有価証券の塊は、事業全体の価値よりも高い可能性さえあった。既存の事業に追加投資する必要はなく、他社買収や新事業開発による成長機会もないため、ノーザン・パイプライン社には資本を確保しておくべき合理的な理由がほとんどなかった。

　当初、グレアム氏の株主アクティビズムへの取組みは非常に控えめなものだった。同氏は単にノーザン・パイプライン社の年次株主総会で発言の機会を得て、それを議事録に残してほしいと考えただけだった。経営陣は同氏の提案に驚いたが、1927年1月に予定される総会への出席を歓迎すると伝えてきた。同社の経営陣のオフィスは、ウォール・ストリートから数ブロック離れたブロードウェイ26番地のスタンダード・オイル・ビルにあり、ICCの報告書に記載されていた23名の株主のうち17名がニューヨーク市内またはその近郊に住んでいたが、同社は年次株主総会をペンシルベニア州オイルシティで開催していた。オイルシティはピッツバーグの北90マイルに位置する小さな町だ。当然、ベンジャミン・グレアム氏は年次株主総会に出席する唯一の社外関係者だった。

　総会が予定の議案をこなした後、グレアム氏は立ち上がり、議長に対して同社の財務に関するメモを読み上げることができるかと尋ねたところ、議長は「グレアムさん、あなたの申出を動議として提出していただけますか」と応答した。そこでグレアム氏は、自身の発言の許可を求める動議を行った。

　議長は会場に向かって尋ねた。「この動議に同意する方はいますか」。グレアム氏はたった1人で、ピッツバーグまで夜行の列車で、そこからオイルシティまでは乗り心地の悪い地元の列車を乗り継いで会場まで足を運んでいた。会場のだれも同氏の動議に同意しなかった。グレアム氏はそれを受けた

議長の発言をよく覚えていた。「大変申し訳ありませんが、どなたも貴殿の動議に同意するつもりはないようです。延長の動議がなければ、本総会を閉会します」。直後に年次株主総会は終了し、グレアム氏はニューヨークに追い返されたのだった[23]。

　グレアム氏はオイルシティへの旅から帰還した。目的を達成できなかったことに苛立ちを感じつつ、新たな決意を胸に秘めていた。同氏はノーザン・パイプライン社の株式を追加購入し始め、翌年の年次株主総会に向けて攻略計画を練った。同社の取締役会に２つの席を獲得するために委任状争奪戦を仕掛けるという計画だった。翌年にかけて、同氏は100株以上を保有するすべての株主と直接会って、同社の財務状況について議論した。もしグレアム氏が十分な数の株主から委任状を勝ち取ることができれば、取締役会の２席を支配し、会社の余剰資本の還元という使命を明確に付与される。最優先のターゲットは、会社の筆頭株主であるロックフェラー財団だった。

　1927年６月、グレアム氏はロックフェラー財団に書簡＊5を送り、ノーザン・パイプライン社や他の石油パイプライン会社の「不合理で残念な状況」を概説した[24]。同財団に次ぐ第２位の大株主として自分を紹介した後、石油パイプライン会社はその投資有価証券の保有により事業会社というよりは投資信託のようになっていると指摘した。これらの会社の株式は奇妙なハイブリッド証券になっているとも付け加えた。つまり、中身の大部分は高格付債券だが、小規模な産業ビジネスへの持分も付け加わった証券ということだ。さらにグレアム氏は、ロックフェラー財団のような株主はこうした構造によって不利益を被っているとも指摘した。会社は保有債券からの利子収入に法人税を支払っているだけではなく、投資家はその持株を会社保有の投資有価証券の価値が正確に反映された株価で売却することができない。ノーザン・パイプライン社や他の石油パイプライン会社がその余剰資本を株主に還元すれば、株主ははるかに望ましい状況になるはずだ、と。

　ベンジャミン・グレアム氏の書簡は、会社が余剰資本をどのように利用するかを株主が決定すべきだという主張で結ばれている。「私たちは本件につ

＊5　全文を付録に掲載。

き、経営陣ではなく株主が適切に主導権を発揮すべきだと、なんの後ろめたさもなく堂々と指摘できると確信しています。……ビジネスに必要のない資本が会社にとどまるべきか、あるいは還元されるべきかの決定は、一義的に資本の所有者によってなされるべきであり、それを管理する人々によってなされるべきではありません」。

書簡を読んで、ロックフェラー財団の財務顧問であるバートラム・カトラー氏がグレアム氏と面談することになった。カトラー氏は、財団は投資先の会社経営に決して干渉しないと説明した。グレアム氏は、自分はノーザン・パイプライン社の経営に干渉しようとしているわけではなく、あくまでも余剰資本の配分を問題にしているにすぎないと述べた。カトラー氏はグレアム氏の指摘に耳を傾けたが、決して折れなかった。

ロックフェラー財団からの支援が得られないとなると、グレアム氏は他の株主からの支持を得るしかなかったが、同氏はこれを下位の株主の一人ひとりから委任状を勝ち取ることで成し遂げた。1928年1月までに、グレアム氏はノーザン・パイプライン社の取締役会で2席を得るために十分な議決権を確保していた。オイルシティでの年次株主総会の前夜、グレアム氏とその弁護士が議決権の集計のために同社の経営陣と対面した。委任状争奪戦で、株主は何回も議決権を行使できるが、最新の委任状だけが有効になる。グレアム氏は後にその場面をこう描写した。「経営陣は、彼らが得た委任状のほとんどが、私たちに与えられた後日付の委任状に取って代わられていることに驚き、困惑していました。相当の年月が経ったいまでも、300株を保有するある株主の委任状の有効性を確認したときに、同社CEOのダグラス・ブッシュネル氏が思わず発した悲痛な叫び声を覚えています」。その株主がグレアム氏支持に変心したことに、ブッシュネル氏は相当ショックを受けていた。ブッシュネル氏は「あいつとは古い付き合いだ。あいつが俺に委任状を渡したときに、昼食をおごってやったのに」と嘆いた[25]。

1928年のノーザン・パイプライン社の株主総会では、グレアム氏とその弁護士が取締役会の2席（5席中）を獲得したが、2人はスタンダード・オイル社の分割会社のなかで初めて取締役に選出された社外関係者だったし、取締役会では少数派だった[26]。株主たちから資本の株主還元を支持する強力な

第1章　ベンジャミン・グレアム氏 対 ノーザン・パイプライン社　29

メッセージがあったとはいえ、グレアム氏は財務戦略をめぐる他の3人の取締役との厳しい戦いを覚悟した。しかし、そのような戦いは生じなかった。1928年の年次総会の数週間後、ノーザン・パイプライン社の経営陣は株主にキャッシュを分配する計画を発表したのだった。

自分の事件の裁判官たち

　現代の人はノーザン・パイプライン社の経営陣の疑わしい行動に驚くかもしれないが、いまでもさほど珍しい事象ではない。たとえば、株主総会をオイルシティのような遠隔地で開催する慣行はまだ残っている。シェブロン社は2014年に株主総会の開催場所をサンフランシスコ近郊の本社からテキサス州ミッドランドに変更したが、そこは最寄りの主要空港から4時間以上もかかる場所だった。そして、グレアム氏が初めてノーザン・パイプライン社の年次株主総会で受けた扱いはどうだろうか。公開会社は年次株主総会で株主の質問に答える法的な義務があるが、時にはこれを拒否することがある。2006年にホームデポ社の取締役は全員、年次株主総会を欠席した。そのうえ、苦境に立たされていた同社CEOのロバート・ナーデリ氏は株主1人につき1つの質問しか許さず、同社のエプロンを着た用心棒に60秒の質問時間制限を強制させた[27]。

　ノーザン・パイプライン社のCEOがグレアム氏との初会談の去り際に発した「私のいうとおりにしないなら去ってほしい」という発言も標準的な行動だ。グレアム氏の頃から、無数の投資家が同じようなセリフを聞いてきたことだろう。こうした議論は、社内の人があえて会社の業績を貶めて、株主が株式を買い増すのを阻止しようとするという奇妙な方向に進むことさえある。ウォーレン・バフェット氏の初期の投資先の1社であるマーチャンツ・ナショナル・プロパティ社の社長はバフェット氏に宛てて、同氏による同社の不動産評価額は「大幅に高すぎる」し、来期の純利益は著しい減少が見込まれると書いた[28]。私自身ある公開会社の取締役会長に、同社のビジネスは「無価値」で、私が「その株式を買うなんて狂気だ」といわれたことがある[29]。

しかし、経営陣が大株主の1人を迷惑者として退けようとしたことを超えて、ノーザン・パイプライン社の一連の動きには憂慮すべき点を感じる。本書の序章で、公開会社の目的は株主に利益をもたらすことだと述べたが、これは、経営陣と取締役会が会社の資産を活用して株主のリターンを最大化しなければならないことを意味している。これが正しいとすると、いったいなぜノーザン・パイプライン社の経営陣はキャッシュと債券を大量に保有していることを株主から隠そうとしたのだろうか。同社は余剰資本を株主に還元することを拒否しただけではなく、流動資産の真正価値を知られないように開示を貧弱な内容にしていたのだ。

　ノーザン・パイプライン社は、会社における権力の抑制と均衡が機能しなくなった事例として古典的である。無関心な株主の集まりと、主要メンバーを経営陣が占めている取締役会との組合せだ。5人のメンバーからなる同社の取締役会は、社長を含む経営陣3人と、スタンダード・オイル社の系列組織に所属する2人で構成されていた[30]。フェデラリスト・ペーパーズ[*6]で、ジェームズ・マディソン氏は「だれもが自分の事件において裁判官となるべきではない」と警告している[31]。ノーザン・パイプライン社の経営陣は取締役会を支配することで、自分たち自身の監督者として行動していた。取締役を監督するのは株主しかなかったが、グレアム氏が現れるまでそんな株主は実質的にいなかった。

　ロックフェラー財団は同社の筆頭株主だったが、自らを受け身の投資家とみなしていた。グレアム氏による初めてのオイルシティ訪問の数年前、ロックフェラー財団顧問のトーマス・M・デボイス氏は、ロックフェラー財団の創設メンバーの1人で、一般教育委員会（General Education Board。以下、GEB）[*7]の委員長でもあったウィクリフ・ローズ氏宛てに書簡を送り、その

[*6]　The Federalist Papers。1787年から1788年にかけて、米国憲法の批准を支持するためにアレクサンダー・ハミルトン氏、ジェームズ・マディソン氏、ジョン・ジェイ氏によって書かれた85編の論文集で、米国の憲法解釈において今日でも重要な資料とされている。米国の政治思想と憲法学における基礎文献とみなされており、これらの論文は、連邦制の原理や、三権分立、共和制など、米国政府の基本構造を論じていることで知られる。

[*7]　ジョン・D・ロックフェラー氏によって1902年、米国の公共教育の質を向上させ、進歩的な教育改革を促進することを目的に創設された非営利組織。

第1章　ベンジャミン・グレアム氏 対 ノーザン・パイプライン社　31

なかで公開会社の株主としてのGEBの役割について次のように述べている。「理事会は一貫して次のような姿勢を堅持し、必要であればそれを対外的に明らかにすることが重要であると考えています。当財団は慈善法人であることに鑑み、有価証券の保有は投資家としての立場でのみ行うこと、当財団は事業法人の経営活動に口出しする能力を備えていないこと、……そして、投資先の会社経営に不満が生じた場合にとるべき唯一の手段は、投資を売却することです……」[32]。

　ベンジャミン・グレアム氏が嗅ぎつけるまで、ノーザン・パイプライン社の経営陣は「だれにも」説明責任を負っていなかった。同社が保有する大量のキャッシュと有価証券は経営陣にとって、地位とそれに伴う収入と名声を保全してくれる巨大なクッションの役目を果たしていた。株主のことを気にかける必要がないため、経営陣はスタンダード・オイル・ビルの豪華な執務室の外に向かって潤沢な財務状況を知らしめないことを選んだ。説明責任がない場合、経営陣が、というより人間であればだれしも、株主の利益よりも自らの利益を優先する決定を下すのは簡単なことだ。

　ノーザン・パイプライン社だけが、資本の配分について疑問のある行動をとっていたわけでは決してない。石油パイプライン運営事業を行うほかのすべての公開会社を含め、多くの会社が株主に還元すべき余剰資本を抱えていた。ノーザン・パイプライン社の事例後、何十年にもわたりベンジャミン・グレアム氏は、同様のアクティビスト・キャンペーンをキャッシュ・リッチな会社に対して展開し、株主への増配を迫った。多くの相手はノーザン・パイプライン社と同様に惰眠を貪り、その経営陣は投資家を無視しているのが通例だった。たとえば、グレアム氏が1947年にニュー・アムステルダム・カジュアルティ社に仕掛けた委任状争奪戦で、同社の経営陣は「典型的な株主は本当にわずかな株式しか保有していないので、増配に関心をもたない」と主張した。

　ノーザン・パイプライン社のグレアム氏への反応はストレートだった。取締役会から株主に宛てられた書簡には次のように記されていた。「私たちは、株主の皆様に対する１つの問いかけに全体が要約されると考えています。流動資産の即時還元の約束と引き換えに、技術的な専門性を要する当社

の舵取りを、なんら経験もない人々の手に委ねたいと思うかということです」[33]。

　ベンジャミン・グレアム氏には経営を支配するつもりも、本業に干渉するつもりもなかったことに鑑みると、このノーザン・パイプライン社の問いかけはミスリーディングだが、資本の配分をめぐる論争の核心を突いている。すなわち、投資家として、経営陣と取締役会が資本をビジネスに活用して株主に対して長期的に最も効率的にリターンを提供することを信頼するか、それとも、近い将来の配当や自社株買いという贈り物を携えた株主アクティビストを信頼するかということだ。経営陣は自己保全に偏る傾向があるし、株主は短期的な利益に容易に惑わされがちだ。理想的な世界では、取締役会がこうした偏向を是正できるはずだが、現実的にはどちらかに加担することが多く、もたらされる結末は見苦しいものになりうる。

　公開会社は本当にひどい資本の無駄遣いをしてきた。私はそのいくつかをここで列挙する衝動に抗することができない。筆頭は本書第5章で詳述する1980年代のGMだろう。当時の同社CEOであるロジャー・スミス氏は、正当性の疑わしい買収や設備投資に何十億ドルもの資金を浪費したあげく、ロス・ペロー氏を取締役会から追放するために7億ドルも費やした。1989年にはオキシデンタル・ペトロリアム社が、同社の取締役会長兼CEOであるアーマンド・ハマー氏の美術コレクションを収蔵する博物館建設に5,000万ドルを投じると発表した。このプロジェクトの最終費用は1億5,000万ドルを超えたとされている。ハマー氏はまた会社の資金で美術品を購入し、500万ドルもするレオナルド・ダ・ヴィンチの手帳「レスター・コーデックス」を買って「ハマー・コーデックス」と改名した[34]。

　アーマンド・ハマー氏の公私混同は、経営陣の個人的な利益のために会社の資本が浪費された事例の氷山の一角にすぎない。2002年に崩壊する前の2年間、ワールドコム社はCEOであるバーナード・エバース氏に同社のキャッシュ残高の2割に相当する金額を貸し出し、同氏はそれによって自身の信用取引口座の追加証拠金の支払を行っていた[35]。そしてもちろん、ホームデポ社、ヒューレット・パッカード社、メリル・リンチ社、ファイザー社でみら

れた贅沢な手当、給与、退職金は、資本の無駄遣いの最たるものだ。

　戦略的買収に莫大な資本が浪費された事例もある。2008年の金融危機の直前にはABNアムロ銀行やカントリーワイド・フィナンシャル社をめぐる買収劇があったが、買収者はその後わずか数カ月で支払不能に陥った[36]。多くの鉱業や石炭業の会社が好況の頂点であった2010年から2011年にかけて、同じような企業価値破壊的な買収を行った。そして、ひどいディールについて語るのであれば、2000年にAOL社と合併するために株式の55％をAOL社の株主に与えたタイムワーナー社の事例を抜くことはできない[*8]。

　しかし、株主にも責任があるといわざるをえない事例もある。気まぐれな投資家をなだめようとする取締役会により、お粗末な資本配分がなされることが多い。景気循環の影響を受ける業種の会社が好況の頂点で資産を増やすのと同じように、積極的な自社株買いは株価の上昇局面で増加する傾向がある[37]。ウィン・ディクシー社やオフィス・デポ社のような会社はビジネスのために確保すべきキャッシュまで株主に還元し、自らの首を絞めた[38]。極端な例が、電気製品の小売業者だったサーキット・シティ社だ。同社は自社の店舗を可能な限り薄暗くして洞窟のような雰囲気にし、テレビがより明るく、ステレオがより大きく聞こえるようにした[39]。ベスト・バイ社やコストコ社が快適なショッピング体験を提供するようになった後でもサーキット・シティ社は店舗改装に投資せず、2000年代半ばに10億ドルに及ぶ自社株買いを実施し、同社はそれによって破産、清算に至った。

　後知恵で愚かな意思決定を嘲笑するのは簡単だが、ほとんどの資本配分の選択の良し悪しは明確ではない。委任状争奪戦が善と悪の明白な戦いであることもめったにない。ノーザン・パイプライン社のように比較的わかりやすい事例においてさえ、適切なコーポレート・ガバナンスのあり方に関するむずかしい問題が浮かび上がる。私たちは経営陣の問題を多く指摘したが、不適切な行動は経営陣に限らない。ノーザン・パイプライン社では、ロックフェラー財団が支配する株主全体が、グレアム氏が登場するまでまったく受

────────────────

＊8　AOL社とタイムワーナー社の事例については、たとえばミヒル・A・デサイ著『ハーバードのファイナンスの授業』関美和訳、ダイヤモンド社、2018年の第5章の解説が興味深い。

け身の姿勢だった。経営陣を監督するはずの取締役会はCEOによる囚われの身だった。取締役会と株主の両方がノーザン・パイプライン社で生じた「不合理で残念な状況」の責めを負うべきであろう。

　ベンジャミン・グレアム氏の株主アクティビズムに対するアプローチは、もっぱら会社の資本政策の改善に焦点を当てていた。これは非常に理にかなっている。ビジネスの運営に優れている経営陣であっても、資本の受託者（steward）としてふさわしい行動をするとは限らないからだ。一方、投資家は企業価値評価と資本配分の専門家と考えられている。もし投資家が会社の経済構造を理解しているなら、その会社にとって資本を最も有効に活用する方法もわかるはずだ。キャッシュをビジネスに再投資すべきか、自社株買いをすべきか、配当を支払うべきか、買収や出資を行うべきか。株主がこうした点に口出しすることは、公開会社のガバナンス構造とも整合的である。取締役会がCEOを監督し、会社の財布のひもを握る。CEOはビジネスを運営し、取締役会は予算を承認し、経営陣らの報酬を決定し、株主に説明責任を負う。

　しかし、ベンジャミン・グレアム氏が立ち上げに貢献した株主アクティビズムはその後、対象会社の資本配分の領域を超えて拡大していった。今日、取締役会に影響を与えようとしてアクティビストが展開するキャンペーンはいずれも会社の資本政策だけを対象としているわけではない。CEO職と会社全体の支配権取得がその対象になっている。

新たな世界秩序

　1927年にベンジャミン・グレアム氏がオイルシティまでわざわざ足を運んで短いスピーチを行おうとしていた頃は、だれもまだ同氏を現実的な脅威とみていなかった。ノーザン・パイプライン社の経営陣は、グレアム氏が取締役会の席を求めて戦うつもりなどないはずだと高をくくっていた。経営陣の油断は、当時、委任状争奪戦がどれほど珍しかったかを示している。グレアム氏が回顧録で説明しているように、会社の事業に口出ししようとする株主

は一般に疑念と軽蔑の目でみられていた。同氏は「昔、ウォール・ストリートのビジネスは紳士のゲームであり、洗練された一連のルールに従って行われていました。基本的なルールの1つは『他人の縄張りに手を出すな』でした」と書いている[40]。

グレアム氏は案の定、「基本的なルール」に従うことを選択しなかった。同氏は、ウォール・ストリートの投資家は会社の経営陣に寛容でありすぎると考えており、株主を代表して会社と戦うことにためらいはなかった。この姿勢は同氏の後継者にも影響を与え、彼らの多くはなんらかのかたちでウォール・ストリートの権威に反抗する投資家としてキャリアを積み上げた。ベンジャミン・グレアム氏が登場する以前、普通株式は投機家によって売り買いされるだけで、それが会社のビジネスに影響を与えることはほとんどなかった。グレアム氏は新たな世界秩序を導入した。同氏は公開会社の株式をビジネスの内在価値の分割された持分としてみるとともに、そのビジネスの取締役と経営陣に自身の行動に対する説明責任を負わせるための強力な手段として用いた。

グレアム氏によるノーザン・パイプライン社に関するキャンペーンは、ウォール・ストリートのエリートたちにも影響を与えた。同氏は、ノーザン・パイプライン社の取締役たちが1928年の年次株主総会後、すぐに態度を変えて余剰キャッシュの株主還元を支持したことに驚いたが、後にロックフェラー財団が経営陣支持の委任状を提出する際、余剰キャッシュを株主に還元するよう要求した事実を知った。他のほとんどの石油パイプライン会社も同様の行動をとり、余剰キャッシュを株主に還元した。グレアム氏がロックフェラー財団に宛てた力強い書簡は、同財団内で明らかに反響を呼んだようだった[41]。以前、投資先の会社の経営に口出しするつもりはないと主張していたロックフェラー財団は、石油パイプライン会社以外にも方針変更の対象を広げた。グレアム氏によるキャンペーンから1年後、ジョン・D・ロックフェラー・ジュニア氏は自らの財団の支援を受けてスタンダード・オイル・オブ・インディアナ社の取締役会長を追い出すための委任状争奪戦を開始したのだった。

ノーザン・パイプライン社は優良な投資案件に変わったが、グレアム氏の
ポートフォリオは分散が図られているため、そのリターンへの影響は大した
ものではなかった。同氏の回顧録における投資に関する記述は、勝利で得た
戦利品よりも勝利を追求する興奮に焦点を当てている。同氏が投資家に卓越
したリターンを提供するために払った努力を軽視したくはないが、これがベ
ンジャミン・グレアム氏のスタイルである。グレアム氏は引退後、バーナー
ド・バルーク氏＊9の回顧録を読み、この有名な投資家が仕事を辞めて自己
資金の投資活動に専念しようと決意するくだりについて次のように書いてい
る。「自己中心的であり、つまらない決心だと、少し軽蔑的に微笑んだこと
を覚えています。非常に才能があり、莫大な富をもつ若者が、自分自身のた
めだけに、もっと多くのお金を稼ぐことに全力を尽くすとは、なんと不名誉
なことかと思いました」[42]。

　アリス・シュローダー氏が執筆した伝記『スノーボール』で、ウォーレ
ン・バフェット氏はグレアム氏からお金に執着するなとアドバイスを受けた
と語っている。「ウォーレン君、1つ覚えておきなさい。お金は、あなたと
私の生活にさほど大きな違いをもたらしません。私たちは2人ともカフェテ
リアに出かけて昼食をとるし、毎日働くし、楽しい時を過ごしています」[43]
と。バフェット氏が他のアナリストたちから一線を画し、社内でスーパース
ターとして輝き始めた時、グレアム氏はバフェット氏のために料金を払って
ダンスのレッスンを受けられるようにしただけではなく、バフェット氏が
レッスンに通っているかをスタジオに確認した。

　グレアム氏はまだ61歳の時に引退した。同氏はグレアム・ニューマン社の
ジェネラル・パートナー兼ポートフォリオ・マネジャーの地位を継がないか
とウォーレン・バフェット氏に申し出た。バフェット氏はその申出を光栄に
思い、いったん引き受ける気持ちになったが、自分がニューヨークでの暮ら
しに我慢しているのは「投資の英雄」と一緒に働けるからだった。バフェッ
ト氏はグレアム氏の引退に伴いオマハに帰ることにし、自身の会社を立ち上

＊9　米国の実業家、政治家、慈善家。第一次世界大戦中、戦時産業局長として産業界を
　　統括。また、第二次世界大戦後の国際原子力エネルギー管理に関するバルーク計画を
　　提唱。大統領顧問として経済政策や外交でも活躍。

げた。グレアム氏は1956年に会社を閉めて、カリフォルニアで余生を過ごした。

　ベンジャミン・グレアム氏は投資ビジネスから引退後、ちょうど20年間生きた。同氏は世界中を旅したり、議会でさまざまな問題について証言したり、ガイコ社＊10の取締役を務めたり、投資に関する講演を行ったりした。『証券分析』を1回、『賢明なる投資家』を3回改訂し、ウルグアイの小説の翻訳書を出版した。さらに、計算尺や、モールス信号を暗記するための独創的なシステムも開発した。ウォーレン・バフェット氏とは連絡を取り続け、バフェット氏はグレアム氏とその教え子たちが定期的に集まる会合の幹事を務めた。グレアム氏は晩年に時折過ごすようになっていたフランスで1976年に亡くなった。同氏は亡くなる直前、ウォール・ストリートで最初に仕事に就いてから約60年後に『賢明なる投資家』の最後の改訂を行ったが、そのなかで「1934年以来、私たちは執筆を通じて、株主は経営陣に対してより知的かつ積極的な態度をとるべきだと主張してきました」と記している[44]。

　グレアム氏が将来世代の投資家に自分が影響を与え続けていることを予測できたとしても、その死後の数十年間で自身の教え子たちが生み出した驚異的な富の大きさには驚愕するだろう。バフェット氏のバークシャー・ハサウェイ社が保有する株式の時価総額は1976年末には1億2,100万ドルだったが、1996年には280億ドルに[45]、2013年には1,280億ドルに拡大した。加えて、ガイコ社、バーリントン・ノーザン・サンタフェ社、ミッドアメリカン・エナジー社をはじめとする多数の価値の高い非公開会社を抱えている[46]。バフェット氏とその仲間たちはベンジャミン・グレアム氏のバリュー投資のフレームワークを受け継ぎ、それを発展させるかたちで自らの投資スタイルを磨き上げ、米国の長期的な経済成長に乗って想像を絶するような富を築き上げた。

　米国が物凄い勢いで豊かになり、公開会社の所有権がいっそう拡散するに

＊10　GEICO。1936年設立の米国の自動車保険会社。もともとは米国政府職員向けに保険を提供する目的で設立されたが、現在では一般消費者も対象にした事業を展開。同社が1976年に財政的な困難に直面した際、バフェット氏が出資して事実上救済。1996年にバークシャー・ハサウェイ社の完全子会社になった。

つれて、企業支配権をめぐる戦いが至るところで勃発するようになった。グレアム氏によるノーザン・パイプライン社に対する委任状争奪戦は、今日の基準では穏やかなものだった。同氏は「私たちは取締役会で過半数を手に入れるような提案はしませんでした。そうすると会社の経営に責任をもたなくてはならないからです。そんな権利がないことはわかっていました」[47]と書いているが、後の世代のアクティビスト投資家たちにそれほどの自制はない。グレアム氏のノーザン・パイプライン社に対するキャンペーンは同社の取締役会を驚かせたゲリラ戦だったが、1950年代までには多くの取締役会室が作戦本部としても使われるようになった。

第 2 章

ロバート・ヤング氏 対
ニューヨーク・セントラル鉄道：
プロキシティアの嵐が
ヴァンダービルト線を襲う

「昨年の委任状勧誘参考資料によると、ニューヨーク・セントラル鉄道の取締役会は全員合計で同社株式を１万3,750株しか保有しておらず、それは全株数の１％の４分の１にも及びません。これが同社の残念な現況の基本的な理由だと私たちは考えています」

——ロバート・ヤング、1954年

　ウォール・ストリートを「クソったれの銀行家」と頻繁に罵る、猪突猛進のテキサス人、ロバート・R・ヤング氏は1938年、チェサピーク＆オハイオ鉄道の支配権をめぐる激しい争いのなかにあった。敵は、ヤング氏が保有する同社株式を担保に8,000万ドルを同氏に融資しているクソったれの銀行家、ギャランティ・トラスト銀行だった。ギャランティ・トラスト銀行は担保株式の評価額が必要な水準を下回ったと通告し、担保株式を差し押さえて、その議決権を使ってヤング氏をチェサピーク＆オハイオ鉄道の取締役会から追放しようとした。ヤング氏がチェサピーク＆オハイオ鉄道の支配権を手に入れてから１年しか経っていなかったが、そんな短期間で同氏は鉄道業界と大口の貸し手を敵に回してしまった。同氏は、ギャランティ・トラスト銀行が別のクソったれの銀行家であるJ. P. モルガン銀行と共謀して自分を業界から追い出そうとしていると確信していた。

　チェサピーク＆オハイオ鉄道の株主総会が開催される数週間前、連邦裁判

所はギャランティ・トラスト銀行とヤング氏の双方に対して問題の株式に関する議決権行使禁止の仮処分命令を発令していた。その命令の有効期間が株主総会の日付を超えることが明らかになり、両者はチェサピーク＆オハイオ鉄道の他の株主に対する委任状争奪戦を強いられることになった。両者は一塊の株式の議決権をめぐる法的な闘争を予期していたのだが、結局、6万に及ぶ同社の小口株主の忠誠心を求めて競うことになってしまった。

　ヤング氏は自身にとって初めての委任状争奪戦で、銀行家たちを相手に見事な戦いをみせた。同氏は一般大衆の間にくすぶるウォール・ストリートの銀行に対する嫌悪感に訴求し、ニュースメディアで大衆受けする魅力を放っていた。同氏は戦略の一環として、ギャランティ・トラスト銀行宛ての痛烈な書簡群を公表した。ヤング氏が宿敵に宛てて書いたこれらの公開書簡はチェサピーク＆オハイオ鉄道の小口株主たちに影響を与えることも目的としており、キャンペーンの強力な武器となった[1]。ヤング氏はチェサピーク＆オハイオ鉄道の普通株式の41％に相当する株主から委任状を勝ち取ることができたが、これは裁判所の命令対象外になっている株式の70％以上に当たる[2]。

　チェサピーク＆オハイオ鉄道の委任状争奪戦は、銃声のように全米の公開会社の取締役会に鳴り響いた。後にサタデー・イブニング・ポスト紙が「ウォール・ストリートの大胆な若者」と呼ぶことになる41歳のヤング氏は、株式を大量に買い占めるのではなく、他の株主に対して広く呼びかけることによって、ギャランティ・トラスト銀行、そして多分J. P. モルガン銀行をも打ち負かしたのだった[3]。

　ヤング氏はまた、大恐慌の時代に自らのビジネス帝国を築き始めていた野心的な若者たちの注目を集めた。ヤング氏によるチェサピーク＆オハイオ鉄道でのキャンペーンは、公開会社の支配権を委任状によって手に入れるための勝ち筋を彼らに教えた。第二次世界大戦後に米国経済が拡大を始めると、彼らはヤング氏の戦績を手引書としながら作戦を開始した。ターゲットには、主要な鉄道会社や、モンゴメリー・ワード社、デッカ・レコード社、20世紀フォックス社、MGM-ローズ社などの有名な公開会社が含まれていた。1951年にユナイテッド・シガー-ウェラン・ストアーズ社の経営陣がチャー

ルズ・グリーン氏に「プロキシティア」というレッテルを貼ったことで、この乗っ取り屋として恐れられた一群の人々はプロキシティアと呼ばれるようになった[4]。

1950年代は投資家にとって実り多き時代だった。この10年でダウ・ジョーンズ工業平均は240％の値上りを達成し、これは史上最高記録の1つになっている[5]。1950年代にはまた、公開会社の所有構造に重要な変化が生じた。ウォール・ストリートは「米国ビジネスのシェアをもとう」[*1]というニューヨーク証券取引所のキャンペーンなどを通じて、株式所有の大衆化を積極的に推進した。プロキシティアたちはこの宣伝文句が真実かを試す役割を担った。彼らはしばしば保有株式を売却した株主から残存株式を買いあさって公開会社の大きな持分を手に入れ、株主の権利の名のもとに経営陣を攻撃した。経営陣にとっては青天の霹靂だった。多くのCEOたちは単に困惑し、最初は「だれだ。こいつのことは聞いたことがないぞ」という反応だった。しかし、プロキシティアたちは簡単には追い払えなかった。チャールズ・グリーン氏は「もし私が株式をもっていてもパートナーになれないのなら、シェアをもてば米国ビジネスのパートナーになれるという取引所のキャンペーン話はまったくのでたらめになる」と主張した[6]。

プロキシティアの台頭は、今日知られているかたちでの会社乗っ取りの誕生を画するものである。1890年代後半の合併ブームや1920年代の株価操縦と同様に、プロキシティアたちは米国における資本主義とその社会的意義に挑んだ。若者たちが、株主利益が最優先という合言葉を掲げて取締役室に押し入ろうとするのをみて、米国の人々は顔をしかめた。当時、多くの経営陣をはじめとするほとんどの人々は、会社は利益追求よりも社員の福利厚生や地域社会への貢献を優先すべきだと考えていた。だが、そんな無邪気さは間もなく捨て去られた。バロンズ紙は1954年を「委任状争奪戦の年」と宣言した[7]。同じ年、エルビス・プレスリーは最初のシングル・レコードを発表し、下半身を前後左右にスイングするダンスで世間を驚かせた。それから30年も経たないうちに、オジー・オズボーン[*2]がアラモ記念碑で立ち小便し

＊1　share。分け前や持分という意味に加え、株式のことも指す。

ながらコウモリの頭を噛みちぎり、カール・アイカーン氏はターゲット会社のCEOに「私はお金のためだけにこれをやっている」と告げた[8]。

1954年における最大の、時代を象徴する委任状争奪戦は、祝祭の創設者であるロバート・ヤング氏自らの手で行われた。チェサピーク＆オハイオ鉄道での成功に勢いづいた同氏は、国内で2番目に大きな鉄道会社でだれもが知っているニューヨーク・セントラル鉄道をターゲットにした。ヴァンダービルト線[*3]を支配するための戦いは、コーポレート・デモクラシーの実践の見本となり、全国民を釘付けにした。敵対する両陣営は委任状を求めるキャンペーンに200万ドル以上を費やした[9]。ヤング氏はミート・ザ・プレス[*4]で敵方と討論し、日刊新聞各紙を自陣の提案への投票を促す広告で溢れさせた。

1867年、コモドール・ヴァンダービルト氏は熾烈な競り合いと舞台裏での株式買集めを通じてニューヨーク・セントラル鉄道の支配を勝ち取った。その約90年後に同社への攻撃を開始したヤング氏は、一般株主を口説いたのだった。同氏は演出の才能を用いて、株主向けに送る書簡を堅苦しい法的文書からおもしろくて風刺に満ちたお手紙に変えてしまった。ニューヨーク・セントラル鉄道の株主たちにヤング氏が送った最も挑発的な書簡の1つは、次の殺し文句で締めくくられている。

> **警告：もし銀行、弁護士、荷主、納入業者、あるいはその他のだれかが、あなたの委任状を現在の取締役会に送るように勧誘してきたら、その人にどのような特別の利益があるのか、株主の皆さんの会社であるニューヨーク・セントラル鉄道からどれだけの報酬をもらっているのかを尋ねてください。ニューヨーク・セントラル鉄道の取締役会に席をもつ銀行の人たちのように、その人も株主の皆さんの会社または銀行から**

---

* 2　英国のヘヴィメタルバンド「ブラック・サバス」のボーカリストで、その独特の歌声とステージ・パフォーマンスはヘヴィメタルの世界で象徴的な存在として知られる。

* 3　ニューヨーク・セントラル鉄道が所有する線路の1つで、ニューヨーク州と東部や中西部の地域を結んでいた。

* 4　米国で放送されている、1947年開始の長寿の討論番組。

▌何か特別な恩恵を手に入れることを望んでいるかもしれません[10]。

　ロバート・ヤング氏はプロキシティアの長老であり、ニューヨーク・セントラル鉄道との闘争は、ウォール・ストリートの権威に対する同氏の数十年にわたる戦いの集大成でもあった。同氏はすでに相当の財産を築き、フロリダ州パームビーチやロードアイランド州のニューポートに大邸宅も建てていたが、ヴァンダービルト家の鉄道をモルガン家とその一派を出し抜いて勝ち取るチャンスという意味で、ニューヨーク・セントラル鉄道こそ究極の栄冠だった。

独立独歩の道を歩む男

　ロバート・ヤング氏は1916年に、デュポン社の火薬工場の下級係としてキャリアをスタートした。生産ラインで瞬く間に頭角を現し、現場監督は同氏が読み書きできることを知ると、同氏を昇進させた。同氏は昇進を続けて第一次世界大戦が終わる頃にはデラウェア州ウィルミントンのデュポン社の財務部に在籍し、財務部長のドナルドソン・ブラウン氏の直下で働いていた。

　ピエール・デュポン氏[＊5]が同社の経営を引き継いだ直後、ヤング氏はブラウン氏の後を追ってGMへ転職した。ヤング氏は後にGMでの7年間についてこう書いている。「私は企業財務に関して特訓を受けました。それは私にとって、この国にある仕事のなかで最適な仕事でした」[11]。ヤング氏は1927年、ちょうどGMが栄光の時代を迎えようとしていた頃に財務副部長になった。ブラウン氏はもっと高い役職を約束していたが、ヤング氏はGMの最高位はアルフレッド・スローン氏とドナルドソン・ブラウン氏によって占められていることを知っていた。1929年の夏、ヤング氏はウォール・ストリートにチャンスを求めた。そこでは財産が積み上げられていたが、その富は数カ月後に大暴落で雲散霧消する運命にあった。

＊5　フランスで重農主義の経済学者だったが、フランス革命の後に米国に亡命し、実業家として活躍。息子エルテール・イレネー・デュポン氏はデュポン社の創業者。

ヤング氏はピエール・デュポン氏とジョン・J・ラスコブ氏＊6によって新設された投資会社、エクイシェアーズ社の財務部長になった[12]。そこで大暴落が起きる直前に株式を売却し、大暴落後に購入した株式が上昇したことから、盤石な資金基盤と高い評判を勝ち得た。同氏は1931年にニューヨーク証券取引所の会員権を購入し、自分自身とブラウン氏、スローン氏を含む一握りの顧客のために投資ビジネスを始めた。成果は目覚ましく、1931年3月に始めて1934年1月に外部顧客との契約を終了するまでの期間、市場平均が70％以上も下落したのにポートフォリオは40％近い上昇を実現した[13]。

しかし、ヤング氏は再び、自身が「春になると感じる落ち着かない気分」と呼ぶものに駆られた。同氏はブラウンとスローン両氏との運用契約について乗り気ではなく、ポートフォリオ運営を完全に任せてもらうことと、高水準のパフォーマンス・フィーを払ってもらうことを条件にしぶしぶ引き受けていた。ヤング氏が両氏との契約について後悔を感じるまでに、それほど時間はかからなかった。ヤング氏が事前の承諾なく海外旅行をしたことにブラウン氏が激怒したことから、同氏は自分自身の資金運用ビジネスで享受していたと思っていた自由が幻想だったことに気づいた。しかも、仕えなくてはならない上司はGMで10年前に仕えていたのと同じ上司だった。同氏は自分の会社をもつことを望んだ。

空手形は切らない

ヴァン・スウェリンゲン兄弟によって支配されていた広大な鉄道帝国、アレゲニー社は1935年、膨大な債務を抱えて崩壊した。同兄弟は競売にかかった会社を買い戻すのに十分な資金をなんとか調達したが、15カ月の間に2人とも亡くなってしまった。1937年、ロバート・ヤング氏と2人のパートナーはアレゲニー社の43％の持分をわずか640万ドルで購入した。この取引により、40歳のヤング氏は2万3,000マイルに及ぶ鉄道網と、帳簿価格で30億ド

＊6　デュポン社の財務部門で活躍後、GMで財務担当副社長も務め、同社IPOに貢献。エンパイア・ステート・ビルディング建造を推進した中心人物であり、慈善活動にも注力。

ルの資産を実質的に支配することになった[14]。もちろん、同社は多額の負債を抱えており、ヤング氏はアレゲニー社の鉄道網を支配し続けるためには貸し手たちと戦わなければならないことをすぐに悟った。最初の戦いは1938年のギャランティ・トラスト銀行とのチェサピーク＆オハイオ鉄道をめぐる委任状争奪戦だった。ヤング氏がアレゲニー社の株式の所有権を確実にし、チェサピーク＆オハイオ鉄道の取締役会で明白な過半数を確立するのにその後4年もかかった。

　アレゲニー社とチェサピーク＆オハイオ鉄道の件にけりをつけた後、ヤング氏は一連の、いずれも失敗に終わる買収案件に取り組んだ。それらは1954年のニューヨーク・セントラル鉄道との闘争の前哨戦になった。同氏の最初のターゲットは寝台車を所有、運行していたプルマン社だった。同社は1944年に政府が親会社の分割を命じたのに伴い売りに出されたのだが、ヤング氏が最高値の札を入れたところ、ニューヨーク・セントラル鉄道を筆頭にした鉄道会社の連合が札を入れてきた。同氏は価格を引き上げて対抗したが、その連合はプルマン社の取締役会の受入価格とマッチする価格を提案してきた。同氏は、これは不正だと叫び、ICCと裁判所に訴えると同時に、一般大衆にも知らしめることにした。

　ICCと最高裁判所は1947年に鉄道会社の連合によるプルマン社買収を支持したが[15]、世論による裁判ではロバート・ヤング氏が明らかに勝利を収めた。プルマン社の取締役会が1945年末に鉄道会社連合による買収価格を受け入れた直後、ヤング氏は全米の新聞で鉄道業界にねらいを定めた広告の掲載を開始した。同氏は、鉄道会社の連合によるプルマン社買収は、同社による独占が生んだひどい顧客サービスを継続させるだけだと確信していた。その最も有名な広告は次のようなメッセージで始まっていた。「豚は列車を乗り換えることなく目的地に行けるのに、皆さんにはそれが許されていません！」[*7]。これは長年にわたりひどい鉄道サービスにうんざりしていた一般大衆の心に響いた。ヤング氏はチェサピーク＆オハイオ鉄道を顧客最優先

＊7　当時、鉄道会社が貨物（この場合は豚）輸送を一般の旅客よりも優先していたことへの揶揄。同じ目的地なのに貨物は乗換えなしなのに対し、一般の旅客は何度もの乗換えを余儀なくされていた。

の現代の鉄道であると売り込んだ。

1947年、ヤング氏は強大なニューヨーク・セントラル鉄道に初めて刃を向けた。チェサピーク＆オハイオ鉄道はニューヨーク・セントラル鉄道の株式の6％以上を購入し、同氏は取締役の地位を要求した。同氏はまた、プルマン社をめぐる戦闘に使ったのと同様の広告キャンペーンを開始した。広告はチェサピーク＆オハイオ鉄道がニューヨーク・セントラル鉄道宛てに書いたメモ風に構成されていた。そのうちの1つは次のような文句で始まった。「チェサピーク＆オハイオ鉄道からニューヨーク・セントラル鉄道へのメモ第2弾。長年無視されてきた通勤者のための切実なお願い。いますぐ実施できることなのに、なぜ改善しないか」[16]。

プルマン社をめぐるヤング氏の係争を終えたばかりだったICCは、同氏がチェサピーク＆オハイオ鉄道とニューヨーク・セントラル鉄道の双方で取締役になることを阻止した。ICCは、同氏が両社で取締役に就くことは、両社間の競争を阻害すると裁定したのだ。ヤング氏はICCの「二枚舌の正義、すなわち、ICCは鉄道会社の連合によるプルマン社の買収を含む、さまざまな他の利益相反を許してきたこと」に激怒したが、この時点ではニューヨーク・セントラル鉄道に軍配があがった。ヤング氏は敗北を認めて立ち去ったが、同氏の奮闘は一般大衆からかなりの支持を受け、タイム誌の表紙も飾った。同氏はICCの裁定が同氏に不利に出る直前、タイム誌の記者に対し、チェサピーク＆オハイオ鉄道の取締役会長職を辞していつでも「公然と闘うことができます」と語り、「ICCの連中は、私が空手形を切らない人物だということを身に染みて知っているはずです」と付け加えた[17]。

1954年1月19日、ロバート・ヤング氏はチェサピーク＆オハイオ鉄道の取締役辞任を発表するとともに、アレゲニー社がチェサピーク＆オハイオ鉄道の大量の株式を売却して「ニューヨーク・セントラル鉄道の大株主」になったことも公表した[18]。ヤング氏の意図についてピンと来ない人がいても、チェサピーク＆オハイオ鉄道の次のプレスリリースを読めばすっきりするだろう。ヤング氏は「自由に他の運輸業者の支配権を獲得できます」[19]。

その数日前、ヤング氏はパームビーチにいるハロルド・S・ヴァンダービ

第2章　ロバート・ヤング氏 対 ニューヨーク・セントラル鉄道　47

ルト氏を訪ねていた。ヴァンダービルト氏はコモドール・ヴァンダービルト氏[8]の曾孫で、自分のヨットがパナマ運河を通過するのを待っている間にコントラクトブリッジ[9]を発明したことで有名だった。ヴァンダービルト氏はパームビーチとニューポートの両方でヤング氏の友人兼隣人であるだけではなく、ニューヨーク・セントラル鉄道の取締役の1人だった。ヴァンダービルト氏にとって残念なことに、ヤング氏の来訪目的はビジネスだった。ヤング氏から、自身とそのパートナー、アラン・カービー氏が相当数のニューヨーク・セントラル鉄道株式を購入しており、自身が同社の取締役会長兼CEOになることを望んでいると告げられたヴァンダービルト氏は、2月10日に予定されている次回の取締役会でこの件を取り上げることになるだろうと話した。同氏はヤング氏の話をニューヨーク・セントラル鉄道のCEO、ウィリアム・ホワイト氏に伝え、こう語った。「次の年次株主総会では委任状争奪戦に直面することになりそうですね」[20]。

　ウィリアム・ホワイト氏はニューヨーク・セントラル鉄道のCEOになって、まだ2年も経っていなかった。同氏はヤング氏と同い年であり、そのキャリアは成り上がりという点でヤング氏とよく似ていたが、対戦相手のヤング氏が火薬、自動車、そして貸借対照表に精通していたのに対し、ホワイト氏は根っからの鉄道マンだった。同氏は16歳の時に高校を中退してエリー鉄道で働き始め、25年かけて部長まで上り詰めた後、バージニア鉄道に転職。その3年後にはデラウェア・ラッカワナ＆ウェスタン社の社長になり、その業務運営と財務を見事に立て直した。

　2月2日、2人はクライスラー・ビルの最上階で昼食をともにした。鉄道業界について和やかに意見交換した後、ヤング氏から妥協案が提示された。ヤング氏は、ホワイト氏が社長兼最高執行責任者（Chief Operating Officer）として会社にとどまること、自身は会長兼CEOになり、ホワイト氏に対する高額のストック・オプション付与を行うことを提案した。

　ウィリアム・ホワイト氏はヤング氏のもとで働くつもりはまったくなかっ

＊8　米国19世紀の産業革命と経済成長に貢献した実業家。特に鉄道業界および船舶業界の大立者として巨万の富を構築。ニューヨーク・セントラル鉄道も支配した。
＊9　世界的に普及したトランプを使うゲーム。

た。ホワイト氏はニューヨーク・セントラル鉄道に着任以来、37％の増益と1株当り50セントの年間配当を2倍の1ドルへ増配していた。また、同氏は米国で最も尊敬される鉄道マンの1人であり、社外でもAT&T社とナショナル・ビスケット社（後にナビスコ社と改名）の取締役を務めていた。ホワイト氏は即座にヤング氏の提案を拒否した。数週間後、ランチョンがどう終わったかと尋ねられたホワイト氏はこう答えた。「まあ、あいつにキスはしなかったかな」[21]。

取締役会の当日、ヤング氏は、自身とカービー氏に取締役会の席が与えられない場合、委任状争奪戦を行うと発表した。ニューヨーク・セントラル鉄道の取締役会は微動だにせず、「ヤング氏の要求を受け入れることは会社の最善の利益を毀損しうると考えます。……当社は18カ月前にウィリアム・ホワイト氏が社長兼CEOに就任する契約を結んでおり、取締役会もホワイト氏がその地位を放棄することを望んでいません」[22]と発表した。闘いの火蓋が切って落とされた。ヤング氏はこう応酬した。「本当の問題は、株主と公衆が粗末に扱われず尊重されているのであれば、会社の所有者が米国の法制度下においてあらゆる誠実な会社が備えているはずのものを享受できているかどうかということです。それはすなわち、所有者の声を強力に代弁できる者が会長になった取締役会です。私は、ニューヨーク・セントラル鉄道の所有者が5月26日に正しい答えを出すと確信しています」[23]。

ジェーンおばさんを口説く

ウィリアム・ホワイト氏は株主に対して「グローブは要りません、素手で戦います」と宣言した[24]。同氏はすべての広告予算を委任状争奪戦に割り当て、会社の広告代理店の協働先としてニューヨークの超一流PR会社を雇った。さらに、有力な専門家を集めて自身のチームを補強した。専門家にはジョージソン社などの委任状勧誘支援・助言会社や、クラバス・スワイン＆ムーアやクリアリー・ゴットリーブなどの法律事務所が含まれていた[25]。チームはニューヨーク・セントラル鉄道の株主構成について綿密に分析し、注力すべき州はどこか、メディアは何かを絞り込んだ。株主の約30％が

第2章　ロバート・ヤング氏 対 ニューヨーク・セントラル鉄道　49

ニューヨーク州在住で、オハイオ州、ペンシルベニア州、イリノイ州が続いた。マサチューセッツ州とカリフォルニア州にもかなりの数の株主がいたので、これはもう全米的なキャンペーンだった。

ニューヨーク・セントラル鉄道の取締役会には、米国で最も有力な銀行の幹部を含むビジネス界の著名人がひしめいていた。J. P. モルガン銀行の取締役会長であるジョージ・ホイットニー氏、チェース・ナショナル銀行およびメロン・ナショナル・アンド・トラスト銀行ならびにファースト・ナショナル銀行の社長もいた。こうしたモルガンやメロンに加えて、取締役会には2人のヴァンダービルト一族（ハロルド・S・ヴァンダービルト氏とウィリアム・H・ヴァンダービルト氏）と他の成功を収めたビジネスマンたちがいた。

ホワイト氏の戦略はシンプルだった。同氏は自身の経営者としての履歴と、同氏がニューヨーク・セントラル鉄道の実権を握って以来の実績を説明・主張するつもりだった。同氏は、株主はヤング氏のスローガンを見抜けるはずで、われに返って経験豊富な鉄道経営者を支持し続けるだろうと確信していた。ホワイト氏はまた、ヤング氏によってもたらされたポピュリズムの脅威を撃退することは、米国の実業界に対する責任だと感じていた。同氏は、ニューヨーク・セントラル鉄道がプロキシティアたちの手に落ちた大会社の最初の事例になることを望んでいなかった。キャンペーンをめぐる初回の会議で、ホワイト氏はスタッフにこう語った。「米国の会社の所有者は現在、歴史上かつてなかったほど広範になっています。それは素晴らしく、民主的なことです。そうした広範な所有がデマゴーグの道具として悪用されることが許されるならば……それは残念なことです」[26]。

一方、ロバート・ヤング氏は小さなチームで戦闘を開始した。自陣の取締役候補リストを公表するようなことはせず、各候補者にメディアからの最大限の注目が集まるように、キャンペーンの展開に応じて取締役候補を順次紹介していく作戦にした。ヤング氏はまた、外部のPR会社や広告代理店を雇わず、自分自身で広告を制作した。同氏とカービー氏は、チェサピーク＆オハイオ鉄道の広報部長を起用するとともに、若いアシスタントを数名雇って実務作業と電話部隊*10の手伝いをさせた。

ヤング氏は「鉄道に関して、一般大衆に向けて平易な言葉遣いで、たとえ

ば主婦にもわかってもらえるような言葉で」語りかけようとした[27]。当時あるPR会社の幹部は、ヤング氏の「たった1音節の単語を並べて、強烈なコンテンツを書く」能力に感嘆した[28]。しかし、そうした言葉遣いの単純明快さとは裏腹に、同氏はニューヨーク・セントラル鉄道に対する巧妙かつ多面的な攻撃作戦を練り上げていた。3つの主要なテーマは、(1)ニューヨーク・セントラル鉄道には銀行の連中がのさばる取締役会よりも「株主を主体とする取締役会」が必要だということ、(2)ニューヨーク・セントラル鉄道の貧弱な業績と配当をチェサピーク＆オハイオ鉄道と対比して示すこと、(3)ヤング氏の未来志向のビジョン（快速な通勤を実現する鉄道とノンストップの大陸横断サービス）を既存の鉄道業界が提供している劣悪な通勤体験と比較すること、だった。

　ヤング氏は自身のキャンペーンをダビデ対ゴリアテの戦いと表現した。同氏は、ニューヨーク・セントラル鉄道の取締役会にいる強力な銀行関係者たちが、委任状勧誘支援・助言会社、広告代理店、弁護士からなるペリシテ人の軍隊をまかなうために会社の資金を利用していると非難した。ヤング氏の陣営は費用をすべて自己負担していた。ヤング氏はもし自分が勝ったら、取締役会長としての給与は年間1ドルにすると宣言した。同氏は自身が仕切る株主主体の取締役会は小口株主と利害を共通にすると説明し、小口株主を「ジェーンおばさん」と呼んだ。

　ジェーンおばさん向けのメッセージを磨き上げ、伝えようとするヤング氏にとって、明白に有利な材料は時間だった。ウィリアム・ホワイト氏には大規模かつ営業不振の鉄道を運営しなければならないという制約があったからだ。ホワイト氏の陣営は週2回しか戦略を話し合うための会議を開けなかったのに対し、ヤング氏は毎日、委任状争奪戦のために時間を使っていた。記者会見も毎日開催したし、何時間も自ら電話をかけていた。ヤング氏の集中砲火でホワイト氏は迅速に応戦する能力を削がれる一方、何か反撃に出るとヤング氏から会社経営そっちのけで委任状争奪戦に時間を使っていると非難

＊10　米国の委任状争奪戦では電話をかけて自陣への支持を求めたり、自陣の情報を提供したりするのが一般的で、電話をかける人たちを一堂に集めて運営する組織が必要になる。

された。ヤング氏が、ホワイト氏は鉄道会社の経営のために給料をもらっているのであって委任状争奪戦のために給料をもらっているのではないと主張したのに対して、ホワイト氏はイライラしながら、自分のCEOとしての仕事には委任状争奪戦への勝利を通じて株主を守ることも含まれていると応酬した。続いて自分は「ニューヨーク・セントラル線沿いのあらゆるポイントに目を注ぎながら」、積極的に鉄道会社を運営しているといい、「決してパームビーチやニューポート[*11]から鉄道運営の指揮を執るようなことはしない」と付け加えた[29]。キャンペーンが始まってからわずか6日しか経っていないのに、個人的な感情が絡むようになった。

　2月23日、ウィリアム・ホワイト氏は、チェサピーク＆オハイオ鉄道所有のニューヨーク・セントラル鉄道株式80万株（全体の約12％に当たる）が間もなく手離されるようだという知らせを受け取った。買い手、売り手のどちらからも情報が得られないこともあり、ホワイト氏は「何か悪巧みが行われているようだ」という声明を発表した[30]。

　ホワイトとヤングの両氏ともに、ヤング氏がチェサピーク＆オハイオ鉄道の取締役会長だった時に同社が買い入れたニューヨーク・セントラル鉄道の持分の行方が委任状争奪戦の結果を左右することを心得ていた。金融コラムニストのジョセフ・A・リビングストン氏はその株式について「それがどうなるかで、ニューヨーク・セントラル鉄道がどうなるかが決まる」と書いた[31]。しかし、チェサピーク＆オハイオ鉄道が独占禁止法違反を避けるために同株式を信託していたため、サイラス・イートン氏（ヤング氏の友人であり、同盟者でもある）が率いる同社経営陣はその議決権を行使できなかった。議決権行使できるのは受託者であるチェース・ナショナル銀行であり、その社長であるパーシー・エボット氏はニューヨーク・セントラル鉄道の取締役に就いていた。1月にヤング氏はエボット氏と会い、チェース・ナショナル銀行は委任状争奪戦では中立の立場を保つと確信した。だが、エボット氏がヤング氏の取締役就任を拒否する満場一致の決議に参加したことで、ヤング

＊11　どちらもヤング氏の大別荘があるリゾート地。

氏は、最終的にチェース・ナショナル銀行は自分にとって反対票を投じると踏んだ。ヤング氏は同株式の所有権をチェサピーク＆オハイオ鉄道から、自分にとってより友好的なだれかに移す必要があった。

　ヤング氏は、2人の著名なテキサスの石油実業家、シド・リチャードソン氏とクリント・マーチソン・シニア氏に株式を購入させた。リチャードソンとマーチソンの両氏が負うリスクを限定し、チェサピーク＆オハイオ鉄道も損はしない取引にするために、ヤング氏が支配するアレゲニー社は両氏に購入金額2,000万ドルのうち750万ドルを貸してやった。アレゲニー社はまた、株価が下落した場合でも、両氏がその持分を購入価格で売却できるように「プット」も提供した。さらに、ヤング氏のパートナー、アラン・カービー氏も両氏に500万ドルを貸し、プット・オプションの半分を引き受けた。言い換えれば、アレゲニー社とカービー氏はリチャードソンとマーチソンの両氏に株式購入金額の60％超の資金を貸しただけでなく、生じうる投資損失に対する保証も提供した。

　ニューヨーク・セントラル鉄道は、可能なあらゆる方法でこの取引を阻止しようとした。リチャードソンとマーチソンの両氏に株券が移転されることを拒否し、ICCに調査を請願したうえ、「ペテン取引」と主張してニューヨーク州最高裁判所に訴えを提起した。この裁判が5月26日の定時株主総会を過ぎるまで続けられることになり、ヤング氏は目標を果たすことができた。チェサピーク＆オハイオ鉄道が保有していた株式を中立化し、チェース・ナショナル銀行が議決権行使できないようにすることができた。ヤング氏はまた、リチャードソンとマーチソンの両氏を自陣の取締役候補に加えることで、そのリストの威信を一気に引き上げた。両氏は政治家とも深い関係をもつ洞察力のある実業家として名を馳せていたからだ。ヤング氏の「株主が主体となる取締役会」陣営は、いまや約100万株の議決権を味方につけた。ウィリアム・ホワイト氏は事態の展開に失望したが、キャンペーンのためにてこ入れを行った。同氏は、小口株主の擁護者を自他ともに認めるヤング氏が、自身の会社たるアレゲニー社のジェーンおばさんたちのことを明らかに失念していると非難した。なぜアレゲニー社の株主たちは、裕福なテキサスの石油実業家がニューヨーク・セントラル鉄道への投資で損失を被らないよ

うに保証しなくてはならないのかと。

利益の約束

　3月5日、ヤング氏はニューヨーク・セントラル鉄道の株主宛てに最初の書簡を送付した。アレゲニー社の社用便箋を使ったこの書簡は、ヤング氏、カービー氏、リチャードソン氏、マーチソン氏を反体制派の取締役候補者として紹介した。この4人が保有する株が90万株以上であるのに対し、現職の取締役による保有株式数が1万3,750株しかないことを指摘する書き振りは法的書類のような簡潔で堅苦しいものだ[32]。ヤング氏はこうした書簡のいくつかで、自分を「署名者」と表現している。プロキシティアが登場する以前、株主と会社とのやりとりでそうした書き振りは当たり前だった。たとえば、ノーザン・パイプライン社の取締役会はベンジャミン・グレアム氏に対する防衛戦において、次のような丁寧な謝辞から始まる書簡を送っている。「貴殿の取締役たちは貴殿からの書簡を興味深く拝読しました」[33]。

　ヤング氏はそのような行儀の良さをすぐに捨て去った。翌月にかけて、同氏はキャンペーンの中核となる書簡をせっせと書いたが、その言葉遣いはますます鋭く、刺激的になっていった。結果としてできあがった「ヤング氏による4月8日付、ニューヨーク・セントラル鉄道株主宛ての書簡」[*12]は超力作だ。最初のページには2文しか記載されていない。「親愛なる株主同志の皆様へ：私たちに、皆様の株式をより価値あるものにするために働く機会をお与えください。私たちは、それができるという信念のもと、現時点の価格で総額2,500万ドルに及ぶ株式を購入しました」。

　このヤング氏からの4月8日付の書簡には、ニューヨーク・セントラル鉄道の取締役会を入れ替えるための同氏のすべての主張が明示されている。同氏は同社の貧弱な業績を並べ上げ、ウィリアム・ホワイト氏と取締役会の責任を追求する一方、チェサピーク＆オハイオ鉄道での自身の手腕を誇った。ヤング氏はまた、ニューヨーク・セントラル鉄道の資本の使い道に疑問を呈

───────────────

＊12　全文を付録に掲載。

し、ホワイト氏に対する手厚い報酬と退職手当に言及した。そして、委任状を勧誘する者の本心に関する有名な「警告」で締めくくっている。

　特にこの警告は取締役たちの神経を逆撫でした。ニューヨーク・セントラル鉄道の現職の取締役たちは、裏に隠れた動機をもっていると示唆されたことで個人的な侮辱を受けたと感じた。ある取締役はヤング氏宛てに公開書簡をしたためて、ヤング氏が「銀行による支配と銀行による悪行という使い古された大衆扇動的な批判」を用いていると非難した[34]。取締役会からこうした怒りの反応があがったことにヤング氏自身がとても驚き、だったらと同氏は警告の部分だけを掲載した広告を全米で展開することにしたのだった。

　内容は使い古されたものであり、大衆扇動的だったかもしれないが、ヤング氏による銀行支配に関する主張は、4月8日付の書簡のなかで最も威力のある一節だった。同氏はこう書いている。「現在の取締役会における4人の銀行家が、合計で450株しかニューヨーク・セントラル鉄道の株式を所有していないのに、なぜ皆さんの会社に固執しているのか自問なさってみてください。それは彼らの4つの銀行が預金、信託業務、そして無数の他の方法を通じて蓄積してきた著しい利益のためではないのでしょうか」。そして、キャンペーンの初日から5月26日の年次株主総会まで、次の「単純な質問」を一貫して最も説得力のあるメッセージとして掲げ続けた。「どちらが取締役会のメンバーにふさわしいでしょうか。あなたの利益と合致する立場にいる大株主でしょうか、それとも名目的な所有権しかもっておらず、その利益のほとんどがあなたの利益と相反する銀行員たちでしょうか」[35]。

　ホワイト氏とニューヨーク・セントラル鉄道の取締役たちは、キャンペーン全体を通じて、ヤング氏による銀行支配の非難は浅はかであると主張し続けた。ホワイト氏は「すべての独裁者は藁人形を立てるのが好きなものです」「シーザーの小物のような連中がやっている戦術です」と語った[36]。ホワイト氏はまた、銀行出身者は取締役会15席のうち4席しか占めていないし、株主の利益に忠実に奉仕しているとも主張した。しかし、ヤング氏が発する言葉はそうした反論を圧倒した。4月8日付の書簡でヤング氏はこう書いている。「これら4つの銀行の取締役と幹部は、ニューヨーク・セントラル鉄道以外の、合計で1,070億ドル以上の資産を保有する50社の事業会社と

第2章　ロバート・ヤング氏 対 ニューヨーク・セントラル鉄道　55

14社の鉄道会社で役員を兼任しています。株主の皆さんは、これら4人の方々がニューヨーク・セントラル鉄道に不二の忠誠心を注いでいるとお思いですか」。

　ヤング氏は書簡のなかの数節で、ニューヨーク・セントラル鉄道の「残念な状況」を説明している。同氏はニューヨーク・セントラル鉄道の劣悪な株価パフォーマンスを、自身の支配下にあるチェサピーク＆オハイオ鉄道を含むアレゲニー社傘下の鉄道会社の財務リターンと対比している。また、ニューヨーク・セントラル鉄道と、ホワイト氏が前職で社長を務めていた鉄道会社、ラッカワナ社の低迷する業績指標のいくつかを指摘している。ただ、ヤング氏の数字にそれほど説得力があるとはいえない。キャンペーンを通じて、ホワイト氏とニューヨーク・セントラル鉄道は、いいとこ取りをした経営指標と計測期間に基づき、ヤング氏とチェサピーク＆オハイオ鉄道について同じような批判を行った。たとえば、ラッカワナ社の株価はホワイト氏が社長を務めた11年間で157％増加したのに対して、同期間にヤング氏の支配下にあったチェサピーク＆オハイオ鉄道の株価は7％減少したといった具合だ[37]。

　しかし、ホワイト氏が向こう4、5年で2ドルの配当しか目指していないというヤング氏の嘲笑は相手の弱点を突いていた。委任状争奪戦の残りの期間、この点はホワイト氏にとって大きな悩みの種になった。ヤング氏は繰り返し、ニューヨーク・セントラル鉄道が自分の手に渡れば、株主にはるかに多額のキャッシュを還元することができるだろうとほのめかした。ホワイト氏とのある討論で、ヤング氏は「ニューヨーク・セントラル鉄道がチェサピーク＆オハイオ鉄道の資本利益率と同じ水準で経営された場合、1株当り7ドルを稼ぐはずです。……昨年の乗客数に鑑みると、5年以内にニューヨーク・セントラル鉄道の経営効率をチェサピーク＆オハイオ鉄道のレベルにまで引き上げることができないなんてまずありえません。保守的に考えても、その頃までには配当性向を60％にすべきでしょう」と指摘した[38]。お金が物をいうのだ。ヤング氏は配当への言及が特にジェーンおばさんに対して強く響くと考えたのだった。

　ホワイト氏はヤング氏による高配当の約束を「最悪の現実離れした扇動的

56

な主張の類い」とみなし[39]、ニューヨーク・タイムズ紙に「それはでたらめ
な話ばかりです」「少なくともヤング氏が話すような金額は、彼や私が生き
ているうちには生み出せないのに、大幅な増配という餌を株主の前にぶら下
げることは、非常に不公正な行為だと私は考えます」と語った[40]。同氏は後
にヤング氏に対抗して、次のような広告を掲載した。「私は日頃、進歩につ
いてはそれが達成された後、利益についてはそれが計上された後に言及する
ように心がけてきました。しかし、最近はおかしな時代になっているようで
す。……ニューヨーク・セントラル鉄道の株主の皆さんには、変わったばかり
りの現経営陣がすでに達成し、また、達成しつつある進歩を続けるのか、そ
れとも、すべてを窓から投げ捨てて、鬼火のような約束に賭けるのかを決め
ていただかなくてはなりません」[41]。

すべての目が彼に注がれるとき

　両陣営が株主に書簡を送り、新聞広告を何十件も掲載するなかで、ロバー
ト・ヤング氏は自陣の取締役候補リストを練り上げていた。同氏が最初にそ
ろえた候補者の1人になったR・ウォルター・グラハム氏はボルチモアの評
判の良い外科医で、ヤング氏が行った候補者の公募に名乗りをあげたのだっ
た。それまで2人は会ったことはなかったが、グラハム氏がニューヨーク・
セントラル鉄道の株式を4万1,800株保有していることは、ヤング氏の取締
役候補リスト入りに十分な資格だった。

　ヤング氏は取締役候補者のほとんどにリチャードソン氏やマーチソン氏の
ような実業界の著名人を選んだ一方で、意表を突く候補者もリストに投げ込
んだ。委任状争奪戦の早い段階で、ヤング氏は自陣の候補者リストに女性を
加える意向を発表し、こう語った。「私たちは鉄道事業に女性の手腕を必要
としています」[42]。同氏は最終的にリーダーズ・ダイジェスト誌の共同創設
者兼共同編集者であるライラ・ベル・アチソン・ウォレス氏を選んだ。ま
た、米国女性株主連合（Federation of Women Shareholders in American Busi-
ness）を創設した著名な企業活動家のウィルマ・ソス氏も選ばれて喜んでい
た。ソス氏がホワイト氏にニューヨーク・セントラル鉄道も女性を指名する

第2章　ロバート・ヤング氏 対 ニューヨーク・セントラル鉄道　57

予定かと尋ねたとき、ホワイト氏は「取締役会に空席はありません」と答えたのだった[43]。

ウォレス氏をリストに加えてから間もなく、ヤング氏はニューヨーク・セントラル鉄道を退職した機関車技師のウィリアム・ランダース氏を候補者に指名した。ランダース氏はニューヨーク・セントラル鉄道で42年働いたベテランで、機関車技師労働組合のメンバーであり、株主でもあった。1930年代初頭、ランダース氏は同社の従業員株式購入プランを通じて80株を購入していた。ランダース氏は真の労働者であり、キャンペーンの間中、ヤング氏への支持を集めるためにニューヨーク・セントラル鉄道の路線を回った。

ヤング氏が候補者リストに加えた最後の1人は、グレート・レイクス・ドレッジ＆ドック社を経営するウィリアム・フィーリー氏だった。フィーリー氏はノートルダム大学の卒業生で、その学長、セオドア・ヘスバーグ神父が同氏をヤング氏に推薦したのだった。フィーリー氏は経験豊かな経営者というだけでなく、良きカトリック信者でもあるとヤング氏は明言していた。ニューヨーカー誌のライターだったジョン・ブルックス氏は、この発表が行われた後にホワイト氏陣営の1人が「なんて厚かましいんだ！」と叫んだと報じている[44]。

ヤング氏は候補者の指名を終えるとすぐに、両陣営の各候補者が保有している株式数を公表した。ヤング氏陣営の候補者たちは合計で108万9,880株を所有する一方、ホワイト氏陣営の候補者たちの株式保有数は合計7万3,600株だった。ヤング氏陣営の候補者のうち8人が各々1万株以上を所有していたが、対照的に、ホワイト氏陣営の候補者のなかでこれだけ多くの株式をもっているのは6万株を保有するハロルド・ヴァンダービルト氏だけだった。ウィリアム・ホワイト氏はたった1,000株しか保有していなかった。

5月26日の年次株主総会が近づくにつれて、ヤング氏とホワイト氏はお互いに相手への攻撃を激化させた。2人は十数回にわたり生放送のラジオとテレビの番組に出演し、批判はますます先鋭的になっていった。「ロバート・R・ヤングとはどんな人物か」と題された23ページの小冊子がニューヨーク・セントラル鉄道から株主に送られ、それへの反撃としてヤング氏は「ロ

バート・R・ヤングに対する中傷への回答——小物のホワイトは嘘つき」と題された自身の筆による23ページの小冊子を配った。これに対してホワイト氏は「ロバート・R・ヤングに関する疑いようのない真実」を刊行し、そこでニューヨーク・セントラル鉄道の業績指標をチェサピーク＆オハイオ鉄道と比較することを「まったく愚かなこと」といった。これに対してヤング氏は「紙はつや出しだが、中身がないホワイトさんの小冊子」で応えた。

　広告には、ヤング氏がJ. P. モルガン銀行のジョージ・ホイットニー氏に宛てて、1938年の債券入替えでニューヨーク・セントラル鉄道が24万7,000ドルの損失を被ったことを批判した公開書簡など技術的で難解なものもあった。単純に奇妙な広告もあった。ニューヨーク・セントラル鉄道の取締役であり、ヨットとブリッジを好むハロルド・S・ヴァンダービルト氏は広告に次のような文章を載せた。「ヤングさんはパームビーチやニューポート、その他リゾート地でかなりの時間を過ごしていますが、そうした場所でのんびりしているだけでは鉄道事業を学ぶことはできません。私がそれを知っているのは、近年、私自身もほぼ同様の活動にかなりの時間を費やしているからです。とはいえ、私はニューヨーク・セントラル鉄道のCEOになることを目指していません」[45]。

　しかし、いくつかの広告にはかなりの説得力があった。その最たるものは、ヤング氏陣営の取締役候補で機関車技師出身のランダース氏の署名が入った全面広告だった。広告は「私はニューヨーク・セントラル鉄道の忠実な従業員として42年間を捧げ、23年間は株主でもありました」で始まり、「かつて誇りに思っていたこの素晴らしい鉄道会社の悲惨な配当実績を指摘することは、私にとっては本当に残念なことです」と述べられていた。続いて、ランダース氏が株式を購入した1931年からのニューヨーク・セントラル鉄道による配当支払の実績表が掲載された。同氏は、投資元本が毀損していることを考えると、お金をマットレスの下に置いておいたほうがよかったと書いた。結論はこうだった。「私がニューヨーク・セントラル鉄道に不忠であるという人もいるでしょうが、彼らは間違っています。私が最も価値を感じているものの１つは、私が退職して同社の最優秀退職者リストに名を刻むことができたときに頂戴した表彰状です。本当に不忠なのは、現在の取締役

第2章　ロバート・ヤング氏 対 ニューヨーク・セントラル鉄道　59

会にいる銀行の方々で、彼らは100万株以上を所有している株主を取締役会の外に排除しようとする一方、自らは取締役会にとどまろうとしています。従業員も株主も、私のように80株をもっている人も10万株をもっている人も、この事実はご存知でしょう」[46]。

　キャンペーンの終盤で、ホワイト氏はフォーチュン誌5月号で予期せぬ後押しを受けた。同誌は「ロバート・R・ヤングの響きと怒り」と題した攻撃的な社説を巻頭に掲載していた。それはヤング氏の「ビジネス手腕と道徳」を問題視し、同氏が「権力を握ることに警戒すべきである」と主張した[47]。同誌はまた、「ニューヨーク・セントラル鉄道の復活」と題した、同社の最近の業績を称賛する記事も掲載した。ホワイト氏とそのチームは双方の記事に感激し、自陣のキャンペーンへ活用しようとした。しかし、残念なことに、弁護士が同記事を引用する広告を禁止した。フォーチュン誌を所有するタイム社は、同コンテンツをキャンペーンで使用することを望まず、ニューヨーク・セントラル鉄道に引用・再掲載の許可を出さなかったからだ。「クソったれ！　俺に何ができないかをいわないでくれ！」「俺にはできることを教えてくれ！」とホワイト氏は弁護士に怒鳴った。ホワイト氏のPRアドバイザーの1人で、ピューリッツァー賞受賞の経歴をもつ元ジャーナリストが、著作権を侵害するリスクを冒す覚悟があるなら、思い切ってやってみたらどうかと進言した。ホワイト氏は「俺と言葉が通じる奴だ」[48]といった。同氏は結局、タイム社の許可なしに双方の記事を正確に複製し、全株主に送りつけた。もちろん、タイム社は訴訟を起こし、ニューヨーク・セントラル鉄道は7,000ドルで和解した。ホワイト氏はこの和解金を委任状争奪戦で最もコスパが良かったと思った。
　年次株主総会の2日前の夜、ホワイト氏は委任状争奪戦を取材していた報道関係者のために夕食会を主催した。同氏はフォーチュン誌の社説「ロバート・R・ヤングの響きと怒り」についてジョークを飛ばした。「私は文学に詳しい人間ではありませんので、あれが引用だったとは存じ上げませんでした。……あれは『マクベス』からだったんですね。『白痴のしゃべる物語だ、わめき立てる響きと怒りはすさまじいが、意味はなに一つありはしな

い』*13。なかなか的を射ていませんか」[49]。

　夜がふけると、ホワイト氏は少しウィスキーを飲んでスピーチを始めた
が、すぐにスピーチ原稿からそれて語り始めた。「今般のことについて話す
ときは、気分が落ち着きません」。キャンペーンの間、ホワイト氏は自信と
落ち着きを維持してきた。悪い知らせに直面しても、自分自身のためかチー
ムを鼓舞するためか、同氏は決して落胆しなかった。しかし、その夜、ホワ
イト氏は、ロバート・R・ヤング氏や目の前に集まった報道関係者が気づい
ていない何かに悩まされていた。実はニューヨーク・セントラル鉄道の財務
状況が絶望的になっていた。同社は給与を支払うためにも資金調達しなけれ
ばならなかった。同氏は次のように語ってスピーチを終えた。「私たちが負
けることになったら、そんなありそうもないことが起きたらという意味です
が、私はヤング氏が32階で私たちが直面してきた日々の問題に取り組むのを
みてみたいと思っています。神に誓って、彼にはちゃんと腰を据えて5年間
頑張って続けてほしいと思っています」[50]。

　1954年5月26日、ニューヨーク・セントラル鉄道は株主たちに対してグラ
ンド・セントラル駅からオルバニー駅までの「株主貸し切り」列車を提供し
た。乗車した多くの株主は「わが心のヤング」や「ホワイトしかいない」と
いったバッジを身に着け、群衆をかき分けて2人のライバルの周りに参集し
た。オルバニーでは、2,200人以上の株主と記者がワシントン・アベニュー・
アーモリーを埋め尽くしていた。このイベントを取材したジャーナリストた
ちは、政治大会に匹敵すると伝えた。

　アーモリーは城のような壮大な建物で、現在はオルバニー・レジェンズと
いうマイナーリーグのバスケットボール・チームの本拠地となっており、そ
こでは総合格闘技のマイナーリーグ、ハーレム・グローブトロッターズのマ
イナーリーグ版、そしてもちろん、マスクレイブという仮装ダンスパー
ティーなどのライブ・エンタメも開催されている。1954年のニューヨーク・
セントラル鉄道の株主総会は明らかにメジャーリーグ級だったはずだが、

＊13　ウィリアム・シェイクスピア著『マクベス』、小田島雄志訳、白水社、1983年より
　　引用。

第2章　ロバート・ヤング氏 対 ニューヨーク・セントラル鉄道　61

あっという間に、今日のマスクをかぶった喧嘩好きの観客が「クソ試合」と揶揄するようなイベントに陥ってしまった。

ホワイト氏は総会を予定時刻どおりに進めようと最善を尽くしたが、しばしば騒がしい人たちに進行を遮られた。音響システムのせいで何度も耳をつんざくような同氏のマイクからの反響音が鳴り響くなかで、株主たちは通路を歩き回ったり、即興の演説を行ったりしていた。集まった株主たちはヤング氏とその候補者たちが紹介されると最大の声援をあげたが、紹介が終わると会議は一時的に平穏を取り戻し、だれもが無料のチキン・ボックス・ランチを食べた。

昼食が終わるとサーカスが再開し、混沌とした質疑応答のセッションが始まった。ウィルマ・ソス氏が長い演説を行い、ステージに上がってホワイト氏を叱責しようとして警備員によって強制的に退場させられた。物事がようやく落ち着き始めた頃、ヤング氏は総会を一時中断させて、株主に「皆さんが勝利したことをお知らせできて、私は嬉しく思います」と発表した。ホワイト氏はキーキー鳴るマイク越しに「ヤング氏にそのような発表をする権限はあるんですか」[51]と応酬した。ヤング氏にそのような権限はなかった。法律を専門とする３人の教授が投票を集計するのに１週間かかり、結果が正式に発表されるのにさらに２週間かかった。

投票の集計は困難な作業になった。というのは、株主の90％が投票し、株主たちはそれぞれの陣営から７つの委任状を受け取っていたからだった。多くの株主が複数の委任状を提出していたが、最新のものだけが有効とされるため、何十万もの委任状を精査する必要があった。６月２日にはヤング氏が完全勝利を収めたという噂がもれてきた。正式な集計は６月14日に発表された。ヤング氏が106万7,273票もの差をつけて勝利を収めた。リチャードソン氏とマーチソン氏が所有する80万株の議決権が裁判所から無効と判断されても、ヤング氏は勝利できたことになる。発表の直後、ロバート・ヤング氏はクライスラー・ビルからニューヨーク・セントラル鉄道の新しいオフィスまで歩いていった。

理由ある反抗

　ロバート・ヤング氏によるニューヨーク・セントラル鉄道との戦いがすべ
ての新聞の見出しを独占する一方、「委任状争奪戦の年」にはほかにもいく
つかの興味深い闘争が生じた。オルバニーでニューヨーク・セントラル鉄道
の株主総会が開催されてから数週間も経たないうちに、はるかに小規模なミ
ネアポリス＆セントルイス鉄道も激しい委任状争奪戦で得票数を集計してい
た。同事例においては、若き有能な弁護士ベン・ハインマン氏をリーダーと
する投資グループが同社株式の25％を買い、取締役会11席のうち３席を要求
していた。ハインマン氏は３年前にシカゴ・グレート・ウェスタン鉄道に高
額な配当を要求し、勝ち取ったことで名声を得ていた。しかし、ミネアポリ
ス＆セントルイス鉄道の取締役会長兼社長である69歳のルシアン・スプレイ
グ氏は、40歳の若造に気を揉むようなことはなかった。スプレイグ氏はハイ
ンマン氏が大株主であるという主張さえ信じていなかった。「ハインマン氏
が発行済株式の10％を保有しているということを証明できれば、臨時株主総
会を開催できるはずです。われわれはむしろ彼がそうしてくれることを期待
していますがね」と語ったのだった[52]。ハインマン氏はスプレイグ氏の挑戦
に立ち向かった。そして、３つの席だけでなく、取締役会の支配権を求める
委任状争奪戦を実施することを決心したのだった。

　ミネアポリス＆セントルイス鉄道とハインマン氏の闘争は、1950年代の他
のほとんどの委任状争奪戦とは異なる様相を示していた。プロキシティアは
通常、株主層に不満がくすぶっている、苦境に立たされた会社を標的にして
いたのに対し、ミネアポリス＆セントルイス鉄道は繁栄している会社だっ
た。同社の小規模な「ピオリア・ゲートウェイ」は、シカゴの混雑した線路
を避けて通る選択肢を出荷業者に提供し、大きな利益をあげていた。同社は
ほぼ無借金で、全車をディーゼル機関車にして完全に近代化されていた（一
方、ニューヨーク・セントラル鉄道はディーゼル化率が75％だった）[53]。

　ルシアン・スプレイグ氏はミネアポリス＆セントルイス鉄道の成功の立役
者とみられていた。同氏が1935年にユインター鉄道から引き抜かれてミネア
ポリス＆セントルイス鉄道に来る前の12年間、同社は破産管財人の管理下に

第２章　ロバート・ヤング氏　対　ニューヨーク・セントラル鉄道　63

あった。スプレイグ氏は「負傷、そして未回復」*14と呼ばれていた同社を高収益の路線に変えた。同氏は、鉄道事業の経験のない弁護士によって、自身が破産状態から引き上げた会社から追い落とされそうになるとは夢想だにしなかった。

　ハインマン氏のミネアポリス＆セントルイス鉄道に対する一番の不満は、低水準の配当だった。同社の配当性向は同業他社に比べても非常に低い水準だった。スプレイグ氏は、利益をビジネスに再投資することが将来の収入を確保する最善の方法だと反論した。これに対してハインマン氏は、資本が効率的に活用されていないだけでなく、経営陣への過剰な恩典などの不必要な経費がなければ利益ははるかに高まるだろうと主張した。ハインマン氏は株主に宛てた書簡でこう書いた。「残念ながら、ミネアポリス＆セントルイス鉄道は経営陣にとっての豪遊列車*15となっています」。

　ハインマン氏は、「これが豪遊列車の実態だ！」というパンフレットを株主に配布した。スプレイグ氏の贅沢な経費使用（同氏の実際の給与の数倍に及んでいた）を詳しく記したもので、そこには同氏とその妻の海外旅行代、毎月の車使用手当に加えて２台のキャデラックと運転手の費用、ミネソタ州にある私有島の利用代などが含まれていた。ハインマン氏は、社内にこうした費用を削減する動機をもつ者は存在しないと指摘した。ハインマン氏のグループが20万株を所有しているのに対し、スプレイグ氏と既存の取締役が保有する株式は合わせて2,350株しかなかった[54]。

　1954年５月、ニューヨーク・セントラル鉄道の株主がロバート・ヤング氏を選んだのと同じ月に、ミネアポリス＆セントルイス鉄道の株主はルシアン・スプレイグ氏を追放した。おそらく米国のビジネス・エリートたちにとって、苦境にあったニューヨーク・セントラル鉄道で起きた出来事よりも、スプレイグ氏の転落のほうが驚きだっただろう。自宅で精密な鉄道模型しかいじったことのない人物にスプレイグ氏が倒されたという事実[55]によっ

---

*14　原文ではMaimed & Still Limping。その頭文字はM&StLで、ミネアポリス＆セントルイス鉄道の略称M&StLと同じになる。

*15　gravy train。ほとんど何もしなくても楽な生活を送れるような状況を揶揄する米国の表現。

て、いまや健全で利益をあげる会社でさえもプロキシティアの手に落ちる可能性があることをすべての人が認識したのだった。

　米国民が反逆者を少し不安だが魅力的な存在とみなす時代に、プロキシティアたちは多くの注目を集めた。1955年にタイム誌は「経営陣への挑戦：乗っ取り屋たち」という特集を掲載した。その記事のなかで、あるプロキシティアはこう吠えた。「私たちは経営革命で必然的に生じる行き過ぎを是正するための反革命を行っている」。別のプロキシティアは「これは会社の持ち主による反乱だ」[56]と述べた。常に論理的なベン・ハインマン氏はプロキシティア運動について、より現実的な視点をフォーチュン誌に提供した。「乗っ取りとは結局、権力の境界線が引かれたときに、投資家の一群が経営を自分たちの手に取り戻す企てなのです」[57]。

　ハインマン氏のプロキシティア仲間のほとんどは、市場における自分たちの役割をよりロマンチックな表現でとらえていた。ロバート・ヤング氏が自身をニューヨーク・セントラル鉄道というゴリアテに対するダビデとみなしたように、プロキシティアたちは株主の権利の勇敢な擁護者を自負していた。「私は株主のお金で運営されている、いくつかのクラブハウスを壊しましたし、もっと壊すつもりです」とプロキシティアのなかで最も人気のあったルイス・ウルフソン氏は述べている[58]。

　ウルフソン氏は、ハリウッド俳優のような容姿の元大学フットボール選手で、情け容赦のない解体屋として恐れられるようになっていた。同氏は1949年、ワシントンD.C.にあるキャピタル・トランジット社の株式の51％を、その正味運転資本の一部に相当する金額で買収した。同氏は即座に株主に対する増配を実行し、間もなく投資額の1.5倍以上のリターンを得た。同時に規制当局から運賃の値上げを引き出そうとし、労働組合との年金紛争を調停に持ち込むことを拒否した。1955年、キャピタル・トランジット社で起きたストライキでワシントンD.C.のバスや路面電車が運行停止になり、規制当局は激怒した。同氏は議会上院の委員会によって召喚され、自らの行動を説明するよう求められた。ある委員は上院のフロアで「彼は自分が議会よりも偉大だと考えているようだ」と語った[59]が、公聴会が始まると、その意見は正し

第2章　ロバート・ヤング氏　対　ニューヨーク・セントラル鉄道　65

いことがわかった。ウルフソン氏は挑戦的だった。同氏はキャピタル・トランジット社における自身の方針を弁護し、株主に自由に配当を支払うという哲学を説明し、運賃の値上げがなければ賃金も引き上げないと主張した。株主が最優先だった。そして、ウルフソン氏にとって、その考えは議会よりも重要だった。ちょうど同じ時期に、同氏はモンゴメリー・ワード社に対しても委任状争奪戦を展開してメディアから注目を集めていた。記者が同氏に、すでに巨万の富を蓄積しているのに、なぜ会社との戦いを続けているのかと尋ねたとき、ウルフソン氏は「私には株主に対する責任があります。ある小柄な老婦人はワシントンD.C.に住んでいて、自分が使う公共交通機関[*16]からの配当金に全収入を依存しているので、私の勝利を祈っているとおっしゃいました。そんな彼女に私が深く感銘を覚えないとすると、私はどんな人間でしょうか」と答えた[60]。

　ウルフソン氏は、1人のか弱い老婦人の配当金を守るために、ストライキ中、他の多くの人々を家まで歩かせることを辞さない強情な実業家だった。しかし、同氏は偽善的なようだが、プロキシティア時代における興味深い、ひとかどの人物ではあった。同氏は議会と規制当局に反抗し、SEC[*17]と真っ向から対峙するという決断によって多くの代償を支払うことになった。ウルフソン氏は株式募集における登録に関するSEC規則違反で投獄され、その金融市場でのキャリアは不名誉かつ破滅的なかたちで終焉した[61]。しかし最終的に、ウルフソン氏は自身の公開会社であるメリット・チャップマン社に対して、多くのアクティビスト投資家が自身の投資ビークルに対して行わないようなことを実行した。同氏は自身の豪遊列車を運行し続けるのではなく、株主の最善の利益のために同社を清算することを決定したのだった[62]。
　他のプロキシティアに関しては、その大衆受けをねらった株主擁護の外観に亀裂が入るまでにそう時間はかからなかった。彼らはプロの経営者に敵対しながら、自身が取締役会のトップに立つとプロ経営者と同じ過ちを犯した。実際、ロバート・R・ヤング氏はアレゲニー社の資本を使って、チェサ

[*16]　キャピタル・トランジット社が運営。
[*17]　Securuties and Exchange Commission。米国証券取引委員会。

ピーク＆オハイオ鉄道が保有するニューヨーク・セントラル鉄道の株式を手に入れた。儲けのチャンスはすべてリチャードソン氏とマーチソン氏に与えられ、アレゲニー社の株主がすべてのリスクを負うことになった。他のプロキシティアたちはさまざまな機会において支払われる報酬が多すぎると非難され、その投資ビークルの多くが最終的に他のアクティビストによって標的にされた。

　長いキャリアのなかで80を超える会社を支配下に収めた偉大なトーマス・メロン・エバンス氏さえも、自身にとって都合がよければ少数株主を不利にする習慣があった。エバンス氏は、プロキシティア時代の巨人の１人であり、主要な投資ビークルであったクレーン社とH. K. ポーター社の２社を大会社に育て上げた。少数株主が反対した取引は強行され、ポーター社は最終的に非公開化された。クレーン社は、ゴールデン・パラシュート*18とポイズン・ピル*19を装備することで、潜在的な敵対的株主を無力化した。ダイアナ・ヘンリクス氏はエバンス氏とプロキシティアについて記した名著『ウォール街の白いサメ（The White Sharks of Wall Street）』*20で、ポイズン・ピルによって「乱用的な買収行為」を防いでいるというクレーン社の主張を紹介している。乱用的な買収行為とは、たとえば、乗っ取り屋が株主に十分なプレミアムを提供せずに支配的な持分を買い入れようとする場合などを指すという。ヘンリクス氏は「もちろんそれは、若きトム・エバンス氏のお気に入りのゲームだった」と指摘している[63]。

　プロキシティアによる活動は大衆運動というよりも、ある意味で非常に効果的な投資戦略であった。持続的な株価上昇は常に合併ブームと、それに乗じて利益を得るための巧妙な方法を生み出すようだ。1950年代のそのような戦略は委任状による買収だった。しかし、プロキシティアたちが市場と公開

---

*18　会社が買収された場合に既存の経営陣らにきわめて高額な退職金や手当などを支払うことをあらかじめ契約しておく敵対的買収防衛策。多額の資金流出によって買収コストを大きく引き上げようとするねらいがある。
*19　既存株主に対してあらかじめ、買収者のみが行使できる新株予約権を付与し、敵対的買収に該当する一定の条件が生じた際に、買収者以外の株主による新株予約権行使を通じて買収者の持株比率を低下させ、ひいては買収実現のために必要なコストを増加させることを目的とする買収防衛策。第４章も参照。
*20　邦訳はなし。

第２章　ロバート・ヤング氏 対 ニューヨーク・セントラル鉄道　67

会社に与えた持続的で巨大な影響を無視することはできない。ベンジャミン・グレアム氏のような一部のアウトサイダーを除き、ほとんどの人は株主の権利と株主価値という概念を忘れていたが、そうした概念が公開会社の役割に関する議論に再び持ち込まれ、最終的にその議論を支配することになった。そして、ほとんどのプロキシティアたちは忘れ去られたが、彼らの戦術は後の世代のコングロマリット経営者、乗っ取り屋、そしてヘッジファンドのアクティビストによって磨かれ、利用されることになった。

果てしない下り坂

　ロバート・ヤング氏がニューヨーク・セントラル鉄道の取締役会長に就いた最初の年、同氏は公言に違わない結果を出した。同氏はアルフレッド・パールマン氏をデンバー＆リオ・グランデ・ウェスト鉄道から引き抜き、2人は会社の脆弱な財務状況を改善し、老朽化した資産を近代化する仕事を開始した。1955年には会社の利益と株価が急上昇し、一時的にヤング氏の投資額は2倍以上に増加した。その後、鉄道業界全体が貨物輸送の急激な減少に見舞われた。経済が1958年の不況に向かうなか、ニューヨーク・セントラル鉄道の利益は78％減少した[64]。

　1957年末、ヤング氏が資金繰りの問題に直面しているという噂が広がり始めた。その時点でニューヨーク・セントラル鉄道の株価はリチャードソン氏とマーチソン氏がもつプット・オプションの行使価格の半分になっており、2人は80万株すべてをアレゲニー社とアラン・カービー氏に売却した。ヤング氏が保有するアレゲニー社とニューヨーク・セントラル鉄道の株式の価値は大きく下落した。

　1958年1月、ニューヨーク・セントラル鉄道の取締役会は会社の財務状況を議論するために参集し、四半期配当の中止を決定した。会議中、何人かの取締役は、物静かで人と距離を置くようなヤング氏の態度に違和感を抱いた。彼らは同氏の資金繰りに関する噂を耳にしていたので、支援を申し出た。ヤング氏はそれに感謝し、自分は大丈夫だと返答した。数日後、同氏はパームビーチの邸宅でショットガンを使って自殺した。巷ではヤング氏はア

レゲニー社とニューヨーク・セントラル鉄道の株式保有のために破産し、一文なしになって亡くなったという噂が広まった。

　実際にはヤング氏は、現金、有価証券、美術品、不動産などの巨額の財産を残していた[65]。同氏はうつ病に屈したのだった。同氏は人生のほとんどの期間、うつ病に悩み苦しんでいた。20年前、ギャランティ・トラスト銀行が同氏に債務不履行を宣言した直後、ヤング氏は極度の神経衰弱に襲われて入院していた。力を振り絞ってギャランティ・トラスト銀行と委任状争奪戦を繰り広げ、プロキシティア運動を始動させる直前、ニューポートの療養施設で同氏は一編の詩を書いた。「今日まで私の道は上向きのようだったが、いまでは自分が果てしない下り坂にいるのに気づく。その坂の傾きはどんどん急になり、やがて遠くにぼんやりと虚空がみえてくる……」[66]。

　ヤング氏の死後、アレゲニー社の大株主たちは会社の支配権をめぐって争った。アラン・カービー氏は一時的にヤング氏の後任として取締役会長兼社長に就任していたが、1961年にクリント・マーチソン氏の息子たち（クリント・ジュニア氏とクリント・ジョン氏）に追放された。カービー氏は外野から眺めながら、アレゲニー社を取り戻す最良の方法を模索していた。この頃には、公開会社もはるかに洗練された方法で委任状争奪戦からの自己防衛を図るようになっていた。ルシアン・スプレイグ氏のような自信過剰な経営者が自分の敵を過小評価し、自らを不利な状況に置く時代は過ぎ去っていた。

　1950年代後半には、広報、委任状勧誘、法的防衛といった委任状争奪戦を取り巻く小規模なビジネスが大きく成長した。資金と才能ある人材の流入が最も顕著だったのは法律事務所で、そこでは新しい世代の優れた弁護士たちが台頭して買収戦を専門にするようになった。1959年のユナイテッド・インダストリアル社の委任状争奪戦は、その後の数十年間にわたり買収産業の形成に関与する2人の弁護士、ジョー・フロム氏とマーティン・リプトン氏の研修所になった[67]。フロム氏は買収ビジネスを開拓し、スカデン・アープスを世界最大の法律事務所の1つに育て上げた。リプトン氏は最も著名な企業防衛者となり、ポイズン・ピルを発明した。

　こうした強力な頭脳集団の助けを借りて、会社は敵対的な株主を撃退する

第2章　ロバート・ヤング氏 対 ニューヨーク・セントラル鉄道　69

巧妙な戦術を編み出した。ベン・ハインマン氏がB.F.グッドリッチ社を攻撃したとき、同社は250億ドルの融資契約を結び、買収が実現した場合には即座に債務不履行になるようにした[68]。多くの場合、会社は買収で余剰資金を消耗させたり、買収者の投資ビークルにおいて独占禁止法上の問題をつくりだしたりすることで、乗っ取りを妨げようとした。カウンターアタックで防御する会社もあった。リオポルド・シルバースタイン氏がフェアバンクス・モース社に対して委任状争奪戦を展開したのに対し、同社の社長であるロバート・モース・ジュニア氏は、シルバースタイン氏の投資ビークルであるペン・テキサス社に攻撃を仕掛けていたアート・ランダ氏を支援し、同氏の攻撃は成功した[69]。

　アレゲニー社において、アラン・カービー氏はずる賢いマーチソン兄弟に対して費用がかさばって不確実な委任状争奪戦を展開することを望んでいなかった。かわりに、同氏は迅速かつ積極的に支配の確保に十分な株式を買い入れた。これが同氏にとって最良の戦術であり、1960年代には好んで使われる買収兵器となった。巨大な公開市場で株式買入れを実現するために最も効果的な方法は、敵対的公開買付け（hostile tender offer）だ。委任状争奪戦が敵対的公開買付けにお株を奪われると、プロキシティアも企業乗っ取り屋に取って代わられることになった。

第 3 章

ウォーレン・バフェット氏と
アメリカン・エキスプレス社：
サラダオイル巨額詐欺事件

> 「いいですか。株主の大多数（おそらく声の大きな方々ではありません）
> は、あなた方経営陣が、ほとんど不可抗力ともいえる台風に揺り動かさ
> れながらも、竜骨を水平に安定させ、船を全速力で前に進めるという傑
> 出した仕事をしていると思っています」
>
> ——ウォーレン・バフェット、1964年

　ウォーレン・バフェット氏の話を聞いていると投資が簡単な作業に思えて
しまう。同氏の投資哲学の一部は、ベンジャミン・グレアム氏から直接伝授
されたものだ。株式は分割された会社の所有権であり、「安全域」*1 のある
価格で株式を買うべきだという考え方だ。しかし、バフェット氏はグレアム
氏と異なり、内在価値に対して大幅に低い価格で取引されている株式を見つ
けると、分散投資ではなく、その大きな割合を購入する。こうしたバリュー
投資は、並外れた合理的思考能力に恵まれたウォーレン・バフェット氏に
とっては容易な戦略だが、私たちのような一般人がそれを手掛けると、地雷
を踏んで屍が累々と並ぶことになる。集中的なバリュー投資戦略を行う場
合、取り返しのつかない失敗を避けるのはかなりむずかしい。ウォーレン・
バフェット氏は集中的なバリュー投資が可能であることを示す例外的な存

＊1　margin of safety。第1章参照。

第3章　ウォーレン・バフェット氏とアメリカン・エキスプレス社　71

在だ。

　私は毎年、バフェット氏とそのパートナー、チャーリー・マンガー氏が
バークシャー・ハサウェイ社の株主総会で6時間にわたって株主たちからの
質問にどう答えるかを聴くためにオマハへ巡礼する。2人がビジネスや産業
について語るのを聴いていて飽きることはないし、政治やマクロ経済につい
ての議論を聴いても違和感はない。しかし、2人がバリュー投資の哲学につ
いて語るとき、私は少し不安になる。

　はっきり申し上げるが、バフェット氏とマンガー氏はバリュー投資につい
て間違ったことは何もいっていない。2人が、投資で成功するために超高水
準のIQは必要ないというのは正しい。ある産業の競争上のダイナミクスを
分析し、企業価値を評価することは比較的簡単だというのも正しい。十分な
忍耐力があれば、市場は絶好球をいくつか投げてくれるというのも正しい。
さらに、ポートフォリオを自身が考えた最高の銘柄群に集中投資すること
は、もしその考えが優れているのであれば、最良の結果をもたらしてくれる
だろうというのも正しい。

　ウォーレン・バフェット氏のバリュー投資戦略のすべての原則は真実だ
が、それを実践すると残酷な皮肉に直面せざるをえない。バフェット流の投
資は、非合理的な考え方を増幅するようにできている。ポートフォリオ・マ
ネジャーは大規模な集中投資をしていると、欲や恐怖に屈しやすくなり、内
に潜んだ非合理性が表に出てきてしまう。マンガー氏はかつて、自身の純資
産の100％以上を1つの銘柄に投資しても平気でいられると語ったことがあ
るが、バークシャー・ハサウェイ社の株主総会に出席している勉強熱心な経
営大学院の学生たちがそんな風に投資し始めたら、その大半は失敗するだろ
う。投資家が集中的なバリュー投資を実践するには、人並みならぬ冷静さを
保てなくてはならない。

　ウォーレン・バフェット氏の伝記『スノーボール』は、米国の中西部・農
業地帯で生まれた平凡な人が努力と決意だけで成功を収めたという物語では
ない。バフェット氏は特異点であり、同氏の最悪の間違いでさえおもしろい
物語となる。たとえば、そもそもバークシャー・ハサウェイ社はまずい投資
先だった。当時の同社は、資本集約度が高いのに投下資本の収益率は低いと

いう致命的な特徴をもっていた。言い換えると、同社は収益があったとしてもわずかにしかならないようなビジネスに大量の資金を投下せざるをえなかったのだ。それにもかかわらず、バフェット氏はどうにかして同社を34万人超の従業員を抱える、世界で最も価値ある会社の1つに大化けさせた。

バークシャー・ハサウェイ社自体も、それを築いた人物と同様に特異な存在だ。巨大かつ分散されたグローバルなコングロマリットでありながら、なぜか卓越した企業文化を維持している。同社のビジネスモデルはシンプルだ。有能な経営陣が運営する優れたビジネスを見つけ出し、日々の業務は彼らに任せ、そしてキャッシュフローを収穫する。これはバフェット氏のバリュー投資戦略と同様に直感的であり、並外れた結果を生むが、ほかのだれも同じようにうまくやることはできない。

ウォーレン・バフェット氏の商才が人並みでしかなかった時代があったとは考えがたい。1956年にわずか25歳で最初の投資パートナーシップを立ち上げた瞬間から、同氏は完成されたポートフォリオ・マネジャーだったと思われる。同氏はその後の12年間、毎年、自分とパートナーシップの投資家のために資産を驚異的なスピードで増やし続け、減らした年は1つもなかった。これだけでも輝かしい実績だが、バフェット氏のパートナーシップは進化の途中だった。バフェット氏は常に自身の投資スタイルを改善し、一時はショート*2やペアトレード*3さえ試みていた。同氏は1990年にニューヨーク・タイムズに「私は進化しました。猿から人間へ、あるいはその逆へとスムーズに着実に変化したわけではありませんでしたが」と語っている[1]。バフェット氏は自身の失敗からだけではなく、勝利からも教訓を学んでいた。最大の勝利はアメリカン・エキスプレス社への投資案件であり、それは同氏のキャリアの重要な転機となった。

サラダオイル巨額詐欺事件は、1960年代に起きた、アメリカン・エキスプレス社を転覆させかけた大胆不敵な詐欺だ。この込み入った事件には、ビジ

＊2　保有していない有価証券などを売ること。空売りともいう。
＊3　たとえば、相関関係の高く、同様の動きをする2つの銘柄について割安な銘柄をロング、割高な銘柄をショートしておき、お互いの評価が接近するタイミングで反対売買を行い利益を確定することで、相場動向の影響を受けにくくする投資手法。

ネスマンの誤りやすさや、決定的な時点で現実を無視する傾向についての貴重な教訓が詰まっている。一連の出来事はひどい行動と真の悪党を浮き彫りにしているが、知らず知らずのうちに致命的な盲点をつくってしまった誠実で有能な人々もたくさん登場する。この詐欺事件の余波を受け、ウォーレン・バフェット氏は、被害者を無視してアメリカン・エキスプレス社の短期的な利益を最大化しようとする一部の株主と対決した。

　ウォーレン・バフェット氏がアメリカン・エキスプレス社の大株主として登場したとき、同氏は取締役会に自身の代表を送り込むことを要求したり、同社の業績に関して詮索するような質問をしたりしたわけではなかった。高額な配当を要求したり、会社の資本の使い道について疑問を投げかけたりもしなかった。かわりに同氏は、アメリカン・エキスプレス社が資本を自由に使って詐欺被害者に対して補償するように求めたのだった。バフェット氏はアメリカン・エキスプレス社について十分な調査を行っていて、そのビジネスが驚異的であることを理解していた。同氏は後にこのような会社を「複利マシーン」と呼んだ。なぜなら、こうした会社は資本から巨額のリターンを生み出し、それを再投資して同じ率でリターンを生み出すことができるからだ。バフェット氏は、詐欺被害者からの補償請求を破棄することが、アメリカン・エキスプレス社の評判と長期的な企業価値を傷つけると考えていた。同氏は、短期志向の株主がわずかな利益を得るために複利マシーンの歯車を詰まらせるのを防ぎたかったのだ。これはバフェット氏にとっても革新的なアプローチだった。というのは、アメリカン・エキスプレス社の株式を購入する以前、バフェット氏は株式投資からできるだけ早く価値を引き出そうとするケチな投資家の一種だったからだ。

古ぼけた風車

　1957年、ロバート・ヤング氏のニューヨーク・セントラル鉄道が崩壊し始めた頃、若きウォーレン・バフェット氏は、自身が投資した会社の取締役に書簡を出した。「貴兄は明らかにマーチャンツ・ナショナル・プロパティ社の『社外』取締役に当たりますので、貴兄に宛ててこの手紙を書いていま

す」。当時から約60年も経っていることに鑑みると、おそらく私の感性は当時のバフェット氏の感性とは異なるが、バフェット氏のこの文章にはかなりの皮肉がにじんでいると思われる。この文章に続いて次のフレーズが来ても、驚く人はいないだろう。「私はある件について懸念を感じております。それは……」[2]。

バフェット氏は、プロキシティアのように剣を振り回したり、議会で証言したりするわけではなかったが、オマハにある自身のパートナーシップで同様の投資戦略を目立たないように展開していた。同氏は過小評価され、しばしば業績が低迷している会社を買収し、取締役会の席や経営権の取得を要求した。バフェット氏のパートナーシップの代表的な投資事例は、ネブラスカ州にある19世紀に設立された風車と農業機械の製造会社、デンプスター・ミル・マニュファクチュリング社だった。バフェット氏はこの案件を次のように表現した。「経営の質的な側面はひどいものでした。……しかし、数字は非常に魅力的でした」[3]。

デンプスター社は競争の厳しい産業で事業を展開している製造会社だった。ほんのわずかな利益しか生み出していなかったが、1株当り純資産に対して大幅にディスカウントされた株価で取引されていた。バフェット氏は「キャッシュ＋在庫＋売掛金」から「負債」を差し引いた価値（1株当り）の半分以下の価格で同社の株式を購入していた。初めて同社の株式に投資したのは1956年で、1958年に取締役会に加わり、1961年に経営権を握るために持分を50％超にした[4]。

バフェット氏は経営陣に利益率の向上を促したが、うまくいかなかった。何年も進展がないなかで、同氏は有能な経営者、ハリー・ボトル氏を見つけ、同社の立て直しを任せた。ボトル氏は経費を削減し、利益の出ない施設を売却し、在庫を処分することで停滞した資産を現預金に変え、バフェット氏はその現預金を躊躇なく株式に投資した。これらの株式の価値は1963年にはバフェット氏が同社に投資した金額を上回るに至った。同年、バフェット氏は次のように書いている。

バフェット・パートナーシップは、126万2,577ドル27セントを費やして

デンプスター社の71.7％を所有しました。1963年6月30日時点で、デンプスター社はオマハ・ナショナル銀行にある小さな金庫に202万8,415ドル25セント相当の有価証券を保管しています。この202万8,415ドル25セントに私たちがもつ同社の支配権71.7％を掛けると145万4,373ドル70セントになります。差額が利益になります（一部は投資元本です）[5]。

　バフェット氏がパートナーシップの1960年の年次報告書で説明したサンボーン・マップ社への投資も検討に値する。サンボーン社のビジネスはデンプスター社よりも良好だった。同社は綿密な市街地地図を火災保険会社に販売し、数十年にわたり高収益だったが、1950年代に火災保険の新たな引受方法が始まったのを機に売上げが減りつつあった。バフェット氏がサンボーン社の株式を購入し始めた頃、同社の株価は45ドルだったが、その貸借対照表には1株当り65ドルの投資有価証券が記載されていた[6]。既存の事業にも改善の余地があった。利益は減少していたが、バフェット氏は保険業界のお偉方で占められているサンボーン社の取締役会は事業運営に対して必要な注意や努力を払っていないと感じていた。

　バフェット氏は十分な株式を購入して同社の取締役会の一員になり、投資有価証券の株主への還元と地図事業の再活性化を求めて他の取締役たちとの戦いを開始した。過剰な資本を株主に還元すべきだというバフェット氏の提案を他の取締役たちが拒否すると、バフェット氏は臨時株主総会を招集して取締役会を交代させるという脅しをかけた[7]。同氏は自身の伝記の著者であるアリス・シュローダー氏に、サンボーン社での経験について次のように語っている。「取締役会では葉巻の箱が取締役たちに手渡しで回されていたのを覚えています。私は各葉巻について30％の費用を支払っていることになるわけです。私は葉巻を吸わない唯一の取締役でした」[8]。最終的にバフェット氏は勝利し、同社は余剰資産たる投資有価証券の売却資金を利用して自社株の72％を買い戻した。

　このようにウォーレン・バフェット氏はその投資パートナーシップの初期段階で、多くの余剰資産を保有する会社の株式を大幅にディスカウントされた価格で買っている。そうした事例において、バフェット氏はめんどうな手

間と時間をかけて、しばしば対立も辞さなかった。ネブラスカ州の小さい町、ビアトリスでは、デンプスター社が町で唯一の工場を所有しており、バフェット氏は100人の労働者を解雇したとして地元のメディアから非難された。同氏はそんな経験をもう繰り返したくなかったが、そうする必要もなくなりそうだった。というのは、ありそうもないような一連の出来事のために、米国で最も優れたビジネスを展開する会社の1つ、アメリカン・エキスプレス社がこのバーゲンハンターの手中に落ちようとしていたからだ。

最後の貸し手

1960年6月、匿名の情報提供者がアメリカン・エキスプレス社に電話をかけ、アライド・クルード・ベジタブル・オイル・リファイニング（以下、アライド）社での大規模な詐欺を暴露した。当時、アライド社はアメリカン・エキスプレス社の倉庫子会社、アメリカン・エキスプレス・フィールド・ウェアハウジング社の最大の顧客であり、この子会社は数百万ドルに及ぶアライド社の大豆油の在庫の価値を保証しているという厄介な立場にあった。この情報提供者はニュージャージー州ベイヨンのアライド社の施設で夜間勤務していると話し、アメリカン・エキスプレス社の従業員たちから「声」と呼ばれることになった。彼はアメリカン・エキスプレス社の従業員たちに、敷地内で最大のタンクの1つであるNo. 6006タンクを調べてみろとけしかけた。計測ハッチの真下に大豆油が入った小さい金属容器があるだけで、タンク内のほかの部分はすべて海水という説明だった[9]。

おそらく読者は倉庫会社の経営者ではないと思うが、倉庫会社にとって「おい！　おまえが満杯だと思っている倉庫は実際には空っぽなんだぞ！」という電話がかかってくるほど恐ろしいことはない。倉庫会社の唯一の業務は、顧客の在庫が保管されていることを監視、確認することだ。アメリカン・エキスプレス社はアライド社による数百万ポンドに及ぶ大豆油の所有を保証する在庫証明書を発行し、アライド社はこのアメリカン・エキスプレス社お墨付きの証明書を担保に数百万ドルの融資を受けていた。このサラダオイル巨額詐欺事件に関する報道でピューリッツァー賞に輝いたウォール・ス

トリート・ジャーナル紙のノーマン・C・ミラー氏は、アライド社への貸し手の次のような発言を引用している。「アメリカン・エキスプレス社が証明書を発行しているなら、間違いないと思いました」[10]。アメリカン・エキスプレス社は、ベイヨンにある、いくつかの錆びた貯蔵タンクの中身に自社の資本と評判を賭けていたことになる。実際に何が入っているかを把握するのは、どれほどむずかしいことだっただろうか。

「声」とのやりとりの後、アメリカン・エキスプレス・フィールド・ウェアハウジング社のドナルド・ミラー社長は抜き打ち検査を命じ[11]、検査係たちは隠し容器を探すべく空のタンクを調べたが、空振りだった。しかし、彼らはNo. 6006を含む稼働中のタンクからサンプルを採取し、タンクの約15%において結露では説明できない量の水分が含まれていること、さらに、計測ハッチ以外のすべての開口部が溶接されていたのでNo. 6006タンクに隠し容器がないとは言い切れないことをミラー社長に報告した。こうした警告サインがあったにもかかわらず、検査係たちはタンクに在庫証明書に記載された量に見合う十分な大豆油があるという結論を出した[12]。

「声」は初めてミラー社長と話した際、詐欺についてより詳細を知りたいなら5,000ドルを払えと要求していたが[13]、その夏が終わる頃にはアメリカン・エキスプレス社の消極的な対応に苛立ち、報酬の有無にかかわらず自分が正しいことを証明しようとした。「声」はミラー社長にうんざりして組織内でより上位の者に連絡をとろうとし、アメリカン・エキスプレス社の社長兼CEOハワード・クラーク氏のオフィスにたどり着いた。「声」はミステリアスな手がかりを提供することをやめて、詐欺を暴くために6つの柱で構成される詳細な計画を提案してきた[14]。最も重要な点は、「妥協をしない技術者」を雇ってベイヨンのタンクを調査することだった[15]。クラークCEOの上級補佐はすぐに「声」のことを信頼し、アメリカン・エキスプレス社の調査係にアライド社を詳しく調査するように命じた。

アメリカン・エキスプレス社の調査担当になったR・T・ロッシュ氏は、大した調査をせずとも、アライド社のオーナーであるアンソニー・"ティノ"・ディ・アンジェリス氏について、いくつかの驚愕の事実を知ることに

なった。ロッシュ氏による1960年11月18日付の内部メモには、ディ・アンジェリス氏が7年前に司法省によって起訴されたこと、IRS*4の担当官が脱税を理由とする刑事訴追を真剣に検討したことが記載されていた。ティノには未払いの税金について100万ドル以上の先取特権が賦課されており、政府の検査官に対する贈賄の嫌疑もかけられていた。ロッシュ氏はティノが組織犯罪に関係しているかもしれないと示唆し、アメリカン・エキスプレス社がアライド社に潜入調査員を送り込むことを提案した[16]。

ディ・アンジェリス氏の過去のビジネスでの行いは特に問題だった。もともと食肉解体業者だった同氏は1938年に自らの食肉加工業の会社を立ち上げ、1940年代に財を成した。第二次世界大戦中は闇市場での肉の販売、戦後は怪しい輸出取引を手掛けていたとされる[17]。ディ・アンジェリス氏は1949年に当時のアメリカン証券取引所に上場していた大手食肉加工業者、アドルフ・ゴーベル社の支配権を買収したが、同社は連邦学校給食プログラムに劣悪な食肉を納入したうえ、農務省に対して過剰請求を行ったため、1952年に収益性の高い政府契約を失った[18]。その1年後、SECは利益の過大計上と、読者のご想像のとおり、在庫の水増しの疑いを理由に同社の調査を開始した。ティノは買収からわずか5年でゴーベル社を破産に追いやっていた。

SECは、ディ・アンジェリス氏がゴーベル社の損益計算書に虚偽の注文を計上したうえ、実在しない在庫を担保にして借入れを行ったと主張した。1953年には司法省が、SECによる調査中に従業員にゴーベル社の在庫評価について虚偽の陳述をさせたとして同氏を起訴した。繰り返し述べていいだろう。アライド社が1957年にアメリカン・エキスプレス社の倉庫ビジネスにおける最大の顧客となった時、ティノは以前の（倒産した）会社の従業員に在庫評価について嘘をつかせたとして起訴されていたのだ。アメリカン・エキスプレス社は、ありもしない在庫を担保にして借入れを行ったとして訴えられている人物のために、数百万ドルの在庫保有を保証していたのだ[19]。

アライド社をめぐる当時の出来事から、ディ・アンジェリス氏がゴーベル社事件以降もまったく改心していなかったことは明白だった。農務省は1958

＊4　Internal Revenue Service。内国歳入庁。

年に、出荷伝票を偽造して政府から120万ドルを詐取しようとした容疑でティノを調査していた。政府は1960年にディ・アンジェリス氏とアライド社を相手取って民事詐欺訴訟を起こしたが、同年は「声」がアメリカン・エキスプレス社に対してアライド社の在庫詐欺について警告したのと同じ年だった[20]。

ロッシュ氏が手に入れたティノの怪しげな過去に関する情報は、入手しがたいものではなかった。ウォール・ストリート・ジャーナル紙はゴーベル社事件およびアライド社に対する民事詐欺訴訟について報じていたし、アライド社に関する信用調査レポートには、ティノの税金トラブルだけではなく、ゴーベル社の破産と法律違反も詳細に記載されていた。こうした状況こそが、そもそもアライド社がアメリカン・エキスプレス社を必要とした理由だった。銀行はティノ・ディ・アンジェリス氏に対して、第三者によって検証された担保なしには融資を行おうとはしなかった。アメリカン・エキスプレス社は国内で最も尊敬されている金融機関の1つでありながら、政府に対して繰り返し詐欺を行い、学童に劣悪な食肉を提供したペテン師に対する最後の貸し手になっていたのだ。

ベイヨン包囲戦

1960年のアメリカン・エキスプレス社は現在と同様、価値あるブランドをもつ、尊敬された会社で、収益性の高いビジネスを展開していた。ほとんどの人々は、同社がサラダオイル巨額詐欺事件でつまずくまで、同社が倉庫業まで展開しているとは知らなかった。当時、アメリカン・エキスプレス社の稼ぎ頭たるトラベラーズ・チェック事業の取引額が年間10億ドル超、新興のクレジットカード事業は年間25％成長だった一方で、倉庫事業は過去16年間のうち約半分で損失を計上し、まともな利益を出せたことはなかった。アライド社とのビジネスを除けば倉庫子会社は赤字であった。もちろんそのビジネスも詐欺だったことが後に判明することになる[21]。

当該子会社が年間50万ドルの純利益というハワード・クラークCEOの目標を達したとしても、倉庫事業はアメリカン・エキスプレス社がかかわって

はいけないような、ひどいビジネスだった。倉庫事業の顧客はきわめて資本集約的なことから、在庫を担保にして借入れを行わなければならないが、信用力が弱いことから、貸し手から第三者によって検証された担保を求められた。倉庫業者は顧客獲得競争のなかで、在庫保管の安全性確保能力を犠牲にして顧客の商売の邪魔をしないように約束していた。いわゆる独立倉庫とは、実際には顧客自身の倉庫であって看板をすげ替えただけだった。そこで働いている「独立従業員」は実はもともと顧客自身の従業員で、一時的に独立倉庫会社に移籍しているだけだった。こうした状況は利益相反と競合するアジェンダに満ちており、アライド社による詐欺事件に至る数年間でいくつかの大規模な倉庫詐欺が発生していた[22]。

ウォール・ストリート・ジャーナル紙によるサラダオイル巨額詐欺事件に関する報道によれば、ティノは自社の従業員をアメリカン・エキスプレス社の倉庫子会社に移籍させた後も彼らに給与を支払っていた。これら従業員のほとんどはアメリカン・エキスプレス社からもらう以上の報酬をディ・アンジェリス氏から受け取っており、移籍していたとはいえ、彼らのアライド社に対する忠誠心に揺るぎはなかった。彼らだけがタンクの実際の操作方法を知っていたし、彼らだけがタンクにつながれた排水管の迷路を把握しており、アメリカン・エキスプレス社に対して棚卸作業の責任を負っていた。

「声」は1960年の夏にアメリカン・エキスプレス社の幹部にアライド社の詐欺を説明した。その時点で適切に対処していれば、アメリカン・エキスプレス社はティノによる詐欺のダメージを小さな金額に抑えることができたはずだ。同社はその時点で、6,500万ポンドの大豆油に対する、650万ドルの在庫証明書を発行していただけだった。信じられないことに、この詐欺はその後3年間も表沙汰にならなかった。この3年の間に詐欺の規模は10倍に増え、アメリカン・エキスプレス社がベイヨンのタンクにある大豆油について行っていた保証額は米国全土に存在する大豆油の金額を超えるまでになった[23]。詐欺の兆候は至るところにあった。週次の在庫増加額がかなり大きく、短期間でそうした量の油を受け入れることは物理的に不可能だったが、アメリカン・エキスプレス社の係員はなんの疑念も抱かず傍観していた[24]。

第3章　ウォーレン・バフェット氏とアメリカン・エキスプレス社　81

ディ・アンジェリス氏の在庫証明書を担保に融資を提供しているいくつかの銀行から電話で「ちゃんと把握しているのでしょうね」という問合せを受けたが[25]、アメリカン・エキスプレス社が自力で詐欺に気づくことはなかった。これほど明らかな兆候を悪質な意図なしに見落とすことは可能なのだろうか。

　アメリカン・エキスプレス社の倉庫事業の幹部たちは、悪質な意図というよりも現実から目を背けていた。ティノが彼らに賄賂を贈ったことはなかったし、規則を曲げるように圧力をかけたこともなかった。そんなことをわざわざする必要もなかった。匿名の電話を受けて抜き打ち検査を行った時、アメリカン・エキスプレス社は詐欺を暴く寸前まで行った。これに対し、ティノは静かにアメリカン・エキスプレス社との倉庫契約を終了した[26]。最良の防御は良い攻撃になった。アメリカン・エキスプレス社は慌てて、この妨害に対するティノの怒りを和らげようとしたのだった。

　アメリカン・エキスプレス社の幹部たちはティノをなだめつつ、警戒サインについて手ぬるい処理しかしていなかった。検査報告書の結論は、タンクには在庫証明書に見合うだけの大豆油が存在するというものだったが、同時に「謎の電話については未解明のままである。タンクに水があったことは間違いない事実である。アメリカン・エキスプレス・フィールド・ウェアハウジング社にとって最大規模の損失につながる在庫証明書の発行が行われた可能性はある」とも述べていた[27]。それでは、なぜアメリカン・エキスプレス・フィールド・ウェアハウジング社は人員と監視を少し増やしただけで、アライド社との契約を継続したのだろうか。検査報告書の結論にはこうも書かれている。「アライド社はアメリカン・エキスプレス・フィールド・ウェアハウジング社の帳簿上、収益をもたらしている顧客のなかで最大であり、当該顧客なしでは当社は赤字を計上することになるため、当該顧客との契約を維持する試みがなされるべきだと思われる」[28]。

　アメリカン・エキスプレス社の倉庫子会社は、ビジネスを続けるために大口の顧客を必要としていた。短期的な利益と職業上の成功を追求する姿勢が倉庫事業の幹部たちの目をふさぎ、アライド社のような顧客を引き受けるリスクをみえなくした。アメリカン・エキスプレス社の倉庫事業の幹部たちは

1963年までにティノを正直で誠実な人物だと思い込むようになっており、同事業の責任者であるドナルド・ミラー氏を含む何人かの幹部たちはティノが手掛ける他の新規事業の１つに個人資金を投ずるほどだった。

　こうして比較的短い間に、自己満足と錯覚に陥った一握りの社員たちのせいで、アメリカン・エキスプレス社全体が危機にさらされた。同社CEOのハワード・クラーク氏は長年にわたり倉庫事業の閉鎖を考えていたが、部下たちの反対に屈し、そのままにしていた。クラーク氏は一度だけ、個人的にアライド社の施設を訪れたことがあった。自ら登った唯一の貯蔵タンクのてっぺんが錆びていることを見つけたが、懸念を口に出すようなことはしなかった[29]。詐欺事件が発覚する数週間前に同氏はアライド社との契約を手放すことを決心したが、時すでに遅しであった。

　1963年、ティノが目立たないようにアライド社の破産を申請し、同社の債権者がベイヨンに押しかけたことでサラダオイル巨額詐欺事件が発覚し、世間の耳目を集めるようになった。アメリカン・エキスプレス社が発行した13億ポンド（うち３億9,500万ポンドが詐欺であった）にのぼる大豆油の在庫証明書を手にもつ債権者と輸出業者が、ほとんどのタンクが水または識別不能の沈殿物で満たされていると知ったとき、混乱はパニックへと転じた[30]。アライド社の破産管財人がタンクNo. 6006のなかにあった液体を排出したところ、出てきた液体は海水で、さらに大豆油が入った小さな金属容器が見つかった。バンク・オブ・アメリカ社、バンカーズ・トラスト社、ブラウン・ブラザーズ・ハリマン社、J. P. モルガン・ギャランティ社、プロクター＆ギャンブル社を含む50社以上が影響を受けた[31]。

　ティノは詐欺の相手をウォール・ストリートに広げて市場に大混乱をもたらし、その過程で自身の帝国をも崩壊させた。同氏は無謀にも大豆油の市場を支配しようとし、在庫証明書を利用して信用取引の口座を開いた。取引は必然的に失敗し、商品取引所のプロデュース・エクスチェンジ*5は丸１日、彼のポジションを解消するために取引停止を強いられた。２万の顧客口

＊5　ニューヨーク・プロデュース・エクスチェンジ（New York Produce Exchange）
　　は1861〜1973年に活動していた農産物に特化した取引所。

座で5億ドルの株式を預かり、高い評判を誇っていたある証券会社はティノに信用取引をさせていたことで巨額の損失を被った。同社はニューヨーク証券取引所により、同取引所の171年の歴史で二度目の取引停止処分を受け、清算された[32]。

　アメリカン・エキスプレス社の状況は険しいものになっていた。同社は約8,000万ドルの保険をかけていたが、詐欺による損失は保険の対象外だった。ハワード・クラーク氏はアメリカン・エキスプレス社が保険に入っていることに言及し、同社の将来の成長と繁栄に楽観的な姿勢を示した。しかし、その裏では、アメリカン・エキスプレス社が倉庫子会社に対する請求に対応できるだけ資本をもっているかを弁護士たちと協議していた。スキャンダル発覚の直後、クラーク氏は次のような公式声明を出した。「私たちの子会社が保険およびその他の資産を超過する水準の法的な債務を負うことになった場合、アメリカン・エキスプレス社は、その総合的な責任を負うべき地位に鑑み、道義上、できる限りのことを実施し、子会社の超過債務がきちんと支払われるようにすべきだと考えています」[33]。非難と訴訟が相次ぐなか、同社の株価は大暴落し、ネブラスカ州オマハにいる33歳のウォーレン・バフェット氏の関心を引くことになった。

無限の生存可能性

　アメリカン・エキスプレス社の株価は、アライド社崩壊後の数カ月で50%以上も下落した。同社の株主は有限責任ではなかったため、ティノの詐欺に対する同社のエクスポージャーに関する投資家の懸念はどんどんふくらんだ。アメリカン・エキスプレス社は、株主が会社の負債と義務に対して責任を負わなくてはならない「ジョイント・ストック・カンパニー」として組織された、最後の大手公開会社だった。ウォーレン・バフェット氏は、このときに何が起きていたかについて『スノーボール』の著者、アリス・シュローダー氏にこう説明している。

　　　だから、米国の信託部門は皆パニックになりました。コンチネンタル

84

銀行がアメリカン・エキスプレス社の５％超を所有していたのを覚えています。彼らは突然、信託口座で保有する株式が価値ゼロになるだけでなく、負の評価さえ受ける可能性があると気づきました。当然、同社の株式は大量の売りを浴びせられ、市場全体が短い間、若干非効率的になりました[34]。

バフェット氏はアメリカン・エキスプレス社の株式について大規模なロング[*6]・ポジションをとった。ある時点で、その保有額は同氏のポートフォリオのほぼ３分の１を占めたほどだ[35]。しかし、同氏は投資家向けレターのなかで同社への投資についてはいっさい触れず、具体的な名前は伏せたまま支配権を取得している会社があることにだけに言及した。同氏がアメリカン・エキスプレス社を可能な限り急いで買い始めた1964年の初頭、同氏の投資家向けレターに現れる新銘柄は、10万ドルを少し超える純利益を計上した、小規模なテキサス・ナショナル・ペトロリアム社の買収ディールだけだった。しかし、投資家向けレターでは身を潜めていたものの、バフェット氏の投資哲学にアメリカン・エキスプレス社が与えた影響は大きかった。

バフェット氏は自身のポートフォリオを３つのカテゴリーに分けていた。デンプスター・ミル社やバークシャー・ハサウェイ社のような「支配権を取得する投資」、テキサス・ナショナル・ペトロリウム社のような「特殊状況に関連する投資」、そして、「一般的な投資」だ。アメリカン・エキスプレス社は「一般的な投資」だった。1963年初頭の同氏による「一般的な投資」に関する説明は、主にバーゲン価格と安全域に焦点を当てていた。「多くの場合、一般的な投資は、収益性が低いか、十分に稼働していない資産をより有益に活用しようとする変革プランをもつ支配的な株主グループがいる会社に投資を行い、それに『便乗』することをねらっています」[36]。言い換えると、こうした銘柄はデンプスター・ミル社やバークシャー・ハサウェイ社と同様に、１株当り純資産に対してディスカウントされた株価で取引されている、低収益ビジネスであることが多かった。

＊6　有価証券などを購入し、値上りを期待して持ち続けること。

アメリカン・エキスプレス社の株式購入開始から1年後、バフェット氏は「一般的な投資」の説明を次のように改訂した。「定量的な要素は優先的かつ不可欠ではありますが、定性的な要素も重要です。私たちは優秀な経営陣を評価します。社会に受け入れられる業界を評価します。従前は休眠していたような経営陣や株主グループに起きつつある『覚醒』を評価します」[37]。バフェット氏は1967年までに、アメリカン・エキスプレス社への投資で大儲けした後に次のように記している。

> 私は自分自身を主に定量的な学派に属すると考えていますが（そして、これを書いている時点で、だれも休憩に出たまま戻らず、教室に残っているのは私だけという状況かもしれませんが）、興味深いことに、何年かの間で私が抱いた本当に画期的なアイデアは、「高い確率で将来を見通すこと」を可能とするような定性的な側面に大きく重きが置かれていました。……したがって、本当に大きなお金は定性的な決定ができる投資家にもたらされる傾向があります。ただ、少なくとも私は、より確実なお金は定量的かつ明白な決定によってもたらされる傾向があると思っています[38]。

バフェット氏はアメリカン・エキスプレス社の株価急落に魅かれ、市場の過剰反応は無限責任を伴う同社のジョイント・ストック・カンパニー構造できちんと説明することができた。しかし、同氏がアメリカン・エキスプレス社を買ったのは、市場が冷静さを取り戻したときに短期の利益をあげるためではなかった。同氏は同社の商品・サービスの実績を調査し、自身が素晴らしいビジネスを見つけたことに気づいていた。それは1963年以前には、ほとんど目にしたことのないビジネスだった。

バフェット氏はそれまで、自身のキャリアのほとんどを資産リッチな会社を割安で購入することに費やしてきた。しかし、アメリカン・エキスプレス社は基本的にプラントや設備を保有していなかった。価値はその名前にあった。バフェット氏は銀行、ホテル、レストラン、顧客を調査することにより、今般のスキャンダルがブランドに影響を与えないことを確認し[39]、資産

ライトのビジネスモデルがもつ巨大な力を認識していた。バークシャー・ハサウェイ社のような資産リッチな会社は、効率的な経営を行うために多額の投下資本を必要とするが、アメリカン・エキスプレス社のトラベラーズ・チェック事業は、逆に巨額の過剰資本（顧客がチェックを購入して使用するまでの間に滞留する大量の流動性）を生んでいた。アメリカン・エキスプレス社のブランドの持続的な力に鑑み、バフェット氏は、大豆油で補償を求める人たちとの和解を、郵便封筒に同封されてくる配当小切手を1枚失くすことにたとえた。多少腹は立つが、決して大惨事ではないと[40]。アメリカン・エキスプレス社の事例において、バフェット氏の「高い確率で将来を見通すこと」とはなんだったのだろうか。同氏は1969年にフォーブズ誌に次のように語った。「いいですか。アメリカン・エキスプレスという名前は世界で最も偉大なフランチャイズの1つなんですよ」[41]。

台風の通過

　アメリカン・エキスプレス社は、スキャンダルが表沙汰になった後、1億2,500万ドルの時価総額を失った。大豆油の補償請求者とは最終的に合意に達し、法人税を考慮したベースで3,200万ドルの負担ですむことになったが[42]、解決に向かう途中で奇妙な事態が起きた。アメリカン・エキスプレス社による補償請求者との和解は意外なグループ、同社自身の株主によって遅れることになった。ごく少数の株主グループが、アメリカン・エキスプレス社は倉庫子会社の債務を支払う法的義務はないと主張して、和解を阻止する訴訟を起こしたのだった。ハワード・クラーク氏は債権者に対する道義的な責任を感じていたかもしれないが、その株主たちはアメリカン・エキスプレス社に法的な義務はないと主張した。彼らは、和解のためにキャッシュを支払うことは「贈り物」であり、資産の不正利用による株主価値の毀損だと考えた。謀られた在庫証明書の保有者にはびた一文も渡すべきでないという強い不満を抱いていた。

　公開会社の株主が意見をもっていない場合、あるいは意見があっても口を固く閉じて株式の売却を選択する場合、発言を選ぶ少数の株主の意見は多く

の人に傾聴される。しかし、一部の株主がすべての株主の代弁者となった場合、彼らが長期保有を決意している株主の利益に注意を払っているかはどのように確認できるだろうか。声高な株主たちがアメリカン・エキスプレス社に対して大豆油の補償請求者を無視すべきだとけしかけ始めたとき、その過度な影響力はウォーレン・バフェット氏の心に重くのしかかっただろう。バフェット氏は、そうした事態が実際に起きる可能性は低いとはいえ、少数の株主が議論を支配するリスクはまずいと考えた。

　バフェット氏は初期の活動期間において、業績が低迷する資産リッチな会社の経営陣や取締役会と対立することがたびたびあった。同氏が積極的な行動を強いられるとしたら、その行動は支配権を取得し、会社の資産を株主に還元することを意味した。たとえば、デンプスター・ミル社では、ビジネスからできるだけ迅速にキャッシュを回収し、株主価値を高めた。アメリカン・エキスプレス社はまったく異なる状況だった。経営陣は自社のブランドを守るために適切に動いたが、一部の株主がそれを阻止しようと扇動していた。詐欺事件は全国的に報道され、補償請求者にはアメリカン・エキスプレス社のトラベラーズ・チェックを販売している多くの大手金融機関も入っていた。バフェット氏は、和解を阻止しようとする株主による短絡的な試みが、アメリカン・エキスプレス社の貴重なブランドを永久に損なう可能性があることを懸念した。価値の高いビジネスの危機を前に、バフェット氏は同社の競争優位性を守るために行動を起こしたいと考えた。

　1964年6月16日付のバフェット氏からハワード・クラーク氏への書簡＊7は、ある意味で励ましの言葉に読める。バフェット氏は経営陣を賞賛し、その調子で頑張れと鼓舞している。前向きな書き振りの背後で「さあ、ここには素晴らしいビジネスがあるし、このゴタゴタはもう少しで乗り越えられる。いまさら台なしにしないでくれ」といっているようだ。書簡のなかで最も驚くべき部分は、アライド社のスキャンダルが最終的にはアメリカン・エキスプレス社の誠実さに対する評判を高めてくれることになるだろうという指摘だ。「経営陣は時折、倉庫事業に関して底なしの穴にいるようなお気持

─────────────

＊7　全文を付録に掲載。

ちにもなることでしょうが、私たちの見立てでは3、4年後には、平凡な会社をはるかに凌駕する財務的な健全性と責任の水準が示され、この問題がアメリカン・エキスプレス社の名声を高めるはずだと感じています」。

アメリカン・エキスプレス社がこの状況から名声を高めて浮上する可能性があるという考え方は幻想か、あるいはバフェット氏がクラーク氏に取り入ろうとする試みのようにもみえる。しかし、ピーター・グロスマン氏が書いた1987年のアメリカン・エキスプレス社についての書籍で説明されているように、同社の歴史で最悪の危機はビジネスと経営陣を強化するという逆の効果をもたらした。グロスマン氏はこう記している。「実のところ多くのことが得られたわけだからと、だれかがハワード・クラーク氏に大豆油のようなスキャンダルが数年おきに起きるのも悪くないのではないかと尋ねたところ、同氏は『私の人生に新たなスキャンダルに費やすだけの時間は残されていないと思います』と返答した」[43]。バフェット氏は完全に正しかった。こうして「オマハの賢人」が生まれたのだった。

ウォーレン・バフェット氏がアメリカン・エキスプレス社への投資から莫大な利益を計上した頃、周囲の市場関係者はコングロマリットと派手な投資信託に熱をあげていた。しかし、バフェット氏は静かに自分自身の進化の道を進み続けた。同氏はアメリカン・エキスプレス社への投資経験でベンジャミン・グレアム氏の投資スタイルからさらに遠ざかることになった。同氏は後年、「適切な株価で素晴らしいビジネスを買うことにおおいに興味をもちました」[44]と説明した。1969年には、自身の投資パートナーシップを閉じる計画を発表した。同氏は定量的な意思決定で「確実なお金」を十分に稼いだので、より大きな獲物をねらうための準備が整ったのだった。その後、バフェット氏は徐々に会社を丸ごと買収することに興味をもつようになった。アメリカン・エキスプレス社の事例に照らすと、これは完全に理にかなっている。素晴らしいビジネスを所有するほうが、資産を無駄遣いする会社の一部を買うよりも容易で、はるかに楽しいからだ。バフェット氏は、黄金色の大豆油のように精製されたバリュー投資スタイルを活用して、ニューイングランドにある、うだつのあがらない織物会社だったバークシャー・ハサウェイ社を産業の指導的な地位に押し上げていくことになった。

ウォール・ストリートの魔術

バフェット氏が1960年代後半に保険会社と銀行を買収することでバークシャー・ハサウェイ社に莫大な価値を加えていた頃、同氏の同時代人の多くは健全なビジネスを手に入れては、それらを無意味な買収に利用していた。1960年代の「ゴーゴー」株式市場＊8は、米国で三度目の（1890年代と1920年代に次ぐ）合併ブームをもたらしたが、その大部分は無益な雑種形成であった。以前の合併ブームでは水平統合、次いで垂直統合に焦点が当たったが、1960年代の公開会社は単純に成長のために買収を実行した。成長はその実現方法を問わず、ウォール・ストリートでもてはやされた。ゴーゴー時代はすぐに崩壊したが、その廃墟から新世代の企業乗っ取り屋が現れた。ジム・リング氏とハロルド・シモンズ氏の1978年の闘争は、敵対的な乗っ取り屋の台頭を浮き彫りにしている。

「合併王ジミー・リング」はリング・テムコ・ボウト社（Ling-Temco-Vought。以下、LTV社）の社長で、成長企業に対して金を惜しまないウォール・ストリートの風潮に乗って財を成したコングロマリット経営者の代表例だ。リング氏は1955年にダラスにあった自身の小さな電気工事会社の株式を公開した。株式の買い手を見つけるのはむずかしかったが、テキサス・ステート・フェア＊9でブースを設けて自社の目論見書を配るまでして、なんとか約100万ドルの資金を調達した45。これを機に同氏は数々の買収を行い、自身の会社のフォーチュン500入りを実現した。リング氏はたえずウォール・ストリートから資金を調達し、将来の資金調達を容易にしようと不可解な組織再編を進めた。同氏は普通株式に転換可能な優先株式のようなハイブリッド証券を発行し、発行ずみの証券を新しい証券と交換する理解しにくい提案を頻繁に行った。チャンス・ボウト社、ウィルソン＆カンパニー社、ジョーンズ＆ラフリン社に対する敵対的な公開買付けで成功を収め、LTV社は1969年にはフォーチュン500で14位にランク入りするほどになっていた。リング氏によるジョーンズ＆ラフリン社の４億2,500万ドルでの敵対的

＊8　強気の株式相場が続いたことから「ゴーゴー時代」と呼ばれた。
＊9　毎年秋にテキサス州のダラス市で開催される伝統的なイベント。

公開買付けは当時、史上最大のキャッシュによる公開買付けだった[46]。

LTV社が成長するにつれて、リング氏は「金融の魔術」使いとして広く賞賛されたが、この表現は皮肉な意味で適切だった。LTV社の興隆は、リンク氏のごまかしの才と、収益成長や株価収益率を重視するウォール・ストリートの姿勢が生んだトリックだったからだ。リング氏の会社は公開市場で高い評価を受けていたため、同氏は十分な資金を調達して買収を通じていっそうの収益成長を実現できた。だが、これは永遠に続くものではなかった。LTV社には汚点が隠されていた。リング氏の買収実績は実は玉石混交だったのだ。ウィルソン社はまあまあ成功だったが、チャンス・ボウト社とジョーンズ＆ラフリン社はひどい失敗だった。ほどなく投資家はこのコングロマリット経営者のやり口に気づき、LTV社の株価は暴落した。リング氏は保有していたLTV社株式を担保に多額の借金をしていたので、個人資産は壊滅的な損失を被った。

オメガからオメガへ

1960年代の中盤、リング氏が合併王としての名声を極めている頃、33歳の薬局経営者ハロルド・シモンズ氏はリング氏に面会を求める書簡を書いた。シモンズ氏は遠くからリング氏の動向を追いかけており、リング氏が会社を手際よく手中に収める能力に感銘を受けていた。シモンズ氏は薬局経営の合間を縫って会社の年次報告書を読みあさり、株式相場に手を出していた。同氏は、メイン州のバス・アイアン・ワークス社という会社が大幅に割安になっていると確信し、その考えをリング氏がどう思うのかを聞きたかったのだ。シモンズ氏はリング氏が自分との面会を承諾してくれたときには大喜びし、さらに自身の投資分析について褒めてくれたときには天にも昇る心地だった。

1976年に2人が再会したとき、ジム・リング氏は絶望的な状況に直面していた。リング氏が立ち上げたばかりの会社オメガ-アルファ社は、オメガ-オメガ社と名乗るべきだった。あっという間に倒産したからだ*10。この倒産は、10年足らず前にはダラスで注目の的だったリング氏にとって、打ち続く

第3章　ウォーレン・バフェット氏とアメリカン・エキスプレス社　91

悪い出来事の1つだった。一方のシモンズ氏は順風満帆で、薬局事業を5,000万ドルで売却した後、公開会社の乗っ取りを通じて10億ドルの財産を築く途上にあった。シモンズ氏は会社の支配権を獲得するためにリング氏の創造的な公開買付けの使用法をまねたが、リング氏の目標が何がなんでもLTV社を成長させることだったのに対し、シモンズ氏は割安に評価された会社を買収することに焦点を当てていた。ハロルド・シモンズ氏の最も優れた才能の1つは、他の市場参加者が見落としている隠れた資産をもつ会社を見つけることだった。

　1975年、リング氏のオメガ–アルファ社が破産申請したのと同じ年に、シモンズ氏はヴァルヒ社という無名の会社に目をつけた。同社は1株当り50ドルの不動産を保有しているのに、1株わずか5ドルで取引されていた。シモンズ氏が、ヴァルヒ社がこうした秘宝を所有していることを見抜いたのは、ザパタ社のCEOだったD・ドイル・マイズ氏の一連の行動を追跡していたからだった。マイズ氏はザパタ社のCEOを辞任して、ザパタ社の小さな不動産保有子会社だったサウスダウン社のCEOに就いた。ザパタ社がサウスダウン社をスピンオフして同社の株式をザパタ社の株主に割り当てた際、マイズ氏は同社の支配権を手に入れ、大金を稼いだのだった。マイズ氏はヴァルヒ社で同じことを実践しようと企てた。マイズ氏はサウスダウン社の優良不動産を同社の子会社だったヴァルヒ社に集約し、サウスダウン社のCEOを辞任してヴァルヒ社のCEOに就き、ヴァルヒ社の株式をスピンオフによって自身を含むサウスダウン社の株主に割り当てた。シモンズ氏は1株17ドルでヴァルヒ社株式の公開買付けに打って出てマイズ氏を驚かせた。マイズ氏はシモンズ氏を上回る1株17.50ドルを提示したが、最終的にシモンズ氏が1株22.50ドルでヴァルヒ社の支配権を獲得するに至った[47]。

　シモンズ氏がヴァルヒ社の買収で大成功を収めた直後、ジム・リング氏が同氏を訪ねてきて2人は再会した。シモンズ氏はかつての合併王が持ち出した共同パートナーシップ提案には乗らなかったが、かつて自分にとって投資のヒーローだったリング氏の窮状に同情し、リング氏に対し自身の主要な投

＊10　オメガはギリシャ文字でアルファベットの「Z」に相当し、「終わり」を意味する。アルファは同じく「A」に相当し、「始まり」を意味する。

資ビークルであるコントラン社と任期2年のアドバイザー契約を結ばないかと申し出た。リング氏からはすぐにいくつかの投資アイデアが持ち込まれた。たとえば、コントラン社はオメガ-アルファ社の社債に投資してひと稼ぎしたが、これもリング氏の提案に基づくものだった。ただし、リング氏の分析には穴があった。シモンズ氏は、リング氏は聡明だが、真のほら吹きだと見抜いた。リング氏は自身のアイデアを話すとき、早口で耳慣れない専門用語を乱舞させるが、重要かつ明らかな事実を見逃していることも多かった。LTV社と個人資産の崩壊という屈辱を受けても、リング氏の自信には引き続き微塵の揺るぎもなく、コントラン社との2年間のアドバイザー契約が終了した1週間後、ジム・リング氏はハロルド・シモンズ氏に対して、コントラン社株式の敵対的公開買付けを行う計画を通知してきた。

　「リング氏らしいですね」とハロルド・シモンズ氏は自身の弁護士に語った。「致命的な事実を見落とす方なのです」[48]。2年間にわたりコントラン社にいたことで、リング氏は同社が市場から大幅に過小評価されていることを理解していた。同氏はヴァルヒ社などのコントラン社を構成する子会社にどれだけの価値が隠れているかをみて、コントラン社の支配権を手に入れて同社を清算すれば、巨額の利益をあげられると知ったのだった。ただ、リング氏は重要な点を1つ、見落としていた。ハロルド・シモンズ氏がすでにコントラン社株式の42％を支配しているということだった。リング氏が勝つためには、シモンズ氏以外の株主がもつ同社株式のほぼ90％を買い付けなければならなかったが、それは至難の業だった。

　コントラン社が市場で1株20ドルで取引されているなか、リング氏は何人かの大口株主に対して35ドルでの買取りを提案し、その後、50ドルでの公開買付けを行って、同社の41％の支配権を手に入れたのに対し、その時点までにシモンズ氏も自身の持分を44％に増やしていた。リング氏が50％以上の持分を獲得できれば、LTV社時代のような栄光の日々に戻ることができるが、もしできなかったら、敵によって支配される会社の株式をもっているだけだった。大量の株式に流動性はなく、その保有は借入れでまかなわれていた。

　ジム・リング氏はハロルド・シモンズ氏のコントラン社の50％を確保する

ことができなかった。さらに悪いことに、合戦の最終局面で50ドル前後で推移していたコントラン社の株価は当然、下落した。リング氏はシモンズ氏に対して株式を50ドルで買い戻すように求めたが、シモンズ氏は「貴殿はその株式を未来永劫、保有されたらどうでしょう。なぜなら、私は買戻しにまったく関心がありませんから」[49]と答えた。最終的に、コントラン社はキャッシュと証券の組合せで1株30ドル足らずを支払ってリング氏の持分を買い取った。合併王ジミー・リング氏は再び落ちぶれることになり、二度と人々の関心を引くようなことはなかった。決着はついた。2人が初めて会ったとき、ハロルド・シモンズ氏は初心者だったが、いまや達人になっていた。リング氏のクーデターの試みについて後に尋ねられたとき、シモンズ氏が怒りを表すことはなく、「単なるビジネスです」と答えた[50]。冷血な乗っ取り屋の時代が到来していた。

シカゴを代表する飲食店、ジミーズとハロルズ

　ジミー・リング氏とハロルド・シモンズ氏はどちらも、市場が公開会社の評価を大幅に誤りうることに付け込んでキャリアを築いた。リング氏は、成長を約束する投機的な会社にスーパースターのファンド・マネジャーたちが群がる時代に台頭し、自身の会社の過大評価された株式を活用して資金を調達し、他社を次々と買収した。一方、シモンズ氏は、経済が停滞し、市場が暴落し、「ゴーゴー」といえばワシントンD.C.で流行り始めたアングラ・ファンク・ミュージックのノリの良い踊りのことをいう1970年代に台頭し、市場で残骸をあさり、バーゲン価格で買える価値ある会社を掘り出した。1人は非合理的な楽観主義を利用し、もう1人は非合理的な悲観主義を利用した。しかし、信じがたいことだが、その同じ期間に、学界では金融市場はほぼ完全であるという奇妙な考え方に基づいた革命が進行中だった。それは敵対的買収に関する議論の方向を変え、会社の乗っ取り屋を表舞台に引き出し、米国大手企業の取締役会に招き入れるのに一役買った。

　効率的市場仮説は1960年代にシカゴ大学で生まれた。この考え方は、株式市場の価格は会社に関するすべての一般公開された情報を完全に反映し、会

社の価値についての最善の推定値を表しているとする。たとえ一部の投資家が非合理的で、あるニュースに対して不適切に反応しても、それらはランダムで、正規分布しており、互いに相殺されるとする。効率市場仮説に基づくと、株式の期待リターンを計算するために次のような洗練された数式を使えることになる。

$$E(\tilde{r}_{j,\,t+1}|\Phi_t) = r_{f,\,t+1} + \left[\frac{E(\tilde{r}_{m,\,t+1}|\Phi_t) - r_{f,\,t+1}}{\sigma(\tilde{r}_{m,\,t+1}|\Phi_t)} \right] \frac{cov(\tilde{r}_{j,\,t+1},\,\tilde{r}_{m,\,t+1}|\Phi_t)}{\sigma(\tilde{r}_{m,\,t+1}|\Phi_t)}$$

さて、ここで私はアカデミックな経済学およびファイナンスに対して特別な思い入れがあることを認めたい。科学的な命題には美しさがあり、優れた命題は直面した問題を明晰に検討するのに役立つ。ノーベル賞受賞者のマートン・ミラー氏は、多くのシカゴ大学の同僚らと同様におもしろい著作や論文を書くが、自身のファイナンス理論の1つの有用性を次のようにインタビューで語った。「命題は知恵の始まりであり、終わりではありません」[51]。同氏は、理論が現実に当てはまらなかった場合、どの仮定がまずかったのか、それはなぜかを追求することで、私たちはもっと賢くなれると説明した。

しかし、効率的市場仮説の初期の提唱者たちが実証研究に取り組んだとき、それは知恵の始まりというより、終わりになっていった。経済学者はデータを処理するのが大好きで、これが重大な偏見をもたらした。彼らは情報に対する愛着から、株式市場での投資を情報収集のゲームとみなした。情報は市場参加者に対して平等に行き渡っているという仮定の検証に気を使い、集団的な誤りには目を向けなかった。決算発表、希薄化を伴う増資、株式分割、合併などの個別的なイベントについての調査研究は比較的容易であることから、彼らの多くは効率的という結論になりがちな市場の一部分に焦点を当てた実証分析に取り組んだだけだった。投資家にとって、電卓を取り出して、株式分割後の株価を手早く正確に計算することは屁でもない。一方、会社の長期的な展望に対する集団的な判断形成について研究するのははるかにむずかしい。何十年もの間、アカデミックな経済学者たちは市場参加者による合理的な期待形成を当然のことと考えていた。

第3章 ウォーレン・バフェット氏とアメリカン・エキスプレス社 95

効率的な市場では、異なる意見が互いにバランスをとり、株価を最適なレベルに導くとされているが、現実の世界で誤った判断は一方向に偏りやすく、集団的なヒステリー現象も珍しくない。株式市場が落ち着いている期間でさえ、投資家は会社の評価を大きく誤ることがある。コロンビア大学で証券分析を私に教えてくれたジョエル・グリーンブラット氏は、授業の初日にウォール・ストリート・ジャーナル紙を開いて、コカ・コーラ社やウォルマート社のような安定した会社でさえ52週高値と52週安値がどれだけ大きく違うものかを指摘したものだ。ハワード・マークス氏＊11も、1997年から2000年にかけてヤフー社の時価総額が各年末で30億ドル、290億ドル、1,150億ドル、160億ドル、90億ドルと激変したことに言及している。

　このことが私たちにとって重要になる理由はなんだろう。市場が効率的でないのであれば、その参加者はズレを利用して儲ける機会をもてる。会社は株主を出し抜き、株主は会社を出し抜くことができる。この現象の良い例がある。市場が合理的だと信じているのなら、プレミアム付きの価格で行われる企業買収はすべての株主にとって利益を最大化できるイベントのはずだ。だが、現実の世界で買収は特定の機会や状況に乗じて行われ、人々はぼったくられる可能性があり、また実際にぼったくられる。

　市場が経営陣に与える影響も無視すべきではない。自身の地位を守りたいと思うCEOは皆、株価の動向を気にしなくてはならない。カール・アイカーン氏がかつていったように、「君が株価を上げなければ、他の誰かが君に代わってそれを実行するでしょう」52ということだ。しかし、投資家が会社を誤って評価することもあるとしたらどうだろう。あっという間にインセンティブがゆがみ、間違った経営の意思決定が導かれうる。

　2006年にニューヨーク公共図書館で行われたイベントで、シアーズ・ホールディングス社の会長だったエディ・ランパート氏（ヘッジファンドのマネジャーでもある）がいくつかの興味深いことを指摘していた。同氏は公開会

＊11　オルタナティブ投資戦略を専門とする、米国の著名な運用会社オークツリー・キャピタル・マネジメント社の共同創設者であり、元会長。同氏が顧客に経済や市場などの動向について洞察を伝える「オークツリー・メモ（Oaktree memos）」でも知られている。

社を経営するむずかしさについて講演を行っていたのだが、聴衆のほとんど
だれもが想定していなかった質問を投げかけた。株価が過大に評価されてい
るとき、経営陣は会社をどのように経営すべきか。より大きなリスクをとら
なければ、投資家が会社に抱く非現実的な期待に応えられない場合、どのよ
うなことが起きるか。従業員が皆、ちゃんと仕事をしているのに株価が下落
したとき、彼らの士気への影響はどうなるか。もちろんランパート氏は、自
分が何を話しているかをわかっていた。その日のシアーズ社の終値は175ド
ルだったが、今日*12の株価は35ドル前後だ*13。効率的な市場において、
最適なコーポレート・ガバナンスに関するこぎれいな理論を開発することは
容易だが、株価はまるで狂ったように変動しうるという認識に立つ以上、そ
うした教義は窓の外に放り出されるべきだろう。

ソール・ベロー

　効率的市場仮説は1970年代に広く受け入れられるようになり、米国におけ
る企業買収に対する寛容度に重要な影響を与えた。1960年代にはジム・リン
グ氏のような人々が敵対的買収によって中小規模の会社を買収してコングロ
マリットを形成した。ウォール・ストリートと規制当局は、強者が弱者に攻
撃を仕掛けることや、中規模の会社が互いに買収しあうことは容認してい
た。しかし、ブルーチップの会社が標的になると、皆がパニックに陥った。
ソール・スタインバーグ氏が1969年に、無敵のケミカル銀行に短期間絡んだ
事例がその証拠となった。
　ケミカル銀行は150年以上の歴史と90億ドルの総資産を誇る金融機関だっ
た。スタインバーグ氏は29歳の野心家で、1961年に自身の最初の会社、リー
スコ社を創業し、IBM社製コンピュータをIBM社よりも安価に顧客にリース
するビジネスを展開していた。同氏は1965年にリースコ社の株式を公開し
た。同社は数年間にわたって順調に成長し、その株式は高い評価を受けてい

＊12　この部分に限らず、原著者が「今日」「現在」といった表現をする場合、本書執筆
　　　中の2015〜2016年頃を指す。
＊13　同社は結局、2018年に連邦破産法11条適用を申請。

第3章　ウォーレン・バフェット氏とアメリカン・エキスプレス社　97

たが、なかなかのビジネスセンスをもったスタインバーグ氏は、IBM社によって簡単に潰されないよう、ビジネスの多角化を図ろうとした。

1968年、スタインバーグ氏はリライアンス保険というリースコ社の10倍の規模をもつ、過剰資本を抱える損害保険会社に対する公開買付けを発表した。これが成功を収め、リースコ社はニッチな機器レンタル会社から年間2,700万ドルの利益をあげるフォーチュン500の1社へと変貌を遂げた。1968年までの5年間で同社の株価は5,410％上昇し、ジョン・ブルックス氏はこれを「全ゴーゴー銘柄のなかで紛れもないキング」と呼んだ[53]。

スタインバーグ氏は翌年、保険業界と同じくらい活気が欠け、保守的と思われる銀行業界に目を転じ、ケミカル銀行株式の購入を開始するとともに公開買付けの事前準備に取り掛かった。ケミカル銀行の経営陣はリースコ社による株式買集めの動きを察知し、先制攻撃を開始した。ケミカル銀行はスタインバーグ氏の動きを封じるために、自分たちが買収対象になっていることを記者にリークし、規制当局との絆を利用して公開買付けの実施を妨害した。司法省はリースコ社に対して合併に関する独占禁止法上の懸念を表明する書簡を送り、ニューヨーク州は銀行の買収を阻止する法律案を提出し、議会を通過させた。米国上院銀行委員会の委員長さえも公開買付けを阻む内容の企業買収防止法を提出した[54]。

スタインバーグ氏は後にジョン・ブルックス氏に対して、「私たちは神経中枢のようなものに触ったようでした」と語っている。「その2週間というもの、突如として一度も会ったことがない銀行員やビジネスマンから次々に電話がかかってきて、大手銀行を買収しようと考えているだけで攻撃され続けました。私だってもちろんエスタブリッシュメントが存在することは知っていましたが、私もその一部だと思っていました」[55]。巨人を標的にするというスタインバーグ氏の意欲は時代を先取りしていたが、幸いにも同氏はまだ30歳にもなっていなかった。そう遠からず、スタインバーグ氏やその仲間の企業乗っ取り屋たちは栄光の時を迎えることになった。効率的市場仮説と1970年代の自由市場主義の支援を受けて、乗っ取り屋は、産業に対する災厄や脅威としてではなく、経営陣に規律をもたらす力としてみられるようになった。1980年代になると、乗っ取り屋たちは強力な経済成長の波に乗り、

マイケル・ミルケン氏の白紙小切手帳を駆使して、名声と富を手に入れることになった。

第3章　ウォーレン・バフェット氏とアメリカン・エキスプレス社　99

第 4 章

カール・アイカーン氏 対 フィリップス・ペトロリアム社： 企業乗っ取り屋の興亡

「とにかく、私が強く反対しているのは、取締役会が株主に対して、株主が保有する**すべての**株式について公正な価格を受け取れないようにしていることなのです」

——カール・アイカーン、1985年

1985年2月4日、カール・アイカーン氏はフィリップス・ペトロリアム社の取締役会長兼CEOであるウィリアム・ドゥース氏に対して書簡を送り、同社の買収を申し出た。アイカーン氏は、フィリップス社が同氏の申出を受け入れない場合は、敵対的公開買付けを開始すると書いていた。フィリップス社は、アイカーン氏の7年に及ぶ乗っ取り屋としてのキャリアのなかで15番目のターゲットであり、同氏からドゥース氏への書簡は典型的な「ベアハグ・レター」だった。会社買収の申出を行い、それを無視した場合にはこうなるという脅しをかけるやり方だ。アイカーン氏は以前の戦いでも同じ戦術を用いていたが、今回の対決は明らかに異なる様相をみせていた。フィリップス社は世界で最も大きな会社の1つであり、同氏がこれまでに挑んだ会社の何倍も大きかった。

かつてアイカーン氏は、自身の初期の買収案件について「ただのポーカーです」と語ったことがある[1]。同氏は株式購入のために多額の借入れをしており、支配権を得るために公開買付けをするという脅しはしばしばブラ

フ*¹だった。同氏は「長期戦に取り組む資金を持ち合わせていませんでした。株式保有を続けるためには利息を支払わなければならなかったからです」と述懐している²。アイカーン氏がフィリップス社の支配権を手に入れるために81億ドルに及ぶ公開買付けを辞さないという脅しをかけた時、それを真剣に受け止める人はほとんどいなかった。フィリップス社を担当するインベストメント・バンカー、ジョー・フォッグ氏はアイカーン氏に対してこういった。「馬鹿げているよ。君が石油ビジネスについて何を知っているというんだ」³。乗っ取り屋のT・ブーン・ピケンズ氏*²との激しい戦いを終えたばかりのフィリップス社は「アイカーン氏は本気か」という全面広告を新聞に掲載した。今回、アイカーン氏は本気だった。「キャッシュだ！　俺たちにはキャッシュがある」とアイカーン氏はフォッグ氏に答えた。「石油ビジネスに詳しい奴らも雇うんだ」⁴。

　アイカーン氏のベアハグ・レターには、ドレクセル・バーナム・ランバート社のレオン・ブラック氏からの念書が添付されていた。その念書には、ドレクセル・バーナム・ランバート社は、アイカーン氏が公開買付けにおいてキャッシュで支払う部分の全額に当たる40億ドルの調達が可能であるとの「高い確信をもっている」と書かれていた。ドレクセル社は、行動要請があれば、同社のハイイールド投資家のネットワークにジャンクボンドと優先株式を組み合わせて販売することで*³、アイカーン氏のために資金を調達するということだ。アイカーン氏はこれにより、伝統を誇る大手銀行から1銭も借りることなく、フィリップス社の買収のために十分なキャッシュを得ることができるはずだった。フィリップス社がドレクセル社の「高い確信をもっている」という念書の価値を疑問視し、アイカーン氏の買収申出には資金の現実的な裏付けがないことを証明したといったので、アイカーン氏はド

＊1　はったりのこと。
＊2　米国石油業界の実業家で、企業買収のやり手として知られた。1956年に自身の会社、メサ・ペトロリアム社を設立し事業を急成長させ、その後、大手石油会社などに敵対的買収を挑み名声を得た。慈善活動にも積極的で、生涯を通じて数十億ドルを寄付したとされる。1989年に日本の小糸製作所にも敵対的買収を仕掛けた。
＊3　ジャンクボンドは一般的には、格付がS&PでBB、ムーディーズでBa以下の低格付債券のこと。ジャンクは「がらくた」の意味。信用度が低い分、利回りが高くなることから「ハイイールドボンド」とも呼ばれる。

第4章　カール・アイカーン氏 対 フィリップス・ペトロリアム社　101

レクセル社に、まず15億ドル分の確約をとるよう指示した。ドレクセル社の
マネー・マシーンを操る男、マイケル・ミルケン氏はわずか48時間でその資
金を調達した。アイカーン氏は新聞に「私の公開買付けは正真正銘です」と
いう広告を掲載した[5]。

私の成功の秘密

　米国における第四の大合併の波は、前回のコングロマリット主導の波より
もはるかに内容豊かだった。1980年代の「ディールの10年」には、プライ
ベート・エクイティ・ファンドによるレバレッジド・バイアウト（Leveraged
Buyout。以下、LBO）、独占禁止法制の緩和を利用した事業法人による戦略
的買収、国際企業の米国市場への進出など2万2,000件に及ぶM&Aが起き
た[6]。しかし、M&A取引の数パーセントしか占めなかったものの、1980年
代のウォール・ストリートを象徴したのは敵対的買収だった[7]。

　あまり同情のできない者同士の戦いが多くの人々の興味を引いたのは、
1980年代の敵対的買収の大きな金額と、そこに展開されるドラマのためだっ
た。禿鷹のような乗っ取り屋が大物CEOたちを突っつくのをみて嫌悪感を
抱く人もいたかもしれないが、大多数の人にとって、大会社の上層階で繰り
広げられるせめぎ合いはハリウッド映画をみているようなものだった。

　30年前にはCEOに戦いを挑む企業乗っ取り屋のことをだれもよく知らな
かったが、1980年代には彼らは「宇宙の支配者」と呼ばれるようになってい
た。1950年代のプロキシティアたちと80年代の企業乗っ取り屋にそれほど大
きな相違はなかった。どちらもウォール・ストリートの片隅で働く、積極的
で意欲のある若いビジネスマンたちを起用した。しかし、プロキシティアた
ちが株主の不満を利用してCEOを脅かしていたのに対し、企業乗っ取り屋
はもっと強力な武器、迅速なキャッシュ調達能力をもっていた。それはマイ
ケル・ミルケン氏と、同氏が創出した新発ジャンクボンドの市場によっても
たらされた。ミルケン氏はジャンクボンド投資家ネットワークを活用して、
若い買収アーティストたちがいつでも容易に資金調達できるようにした。た
とえば、金融屋ネルソン・ペルツ氏は1984年に1億ドルの「ブラインド・

プール」を手に入れた。同様に企業乗っ取り屋として知られたロン・ペレルマン氏は翌年7億5,000万ドルを、その翌年には熟達した企業解体屋と呼ばれたサンフォード・シゴロフ氏が12億ドルを手に入れた[8]。ブラインド・プールは特定の買収先を念頭に置かずに調達される資金のことで、将来の攻撃のための軍資金として用意されるものであった。

マイケル・ミルケン氏とドレクセル・バーナム社の興隆を描いた優れた本、『ウォール街の乗取り屋（Predators' Ball）』[*4]で、著者のコニー・ブルック氏はアイカーン氏とフィリップス・ペトロリアム社との戦いを「ドレクセル社の華々しい披露宴」と呼んだ。カール・アイカーン氏にとって、それは大きな、ほとんど奇跡的なステップアップとなった[9]。しかし、同書の出版から1年も経たないうちに、ミルケン氏は大陪審によって起訴され、ドレクセル社のマネー・マシーンは停止した。アイカーン氏によるフィリップス社への攻撃はドレクセル社と敵対的な企業乗っ取り屋の登場を高らかに告げたが、それは同時に終わりの始まりでもあった。

ミルケン氏の失墜以来、利回りを求めて世界中を徘徊する巨大な資金プールの規模は大幅に増加している。ミルケン氏が土に創り出した新発ジャンクボンド市場は10倍以上に拡大した[10]。しかし、世界中が安価な資本をドカ食いしていた2000年代半ばのような時期でさえ、実績のない乗っ取り屋がとにかく会社を爆買いしようとして発行する債券を購入しようとする者は現れなかった[11]。このことは1980年代におけるミルケン氏の力がどれほど大きいものだったかをよく物語っている。

ドレクセル・バーナム社におけるミルケン氏のマネー・マシーンが乱用や証券法違反によってもたらされたのか、それとも同氏の天才的な洞察力によって創り出された合法的なフランチャイズだったのか議論の余地があろうが、異常現象だったことは事実である。ミルケン氏が収監され、業界から永久追放されるとともに、1980年代の企業乗っ取り屋のムーブメントは退潮した。しかし、ミルケン氏が炎をあげて倒れた後、同氏の手先とみなされ、業界の一部ではドレクセル社の代紋がなければ小物だと揶揄されていた人々の

[*4]　邦訳は、コニー・ブルック著『ウォール街の乗取り屋』、三原淳雄ほか訳、東洋経済新報社、1989年。

多くは成功を収め続けた。特に『ウォール街の乗取り屋』で軽視されていた
ネルソン・ペルツ氏は、その後20年間で大物として台頭し、アクティビスト
投資家の大御所の1人になった。そして、もちろん、大胆不敵で、新たな投
資先では毎回より大きな獲物をねらう、カール・アイカーン氏がいる。同氏
の最新のターゲットの1つは、世界の歴史上最大の会社であるアップル社
だ。

　音楽、映画、文学の分野だけではなく、金融の分野でも、1980年代の華や
かさと輝きの背後には信じられないほどの内容の豊さもあった。フロック・
オブ・シーガルズ＊5の髪型は奇抜だったかもしれないが、「スペース・エー
ジ・ラブ・ソング」はとても良い曲だ。1987年の株式市場の暴落で、評論家
たちは負債によってもたらされた過剰の時代が終わったと宣言したが、彼ら
は間違っていた。企業乗っ取り屋たちは砂上の楼閣で踊っていたわけではな
かった。1980年代の経済成長は実を伴ったものであり、株式市場は迅速に回
復し、次の10年にはさらなる拡大と、いっそう大規模なディールがみられる
ようになった。

　他の企業乗っ取り屋たちと比べて、カール・アイカーン氏の1980年代の歩
みほど同年代がどんな10年間だったかを物語るものはない。同氏は比類のな
い成功を収めた後、失敗し、破産寸前になった。しかし、今日、同氏は最も
知られた企業乗っ取り屋である。そして、おそらく同氏にとって最も重要な
指標を用いると、同氏は米国で一番の金持ちである。同氏は初期のキャリア
では単なる「グリーンメーラー」、つまり、保有株式を優遇された価格で買
い取らせるために会社に噛みつく人物と蔑まされていた。しかし、フィリッ
プス社との対決では、同氏の本能に基づくガンスリンガー＊6としての才能
が見事に発揮された。ドレクセル社のある元マネージング・ディレクターは
「カール・アイカーンが『ザ・カール・アイカーン』になった瞬間だ」と
語っている[12]。このディールはまたミルケン氏とドレクセル社の驚異的な力
をまざまざと示し、それによって両者の終わりまでの日数が告げられた。
マーティン・リプトン氏＊7による初期段階バージョンのポイズン・ピル

＊5　1980年代初期に英国で結成されたニュー・ウェーブ・バンド。
＊6　ハイ・リターンをねらう投資家のこと。

や、最初の「高い確信をもっている」という念書の登場という意味でも、このディールはM&Aの歴史におけるランドマークである。物語は、自身のキャリアをフィリップス・ペトロリアム社の新入社員として始めたブーン・ピケンズ氏という乗っ取り屋が、1984年後半に古巣の経営陣に対して行動を起こしたことから始まった。

生き残っていた不適格者

経営者に関する「反ダーウィン」理論は、カール・アイカーン氏の有名な口上の１つである。同氏によれば、米国の会社は、波風を立てないような、政治的な感覚をもった人々を優遇している。彼らはギルバート＆サリヴァンの『女王陛下の海軍長官』のように、デスクの近くにばかりいて海に出ることはなかったのに、人当たりが良く、上司の脅威にはならなかったためにトップに上り詰める[8]。そうして就任したCEOは自分の地位を守るために次席に自分よりも無能な者を配置するため、会社の経営陣は無能な集団になってしまう。アイカーン氏はすぐに自分はたくさんの優れたCEOと働いたことがあると付け加えるので、多少ふざけている節はあるが、一面の真実を伝えている。ベスト＆ブライテストがいつも会社のトップに上り詰めるわけではない。ブーン・ピケンズ氏のフィリップス・ペトロリアム社での経験は、アイカーン氏の話を具現化したものだった[13]。

ピケンズ氏は1951年に大学を卒業した後、ジュニア・ジオロジストとしてフィリップス社に入社した。同氏はオクラホマ州で生まれ育ち、父親もかつてテキサス州アマリロで同社に勤務していた。しかし、フィリップスの本社があるオクラホマ州バートルズビルに引っ越してきても、ピケンズ氏は故郷

---

[7] 当時、法律事務所のワクテル・リプトン・ローゼン＆カッツの共同創設者。本章のポイズン・ピルをはじめ、敵対的買収防衛策の考案などM&Aプラクティスで著名。愛称は「ミスター・ディフェンス」。

[8] 『女王陛下の海軍長官（Ruler of the Queen's Navy）』は、ギルバート＆サリヴァンのオペレッタ『軍艦ピナフォア』中のコミカルな曲。そこでは海軍大臣サー・ジョゼフ・ポーターが、自身は海軍経験がまったくないのにコネで海軍の最高位に就任したことを自慢げに語る。

第4章　カール・アイカーン氏 対 フィリップス・ペトロリアム社　105

に戻ったような気分にはなれなかった。同氏の父親も会社員生活には満足しなかったのだが、ピケンズ氏自身も会社員になじめなかった。上司たちは退屈で、信用を置けなかった。退社時間は例外なく5時15分とされていたので、会社に長く居すぎるという理由で叱られることさえあった。

ピケンズ氏はフィリップス社のウェルサイト・ジオロジスト＊9としてテキサス州のコーパス・クリスティで働いていたときに、同社が経済合理性のない投資の意思決定をするようすを目の当たりにした。同氏が、ある新しい油井は採掘コストに見合うだけの石油を生産しないと判断したことがあった。上司もその油井をふさぐことに同意したが、バートルズビルにある本社は30万ドルのコストをかけてその油井の採掘を命じた。ピケンズ氏と上司の予想通り、その油井はコストに見合うだけの石油を生産できなかったが、上層部はその油井を「乾井」と報告しなかった。書類上のバッティングの打率が良く見えるのであれば、彼らは喜んで現実のお金を無駄にしていた。

その3年後、ピケンズ氏の評価はフィリップス社内でおおいに高まっていたが、バートルズビルの経営陣の1人から「君がこの会社で偉くなるためには、その口を閉じておくことを学ばなければならない」といわれ、同社で偉くなることは無価値だと悟った。同氏は回顧録にこう書いている。「自分が創造的に活動できる年月を無駄にして、20年も経ってから苦々しく後悔するのは嫌でした」[14]。

30年後、ピケンズ氏はフィリップス社の最大株主として凱旋し、追加で15％の同社株式を1株60ドルで買うための敵対的公開買付けを宣言したが、バートルズビルはピケンズ氏の再訪に対して以前にも増して冷淡だった。バートルズビルは米国の小さな町にとって、企業乗っ取り屋がもたらす脅威の象徴となった。町は蜂の巣をつつく騒ぎになり、地元住民は「ブーン・バスター」Tシャツを着て24時間続く徹夜の集会に集まった。皆が、ピケンズ氏がフィリップス社の支配権を得ると、同社を骨抜きにし、バートルズビルを壊滅させると信じ込んでいた。

フィリップス社はピケンズ氏の公開買付けを遅らせようとして、あちこち

＊9　石油掘削中の岩石や堆積物の性質を分析し、地下に存在する石油やガスの層を特定したり、掘削作業が適切に行われているかを確認したりする専門家。

の裁判管轄区域で訴訟を行った。こうして争いが泥沼に陥り、石油価格の下落に伴い自身の投資理論に綻びが出始めたことを受けて、ピケンズ氏は別のターゲットとしていたユノカル社に自身の資源を集中することにした。フィリップス社がピケンズ氏から株式を買い戻すディールをまとめると、バートルズビルは歓喜に沸いた。しかし、バートルズビルから数時間しか離れていないオクラホマ州ホールデンビル出身で元フィリップス社のジオロジストだったピケンズ氏が舞台から退場した時、舞台袖にはクイーンズのファー・ロッカウェイ出身で世慣れたポーカー・プレーヤーであるカール・アイカーン氏が出番を待っていた。

同等の立場で

　Ｔ・ブーン・ピケンズ氏は1984年12月にフィリップス・ペトロリアム社に対して行動を起こしたとき、本闘争においてグリーンメーラーにはならないと宣言していた。同氏はメディアに対して「ほかのすべての株主と同等の条件でしか株式を売却しません」[15]と語っていた。その年の初め、テキサコ社が市場価格に相当高額なプレミアムを乗せてバス兄弟が保有する同社株式を13億ドルで買い取ったことから、グリーンメールは議論の的になっていた[16]。カール・アイカーン氏もグリーンメーラーとして悪名が高かった。同氏はフィリップス社にかかわるまで14件のディールを仕掛けていたが、その半数以上でグリーンメーラーになっていた。公開会社の株主たちが1980年代初頭に起きたグリーンメール買取りの波に対して憤慨したのは正当だった。そうしたディールは、CEOや企業乗っ取り屋による「自分たちは株主のために汗を流している」という声高の主張がただのポーズであることを証明していた。自己利益が最優先され、CEOたちは敵対的な攻撃から解放されるために会社の資金を積極的に利用していた。そして、企業乗っ取り屋たちはというと、彼らもそれが会社を弱体化させ、既存の経営陣の立場をさらに強固にすることを承知のうえで、会社の資金を受け取っていた[17]。

　ピケンズ氏は自身の回顧録で、フィリップス社がジョー・フロム氏*10を仲介者として、1株当り70ドルのグリーンメール買取りを提案してきたと書

いている[18]。他の株主を犠牲にしてピケンズ氏に3億ドルの利益をもたらす取引だ。しかし、ピケンズ氏はグリーンメーラーになるのを拒否するという宣言を守ることに自身の評判がかかっていたし、株主の権利の擁護者としての振る舞いに誇りももっていた。同氏は経営陣と手を組んでフィリップス社を買い取ることを逆提案したが、経営陣は会社を基本的に変えないという同氏の申出にもかかわらず、同氏との協働には興味を示さなかった。

　フィリップス社はピケンズ氏に対して1株当り53ドルのキャッシュを支払う複雑な資本再構成計画（以下、リキャップ・プラン）を提案してきた。このリキャップ・プランの一環として、フィリップス社のESOP[11]が同社の残存株式の30％を1株当り60ドル相当の社債と引き換えに買い取るという計画が盛り込まれていた。フィリップス社はまた、負債削減、増配、翌年の1年間で10億ドルの自社株買いを実行するために資産を売却することを約束するつもりだった。フィリップス社のインベストメント・バンカーたちによると、このパッケージによって残存株式1株当り53ドルの価値が生み出されることになり、フィリップ社は他の株主と同等の立場を重視するピケンズ氏が1株53ドルの買取価格に満足することを期待した。

　ピケンズ氏は「53ドルは低すぎると思ったが、ディールをまとめたい気分だった」と書いている[19]。同氏は、社債と交換される株式の数を発行済株式

---

*10　法律事務所のスカデン・アープス・スレート・ミーガー＆フロムのパートナー。「ミスター・テークオーバー」として著名。

*11　Employee Stock Ownership Plan。米国の従業員持株制度。当時の米国におけるESOPの活用事例などについては、井潟正彦・野村亜紀子・神山哲也『米国ESOPの概要と我が国への導入―インセンティブの導入・持合崩壊の進展・割安銘柄の放置に対する検討課題―』、資本市場クォータリー、2001年winter、野村資本市場研究所、および野村亜紀子『米国公開企業によるESOPの活用とわが国への示唆』、資本市場クォータリー、2006年winter、野村資本市場研究所を参照。なお、太田洋氏（西村あさひ法律事務所・外国法共同事業　パートナー弁護士）は、2024年11月18日に開催されたフォーラム『「同意なき買収」時代に備える企業価値を高めるコーポレートガバナンス』（産経新聞社主催、日本取締役協会特別協賛）での講演『日本における株主アクティビズムの現状と対応』において、「機関投資家のみならずアクティビストも株主利益と役職員の利益とのアライン（align）の観点から役職員への株式報酬の導入・強化は歓迎」として、従業員持株会に特別奨励金を支給するスキームや持株会向け譲渡制限付株式インセンティブプラン、従業員への株式給付信託制度などが「アクティビストにどのように対峙すべきか」の1つの手段として有効ではないか、との見解を示していた。

の30％から50％に引き上げることを条件にこのリキャップ・プランを受け入れると述べ、最終的に両者は38％で合意した。ピケンズ氏は将来同社を攻撃しないという内容のスタンド・スティル契約に署名した。フィリップス社は同氏に諸経費として2,500万ドルを支払うことに同意し、両者はお互いに訴訟を取り下げた。帰路の飛行機のなかで、ピケンズ氏は娘に「どうすることもできないフィリップス社から離れることができてとても嬉しい。いまは1954年に同社を辞めたときと同じ気持ちだ」と語った[20]。

　フィリップス社の株主の間では、同社が発表したリキャップ・プランは新しいコーラ味と同じくらい受けが悪かった。長期保有の投資家たちは、株式と引き換えに受け取ることになる社債の複雑な組合せに困惑していた。ピケンズ氏による買収を期待してフィリップス社に群がったアービトラージャーたちは、同社が市場で10億ドルの自社株買いを行うという発表にはまったく関心を寄せなかった。カリフォルニア州公務員退職年金 (the California Public Employees' Retirement System。以下、CalPERS) とカリフォルニア州教職員退職年金 (the California State Teachers' Retirement System。以下、CalSTERS) の理事を務めていた異色のカリフォルニア州財務長官、ジェシー・“ビッグ・ダディ”・アンルー氏は、「このディールにどんな意味があるのかさっぱりわからない」と述べ、単なる「偽装されたグリーンメール」ではないかという懸念を示した[21]。アービトラージャーのアイヴァン・ボウスキー氏は、同社が買収されることを期待して多額の投資をしていたが、ピケンズ氏が手を引いたことに失望し、「クリスマスなんだよ、ごちそうを楽しみにしていたのに」と語った[22]。だれの目にもはっきりしていたのは、フィリップス社の株価が18％も急落して30ドル台前半になる一方、ピケンズ氏は1株53ドルのキャッシュと2,500万ドルの諸経費補償を手にして去りつつあるということだった。だれもがこれはグリーンメールのようだと考えていた。

　数日の間に、複数のウォール・ストリートのアナリストから、リキャップ・プランの価値について1株約45ドルという評価が発表された。ドナルドソン・ラフキン＆ジェンレット社所属でエネルギー業界の大物アナリスト、カート・ウルフ氏は1株42ドル程度だと評価しながらも、フィリップス社の

解散価値は1株75ドルはあるかもしれないと考えていた[23]。これがアイカー
ン氏の関心を引いた。同氏は経過を次のように整理していた。エネルギー業
界に精通している賢明なブーン・ピケンズ氏は当初、フィリップス社につい
て1株当り60ドルを払うつもりだった。しかし、同社はピケンズ氏の60ドル
の提案を拒否し、株主には45ドルの価値しかもたらさないリキャップ・プラ
ンを提供して彼らを激怒させた。さらにひどいことに、そのリキャップ・プ
ランに伴い、ESOPに30%以上の同社株式を購入させることで経営陣による
議決権支配も確保しようとした。アイカーン氏は「まあ、彼らはもっと支払
わなければならないな」と考えたのだった[24]。

アービトラージ

　カール・アイカーン氏は1936年にブルックリンで生まれ、ファー・ロッカ
ウェイに隣接するクイーンズのベイズウォーターで育った。同氏も企業乗っ
取り屋の歴史に登場する多くの重要人物と同様に、中流階級のユダヤ人家庭
の非常に才能に恵まれた子どもだった。母親は小学校5年生を受け持つ教師
であり、父親は売れない弁護士で、シーダーハーストのシナゴーグでカン
トール＊12も務めていた。同氏の伝記を書いた作家のマーク・スティーブン
ス氏によれば、アイカーン氏の両親は華美な富を嫌う人たちだった。アイ
カーン氏は父親についてこう語っている[25]。「彼は富裕層に怒りを感じてい
ました。少数の人々が豪華に暮らす隣で、多数の人々が極貧にあえぐ社会を
忌み嫌っていました」。シナゴーグの指導者の1人は、カントールの息子が
飛び抜けて聡明であることに気づき、彼が私立学校の奨学金を受け取れるよ
うに取り計らった。アイカーン氏の両親はその私立学校を訪問したが、特権
的な私立学校に通う生徒たちの価値観に自分の子どもが染まることは避けた
いと決心した。2人はアイカーン氏を公立学校に通わせ続けた。
　アイカーン氏は、ファー・ロッカウェイ高校で高成績を収める生徒だっ
た。同校は、リチャード・ファインマン氏ら3人のノーベル賞受賞者や、

＊12　教会音楽家のこと。

サード・ベース*13のMC・サーチ氏を輩出している。アイカーン氏がプリンストン大学に進学すると決めたとき、学校の進学アドバイザーは嘲笑し、大学は出願書類すら読まないだろうといった。同氏は「すでに切手を貼ってしまったので、それを無駄にしたくありません」といって、とにかく願書を出し、入学した[26]。

アイカーン氏はプリンストン大学ではアイビー・クラブ*14で食事するようなことはいっさいせず、将来ウォール・ストリートで巨頭になる道を歩み始めた。チェスをこよなく愛し、哲学を専攻し、卒業論文では表彰もされた。経験主義における意味の判断基準をテーマとした認識論の論文だった。大学卒業後、母親の勧めでメディカル・スクールに進学したが、病人と接するのが苦手なことに気づき、中退して軍隊に入隊した[27]。軍隊は少なくとも母親の小言から逃れる避難所になると考えたのだった。カールは軍隊も好きになれなかったが、上官とのポーカーでは結構なお金を稼ぐことができた。同氏はニューヨークに戻り、ウォール・ストリートで仕事を見つけた。

アイカーン氏はドレイファス社*15でブローカーの見習いをしながら、ポーカーで稼いだお金を元手に株式市場で投機を行って大成功を収め、1962年に市場が暴落するまでにおよそ10万ドルを手に入れた。同氏は株価が下落するとすべてを失った。20代半ばで破産したうえ、母親からはメディカル・スクールに復籍することを約束しない限り実家に住むことを許されなかった。アイカーン氏はなんとかウォール・ストリートでの仕事を続けたかったし、貴重な教訓も得ていた。同氏は自分の頭脳を有益に使って専門性を身につけたかった。なんらかの専門分野を見つけなくてはならなかった。

カール・アイカーン氏は専門性を培うことのできる市場のニッチを探し、オプション取引に目をつけた。オプション市場は流動性が低く、取引所への

---

*13　1980年代後半から1990年代初頭にかけて活動した米国のヒップホップグループで、白人ラッパーがヒップホップ文化に参加できることを示したことで有名。

*14　プリンストン大学の学生が会食しながら社交活動を行う場所として知られ、多くのエリートや著名人を輩出。入会には厳しい選考がある。

*15　1951年創業の、リテールと機関投資家向けに幅広い金融商品を提供していた資産運用会社。1994年にメロン・フィナンシャル社が買収。

取引集中もなく、株式市場に比べてブローカー間の競争が激しくなかった。同氏のビジネスモデルは価格の透明性を高めるものであり、直近の取引と価格を掲載した週刊のニュースレターを発行して多くの支持を集めた[28]。それは大きなスプレッドを享受できる不透明な市場で商売をしていた競争相手を激怒させることにもなったが、アイカーン氏はだれも無視できないほどの大きな顧客基盤をもつビジネスを築いた。

1960年代後半には、アイカーン氏は自身の会社、アイカーン＆カンパニー社を設立した。アルフレッド・キングズリー氏という優秀な若いアナリストを雇い、その後25年以上にわたって彼とともに働くことになった。2人は別の収益源になる市場のニッチを探し、アービトラージにたどり着いた。これは、同一発行体の証券について買いと売りを同時に行うものだ。たとえば、2人はジム・リング氏が市場に放り投げたLTV社の雑多な転換権付証券を調査してアービトラージを行った。同じような証券なのに整合性のない価格で取引されていたからだ。転換権付証券のアービトラージ[*16]による収益は本来、割安になった転換権付証券を買い、原資産に当たる株式を売るようなヘッジ取引から生じる。アイカーン氏とキングズリー氏は、アービトラージ取引にオプションの専門知識を駆使し、大きな利益をあげた。

2人は1970年代半ばに「割安から生じる商機」について検討を始めた。アイカーン氏は1977年に不動産投資法人であるベアード＆ワーナー社の20％の持分を購入し、取締役会の席を要求した。その要求が無視されると、同氏は取締役会のメンバーを入れ替えるために委任状争奪戦を展開した。同氏は同社の凡庸な業績を攻撃し、自身が提案した取締役候補者たちが勝利した場合には給与や手数料を受け取らないと約束した。勝利を勝ち取った同氏は取締役会の会長になり、同社の名前をベイズウォーター・リアルティ社に変更、すぐに資産の売却を開始し、会社のキャッシュを積み増した。後に同氏はベイズウォーター社のキャッシュを自身の買収案件に投資することになった。

こうしてアイカーン氏の企業乗っ取り屋としてのキャリアが始まった。同

＊16　CBアーブと呼ばれる取引手法。

氏は自身の新たな投資戦略を「一種のアービトラージ」とみていた[29]。同氏は1980年に見込投資家向けに書いたメモで収益機会について、米国において資産価値が急速に上昇しているが、資産を潤沢に保有する公開会社の時価総額はそのペースに追いついていないと説明した。当時、自社株をほとんど所有していなかった会社の経営陣にとって、株主のために公正な価値を実現しようと自社を積極的に売り込む必要はほとんどなかった。こうした会社に興味をもつ買い手は多かったものの、敵対的買収を試みる者はわずかだった。アイカーン氏は続けてこう書いている。「しかし、支配権をめぐる闘争を仕掛けられれば、どの案件においても株主にとって思わぬ利益がおおむねもたらされるでしょう」[30]。アイカーン氏は、公開会社に閉じ込められた資産と、競売にかけられている資産のアービトラージが可能であることを見出していた。同氏はこうも書いている。「私たちの主張は、『割安な株式』に大きなポジションをとり、以下を仕掛けることによって対象会社の運命をコントロールしようとすれば、大きな利益を獲得しうるというものです。(a)経営陣を説得して会社を清算、または『ホワイトナイト』に売却させる＊17、(b)委任状争奪戦を繰り広げる、(c)公開買付けを仕掛ける、および／または、(d)当方のポジションを会社に買い戻させる」[31]。

　アイカーン氏がより大きなディールで勝利を続けるにつれて、同氏の評判は現実より先に大きくなり始めた。そのため、同氏はしばしばグリーンメーラーとして迎えられた。キングズリー氏は「しばらくの間、私たちが電話をかけるだけで、相手は支払ってくれました。相手から先に電話がかかってくることもありました。……まるで赤ん坊からキャンディを取り上げるようなものでした」と述懐している[32]。アイカーン氏がグリーンメーラーとしてその保有株式を大金で買い取らせた相手には、サクソン・インダストリーズ社、アメリカン・キャン社、オーウェンズ・イリノイ社、アンカー・ホッキング社、ダン・リバー社などがあった。

　アイカーン氏は富が増えると、コーポレート・ガバナンスの哲学を打ち立て始めた。同氏は頻繁に、公開会社における説明責任の欠如は米国の繁栄に

＊17　ホワイトナイトとは敵対的買収の対象となっている会社の経営陣を救済しようとする友好的な会社や投資家のこと。

第4章　カール・アイカーン氏 対 フィリップス・ペトロリアム社　113

対する脅威だと語るようになった。しかし、人気目当てのレトリックを使ってはいたが、アイカーン氏はブーン・ピケンズ氏のように自身を株主の擁護者とみなしてはいなかった。2006年、70歳を迎える直前にアイカーン氏はニューヨーカー誌の記者、ケン・オーレッタ氏にこの点を端的に語っている。「正直に申し上げますが、私は勝つこととお金を稼ぐことに楽しみを見出しています。私はいつも強迫観念にとらわれたような性格でした。精神科医には通っていませんが、本当に分析を行えば、私のような人たちは勝つことを追い求めているのであり、お金を得ることが勝つことなのです」[33]。

　1984年後半にフィリップス・ペトロリアム社に出会った時、アイカーン氏にとって同社は食べ頃にみえた。経営陣は窮地に立たされており、すでにピケンズ氏に対してグリーンメール買取りを提案していた。アイカーン氏は、圧力さえかければ、同社がリキャップ・プランを株主に有利に変更することを確信していた。同氏にとって、この状況は敵対的買収に最適だった。しかし、アイカーン氏には問題があった。その戦略は、支配権獲得に向けた公開買付けという強力な武器を用いてこそ最も有効に働くが、フィリップス社はフォーチュン500で16位の大会社で総資産は約170億ドルに及んでいた。アイカーン氏の武器は不足していた。会社全体の買収が真の脅威であるためには、もっと多額の資金が必要だった。アイカーン氏には38歳の神童、マイケル・ミルケン氏が必要だった。

高い確信

　ドレクセル・バーナム社は10年足らずで、わずかな顧客しかもたない中堅の投資銀行からウォール・ストリートでの羨望の的に変貌した。その間、マイケル・ミルケン氏が仕切るジャンクボンド市場が急成長を遂げ、同社の収益を25倍に押し上げた[34]。アイカーン氏がフィリップス社に挑んだ1985年、ミルケン氏は資本市場における有望な新しいニッチに注目していた。ジャンクボンドによる資金調達に支えられた敵対的買収だ。ドレクセル社が主催し、プレデターズ・ボール*18と呼ばれていたハイイールドボンドの年次カンファレンスでは、同社CEOであるフレッド・ジョセフ氏が「史上初めて、

競争条件の平等が達成されました。小さな者が大きな者に挑むことができるようになったのです」と述べた[35]。この年次カンファレンスから数週間も経たないうちに、ピケンズ氏はユノカル社をねらい、スティーブ・ウィン氏[19]はヒルトン・ホテル社に買収の申出を行い、ジェームズ・ゴールドスミス卿[20]はクラウン・ゼラーバック社をターゲットにし、ロリマー社はマルチメディア社に買収の申出を行った[36]。これらのすべてのディールの共通点は、ミルケン氏の債券で資金調達した小規模なプレーヤーが10億ドル規模の会社を飲み込もうとしていることだった。しかし、カール・アイカーン氏によるフィリップス・ペトロリアム社に対する買収の申出ほど、世間を驚かせたものはなかった。

アイカーン氏は1984年初頭にACF社という鉄道車両メーカーを買収し、このACF社の資本再構成に絡んで初めてドレクセル社と組んだ。ミルケン氏はACF社のために3億8,000万ドルを調達したが、そのうち約1億5,000万ドルは必要額を超える同社の戦時予備資金だった。アイカーン氏はドレクセル社の他の顧客とは異なり、手数料を値切ったり、ディールの一環としてのACF社株式の譲渡を拒んだりした。アイカーン氏の気前がもう少し良ければ、ミルケン氏は上乗せ調達分を3倍にしていただろう。アイカーン氏はコニー・ブルック氏にこう語っている。「私は株式を他人に譲渡するのを好みません。長年の経験から学びましたが、パートナーよりも1ドル紙幣のほうが良きパートナーです」[37]。

アイカーン氏はドレクセル社とフィリップス社のディールについて話し合ったときも、値切交渉を続けた。ドレクセル社はアイカーン氏の必要とする40億ドルの資金調達を実現したかったが、アイカーン氏は1%のコミットメント・フィーを拒否していた。このフィーは、調達資金が使われなくても請求されるものだった。たとえば、ソール・スタインバーグ氏によるディズ

---

*18 Predators' Ball. 直訳すると、たとえば、強欲者の舞踏会。

*19 米国の実業家で、カジノリゾート業界で活躍。ゴールデン・ナゲット、ミラージュ、ベラージオ、ウィン・ラスベガスなどラスベガスの有名なカジノリゾートを開発・運営したことで著名。

*20 英国の実業家で投資家、後に政治家。フランスや米国の大会社に敵対的買収を仕掛け、国際的に名を馳せた。

第4章　カール・アイカーン氏 対 フィリップス・ペトロリアム社　115

ニー社への攻撃がグリーンメールとして手仕舞われたときも、債券を購入するという約束を書面で交わしたミルケン氏の顧客は、実際にはお金を出す必要がなくとも１％の手数料を受け取っていた。アイカーン氏はドレクセル社に、フィリップス社のディールで4,000万ドルのフィーを支払うなんて論外だと話した。

　高水準のコミットメント・フィーに加え、多数の債券購入者からコミットメントを募るプロセス全体も問題だった。貴重な情報、この場合はアイカーン氏が敵対的公開買付けを準備しているという情報がもれるのを防ぐことは不可能だった。フィリップス社に関与する以前、ドレクセル社は２件の敵対的買収のための資金を準備していた。ピケンズ氏vsガルフ社と、スタインバーグ氏vsディズニー社だ。ピケンズ氏の挫折は、公開買付発表前に株価が大きく上昇してしまい、魅力的な買付価格の設定ができなくなったためだった。ディズニー社への攻撃においては、ドレクセル社は債券購入の見込顧客に対して密封された封筒を送り、その封筒のなかには重要なインサイダー情報が含まれている旨の注意書きを添えたが[38]、同社の顧客のなかにいた違法なインサイダー取引を好む者にとっては実質的に「フロントラン」[*21]の招待状のようなものだった。

　アイカーン氏はドレクセル社に対し、大手商業銀行が買収資金を提供する際に出すようなコミットメント・レターを提供できるかと尋ねた。ドレクセル社のレオン・ブラック氏は当初その申出に難色を示したが、同社が資金調達できることに「高い確信をもっている」と記す念書を提案した。ブラック氏がコニー・ブルック氏に語ったところによれば、アイカーン氏はその提案をじっと考え、弁護士に「どう思う」と尋ねたところ、弁護士は「レオンは無茶だ。法的な拘束力はない。なんの役にも立たない」と答えた[39]。ドレクセル社の「高い確信をもっている」という表現が間違いであった場合、アイカーン氏は馬鹿のようにみえるはずだった。

---

*21　フロントランニングともいう。株式ブローカーなどが顧客から有価証券の売買注文を受けた場合、その売買を成立させる前に先回りして自己の利益のために顧客の売買注文より有利な価格で有価証券の売買を行うこと。公正な市場運営を損なう行為とみなされており、米国や日本を含む多くの国で法律によって禁止されている。

その提案を一晩寝かせたうえで、アイカーン氏はレオン・ブラック氏に電話をかけ、試してみてくれと伝えた。こうして、カール・アイカーン氏が高額なコミットメント・フィーの支払を渋ったことと、ミルケン氏のハイイールド顧客がインサイダー情報を秘匿し続けられないことから、「高い確信をもっている」という念書が生まれた。この念書はすぐに金融界で受け入れられ、買い手が買収資金を調達できるという信頼の証として機能するようになった。インベストメント・バンカーたちはすぐに、この本当のコミットメントとはいえないものに対して本当のお金を請求できることを理解した。アイカーン氏によるフィリップス社攻撃のわずか2カ月後、ピケンズ氏がユノカル社に挑んだ際、ドレクセル社は同様の念書に対して350万ドルを請求した[40]。

　カール・アイカーン氏は1985年2月4日の夕方、戦闘が続いて疲れ果てているフィリップス・ペトロリアム社に対して最初の一撃を放った[*22]。同氏は取締役会長兼CEOであるウィリアム・ドゥース氏宛ての書簡と、ドレクセル社による「高い確信をもっている」の念書からなるパッケージを同社の投資銀行に送付した。アイカーン氏は書簡の冒頭で、自身がフィリップス社の750万株を所有しており、「これは私が同社の大株主の1人であることを意味します」と明記した。同氏はまた今般のリキャップ・プランを精査したところ、その内容は「とても納得できるものではありません」と判断したと記した。同氏の代替案は何か。同氏は1株当り55ドルで同社の買収を提案した。買収金額の半分はキャッシュで、残りの半分は劣後債で支払うというものだ。同氏は、買収に必要なキャッシュを2月21日までに調達できることについて、ドレクセル・バーナム社が「高い確信をもっている」ことも説明した。

　次にアイカーン氏は、ベアハグからドゥース氏が解放される方法を提示した。「もし貴殿が、発行ずみのフィリップス社株式のすべてを1株当り55ドルで買収するものにリキャップ・プランを改善するのであれば、私は喜んで

---

*22　全文を付録に掲載。

身を引きましょう」。アイカーン氏は、もしフィリップス社が同氏の買収申出を拒否し、株主にも1株55ドルでの買取りを提示しない場合、リキャップ・プランを退けるために委任状争奪戦を仕掛け、51%の株式を手に入れるための敵対的公開買付けを行うと警告している。同氏は経営陣に対し、買収申出を受け入れるか否かの回答に2日の猶予を与えた。

　回答期限の2月6日、フィリップス社はタルサの米国地方裁判所にアイカーン氏が委任状勧誘および相場操縦の法規制に違反していると提訴した。同社は加えて、株主のためにリキャップ・プランの魅力をわずかに高める2つの変更を行った。優先株式による配当の追加と、株式買戻しからキャッシュによる公開買付けへの変更だった。フィリップス社はこれらの変更により、リキャップ・プランでもたらされる価値が1株当り3ドル増加するはずだと発表した。しかし、同社はこの小さな福袋のなかに、あまり歓迎されない小片を潜ませていた。同社の長期的な価値を保全するための「ライツ・プラン」だ。自身のディールによって経営陣支持を余儀なくされていたブーン・ピケンズ氏もこのライツ・プランについては否定的にこう表現した。「ひどいもんです！これはポイズン・ピルです」[41]。

さあ、毒薬を手に入れたぞ

　マーティン・リプトン氏が最初のポイズン・ピルを開発したのは1982年、バーリントン・ノーザン社による敵対的買収からエル・パソ・ナチュラル・ガス社を防衛するためだった。リプトン氏はこのポイズン・ピルを、会社に対して予告なしで行われる「2段階かつ解体型の買収」を遅らせる方法とみていた。ポイズン・ピルは敵対的買収を直接防ぐものではないが、買収者が公開市場で実質的な支配権を取得することや、2段階買収において買付価格が第2段階目よりも高い最初の公開買付けに株主が駆り立てられることを阻止する[42]。アイカーン氏はポイズン・ピルを「合法的なトリック」と見なし、自身の伝記を書いたマーク・スティーブンス氏にこう語っている。「要するに法律事務所が法律を書き換えようとしているようなものです」[43]。

　典型的なポイズン・ピルでは、買収者の持分割合が一定の閾値を超える

118

と、株主に対して特別な権利が付与される。そのポイントは、一定の閾値を超えると、買収者を除くすべての株主は権利行使が可能になるということにある。株主がその権利を行使すると、一般的には優先株式や普通株式が手に入り、買収者の持分割合が希薄化される。

　リプトン氏がフィリップス社のために設計した「ライツ・プラン」は独特のものだった。買収者の持株割合が30％を超えた場合、他の株主は1株を62ドルに相当するフィリップス社の15％利付シニア債と交換することができた。買収者は70億ドルもの短期有利子負債を抱える、危険なほど借金過多の会社を所有することになる。このポイズン・ピルの目的は、表面的には経営陣が1株62ドルと設定した「公正価値」を株主に支払うことだったが、実際には持株比率30％を超えた株主に対するシャーク・リペラント*23として機能した。ドゥース氏は、正気の人間だったらポイズン・ピルを発動させて会社を巨額の負債の下に埋もれさせるようなことはしないだろうと考えていた。

　翌日、アイカーン氏はドゥース氏に対して書簡を送り、その内容にだれもが驚愕した。アイカーン氏は「フィリップス社の株主の権利を発動させるために、同社普通株式の約25％を目的とした公開買付けを開始するつもりです」と記していた[44]。アイカーン氏の持株比率はすでに5％だったため、25％の公開買付は意図的にリプトン氏のポイズン・ピルを発動させるものだった。ドゥース氏は信じられなかった。アイカーン氏が本当にフィリップス社の買収を目的にポイズン・ピルを発動させようとしているのか、それとも単にライツ・プランの中身を誤解しているのか見当がつかなかった[45]。ドゥース氏は次のような情緒的な返信をアイカーン氏に送り、株主にとって有利に見直したリキャップ・プランを再検討するように求めた。「その価値は、貴殿が認識されたと思われる価値に非常に近いと考えており、したがって、貴殿が過去数週間で買い付けた株式1株当りの利益を数ドル程度引き上げるために、フィリップス社を解体に追いやり、その結果として数千人の従業員が失業するような強行に挑まれるようなことはされないと信じていま

---

*23　鮫よけ。会社が買収者にとって買収を困難または不利にする条項や手続を導入すること。

す。フィリップス社は株主の利益に沿って責任ある行動をしています。貴殿も誠実に責任ある行動をされることを願っています」[46]。

　ポイズン・ピルは当時新奇であり、特にフィリップス社の「ライツ・プラン」は独特の仕組みだった。ニューヨーク・タイムズ紙には、アイカーン氏の「私はポイズン・ピルを実際に飲み込むというかたちで対応したのです」という発言が引用された[47]。しかし、フィリップス社がポイズン・ピルの詳細を明らかにしたとき、アイカーン氏は同社が事前に「差別的な条件」を開示していなかったことを非難する声明を発表した。ドゥース氏は公開書簡で、アイカーン氏のポイズン・ピルに対する誤解を嘲笑してこう述べた。「今後フィリップス社を買収したり、解体したりする提案を行う場合は、その前に委任状勧誘参考資料を確認されることをお勧めします」[48]。ただ実際には、フィリップス社のポイズン・ピルに対してメディアからのさらなる注目がもたらされ、この騒動はアイカーン氏にとって有利に働いた。すでにリキャップ・プランに不満をもっていた同社の機関投資家も、ポイズン・ピルを許しがたい一撃とみていた。

　2月13日、アイカーン氏はフィリップス・ペトロリアム社の支配権を求めて1株60ドルでの公開買付けを開始した。これは、買収資金が確保されていないなかで敢行された史上最大の公開買付けだった[49]。この公開買付けは、株主が2月22日の株主総会でリキャップ・プランを否決すること、そして、当然のことながらドレクセル社が資金を調達できることを条件としていた。ポイズン・ピルを回避するために、アイカーン氏は自陣の取締役候補リストを提示し、その選任と「ライツ・プラン」の否決を公開買付けの条件とした。同氏は公開買付けが失敗した場合、次の株主総会でも再び委任状争奪戦を仕掛けると書いた。委任状争奪戦で勝った暁にはフィリップス社を清算すると誓った。メッセージは明確だった。カール・アイカーンは一歩も退かないということだ。

　約4,500人が株主総会のためにバートルズビルの体育館に集まった。建物の外ではマーチングバンドが演奏し、生徒たちがアイカーン氏に抗議していた[50]。館内には、感情的な親フィリップス社の群衆が同社を守るために集

まった。ある株主が「この数カ月間にフィリップス社の株式を購入した人たちは真の株主ではありません。……彼らは1ドルや1クオーターでも儲けを増やそうとしているのです。私はこんな言葉を使いたくありませんが、彼らを売春婦と呼びます」と述べると、盛大な拍手が起こった[51]。別の株主はリキャップ・プランとピケンズ氏からの株式買取りに不満を示したうえで、「しかし、それでも私は会社を支持するつもりです。個人的な思いからです。バートルズビルに住む人々や、ここで余生を過ごす退職者のことを心配しているからです」と付け加えた[52]。ルター派の地元牧師も同様の感情を示しながらこう述べた。「エジプトにはヨセフを知らないファラオが現れました。これこそバートルズビルが恐れていることです。ヨセフを知らないファラオの登場です。私たちはフィリップ社の支配権が地元民に配慮しない輩に移ることを懸念しています。配慮がないところにコミュニティは存在しません」[53]。

　アイカーン氏の代理として話すために立ち上がったアルフレッド・キングズリー氏は、ブーイングで迎えられた。キングズリー氏は地元の人たちがもつ懸念に対して「私たちもバートルズビルを愛しています。すべての従業員とフィリップス社を愛しています。私たちが反対しているのはリキャップ・プランです」と語りかけたが、そのコメントは群衆の嘲笑を誘っただけだった[54]。しかし、アイカーン氏に対する怒りや、町の運命に対する懸念はあるとしても、真の争点はリキャップ・プランだった。CalSTERSの顧問弁護士が次のように発言を始めると、会場内は静まり返った。「私たちは長期投資家です。私たちは長年にわたりフィリップス社の株式を保有しており、長期的な視点で関与してきました。そうした私たちもリキャップ・プランには賛同できない点がいくつかあります。……ポイズン・ピルについては、あれがポイズン・ピルでないとしたら、飲み込みにくいビタミン剤ですね。私たちはグリーンメールにも反対の立場であり、T・ブーン・ピケンズ氏への支払はグリーンメールだと考えます。私たちはリキャップ・プランに反対票を投じます」[55]。

　株主総会が始まって約90分経過した時点でドゥース氏は総会の中断を発表し、株主たちを驚かせた。同氏は総会を翌日の土曜日に再開して審議を続行

第4章　カール・アイカーン氏 対 フィリップス・ペトロリアム社　121

すると述べた。その翌日の午後、フィリップス社は会議を再び延期した。今度は翌週の火曜日までだった。同社はこの延期を利用して、一部の大株主を説得してその投票を変更させようとしていた。しかし、それはうまくいかなかった。3月3日、フィリップス社はリキャップ・プランが驚愕の900万票差で否決されたことを発表した。フィリップス・ペトロリアム社のような大会社が委任状争奪戦に敗れたのは初めてのことだった[56]。

　最終的に、フィリップス社はリキャップ・プランについてもう一段の見直しを行い、ESOPに株式を保有させる計画を削除した。今回は市場においてもリキャップ・プランには本当に1株当り約55ドルの価値があるとの合意が形成されたようだった。徹夜の交渉でアイカーン氏が会議室から椅子を蹴とばして出てくる場面が2回あったが、フィリップス社は同氏に対して諸経費として2,500万ドルを支払うことに同意した。アイカーン氏はわずか10週間で約5,000万ドルの利益をあげて立ち去った[57]。本ディールでは皮肉なことに、グリーンメーラーとして名を馳せたカール・アイカーン氏がフィリップス社の株主に対してより潤沢な株主還元をもたらした一方で、株主権利の擁護者とされていたブーン・ピケンズ氏が多くの人たちからグリーンメーラーと受け止められることになった。だが、アイカーン氏がそれでうぬぼれることはなかった。同氏は「株主が利益を得たのは嬉しいことですが、私はロビンフッドではありません。お金を稼ぐのが楽しいのです」と述べただけだった[58]。

一過性の流行

　カール・アイカーン氏が本当にフィリップス社を買収する可能性があるとは、ほとんどの人が考えていなかった。委任状争奪戦でアイカーン氏支持だったフィリップス社の大株主のなかにさえ、同氏の本音は別だと思っている者がいた[59]。彼らは、アイカーン氏がリキャップ・プランを揺さぶって数ドルでも多く引き出すために同社の株式を保有しているだけだと思っていた。しかし、フィリップス社のディール後間もなくすると、アイカーン氏は同氏にとって手に負えないようなターゲットさえ平気で買収しようとしてい

ることが明らかになった。

1985年春、アイカーン氏はTWA社[*24]の大きな持分を購入し、テキサス・エア社のフランク・ロレンゾ氏と同社の買収をめぐって争った。1981年にコンチネンタル社を買収し、長年TWA社をねらっていたロレンゾ氏は、アイカーン氏が自身の持株を有利に売却したいだけだと考えていた。振り返れば対決の初期にすぎなかった段階で、ロレンゾ氏にはアイカーン氏に900万ドルの手数料を支払えばTWA社を手に入れられるチャンスもあったのだが、ロレンゾ氏はそれを拒んだ。ロレンゾ氏は「アイカーン氏がTWA社を乗っ取ることは絶対にありえない」といったが[60]、それは間違っていた。

TWA社はアイカーン氏にとってほぼ災難といえるようなディールになった。同氏はコスト面でいくつかの成功を収めたが、これは主に自身の会社解体屋としての悪名を背景にして労働組合に大幅な譲歩を迫ったからだった。しかし、アイカーン氏はTWA社の競争力向上のために必要な大規模な設備投資を行おうとはしなかった。これはおそらく賢明な判断だったが、航空会社を買収するという最初の間違いを埋め合わせられるほど賢明なものではなかった。

1988年、アイカーン氏はTWA社のためにドレクセル社を通じたジャンクボンド発行で6億6,000万ドルの資金調達を行い、自身に大規模な配当を支払った。さらに、同氏はTWA社に残っていたまともな資産も売却した。同社が破産に向かって滑り落ちていくなか、労働組合はアイカーン氏が膨大な年金債務をまかなう能力を同社に残さないのではないかと懸念した。米国議会は1991年、アイカーン氏の個人資産が同社の企業年金積立不足を補うために差し押さえられることを認める法律案を可決した[61]。同法が成立してから2カ月後、TWA社が破産申請を行った時、連邦政府の年金給付保証公社（Pension Benefit Guarantee Corporation）は同社の企業年金積立不足分1億1,000万ドルをアイカーン氏に請求すると発表した。

1980年代の終わりまでに、企業乗っ取り屋の黄金時代は終わりつつあっ

---

*24　1930年創業で、米国を代表した国際的な航空会社の1社。1980年以降は規制緩和や競争激化により業績が低迷。2001年にアメリカン航空が買収・統合。

第4章　カール・アイカーン氏 対 フィリップス・ペトロリアム社　123

た。ロバート・カンポー氏*25の過剰債務を抱えた百貨店帝国の破綻など、いくつかの大きな注目を集めた破綻がジャンクボンド市場を揺るがせた。新聞の見出しを騒がす破綻の裏でジャンクボンドのデフォルト率が徐々に上昇し、1990年から1991年の不況で爆発的に上昇した。企業乗っ取り屋は割安な買収対象を見つけにくくなり、買収資金の調達はさらにむずかしくなった。それらが可能だったとしても、ターゲットになった会社の防衛策はいっそう強固になる傾向にあった。

フィリップス・ペトロリアム社の委任状争奪戦の後、アメリカン・ロイヤー誌のスティーブン・ブリル氏は、マーティン・リプトン氏のポイズン・ピルを「一過性の流行」と批判する、ある企業買収を専門とする著名な弁護士の発言を紹介した。ブリル氏自身も同感だとし、「ポイズン・ピルのような騒々しい1980年代の流行がどれだけ早く消え去ったかを、間もなく皆が知ることになるだろう」と書いた[62]。しかし、その数カ月後、デラウェア州最高裁判所はモラン対ハウスホールド事件*26でポイズン・ピルの合法性を支持し、1980年代末までにはフォーチュン500の60％を含む1,000社以上の会社がポイズン・ピルを導入した[63]。

ポイズン・ピルの受入れが進むとともに、乗っ取り屋に対する規制環境も厳しくなった。1988年、デラウェア州は反買収法*27を制定し、持株比率が15％を超えた場合、その後3年間は買収を遂行できないようにした。米国議会もさまざまな買収規制法案を検討した。ブーン・ピケンズ氏は、下院で提出されたM&Aに対する課税案が1987年の株式市場暴落の大きな要因であったと確信している[64]。

それでも、こうした要因は特に1980年代に特有のものではなかった。以前

---

*25　カナダの実業家であり、不動産開発で成功を収めた後、小売業界に進出し、1980年代に米国の大手デパート・チェーンのブルーミングデールズなどを所有するフェデレーテッド・デパートメント・ストアーズ社や、メイ・デパートメント・ストアーズ社などをLBOによって買収。しかし、過剰債務を抱えた買収は最終的に破綻した。

*26　デラウェア州最高裁判所は、買収の脅威との関係で合理的なものであること等の条件を満たせば、取締役会の裁量でライツ・プランを導入できると判示した（神山哲也『買収防衛策を巡る米国機関投資家の見方』、資本市場クォータリー、2005年summer、野村資本市場研究所）。

*27　Anti-Takeover Statute。デラウェア州法203条。

の合併ブームも、貸出基準の引締め、ねらいやすい買収対象の減少、洗練された防衛策、規制の圧力、経済成長の鈍化などによって終焉を迎えていた。80年代において違ったこと、スーパースター企業乗っ取り屋の時代をもたらし、永遠にその息の根を止めた要因は、マイケル・ミルケン氏の台頭と没落、そして、大規模な機関投資家が苦難を通じて知見を高めたことだった。

ずるい稼ぎ方

キンバ・ウッド判事はマイケル・ミルケン氏に10年の懲役刑を言い渡す直前、ミルケン氏の運命に対する一般大衆の強い関心について言及した。同判事はたくさんの人たちから、1980年代の行き過ぎた行為によってもたらされた経済的な損失を理由として厳しい判決を求める書簡を受け取っていた。1990年後半、米国は不況の半ばにあるだけでなく、貯蓄貸付組合（Savings and Loan association、S&L）の3分の1が破綻する金融危機に直面していた[65]。「これらの書簡の書き手たちは、強欲の10年間に対する判決を求めています」とウッド判事は述べた[66]。

ウォール・ストリートのエリートたちでさえ、連邦検察官により、ドレクセル・バーナム社が1987年にマイケル・ミルケン氏に5億5,000万ドルの報酬を支払ったことが明らかにされたときには驚愕した。チェース・マンハッタン銀行の元取締役会長で、ジョン・D・ロックフェラー・シニア氏の孫の億万長者、デビッド・ロックフェラー氏でさえ、金融システムは「バランスを欠いている」と懸念を示したほどだ[67]。そして、嫉妬に満ちた同業のインベストメント・バンカーたちにとってより苦々しいことに、ミルケン氏はトレーディング・デスクで数百に及ぶ投資パートナーシップを運営し、ドレクセル社からの報酬に追加して収入を得ていた。一部のパートナーシップはドレクセル社を相手にジャンクボンドを売買していた[68]。米国会計検査院によると、規模で最上位から25番目までのパートナーシップから、1981年から1988年の間に20億ドルの分配金が支払われ、そのうち10億ドルが直接ミルケン氏に渡っていた。『ウォール街　悪の巣窟（Den of Thieves）』*28を執筆したジェームズ・ステュアート氏は、1986年末までにミルケン氏とその家族が

第4章　カール・アイカーン氏 対 フィリップス・ペトロリアム社　125

少なくとも30億ドルの資産をもっていたと推定した[69]。

　ミルケン氏の擁護者たちは、同氏が莫大な富を築いたことと、カール・アイカーン氏のような乗っ取り屋が企業社会の支配階級に攻撃を仕掛けるのを助ける役割を担ったことから、迫害されたのだと主張している。彼らはミルケン氏の罪が些細なものであったと主張しており、この点については彼らにも一理ある。1967年にルイス・ウルフソン氏が未登録株式を売り出したことで捕まったのと同様に、ミルケン氏は小者のインベストメント・バンカーであれば刑事訴追されないような罪で10年の懲役刑を受けた。同氏がどの容疑でも有罪を認めた唯一の理由は、政府が同氏の弟に対する告発を取り下げるという司法取引を提供したからだった[70]。

　しかし、政府による訴追に力強さが感じられないとしても、私にとってミルケン氏の伝説には何かしっくり来ないものがある。大金を稼ぐことは犯罪ではないが、後にも先にも1987年の価値で5億ドルも年間で稼ぐ債券のセールスマンはほかにいなかった。市場で収益性の高いニッチ分野を支配し、その成長とともに大きな利益をあげた債券のセールスマンも別にミルケン氏が初めてではなかったが、最終的には競争の激しいビジネスだ。ジャンクボンドがメインストリームになるなかで、なぜミルケン氏だけが収益性の高いフランチャイズを守ることに成功したのか。

　ミルケン氏は課税回避スキームと、顧客がSECへのファイル提出義務を回避するための「ストック・パーキング」*29取引に関する起訴に関して有罪を認めた。6件の事案のうち4件はアービトラージャーのアイヴァン・ボウスキー氏との取決めに関するもので、そのいくつかでミルケン氏がボウスキー氏の損失を補てんすることを約束していた。このテーマはドレクセル社による怪しげな取引に繰り返し現れる。たとえば、乗っ取り屋のサンフォード・シゴロフ氏が支配する小売業者ウィックス社は、年間1,500万ドルの配当を支払わなくてはならない厄介な転換型優先株式の負担から逃れたがって

---

*28　邦訳は、ジェームス・ステュアート著『ウォール街　悪の巣窟』、小木曽昭元訳、ダイヤモンド社、1992年。

*29　本来の株式所有者が、自分がだれであるかを隠蔽することを目的にして、他の組織や人物にその株式を保有してもらうこと。

いた。この転換型優先株式は、同社の普通株式の終値が30日間のうち20日において6⅛ドル以上をつけた場合、償却が許されていた。ウィックス社がその条件を満たすまで残り1日になった日、ドレクセル社はウィックス社のその日の終値を6⅛ドルにするために、ボウスキー氏の会社に頼んで大引け直前に積極的にウィック社株式に買いを入れさせていた[71]。これは「些細な」犯罪かもしれないが、明らかな相場操縦だった。

　さらに問題なのは、ミルケン氏が顧客企業を囲い込み、贈り物や自身のパートナーシップへの参加を通じてその幹部を金銭的に潤すやり方だった。ミルケン氏がデイケア・センターを運営するキンダー・ケア社のために最初に資金を調達してやったのは1978年のことだった。同社は成長に伴い、ドレクセル社から大量のジャンクボンドを購入し始めた。これはミルケン氏が資金調達した発行体にとって共通の出来事だった。ミルケン氏は彼らに必要以上の資金を調達してやり、他社発行のジャンクボンドを買わせていた。キンダー・ケア社は後に保険会社と2つのS&Lを買収してジャンクボンド買入能力を増やし、ある時点でドレクセル社が引き受けたジャンクボンド約6億5,000万ドルを保有していた[72]。

　おそらく優良顧客であることへの報奨として、ミルケン氏はキンダー・ケア社の経営陣にお得な証券を流してやった。キンダー・ケア社のジャンクボンド運用担当者は後に、ミルケン氏が自分とキンダー・ケア社のCEOにストラー・ブロードキャスティング社という会社のワラントをくれたと証言している。買収を専門に手掛けていたKKR[*30]は、ドレクセル社が引き受けるジャンクボンドの買い手に対するエクイティ・キッカーとしてストラー社のワラントをミルケン氏に提供していた。ほとんどだれも知らなかったことだが、ミルケン氏はそのワラントの大半を自身のパートナーシップで保有し、残りを仲間に分配していたのだった。キンダー・ケア社はストラー社のジャンクボンドを買い入れたわけだから、キンダー・ケア社、ひいては同社の株

[*30] Kohlberg Kravis Roberts & Co.。1976年に米国で創業した、LBOを駆使するプライベート・エクイティ・ファンドの老舗。2020年代前半時点でも世界最大級のプライベート・エクイティ・ファンドとして君臨している。創業者の1人、ヘンリー・クラビス氏は「私の履歴書」（日本経済新聞2024年10月）に掲載された。

第4章　カール・アイカーン氏 対 フィリップス・ペトロリアム社　127

主がそのワラントを受け取るべきだったが、ミルケン氏はそのかわりに同社の経営陣らに直接与えていたのだった。彼らはドレクセル社から受け取ったワラントで100万ドル以上を稼いだとされている[73]。

　コロンビア貯蓄貸付組合のCEOだったトム・シュピーゲル氏はストラー社の件でさらにぼろ儲けをしていた。ミルケン氏はシュピーゲル家が支配するパートナーシップにワラントを提供し、同パートナーシップは約1年で700万ドルの利益をあげた[74]。コロンビア貯蓄貸付組合はミルケン氏の優良顧客の1つだった。ガーン・セントジャーメイン預金取扱金融機関法が連邦預金保険を後ろ盾にしたS&Lにジャンクボンドへの投資を許可した1982年から1989年までに、コロンビア貯蓄貸付組合はドレクセル社が引き受けたジャンクボンドを100億ドルも購入した。ミルケン氏はシュピーゲル家を自身が運営する収益性の高いパートナーシップの1つに割り込ませ、同パートナーシップは素晴らしい投資リターンをあげた。

　ミルケン氏の最優良顧客は、ドレクセル社が引き受ける債券をほぼ無差別に購入していた。検察官は、ドレクセル社が引き受けた債券の多くがほんのわずかな者によって購入されていたことに驚愕した。ファースト・エグゼクティブ社という保険会社は、ドレクセル社が引き受けた新規発行のジャンクボンド案件の約90％に参加し、1982年から1987年までに400億ドル相当を購入した[75]。容易に想像がつくと思うが、ファースト・エグゼクティブ社もミルケン氏と非常に緊密な関係を築いていた。同社はドレクセル社が資金提供した買収のターゲット会社から保険契約を頻繁に受注していた。たとえば、ロン・ペレルマン氏がレブロン社を買収したとき、ペレルマン氏は同社の企業年金制度の運営をファースト・エグゼクティブ社に移管した。

評　決

　ウッド判事はミルケン氏に判決を申し渡す際に、ドレクセル・バーナム社のジャンクボンドをめぐるビジネスがどこまで合法的に行われていたかについては把握できず、自身はその判断を下せないが、いつか歴史家が明らかにしてくれるかもしれないと述べた。それから25年が経った。ミルケン氏の判

決から1年も経たずに、米国経済は再び活気を取り戻した。1990年から1991年の不況は、ディールの1980年代と米国史上最長の景気拡大期（1991年からインターネット・バブルの崩壊まで）の間に生じた軽度の不況であることが明らかになった。S&L危機は10年間続き、1995年に収束した。最終的に明らかになったのは、S&L業界が凋落してあちこちで不正が頻発するようになったのは、ミルケン氏の債券を抱えて破綻した一握りのS&Lのためではないということだった[76]。加えて、ジャンクボンド市場はミルケン氏の没落とともに縮小するどころか、むしろ拡大に向かった。1990年代後半、米国でジャンクボンドの発行は急増し、その規模は1980年代のピーク時の何倍もの水準に達した。

　今日、マイケル・ミルケン氏の評判は回復しつつある。ドレクセル社の遺産についての2010年のエコノミスト誌の記事は、ミルケン氏による「借入資本の民主化」は「米国経済にとっての福音だった」と評し、同氏の法的な問題にはほとんど言及しなかった[77]。ミルケン氏の名前はジョージ・ワシントン大学の公衆衛生大学院に刻まれているし、カリフォルニア大学ロサンゼルス校のビジネス法務研究所には同氏の弟の名前がつけられている。ミルケン氏が創設したシンクタンクであるミルケン研究所は年次の国際会議を主催しているが、そこには原点であるプレデターズ・ボールよりも多くのスターが集まっている。

　2000年代初頭の若い経営大学院の学生にとって、マイケル・ミルケン氏の物語はもはや強欲と腐敗への戒めではなかった。マイク・ミルケン氏は先見の明ある天才であり、そのイノベーションはウォール・ストリートと経済全体を革命的に変えたというとらえ方だった。同氏は他のインベストメント・バンカーたちとは異なり、勉強熱心でプロフェッショナルだった。同氏はジャンクボンドについて百科事典のような知見をもち、広く分散をかけたジャンクボンドのポートフォリオは高格付債券をアウトパフォームすることを見出した。ジャンクボンドのデフォルト率は実際に高かったが、存続する会社からの利息支払とキャピタル・ゲインがデフォルトから生じる損失を補って余りあった。もちろん、ほとんどのビジネスパーソンにはそぐわないミルケン氏の天才には負の側面もあった。そのために同氏はしなくてもすむ

はずのずるい稼ぎ方をし、すでに同氏を睨んでいた規制当局の怒りを招いた。同氏の犯罪はその成功と実質的に大きな関連をもつものではなかったが、同氏のキャリアはそれで終わった。

　私も、ミルケン氏がアウトリュコス（泥棒の王子）*31というよりはイカロスに近いと信じる若い学生の1人だった。経営大学院を卒業後、最初の就職先がディストレスト債権*32を専門にするヘッジファンドで、そこで私たちはミルケン氏による卓越した知見の1つを活用していた。リスクについて賢明であることは、最良の資産だけを購入し、劣悪な資産を無視することを意味しないという知見だ。私たちは時間をかけてゴミ捨て場に埋もれた汚いスクラップを見つけ、本当にひどい会社を素晴らしい値段で買うことで多額の利益を稼いだ。私たちのビジネスモデルは、知的資産においても、原材料（債券そのもの）においても、ミルケン氏に負うところが大きかった。もちろん私は、時間が経つにつれて自分が少し賢くなったと信じている。いまでは本当に良い会社を追跡し、市場でそうした会社が安く売られるのを待つことに多くの時間を費やしている。そして、債務不履行に陥ったお粗末な事業会社の劣後債を買いあさっていた日々を振り返ると、ミルケン氏の伝説を誤解していたのではないかと思わずにはいられない。

　マイケル・ミルケン氏は、金利低下と経済成長という強力な追い風を享受していた市場において目立たないニッチを占領した。同氏は規模拡大につれ、ファースト・エグゼクティブ社やコロンビア貯蓄貸付組合のような大規模な囲い込み顧客、アイヴァン・ボウスキー氏のような忠実な借金まみれの顧客、そして自身がドレクセル社のファンドとあわせて運営する投資パートナーシップを通じて膨大な資本を動かすようになった。ミルケン氏はまさに、自身の引受能力を大幅に拡大するために市場を操作できる立場にいた。ミルケン氏の顧客らは同氏から債券だけではなく、同氏が自己のための金儲けよりも「資本の民主化」を重視する理想主義的な天才であるという観念を

＊31　Autolycus。ギリシャ神話の登場人物で、盗賊や詐欺師として知られ、巧妙さやずる賢さ、詐欺やトリックの象徴。

＊32　主に経済的に困窮した会社の負債のこと。デフォルト（債務不履行）になる可能性が高いことから額面価値よりも大幅に割り引かれた価格で取引されるが、そのリスクを承知で購入し、発行体の財務状況が改善されることなどを期待する投資家もいる。

買い入れていた。しかし現実には、同氏は単なる秀でたセールスマンで、債券と同様に人物を見極める才能に長けた、友愛サークルで慕われているリーダーのような存在だった。あらゆる優秀な債券のセールスパーソンと同じように、同氏はパーティーが終わりに近づくと、お金がある間に最も軽信的な顧客にひどい債券をはめ込んだ。コロンビア貯蓄貸付組合、ファースト・エグゼクティブ社、キンダー・ケア社はすべて破綻することになった。

　ドレクセル社のマネー・マシーンは、先見の明がある天才の発明ではなかった。現実には、ミルケン氏がマシーンの車輪に油を差して、自身が引き受けたジャンクボンドに対する人為的で無秩序な需要を生み出していただけだった。ミルケン氏は、カール・アイカーン氏、ロン・ペレルマン氏[33]、ネルソン・ペルツ氏[34]のような人たちが米国最大手の会社を襲撃する一生に一度の機会を創出した。彼らは賢明にそれを利用し、二度と顧みなかった。

---

[33] 米国の実業家であり、特にLBOを駆使して数々の会社に敵対的買収を仕掛けた。特にペレルマン氏が1985年にレブロン社を買収した案件では、レブロン社のホワイトナイトになったフォーツマン・リトル社を訴え、デラウェア州最高裁判所が「レブロン義務（基準）」という判例法理を示したことで知られる。レブロン義務は、会社が売却過程になった場合には、取締役会の義務は株主の利益のために会社の売却価値を最大化することにある、とする判断基準。レブロン義務はその後、米国内外のM&Aにおいて、取締役会の義務や責任に関する指針として広く影響を与える重要原則の1つになっている。

[34] 米国の著名なアクティビスト投資家で、公開会社の経営に積極的に介入し、1980年代はLBOを活用した株主価値引上戦略でナショナル・キャン社をはじめ、食品業界や消費財業界の会社を主に買収ターゲットにして名を馳せた。1990年代もファストフード・レストランのアービーズ社や、飲料メーカーのスナップ社などを買収。2000年代に入ってからは買収による非公開化はせず、一定持分を保有したうえで投資先のオペレーションの改善に関して助言し、企業価値向上を目指すという「オペレーショナル・アクティビズム」のスタイルに転換し（※）、ウェンディーズ社（2005年）、H.J.ハインツ社（2006年）、シュウェップス社（2007年）、クラフトフーズ社（2009年）、ファミリー・ダラー社（2011年）、ペプシコ社（2013年）、デュポン社（2014年）、ゼネラル・エレクトリック社（2016年）、P&G社（2017年）、レッグ・メイソン社（2019年）、インベスコ社（2020年）などにアクティビスト投資を行い、事例によっては経営陣と激しい委任状争奪戦とキャンペーンを展開し、取締役に就任したりしてきた。最近の活動としては、2022年末にディズニー社の株式にアクティビスト投資を開始し、一時期は発行済株式の2％を保有、2023年と2024年の年次株主総会で取締役選任を求めて現経営陣との委任状争奪戦を展開したが敗北し、2024年5月に保有していた同社株式を全額売却したと報じられた。（※）岩谷賢伸『米国バイアウト・ファンドの興隆と変貌』、資本市場クォータリー、2007年winter、野村資本市場研究所。

第4章　カール・アイカーン氏 対 フィリップス・ペトロリアム社　131

私たちはそれを受け入れません

　1980年代の企業乗っ取り屋は、マイケル・ミルケン氏による大量の資金の支えの恩恵を受けただけではなく、公開会社の大株主としての責任に苦しむ、受け身の機関投資家たちによっても助けられた。機関投資家たちは、カール・アイカーン氏やその仲間たちがグリーンメールによって赤ん坊からキャンディを取り上げるのを黙ってみているだけだった。1980年代半ばまでに、彼らはグリーンメールを行う乗っ取り屋と自己利益を追求する経営陣の両方に対して不満を募らせていたが、会社の買収防衛チームや敵対的な買収者の機敏な動きについていくのに苦労していた。

　フィリップス社における株主総会の後、カール・アイカーン氏はスティーブン・ブリル氏に、自分が勝利できたのはポイズン・ピルのおかげだと語った。「それで大どんでん返しが起きたのです」[78]。マーティン・リプトン氏も異論を唱えなかった。同氏はブリル氏に「アイカーン氏は正しい。私たちは完全に見誤りました。私たちは機関投資家たちが会社をイン・プレイにしておくことだけに関心をもっているのを理解していませんでした」と述べた[79]。ブリル氏は自らフィリップス社の機関投資家にアンケートを実施し、リプトン氏の意見に納得するとともに、彼らが「概して驚くほど無知で、ただの愚かな議決権行使者の集まり」であると認識した。ある年金基金の責任者はリキャップ・プラン、ポイズン・ピル、アイカーン氏による公開買付けの詳細を理解していなかったが、株主にとっての長期的な利益に関する質問に対して気色ばんで次のように答えた。「長期を定義するのはこちらなのです。こちらの仕事なのです。そして、それは日々出現する最善の機会に飛びつくことだと私は定義しています」[80]。

　しかし、愚かではなかった機関投資家たちはただ怒っていた。カリフォルニア州のファンド・マネジャーはブリル氏に対して「株主はすべてのオファーに対して投票できる権利をもつべきだと私たちは確信しています。そして、リキャップ・プランの一部としてESOPが会社を支配下に置くという案がありましたが、これは完全に経営陣の防衛装置だと私たちはみなしていました。もうわかっていらっしゃると思いますが、私たちはもうそんなもの

を受け入れないし、そんなクズのようなものを持ち出して何百万ドルもの報酬を受け取るインベストメント・バンカーや弁護士たちは尻を蹴飛ばされるべきです」と述べた[81]。

　機関投資家たちは数年間にわたってひどいグリーンメールと高コストの防衛策に苦しんだ後、反乱を起こすべきか否かで揺れていた。翌年のGMによるロス・ペロー氏からの株式買取りで、機関投資家たちは時速55マイルで奈落の底に沈められた。1980年代の終わりまでには大規模な機関投資家の多くが宿題をこなしていた。委任状争奪戦を繰り広げ、経営陣と敵対的な乗っ取り屋の双方に質問状を出し、コーポレート・ガバナンスに関する洗練された課題についての見解を形成した。ミルケン氏の資金調達マシーンが機能停止し、長らく受け身に徹していた機関投資家がついに自分の頭を使い始めたことで、最後の偉大な敵対的乗っ取り屋の時代は終わりを告げたのだった。

　フィリップス社への襲撃がアイカーン氏を公の人物にしていたため、広く報道されることになったTWA社の経営破綻で、同氏はねらいやすい標的だった。同氏はいい加減、謙虚になってもいい頃だった。TWA社が崩壊する前に、アイカーン氏は議会の公聴会で、なぜ航空会社をターゲットにしたのかと尋ねられ、「ウィリー・メイズ[*35]になぜ特定の方法でボールに飛びついたのかと尋ねますか」[82]と返答していた。しかし、非難と嘲笑にもかかわらず、アイカーン氏は『ライト・スタッフ』のチャック・イェーガー氏[*36]のようにTWA社の残骸から抜け出した。1992年に同社の企業年金基金の巨額の積立不足を穴埋めするのではなく、同社に２億ドルを貸し出し、向こう８年間、同企業年金基金のスポンサーになることに同意して難局を乗り切っていた。

　今日、カール・アイカーン氏は1980年のメモに書いた公開市場と非公開市場の評価の間のアービトラージを活用して、優れた投資リターンを生み出し

[*35]　米国大リーグで活躍した選手。
[*36]　『ライト・スタッフ』はトム・ウルフ氏のノンフィクション書籍、およびその映画化作品で、チャック・イェーガー氏はその重要なキャラクターとして描かれている空軍の元パイロット。リスクを厭わず訓練を続け、音速の壁を初めて突破した人物。

第4章　カール・アイカーン氏 対 フィリップス・ペトロリアム社　133

続けている。しかし、1985年のフィリップス・ペトロリアム社のベアハグで
頂点に達した一連の熱い戦いを再現したことはない。同氏は当時15回連続で
成功を収め、そのほとんどが前回を上回る大胆な挑戦だった。連勝の初期に
おいては、受け身の機関投資家に付け込む会社側に、グリーンメールを受け
入れさせることで利益をあげた。フィリップス社の案件では一転、決定的に
重要なミルケン氏のマネー・マシーンによる支援のもと、グリーンメールに
対する株主の怒りを活用して経営陣から譲歩を勝ち取った。カール・アイ
カーン氏は経済的な自己利益を体現した人物であり、利益を生むために必要
なら、どんな役割でも喜んで引き受けたが、そんなアイカーン氏でも攻撃し
たくない会社が1つだけあった。アルフレッド・キングズリー氏がGMは完
璧なターゲットになると提案したとき、アイカーン氏はそのアイデアを拒否
してこういった。「奴らに首を吊るされてしまう」[83]。1980年代半ば、強大な
GMと戦争する政治的な資源をもつ男は本当に1人しかいなかった。それは
ロス・ペロー氏。経営管理が科学的な専門領域として生まれ、そして死んだ
場所、モーターシティ＊37で再びお目にかかりましょう。

＊37　自動車産業のメッカ、デトロイトのこと。

第5章

ロス・ペロー氏 対 GM：
現代企業の解体

　「GMで働く人たちのなかで、次のような事柄を私から貴殿に伝えて
ほしいという声がますます増えています。

● 　貴殿が認識する必要があると彼らが感じている事柄
● 　貴殿が耳を貸さないのではないかと彼らが懸念している事柄
● 　貴殿に伝えるのを彼らが躊躇している事柄

　私は、貴殿が耳を貸したいかどうかにかかわらず、GMの構築と強化
に直結するあらゆることを貴殿に伝えるつもりです」

――ロス・ペロー、1985年

　ロス・ペロー氏にとって、どんな挑戦でも大きすぎるということはなかっ
た。1979年、イラン政府が契約に関する紛争をめぐってペロー氏配下の幹部
2人を投獄したとき、同氏はテヘラン行きの飛行機に乗り、自身のパスポー
トで堂々と入国し、元グリーンベレー隊員が率いるチームを編成してその2
人を脱獄させた[1]。イランは革命寸前で、米国の外交努力は行き詰まってい
たため、同氏は自力で問題にけりをつけたのだった。

　その10年前、ペロー氏は北ベトナムの外交当局の許可なく、贈り物と食料
を満載したブラニフ航空のジェット機をベトナムにいる米国人捕虜のもとに
飛ばそうとした[2]。1983年にはテキサスで公共教育改革に取り組む委員会を
率いて、高校におけるフットボール偏重の是正を勧告した[*1]。そして、も

第5章　ロス・ペロー氏 対 GM　135

ちろんロス・ペロー氏は1992年に米国大統領選挙に立候補し、中絶賛成、銃賛成、保護主義賛成、麻薬反対、環境保護賛成、予算タカ派の政策を掲げ、19％もの得票率を獲得した。これは、1912年のテディ・ルーズベルト大統領以来、第三党候補としては最高の得票率であった。

　大統領選挙への出馬、そして、イーグル・スカウトへの記録破りの昇進[2]などの英雄的な功績によって、ロス・ペロー氏が米国で最も偉大なビジネスマンの1人でもあることを忘れている人もいるかもしれない。1950年代後半、ペロー氏はIBM社でキャリアをスタートし、すぐに同社史上最強のセールスマンになった。1962年には1月19日の時点で年間販売ノルマを達成し終え[3]、その年の後半、自身の会社であるエレクトロニック・データ・システムズ（EDS）社を設立し、1960年代のゴーゴー株式市場において最も高騰した銘柄の1つにした。

　ロス・ペロー氏が名声を博していた頃、米国のもう1つの象徴であるGMは衰退していた。GMは世界最大の自動車メーカーだったが、トヨタやホンダなどの海外の競合会社に市場シェアを奪われつつあった。1980年、GMは1921年以来初めて赤字を計上した[4]。GMよりはるかに小規模な国内競合会社だったフォードやクライスラーでさえ、効率性では同社を凌駕することになった[5]。1973年にGMを辞めたスーパースター・エンジニアのジョン・デロリアン氏は、この衰退について次のように説明した。「消費財会社の経営権が財務管理しか知らない者の手に渡ったとき、何が起こるかは予測できる結末だった」[6]。GMの経営は何代かにわたり、質の高い製品よりも短期的な利益を重視する会計士が担うようになっていた。こうした会計士の1人であるロジャー・スミス氏は、自身の経営スタイルを次のように要約した。「私はボトムラインをみます。それで何をすべきかを判断します」[7]。

　ロジャー・スミス氏は1981年にGMの取締役会長兼CEOに就任すると、業

---

*1　テキサスは当時、米国でも特にフットボールが盛んで、最優先の文化的要素になっており、多くの学校で勉強が二の次になっているといわれていた。

*2　Eagle Scout. 米国ボーイ・スカウトで最高位の称号。その取得にはリーダーシップや社会貢献、アウトドア技能など複数の厳しい条件をクリアする必要がある。この称号は終生にわたる大きな名誉とされ、大学入学や就職時にも評価されることが多い。日本のボーイ・スカウトでは富士スカウト章に該当。

務の近代化を図るため、大規模な買収と投資に乗り出した。1984年、同氏は
EDS社にねらいを定め、買収した。このディールによりロス・ペロー氏は
GMの筆頭株主となり、取締役会に加わった。GMの投資家たちは、伝説の
ロス・ペロー氏が取締役会に活気をもたらすと期待して喜んだ。スミス氏は
「ペロー氏のスタイルは、GMが取り組もうとしていることにふさわしい」
と説明した[8]。

　ロス・ペロー氏がGMにはなじめないことが判明するのにさほど時間はか
からなかった。ペロー氏は、自動車のビジネスについて学べば学ぶほど、ス
ミス氏が新しい技術ばかりに魅了されるのは的外れなことだと思うように
なった。GMがロボット工学と自動化に数十億ドルも費やしていた一方で、
日本の自動車メーカーは古い設備でより良質の車をつくり、市場シェアを獲
得していた。GMは従業員の潜在能力を引き出せず、会社の巨大な官僚機構
は自分たちのやり方から抜け出せなかった。ペロー氏は後にフォーチュン誌
にこう語っている。「私は、蛇をみたら殺すという環境で育ちました。GM
では蛇をみたら、まず蛇のコンサルタントを雇います。次に蛇に関する委員
会を設け、数年間は議論します。最もありそうな結論は、何もしないという
対応です。蛇はまだだれも噛んではいないからとかいって、工場の床を這い
回らせておくだけです。蛇を最初にみた人が殺すような環境をつくる必要が
あります」[9]。

　1985年10月23日、ペロー氏はロジャー・スミス氏に5ページに及ぶ痛烈な
書簡*3を送り、スミス氏の独裁的な経営スタイルに異議を唱えた。ペロー
氏はこう書いている。

　　貴殿にはGMの利益のために、私を問題児として扱うのをやめて、次
　のような人物として受け入れてほしいと思います。

● 　大株主
● 　アクティブな取締役

＊3　全文を付録に掲載。

第5章　ロス・ペロー氏 対 GM　137

- ● 経験豊富なビジネスマン

　貴殿は、私が貴殿に反対できるし、実際に反対する数少ない人物の1人であることを認識する必要があります。……

　私は、GMが技術と資金だけで問題を片付けようとしたところで、ワールド・クラスの会社になってコスト競争力をもてるとは信じていません。

- ● 日本人は技術や資金で私たちに優っているわけではありません。彼らは古い設備を使い、日本でも、UAW＊4の組合員が働く米国でも、より優れた経営によって、より良質でより安価な自動車を製造しています。
- ● 工場の自動化に巨額の費用を投じているにもかかわらず、私たちは品質と価格の差を埋められていません。私たちが競争力のある価格を実現する目標の日を設けていないという事実は、私たちに蔓延している、勝利を収めようとする意志の弱さを如実に物語っています。

　将来の関係の基盤になるのは、正直さ、オープンさ、率直さ、つまり簡単にいえば、相互の信頼と尊敬です。いまこの時点から行動がすべてであり、言葉は重要ではありません。私たちはGMの勝利を支援することに全力を注がなければなりません。

　ロス・ペロー氏がGMに挑んだ理由は単純だった。「何百万もの米国民の雇用を救うチャンスでした。エキサイティングすぎて見逃せないチャンスでした」。同氏は生涯を通じて多くの困難な戦いに挑み、最後まで戦ってきた男だ。しかし、杜撰な経営を行う上場会社に前向きな変化をもたらすことほどむずかしいことはなかったかもしれない。ペロー氏の書簡は、ロジャー・スミス氏との関係を決定する転換点となった。その瞬間から、スミス氏はロ

＊4　United Auto Workers。全米自動車労働組合。

ス・ペロー氏を取締役会から追い出すことに躍起になった[10]。

　GMは、スミス氏が取締役会長を務めた9年間で、新工場や設備に800億ドルを費やし、加えてヒューズ・エアクラフト社などのハイテク会社の買収に100億ドルを費やした。同社の買収は、ペロー氏が投じた唯一の反対票を乗り越えて承認された。ただ、そうした資金のほとんどは、ロス・ペロー氏をGMから引き離すために1986年に同氏保有のGM株式を買い取ったときに使った7億ドル余りの資金と同様に、無駄に使われただけだった。かつては優れた経営とガバナンスの模範であった世界有数の製造会社が、破綻への道を歩んでいた。

　自身が保有するGM株式の買取りが公表されると、ペロー氏は、GMの取締役会が自分を辞めさせるためだけにこれほど巨額の支払を承認したことにだれよりも驚き、株主に対して何か行動を起こすよう訴えた。同氏は「株主には、こんなことを許容するなら当然の報いを受けることになりますよと警告しました」[11]と語った。ペロー氏とGMとの戦いは、米国における株主アクティビズムと上場会社のガバナンスの転換点となった。GM株式を何年も保有しながら一言も発していなかった大手年金基金は、会社が取締役会を弱体化させるために7億ドルも費やすことに愕然とした。機関投資家たちはようやく自分たちの立場を明確にしつつあった。ロス・ペロー氏は結局、GMに関する壮大な目標を何一つ達成することなく同社を去ったが、その退任に伴って国内最大級の機関投資家たちの怒りをかき立て、その怒りは燃え続けていまに至っている。

アルフレッド・スローン氏の勝利

　ロジャー・スミス氏はGMの崩壊について多くの非難を受けているが、同社の苦境は数十年にわたって続いてきたものであり、何代にもわたる無能なCEOの遺産である。スミス氏がテクノロジーに最後の一縷の望みをかけたこと、ロス・ペロー氏がGMの取締役たちを1人たりとも味方にできなかったこと、あるいはGMの株主基盤を構成していた巨大な機関投資家たちが惰眠を貪っていたことについて詳しく検討する前に、GMがいかにして手に負

第5章　ロス・ペロー氏 対 GM　139

えない怪物に進化したかを理解する必要がある。いかにして世界最大の会社の1社が、史上最悪の会社の1社に変わるのか。

　GMは、技術の進歩によって財産を失うことを拒んだ有力な馬車製造業者、ウィリアム・デュラント氏によって設立された。同氏は「馬なし馬車」に懐疑的だった。馬なし馬車は騒音がひどいし、すぐ故障するし、ほとんどの運転手にとって危険な乗り物だった。しかし、多くの競合他社とは異なり、デュラント氏は未来を受け入れた[12]。同氏はビュイック社のゼネラル・マネージャーになった後、1908年にGMを設立して他の自動車メーカーを買収していった。

　ヘンリー・フォード氏がモデルTの製造に集中したのに対し、デュラント氏は多角化を信じていた。GMは自動車や自動車部品などを製造する数十の会社を所有していた。各社は事実上独立して経営されており、デュラント氏は事業全体に対して緩やかな財務管理しか行わなかった。デュラント氏は、自動車がすぐに広く受け入れられ、年間100万台以上売れるようになると信じていたが（当時としては極端な見方だったが）、どのような自動車のエンジニアリングと設計に関するアプローチが成功するかはわかっていなかった。デュラント氏は安全策として、多くの事業に手を出していたのだ。

　デュラント氏による財務管理には規律が欠如していたせいで、GMは常に債務不履行の瀬戸際に瀕していた。これは好況と不況を繰り返す自動車業界においてはまずい立場であり、その結果、GMの初期の歴史においてデュラント氏は何度もGMの支配権を失うことになった。1915年、同氏はピエール・デュポン氏という資金援助者を見つけた。同氏のデュポン社はGMに多額の資金注入を行った。デュラント氏が買収、あるいは単なる経営維持のためにさらなる資本を必要とするたびに、デュポン氏は追加の資金を投入した。1919年末までにデュポン氏はGMの株式のほぼ30％を所有していた。

　1920年から21年にかけて不況に見舞われると、デュラント氏は会社の経営権を完全に失った。市場が下落するなかでGMの株価を支えようと、デュラント氏は3,000万ドル以上の信用取引での債務を積み上げた。デュポン氏はデュラント氏を救済せざるをえなくなり、デュラント氏は1920年11月に社長を辞任した。あの魅力的なビリー・デュラント氏にGMで達成した成功に匹

敵するようなことは二度と起きなかった。晩年はミシガン州フリントでボウリング場を経営していた。1947年に亡くなったデュラント氏は貧困のなかで晩年を過ごしたと伝えられたが、実際には同氏と妻はアルフレッド・P・スローン・ジュニア氏が手配した多額の年金を受け取っていた。スローン氏は、自動車会社などの無秩序な寄せ集めになっていたGMを地球上で最も偉大な製造会社に育て上げた人物だ[13]。

　1920年にデュラント氏が退任した後、ピエール・デュポン氏はGMとその傘下のさまざまな部門をどう管理するかという課題に直面していた。デュポン氏には業界での経験がなく、デュラント氏のように直感に頼ることもできないことがわかっていた。デュポン氏は、アルフレッド・スローン氏が書き上げた組織研究に基づいてGMを再編することを決心し、スローン氏を昇進させてGMの業務統括を任せ、1923年には社長に任命した。

　アルフレッド・スローン氏は、自動車業界にサービスを提供するニュージャージーのローラー・ベアリングの会社でキャリアをスタートさせた。同氏がゼネラル・マネジャーに昇進した後、1916年にその会社はデュラント氏に売却された。デュラント氏はスローン氏に何か特別なものを感じたに違いない。すぐにスローン氏を自動車部品部門全体の責任者に任命した。スローン氏はそこで、自身の革新的な組織研究に基づく原則を見出したのだった。

　自動車アクセサリー部門はGM全体を象徴するような組織だった。そこは米国中に散らばる多様な会社の集まりだった。スローン氏は自分にイグニッション、ラジエーター、ホーンなどを製造する事業に介入できるだけの知見がないことを知っていたため、GMの分権化の精神に基づいて部門運営を行いたいと考えていたが、財務管理の不在が会社業績に打撃を与えていることにも気づいていた。この問題はGMの他の部門でも同様に災いの種になっていた。だれも資本の最適な配分方法を評価できていなかったため、会社の設備投資の選択には一貫性がなかった。各部門長は自身の予算が承認されるように、お互いの資本支出計画を支持しあう有様だった。スローン氏は「分権化の呪いでした」と書いている[14]。

　スローン氏は会計士ではなかったが、会社の業績を追跡するシステムを開

発した。同氏は各事業の利益額ではなく、主に投資利益率に焦点を当てた。投下資本に対して最も高い利益率が得られるビジネスを知ることで、スローン氏はどのビジネスに追加の資金を投入する必要があり、どのビジネスを改善する必要があるかを把握した。後に同氏は「私が知っている財務に関する原則の中で、ビジネス判断の客観的な指標として利益率ほど役立つものは他にありません」と書いている[15]。

アルフレッド・スローン氏は、自身の部門の業績改善で得た知見を基にGMの将来像を描いた。同氏は、各事業部門の投下資本利益率に基づく合理的な財務管理を何よりも重視した。これらを確立したうえで、同氏は、適切に監視し、不必要な非効率性を解消するために賢明な集中管理機能を維持しつつも、「分権化の精神と実質」も維持しようとした。スローン氏は分権化と適切な管理の間の微妙なバランスを理解しており、2つの原則が本質的には矛盾していることも知っていた。同氏は古典的な『GMと共に（My Years with General Motors)』＊5で、「その矛盾こそが問題の核心である」[16]と書いている。

アルフレッド・スローン氏は、分権化が各部門の自立性と競争心を促す方法であると信じていたが、誤りのない業務管理システムの開発には決して至らなかった。実際、同氏が会社にもたらした最大の貢献のいくつかは、むしろ明らかに中央集権的なものであった。デュラント氏がGMを去った後、同氏が最初に行ったことの1つは、製品戦略を全面的に見直し、各ブランドを価格で区切った市場セグメントに集中させることだった。同氏は後に「さまざまな責任を整理するのに厳密なルールはないし、それらを割り当てるための最良の方法もありません」と書いている[17]。そのかわりに、スローン氏は自身の管理能力とリーダーシップ能力に頼った。同氏は反対意見を育み、オープンな議論をすることに偏執的なほどにこだわり、トップダウンの命令を下すのではなく、合意を形成し、組織内で可能な限り下位の者に責任を委譲した。スローン氏は、組織の意思決定を改善するために多数の委員会とタスク・フォースを設け、それらが任務を遂行できるように、自らそのすべて

＊5　邦訳は、アルフレッド・P・スローンJr.著『GMと共に』、有賀裕子、ダイヤモンド社、2003年。

に参加した。

スローン氏のリーダーシップのもと、GMは世界の自動車業界を支配するまでになった。参入障壁がほとんどなく、フォード社という強力なライバルがいる業界において、これは偉業だった。スローン氏が1956年にGMの取締役を退任した時、同社は国内自動車市場の半分を支配していた。GMは規模の経済性によって低コストの生産者となり、そのブランドを知らない人はいない存在になり、大規模で金もあるディーラー・ネットワークによって自動車マーケティングで明らかに優位な立場にあった。アルフレッド・スローン氏の勝利は完全なものにみえた。

逆風に向かって

1943年、33歳の政治学教授、ピーター・ドラッカー氏がGMに関する2年間の集中的な研究を開始した。GMの副会長、ドナルドソン・ブラウン氏は、将来の経営陣のためにGMの作法・手法を分析することを期待して同氏を招き入れた。ドラッカー氏は、米国における大会社の台頭に魅了されており、大会社をその内部から調査する機会に飛びついたのだった。

ドラッカー氏による『企業とは何か（Concept of Corporation）』[6]は1946年に初版が出版され、経営管理研究の嚆矢になった。この書籍はまた、不気味なほどGMの未来を予見していた。ドラッカー氏は、1つの会社が多様な製品をうまく生産する能力に驚嘆した。ドラッカー氏の研究は、GMが第二次世界大戦支援に動員された時期に行われた。同氏は、GMとアルフレッド・スローン氏、特にスローン氏が同大戦の勝利に果たした役割は大きく、その功績が過小評価されているという見解を示した[18]。しかし、GMが達成したことは素晴らしいとはいえ、ドラッカー氏は、GMがその幸運を永続させることができるような組織になっているかについて疑問も示していた。

ピーター・ドラッカー氏は、GMの形式ばらないやり方と、従業員に委譲された責任の大きさに驚嘆したが、権限の分割が明示的になっていないこと

---

[6] 邦訳は、P・F・ドラッカー著『企業とは何か』、上田惇生訳、ダイヤモンド社、2005年。

第5章　ロス・ペロー氏 対 GM　143

を懸念した[19]。同氏はこう書いている。「このことから、古代からの経験上……委員会形式の政府を脅かす危険をGMがどのように回避するかという疑問が提起される。部署間で調整がつかずデッドロックに乗り上げる危険性、派閥争い、陰謀、権力争いで組織が分裂する危険性である」[20]。ドラッカー氏は、GMのマネジャーが享受する自由は「権限と責任の厳密な分担を伴う、明確に定義された秩序」がなければ、最終的には失われるだろうと主張した。もちろん「明確に定義された秩序」は存在していなかった。スローン氏は、各部門と本社の間で責任を分担する体系的な仕組みを構築することができなかった。

アルフレッド・スローン氏は、自身のリーダーシップ・スキルを可能な限り最大限に活用できるようにGMを築き上げた。同氏は合理的でオープンマインドな思考の才をもつ並外れたマネジャーだったが、同氏がどんなに尽力しても、GMが同氏の意思決定プロセスや狂信的な雇用方針を制度化することはできなかった。そのシステムは、スローン氏が指揮を執っていた時には非常にうまく機能したが、同氏がいないGMでは機能しなかった。ドラッカー氏は、GMの成功はスローン氏の経営スタイルのみによるのかについて次のように書いている。「GMのシステムが個人の善意に基づいているとしたら、同社が人間の寿命より長く生きることはほとんど不可能だろう」[21]。実際、1966年にスローン氏が亡くなったとき、GMはすでに衰退しつつあった。

アルフレッド・スローン氏による『GMと共に』がGMの台頭に関する決定的な内部記録だとすれば、ジョン・Z・デロリアン氏による『晴れた日にはGMが見える（On a Clear Day You Can See General Motors）』[*7]は（ジャーナリストのJ・パトリック・ライト氏に語られた）GMの没落に関する決定的な記録だ[22]。デロリアン氏はGMという組織から生まれた最も輝かしいスターの1人だった。同社デトロイト工場で働いていた移民の両親の息子である同氏は、1965年にポンティアック部門の責任者に任命され、GMの部門長を最

＊7　邦訳は、J・パトリック・ライト著『晴れた日にはGMが見える―世界最大企業の内幕』、風間禎三郎訳、ダイヤモンド社、1980年。

年少で務めた。この書籍には、デロリアン氏が急速に14階の役員フロアに上り詰めた経緯や、1973年にGM経営幹部のほとんどだれもしたことのない行動を決意した経緯、つまり同社を辞めた経緯が本人によって回顧されている。

デロリアン氏はGMで生じたトラブルの責任の大半を、1958年に取締役会長に就任したフレデリック・ドナー氏に押しつけた。ドナー氏は一貫して会計士として歩み、スローン氏が経験豊富な現場の仕事師たちに割り当てていた部門長の役割を大幅に縮小した。その結果、GMの経営は財務を担当する上級幹部たちの手に委ねられることになった。デロリアン氏は、ドナー氏がスローン氏の組織研究の形式を慎重に維持しながらも、その実質、つまり会社の分権化へのコミットメントを排除していくようすを描いた。ドナー氏のもとでGMの各委員会は、業界の流行やトレンドには目もくれず、日々の業務を指示し始めた。デロリアン氏は「GMで重視されることが、短期的な利益向上のためにあらゆる部分から最後の1セントまで削ぎ落とすことに変わってしまったと感じた」と書いている[23]。

デロリアン氏のポンティアック部門での最大の成功は、1960年代半ばにマッスルカー*8流行の契機となったGTOだった。その開発物語は、ドナー氏のもとでGMに生まれた派閥主義を如実に示している。GTOをつくるために、デロリアン氏は大型のV-8エンジンを軽量でコンパクトなフレームに詰め込み、その結果、ワクワクするパワフルな車が誕生した。価格も手頃でスタイリッシュだった。プロジェクトが進むにつれ、デロリアン氏とポンティアック部門の幹部は、首になるかもしれないがGTOの存在を部門外のだれにも話さないことを決心したのだった。

デロリアン氏は、GMのエンジニアリング委員会がこのような大型エンジンの使用に疑問を抱き、GTOを全面的に拒否するか、生産開始を何年も延期するだろうと考えていた。同氏は「実質的に、どんなに小さなことでも、製品にかかわるすべての業務上の意思決定は委員会に諮る必要がありました」[24]と書いている。これにはバンパーのデザインやシートベルト・ブザー

＊8　1960年代〜70年代の米国車で特にハイ・パフォーマンスな車のこと。

第5章　ロス・ペロー氏 対 GM　145

の音色といった細かい案件までが含まれていた。デロリアン氏はその数年前に同氏が開発した有望な新車、グランプリをGM本社がいかに邪魔したかを覚えていた。必要な工程をまかなう資金を出してもらえなかったため、ポンティアック部門は結局グランプリの簡略バージョンを生産することになった。そのグランプリはほぼ10年間、売れ続けた。今回も確実にヒットすると思われたため、ポンティアック部門は本社を迂回することにした。GTOが売り出された時、GMの経営陣は激怒したが、彼らが生産中止を言い渡す前にGTOはセンセーショナルなヒットになっていた[25]。

『晴れた日にはGMが見える』には、スローン氏が危惧し、ドラッカー氏が予想したように、GMが冷え切った官僚主義に変貌していくようすが描かれている。デロリアン氏がシボレー部門での再建努力と、本社経営陣としての短い任期について語った内容は、GMがスローン氏の理想からどれほどかけ離れてしまったかを浮き彫りにした。GM本社14階での生活は特に悲惨だった。デロリアン氏は毎朝、同氏のデスクに届くべきではない、些細な問題に関する山のような報告書を渡された。その日の後半には、これらの問題を議論するための会議に出席することが求められた。1つのエピソードとして、デロリアン氏は転勤する従業員の生活費調整の方針を策定する会議に出席していた。同氏はGMの経営陣全員がこの会議に出席しなければならないことにショックを受けた。会議の終わりに、GMの取締役会長は「これについて決定を下すのは後日にしましょう」と述べて、その課題を調査するためのタスク・フォースとしてその部屋にいた数人を任命した。気まずい沈黙が流れた後、経営陣の1人が、会長はすでにそのタスク・フォースを任命していること、いまの会議はその調査結果の発表だったことを指摘した。その会議の後、デロリアン氏は「私はいったいここで何をしているのだろう。これから17年間もこんなことをして過ごすわけにはいかない」と考えたのだった[26]。

ジョン・デロリアン氏が1973年にGMを辞めた時、同社はまだ世界最大の自動車メーカーであり、その財務力は強固だった。しかし、GMの栄光は急速に陰りをみせつつあった。顧客との関係が悪化し、製品の品質が低下していた。デロリアン氏が辞めた年、ホンダはシビックを発表した。3年後には

146

アコードも続いた。どちらの車も業界を一変させた。この2車は、よちよち歩きから始めた日本の自動車メーカーがどれほど成長し、米国自動車業界にとって現実の脅威となったかを示していた。しかし、GMの経営陣は将来の計画を打ち立てて競争上の脅威に対応するかわりに14階にこもり、各部門を重箱の隅をつつくように管理し、重要ではない問題を議論していた。

象を躍らせる

1981年1月、ロジャー・スミス氏がGMの取締役会長兼CEOに就任した。それまでの4人のCEOと同様にスミス氏も会計士で、そのキャリアの大半をGMで過ごしてきた。同氏は同社の歴史において重要な時期に社長に就任した。前年、日本の自動車メーカーは自動車の総生産量でデトロイトを追い越し、GMはほぼ80年ぶりの赤字を計上していた。デロリアン氏がGMを去った1973年以降、日本は二度の石油危機に見舞われ、ガソリン価格が高騰し、消費者は小型で燃費の良い車に乗り換えるようになった。日本の自動車メーカーは自分たちの役割として、自動車の信頼性とデザインを大幅に改善していた。米国ではそうした日本車を購入した後、アメ車に戻る人はほとんどいなかった。

ロジャー・スミス氏はCEOに就任したとき、ウォール・ストリート・ジャーナル紙に「そんなに劇的な変化を起こしたりしませんよ」と語っていた[27]。しかし、密室において同氏ははるかに積極的だった。CEOに就任してまもなく、スミス氏はGMの最高幹部500名に同社に関する厳しい評価を伝えた。同氏は、GMが急速に変化する市場に対して動きが鈍く、非効率的になっていると説明した。GMの管理職たちの責任感が欠如していることを非難し、アルフレッド・スローン氏が意図したような現場への権限委譲が実現できておらず、そのかわりに役に立たないペーパーワークに時間を費やしていると指摘した。スミス氏の前任者の多くが海外との競争を無視したのに対し、同氏はGMは品質、設計、さらには経営においてさえも競合他社に遅れをとっていると語った[28]。

ロジャー・スミス氏は、ドナー時代以降、おそらく会社を神聖視しなかっ

第5章　ロス・ペロー氏 対 GM　147

た最初のGMのCEOだった。同氏は就任時にまだ55歳だったため、その在任期間はアルフレッド・スローン氏以来、最長となりえた。同氏の任期は切望されていた救済措置を皮切りに始まった。1981年、日本は米国への自動車出荷台数を168万台に制限することに同意した。これは不況に見舞われた前年の出荷台数より14％も少ない数だった[29]。日本による自主的な輸出数量制限は3年間続き、その間に米国経済は回復してGMは記録的な利益を享受した。1980年代はロジャー・スミス氏にとって、好きなことができる時代となった。同氏はGMの何十億ドルものキャッシュを活用できたし、日本は米国の自動車メーカーが立ち直るのを慈悲深く見守ってくれた。

　ロジャー・スミス氏によるGMの戦略は、組織の再構築と、システムおよび設備の近代化に向けた大規模な投資の2つに重点を置いていた[30]。スミス氏はGMの歴代CEOが長期計画をほとんど立てていなかったことに気づいていた。同氏はGMを高度に自動化された21世紀の製造会社に変えることで、競争相手を飛び越えたいと考えており、最先端の技術を獲得する方法を探し始めた。GMは1920年代以来、大規模な買収を行っていなかったが、スミス氏はソロモン・ブラザーズ社のジョン・グッドフレンド氏[＊9]に目を光らせるよう伝えた。これを受けてグッドフレンド氏は、ロス・ペロー氏のEDS社を買収するというアイデアを提案してきた。

　論理的に考えて、EDS社がGMにあうとは考えにくかった。データ・サービス会社であるEDS社には製造業の顧客がおらず、その企業文化はGMとはまったく正反対のようだった。ペロー氏は若くてエネルギッシュな従業員に低い固定給しか支払わなかったが、成果をあげれば多額のボーナスで報いた。GMのシステム部門の社員は高額の固定給と安定した雇用を享受していた。EDS社の社員たちはより豊かになることを追い求める一方、GMの社員たちは「30数えて終了」、つまり30年間働いて終身年金をもらって退職するのを理想としていた。ペロー氏は2つの会社を統合してもうまくいくとは思

＊9　ソロモン・ブラザーズ社は当時、ウォール・ストリートを代表する証券会社の1つで、ジョン・グッドフレンド氏はそのCEOを務めており、1985年にビジネスウィーク誌は同氏を表紙に掲載し、「ウォール・ストリートの帝王」と呼んだ。

わなかったが、GMがデータ処理に年間30億ドルも費やしていることに興味を示した。ペロー氏はスミス氏に「牛乳を買うために乳製品工場を買う必要はないでしょう」といったほどだ[31]。

ロジャー・スミス氏は、EDS社にGMのデータ処理業務を改善する方法以上のものを見出していた。同氏はGMの文化をひっくり返したいと考えており、ロス・ペロー氏はそれを実現するために協力してくれるはずの人物だった。スミス氏は「EDS社にはGM内に育くむ必要がある一種の起業家精神がみなぎっています」と述べた[32]。ペロー氏を納得させるため、GMはEDS社をGMの独立した部門として機能させるユニークなディールを設計した。EDS社は自社の業績を反映するGMのクラスE株式[*10]と、独自の経営陣および取締役会をもってよいことになった。スミス氏はペロー氏に対し、GMはEDS社の業務運営、報酬支払方針、財務や会計に干渉しないと約束した。ペロー氏はEDS社売却の対価としてキャッシュ9億3,000万ドルとGMクラスE株式550万株を受け取り、GMの筆頭株主としてその取締役会に加わることになった。ペロー氏はスミス氏に対し、GMの株式保有をさらに増やし、EDS社以外の領域にも積極的に関与するつもりであると伝えた。スミス氏はペロー氏を歓迎した。

労働力は資源

ロス・ペロー氏はGMですぐに仕事に取り掛かった。同氏はトップ200人の幹部を8人ずつのグループに分け、自宅での夕食に招待した。同氏はまた、1,000人以上いるGMのシステム部門の社員を50人ずつのグループに分けて全員と会った[33]。週末には私服でGMのディーラーを訪れ、顧客サービスを試したり、現場で同社の自動車をみたりした。同氏はGMの工場に予告なしに現れ、工場の現場で作業員と昼食をとることさえした。ペロー氏は、世界で最も豊かな製造会社の1社たるGMが、なぜわずかな予算しかもたない日本の自動車メーカーと競争できないのか、その理由を理解しようとして

---

*10 クラス株式とは子会社や特定部門の業績に基づいて配当などが決まる株式。トラッキング・ストックともいう。

いた。

　ペロー氏がキャデラックの少数のディーラーのグループに、何か役に立てることがないかと尋ねたところ、そのうちの1人が「ホンダのディーラー網を紹介してくれ！」と訴えた。彼は冗談をいっていたわけではなかった。キャデラックは故障が多すぎて、ディーラーは車を走らせておくためだけに、100カ所に設けたサービス・ベイを1日2交代制で稼働させていなければならなかった。ホンダのディーラーなら、同じ業務を20のサービス・ベイ、1交代制で遂行することができた。その男性はペロー氏に「ホンダのディーラーは自分が自慢できる製品を販売している」と伝えた[34]。

　ペロー氏は、ディーラーたちが腹を立てており、GMがディーラーたちと敵対関係になっていることがわかった。同氏が最も問題だと感じたのは、GMがディーラーの意見に耳を傾けず、意見を聞こうともしていないことだった。これについてペロー氏は、会社の会議に出るたびに繰り返し言及した。だれもがGMの足を引っ張っているさまざまな問題をあげることができたし、彼らはそうした問題を簡単に解決できると思っていたが、GMの経営システムは適切な人に対して解決の権限を与えていなかった。ペロー氏も気づいたように、この状況は工場の生産現場で特に有害だった。

　ペロー氏は、トヨタの担当者が3カ月に1回は各ディーラーを訪問し、車に改善すべきところがないか、顧客が何を欲しているかについてフィードバックを求めていることに感銘を受けた。しかし、日本企業のものづくりのやり方に比べたら、この種のチームワークは大したことではなかった。日本の自動車メーカーは工場で働く人たちから執拗に意見を聞き、すべての製造工程の改善に生かしていた。トヨタは1985年までに工場の効率改善について現場労働者から1,000万件を超える提案を受けた。こうした小さなプロセス改善が累積し、大きな結果につながっていた。

　日本の自動車メーカーは、GMが費やしている金額の何割かの費用で工場を建設できた。建設された工場の稼働率は、GMの60％に対して、日本の自動車メーカーは90％を維持していた。これらを実現している日本の自動車メーカーの組織は5レイヤーであるのに対し、GMは14レイヤーになっており、日本の自動車メーカーは日本から米国への輸送費を考慮しても大幅に低

いコストで優れた自動車を生産することができていた[35]。レーザー・スキャナーとロボットを備えた最新の米国工場でさえ、20年前の米国製設備を使用している日本の工場よりも効率が悪かった。特定の生産機能を比較すると、しばしば衝撃的な格差が生じていた。たとえば、日本の工場における塗装作業の欠陥率は2％だったのに対し、米国車の場合は20％から30％にも及んでいた[36]。

　ペロー氏は、GMが工場労働者たちを無視することで自らを傷つけていると文句をいった。この指摘は、40年前にピーター・ドラッカー氏が行った批判の1つと不気味なほど似ていた。ドラッカー氏は、GMが「労働を単なる経費ではなく、価値を生み出す資源としてとらえる」べきだと考えていた[37]。ドラッカー氏は、経験豊富な監督者が不足していた第二次世界大戦中、自らが責任を引き受けるGMの労働者たちの能力におおいに感銘を受けていた。同氏は戦後、GMは従業員の才能を生かした「自治的な工場コミュニティ」を育成すべきだと考えていた。日本の自動車メーカーがこのアプローチを採用したのは偶然ではなかった。ドラッカー氏はデトロイトでは敬遠されていたかもしれないが、日本では尊敬されていたのだった。

　ロジャー・スミス氏は、GMの労働者と建設的な関係を築くことを諦めていた。GMはディーラーに対する姿勢と同様に、自社の従業員に対しても敵対的であり、スミス氏のテクノロジーへの執着の一部は同社の労使関係に対する悲観的な見方から生じていた。スミス氏は「当社は人件費の高い会社なので、ハイテクを導入する必要があります」と述べていた[38]。同氏はロボットが運営し、生身の従業員はほんの一握りしかいない「未来の無人工場」を思い描いていた。

　しかし、1980年代のGMの主要工場は、雇用主を激しく非難する憤慨した労働者が集まる陰気な場所だった。欠勤は蔓延し、欠勤率は20％にものぼった。GMの自動車労働者は、当時は仕事中のアルコール飲用や薬物使用のみならず、ギャンブルや売春もあったと語っている[39]。おそらく、マイケル・ムーア氏による1989年のドキュメンタリー映画『ロジャー＆ミー（Roger and Me)』[*11]に出てくる最も興味深い登場人物、副保安官フレッドほど当時の状況をうまく要約して述べた人物はいないだろう。映画の間中、貧しい家

族をその住居から追い出しているフレッドは、フリントにあるGM工場＊12に17年間勤めた後、辞めた。なぜあんなに良い仕事を辞めたのかと聞かれたフレッドは「私にとっては刑務所のような場所だった。あの工場は人の心を惑わす」と答えた[40]。腐敗した製造施設で、GMが競争力のある自動車を製造することなどできるはずがなかった。

　カリフォルニア州フリーモントにあるテスラ・モーターズの工場は、世界で最も先進的な自動車工場の1つとしてよく宣伝されている。しかし、この典型的な21世紀の自動車工場は、自動化された未来というロジャー・スミス氏のビジョンよりも、トヨタのリーン生産方式に負うところが大きい。5万台足らずの電気自動車を製造する工場では多用途でハイテクなドイツ製ロボットが使用されているが、数千人の労働者という大きな人間的要素にも依存している。『ザ・トヨタウェイ（The Toyota Way）』＊13の著者、ジェフリー・ライカー氏は「このような非常に柔軟で自己完結的なアプローチは、トヨタ生産方式の初期にトヨタが行ったこととまったく同じです」[41]と述べている。テスラの工場が、トヨタが初めてGMに製造業の成功の秘密を明かした場所にあるのは、適切なことだ。

　1983年、GMはトヨタと合弁会社、ニュー・ユナイテッド・モーター・マニュファクチャリング社（New United Motor Manufacturing Inc. 以下、NUMMI）を設立した。このディールは両社にとって理にかなったものだった。トヨタは前年にホンダが米国初の工場開設に成功するのをみていたが、手に負えないことで有名な米国の自動車労働者を管理することに不安を感じていた。NUMMIのおかげで、トヨタは米国の地で米国の労働者を使って自社のやり方をテストすることができるし、良い宣伝効果も得られる。GMはこのディールで市場性のある小型車、NUMMIがカローラのデザインをベー

＊11　ムーア氏の出身地であるミシガン州フリントを舞台に、GMの大規模工場の閉鎖とその後に生じた地元経済の崩壊を描きながら、ロジャー・スミス氏への直接インタビューを試みるという内容。
＊12　ミシガン州フリントは、かつてGMの主要な製造拠点として繁栄した町。
＊13　邦訳は、ジェフリー・K・ライカー著『ザ・トヨタウェイ』、稲垣公夫訳、日経BP社、2004年。

スにして生産する予定の新型シボレー・ノヴァを手に入れることができる
し、トヨタがいかに効率的な工場を運営しているかを内側から知ることがで
きる。GMは閉鎖していたフリーモント工場をNUMMIに提供することで、
不稼働だった生産能力からいくばくかの価値を生み出すことができた[42]。

　NUMMIは、トヨタの生産システムがGMのUAW組合員にも機能すること
を証明した。労働者に特別な才能は必要なかったのだ。実のところ、GMの
フリーモント工場が 1982年に閉鎖された時、同工場の労働者は全米で最悪
の自動車労働者として悪名が高かった。秀逸なラジオ番組『アメリカの生活
(This American Life)』[*14]がNUMMIのエピソードを取り上げたことがある。
そこではGM時代の古いフリーモント工場の労働者たちが日常的に自動車に
落書きをしたり、緩んだボルトをそのままにしておいたり、コーラの瓶を自
動車のドアパネルの内側に放置したりするようすが描かれた。勤務中の飲酒
を咎められたことに激怒し、フロント・サスペンションのボルトを危険なほ
ど緩んだままにした労働者もいた。NUMMIがフリーモント工場を再開した
とき、トヨタはGMの反対にもかかわらず、工場閉鎖前にそこで働いていた
労働者のほぼ全員を再び雇用した。

　NUMMIは目覚ましい成功を収めた。同社のシボレー・ノヴァはほぼ欠陥
なく工場から出荷され、優れた品質評価を獲得した。わずか2年後には、
NUMMIの生産効率指標は他のすべてのGM工場を大幅に上回り、日本にあ
るトヨタの最も優れた工場のいくつかにわずかに遅れをとる程度だった[43]。
NUMMIはロス・ペロー氏とトヨタがずっと確認したかったことを証明し
た。日本の自動車メーカーは文化的な優位性、秘密の生産技術、あるいは革
新的な技術の恩恵を受けているわけではなく、団結と協力を促すことで働い
ている人たちのパフォーマンスをうまく引き出しているだけだった。

　ペロー氏は、NUMMIが非常に限られた資源で高品質の自動車を生産して
いるのを目の当たりにし、ロジャー・スミス氏の戦略に疑問を抱き始めた。
GMは技術的優位性という漠然とした長期目標を達成するために何百億ドル
も費やしていたが、同社にはコスト効率を高める短期的な目標はまったくな

[*14]　米国社会の一面を独特の視点で描く、影響力の大きいラジオ番組。

かった。GMはなぜ既存の工場の問題を解決しないのだろうか。

　NUMMIを視察した後、ペロー氏は1975年に英国政府によって事実上国有化されたジャガーの最近の業績回復についても調査した。1980年にジャガーは新しい取締役会長を招き入れ、組合員らと協力しながら、ほとんど資本がないなかで大幅な品質改善を行った。ロス・ペロー氏が最も苛立ったのは、その取締役会長が最近までGMで働いていたことだった[44]。ジャガーの事例は、GMが工場労働者を十分に活用していないだけではなく、幹部の才能も浪費していることを如実に物語っていた。

　ロス・ペロー氏は、世界で最も豊かな自動車メーカーがなぜ高額で質の悪い車を販売しているのかを1年以上かけて調べ上げた。同氏は、トヨタが従業員の才能を巧みに活用している一方で、GMのやり方では従業員の潜在能力を奪っていることを把握した。さらに、GMの問題が悪化する一方であることも明らかだった。ホンダとトヨタは米国内の製造拠点に投資を行い、ディーラー・ネットワークを急速に拡大させ、キャデラックと競争するために高級車部門に進出する準備をしていた。GMは21世紀に勝つために数十億ドルを費やしていたが、ペロー氏が不満をもらしたように、競合他社は「資本のかわりに頭脳と機知を使って」1980年代を支配しようとしていた[45]。

問題があれば金ですませる

　1985年6月、GMは取締役会の承認を条件に、50億ドルでヒューズ・エアクラフト社を買収することに合意した。ロジャー・スミス氏は、ヒューズ社の先進的な航空宇宙技術がGMにおける自動車産業の革命に役立つと信じていたが、ペロー氏はそうではなかった。ペロー氏はGMがEDS社を統合するのに苦戦しているのをみて、ヒューズ社をその渦中に放り込むのは混乱を招くだけだと考えていた。それに、そもそもGMは高品質の自動車すらつくれなかったのに、衛星を製造している国防関連会社を買収しても、事態が改善するとは考えられなかった。

　ペロー氏はスミス氏に個人的に不満をぶつけることにした。1985年10月23日付の書簡は、ヒューズ社に関する完全な説明と、GMがヒューズ社を買収

する主な理由のリストとを要求することから始まる。次に、スミス氏との仕事上の関係について触れている。「私は貴殿が間違っていると思うとき、率直に伝えます。私は貴殿が現在の独裁的なスタイルを続けるなら、重要な問題で貴殿の敵に回ります。……私の考えがすべて受け入れられるとは思っていません。ただ、私の考えが聞き入れられ、よく検討されることを強く求めます」。

　ペロー氏は、スミス氏が最近の会議で退屈をあからさまにしていたことを叱責した後、スミス氏の経営スタイルの悪影響を列挙する。「貴殿の姿勢は社員を威圧しています。……貴殿は社員が貴殿を恐れていることに気づく必要があります。貴殿のせいでGM内での率直な、下から上への意見伝達が妨げられています。GM内のあらゆる階層の人々が、貴殿を冷血漢やいじめっ子といった言葉で表現していることを知るべきです」。

　ペロー氏の結論は、GMはお金を投じるだけでは問題を解決することはできないというものだ。日本の自動車メーカーがGMに勝っている理由は、技術や資本にあるのではなく、その経営の優秀さにあると述べた後、ペロー氏はこう結ぶ。「このことは私たちの間の個人的な問題ではありません。GMの成功こそが課題です。私は、私たちが勝利するために自身の役割を果たすことを約束します。貴殿も同様であることを知っています」。

　ロジャー・スミス氏から満足のいく回答が得られなかったため、ペロー氏は取締役会でヒューズ社買収に反対票を投じることにした。同氏は次回の取締役会に向けて長いスピーチ原稿を準備し、GMにおける問題解決の緊急性を喚起するために他の取締役にも呼びかけようとした。EDS社の経営陣は、ロス・ペロー氏が数十年ぶりにGMの取締役会で反対票を投じる人物になるのではないかと危惧した。GMとEDS社は、EDS社の請求慣行と役員報酬をめぐって互いに激しく対立していた。ペロー氏の弁護士が同氏に、GMとEDS社がせっかく停戦に近づいている時にヒューズ社案件に反対するとめんどうなことになるのではないかと疑問を呈すると、同氏はこう答えた。「顧問弁護士が自分のクライアントに独立取締役として行動しないように助言するなんて、まったくあきれた話だ」[46]。

　ロス・ペロー氏が1985年11月４日にGMの取締役会で行ったスピーチは、

第５章　ロス・ペロー氏 対 GM　155

ヒューズ・エアクラフト社の買収に反対する議論にとどまらなかった。それは、ペロー氏が前年に学んだことのすべてを総括したものであり、ロジャー・スミス氏の近代化戦略を告発するものであり、そして取締役会への挑戦だった。ペロー氏は「GM内部で実際に何が起こっているのかをもっと積極的に理解する必要があります。GMが変わるには、トップから始めなければなりません。そして、そのトップは私たちなのです。……取締役会の形式を、双方向のコミュニケーションがほとんどない受動的なセッションから、現実の課題を議論して現実の問題を解決できる、積極的で参加型のセッションに変えなければいけません」と訴えた。

　ペロー氏は、米国で最も権威のあるビジネス組織の1つに向かって演説していた。GMの取締役会には、ファイザー社、アメリカン・エキスプレス社、プロクター＆ギャンブル社の取締役会長、ユニオン・パシフィック社、イーストマン・コダック社、メルク社、CBS社の元取締役会長が参画していた。しかし、これだけの権威がそろっても、非効率的な取締役会の典型になっていた。GMの取締役の1人がいっていたように「この取締役会は全会一致が前提」[47]だった。ロス・ペロー氏が長くて辛辣なスピーチを終えたとき、だれも一言も発しなかった[48]。ロジャー・スミス氏はペロー氏のスピーチに感謝し、取締役会はヒューズ社の買収を承認した。ペロー氏は後に「社外取締役たちはほとんど株式を保有していません。……彼らはGMの将来の成功になんの利害関係ももっていないのです」と不満をもらした[49]。

1人の取締役が反対

　「冗談だろう」とロス・ペロー氏は弁護士のトム・ルース氏にいった。しかし、ルース氏は真剣だった。GMの取締役会は、ロス・ペロー氏およびEDS社の経営陣3人が保有するGM株式の買取りを承認する決議をいましがた行ったとのことだった。このディールの一環として、4人は合わせて7億5,000万ドル弱を受け取り、うちペロー氏の取り分は7億ドルであった。ペロー氏はGMの取締役も辞任しなければならなかった。その日の早い時間に同氏はルース氏に、取締役会が承認すれば契約に署名すると告げたが、その

発言を次のように補足していた。「でもトム、彼らのうちの1人が立ち上がって、『皆さん、こんな取引はばかげています』というはずだぞ」[50]。しかし、取締役会ではなんの反対もなく、運命の瞬間が訪れたのだった。ペロー氏はGM株式の買取契約に署名した。

ロス・ペロー氏がロジャー・スミス氏に怒りの書簡を送ってから1年以上が経過していた。だれにとっても試練の時期だった。ヒューズ社の買収を説明するGMの250ページに及ぶ委任状勧誘参考資料には、取締役会の決議に関する非常に短い次のような開示が含まれていた。「1人の取締役による反対があった」。メディアはすぐにペロー氏が本ディールに反対票を投じたに違いないと気づき、同氏とロジャー・スミス氏の間の亀裂について報道し始めた。GMの業績は火に油を注ぐようだった。1986年は自動車業界にとっては過去最高の年になったが、GMは赤字だった。ペロー氏の取締役会に対する「GMでは固定費になるロボットと工場自動化に多額の投資を行います。これにより、コストは下がるどころか上がることになるでしょう」という警告は正鵠を射ているようだった。1986年、クライスラーとフォードはコスト効率でGMを上回った。スミス氏の経費削減努力にもかかわらず、GMの雇用者数は1983年の69万1,000人から80万人以上に増加していた[51]。ペロー氏はその夏、新聞各紙に登場し、GMのシステムと経営に異議を唱えた。記者がGMの悲惨な業績について質問すると、ペロー氏はいつも機知に富んだ返答を用意していた。同氏はこう述べた。「自動車のつくり方を知っている、油まみれの手をもつエンジニアにこの会社の方針を策定させることが急務になっています」[52]。

ルース氏がGMの担当者と株式買取りについて話合いを始めた当初、ペロー氏は否定的だった。ペロー氏はルース氏に「彼らは絶対にそんなことはしないよ」と話していた。「GMは、私を追い出すためだけにこれだけのお金を費やすことを決して認めないだろう」[53]。ペロー氏は交渉そのものからは距離を置くようにしていたが、交渉を中止させるようなことはしなかった。条件を話し合う段階に入ると、ペロー氏は後に「私は品位に欠ける要求をし続け、彼らはそれに同意し続けました」[54]と説明している。1986年12月1日にルース氏からGM取締役会で承認された契約書をその署名のために目

前に差し出されるまで、ペロー氏は半信半疑のままでいた。ペロー氏は後に法廷で「私の態度は、GM側でこの契約書に署名する人はだれもいないはずだ、実務として受け入れられるものではないはずだ、というものでした。GM取締役会の私を追い出したいという願望を過小評価していました」と証言している[55]。

ペロー氏はGM株1株当り61.90ドルを受け取ることになった。株式市場ではわずか33ドルで取引されていたが、買取りが発表されると30ドルを下回るまで下落した。非金銭的な条件もEDS社とペロー氏にとって非常に有利だった。限定的な競業禁止条項と、EDS社の自主性およびGMとのサービス契約の確保が盛り込まれていた。GMの株主と従業員は衝撃を受けた。利益が低迷し、時間給労働者が利益参加型のボーナスを受け取れない年に、GMはペロー氏のGM株式を買い取るために7億5,000万ドルも支払うというのだ。そして、ルース氏がGMに伝えたとおり、ペロー氏は静かに去るのではなく、すぐに次のような扇動的なプレス・リリースを発表した。

> GMが
> - 11の工場を閉鎖し、
> - 3万人以上の従業員を解雇し、
> - 設備投資を削減し、
> - 市場シェアを失い、
> - 収益性に問題を抱えている
>
> ような時に、私はクラスE株式および普通株式と引き換えに同社から7億ドルを受け取りました。私は、GMの取締役にこの決定を再考する機会を与えずして、このお金を受け取ることはできません。……GMの取締役がこの12月1日付の取引がGMとクラスE株主にとって最善ではないという結論を出した場合、私はGMの取締役たちと協力して、このディールを撤回するつもりです。

GMは株式買取りに対する同氏の対応に激怒した。このディールは双方による長い話合いの産物だったし、ロス・ペロー氏とEDS社に対して寛大だっ

た、なのにペロー氏は契約に署名した瞬間から激しく攻撃してきた。GMの弁護士は、ペロー氏がプレス・リリースに踏み切ったのは、自分のイメージを守り、買取りは結局「グリーンメール」ではないかと非難されるのを未然に防ぐためだと感じていた。ペロー氏がGMの資本の使い道にそれほど懸念をもっているのなら、そもそもなぜお金を受け取ったのか[56]。

　株主らは激怒し、ペロー氏によるこの励ましを受けてすぐに発言を始めた。ウィスコンシン州投資委員会（The State of Wisconsin Investment Board。以下、SWIB）はGMの取締役たちに宛てた書簡で、「あなた方の行動は、GMの取締役会と経営陣に対する私たちの信頼を著しく損なうものです。この行動は他のクラスE株主にとってきわめて不公平であるだけではなく、ロス・ペロー氏に対して『口止め』料的な支払を行ったことは、GMの業務と経営に深刻な疑問を投げかけます。取締役会における彼の存在には大きな価値があり、市場もそのように認識していたことは、株式買取りの知らせを受けて株価が大きく変動したことからも明らかです」と述べた[57]。

　ニューヨーク市財務監査官のハリソン・J・ゴールディン氏は、その前年により良いコーポレート・ガバナンスの推進を目的としてビッグ・ダディ・アンルー氏*15と共同で設立した団体、米国機関投資家評議会（the Council for Institutional Investors。以下、CII）の講演会にペロー氏とスミス氏の両名を招いた。CIIのメンバーになっている40組織は、米国全体の上場会社議決権の10%を握る大手年金基金だった。スミス氏は当初ゴールディン氏に出席すると返事をしたものの、結局は部下の一団をペロー氏との対決のために派遣しただけだった。ゴールディン氏は、スミス氏が大株主である自分たちのいうことを聞かなかったことを信じられず、「私たちはGMの大株主として、取締役会長から直に説明を聞く権利があります。いまの会長から説明を聞けないというなら、別の会長から聞くしかないかもしれませんね」と語った。

　株主がロジャー・スミス氏を取締役会から追放するかもしれないというゴールディン氏の示唆は、GMがペロー氏の保有株式を買い取って同氏を追い出したことが、GMの大株主たる機関投資家をどのような立ち位置に置い

---

*15　第4章参照。

たかを示した。何十年にもわたって無視されてきたことにうんざりした機関投資家たちは、ついに我慢の限界に達した。SWIBは差別的な自社株買いを禁止する株主提案を提出した。ゴールディン氏の次の批判は、GMの業績に対してだれもが抱いていた不満を反映している。「経営がうまくいっている会社は四半期ごとに業績改善を報告する必要はありません。しかし、何百億ドルも費やしてなんの改善もみられないなら、どうなっているのかを説明する必要があります」[58]。

　株式買取りをめぐる騒動が収まらなかったため、ロジャー・スミス氏は株主たちへの対応を余儀なくされた。スミス氏はゴールディン氏に謝罪し、GMが全米で22回もの会議を開催するロードショーに乗り出して、GMがどれほど誠実に努力しているかを説明した。スミス氏は投資アナリストに統計や予測を示し、コスト削減の取組みを詳細に議論した。ロードショーを終えた後、GMは100億ドルのコスト削減プログラムと自社株買い計画を発表した。スミス氏はこれを「米国における史上最大の自社株買い」と呼んだ[59]。また、GMを声高に批判する一部の人々を鎮静化するため、舞台裏で圧力もかけた。コーポレート・ガバナンスの第一人者であるロバート・モンクス氏とネル・ミノウ氏は複数の著書で、スミス氏がウィスコンシン州知事に電話をかけて同州内でのGMの設備投資計画を中止すると脅し、SWIBに株主提案への支持を撤回させたと書いている[60]。

　GMの年次株主総会では、ペロー氏とのディールを取り消すべきだという株主動議が20％もの賛成を獲得した。これはGMにとって恥ずべきこととみられた。1970年のラルフ・ネーダー氏によるキャンペーンGM[*16]は、企業の社会的責任を促進する株主イニシアチブに3％弱の賛成を獲得して成功とみられていた。しかし、ロジャー・スミス氏が勝った。株主も取締役もロス・ペロー氏をGMに呼び戻すつもりはなかった。

　ペロー氏が去り、GMの批判者たちが自社株買いとリストラ計画で一時的になだめられたことで、同社は従順な取締役と株主がいる通常の状態に陥る

＊16　詳細は本章で後述。

運命にあるように思われた。しかし、表面上の平穏さに反して、不満はくすぶっていた。ロジャー・スミス氏が1988年初頭にGMの取締役会に新しい取締役を追加しようとしたところ、取締役会はそれを否決したのだった。ウォール・ストリート・ジャーナル紙は、この反乱によってGMにおける受動的な社外取締役という長い伝統が打ち砕かれたと報じた。ある内部関係者は、「過去の決議の一部において、取締役会の関与が十分ではなかった」ことを認めると語った[61]。匿名の取締役は、取締役会は「一方的な説明を受けるのではなく、もっと議論に参加」したいと思っていると付け加えた[62]。しかし、不満を抱く取締役は、すぐにスミス氏にとって取るに足りない懸念材料になった。ペロー氏が姿を消しても、GMの機関投資家たちは取締役会に圧力をかけ続けた。彼らは何十年もの間、影に隠れていたが、もう影の存在に戻るつもりはなかった。

説明をすべきとき

1950年代にGMが絶頂期にあった時、機関投資家が米国で保有する株式は10%にも満たなかった。1980年代後半になると、機関投資家は米国上位50社の50%の支配権を保有するようになった[63]。今日、年金基金、投資信託、ヘッジファンド、財団、保険会社を含む広義の機関投資家は、米国公開会社株式の70%を保有している[64]。言い換えれば、少なくとも理論上、機関投資家は米国株式会社を支配する集団である。しかし、ロス・ペロー氏がGMの取締役会に説明したように、広範な機関投資家の株式所有によって株主の力が弱体化するという奇妙な効果がもたらされていた。GMがロス・ペロー氏を取締役会から追い出した頃まで、株主が会社の経営について発言することはほとんどなく、陰で不満をつぶやくだけだった。

GMは、米国企業の所有構造の進化を示す良い例である。1920年、GMの株式の大半はピーター・ドラッカー氏が「オーナー資本家」と呼んだ少数の人たちによって保有されていた。このグループにはデュポン社や、株式と引き換えにビリー・デュラント氏にビジネスを売却したアルフレッド・スローン氏のような人物が含まれていた。その後30年間で、大株主の大半はGMの

取締役を退き、亡くなった[65]。1957年に米国政府はデュポン社に対して、独占禁止法違反を理由にGMの大規模な持分を手放すことを命じた[66]。1960年代に、GMは、プロの経営者によって運営され、株式所有をほとんど伴わない取締役会によって統治される、近代的な公開会社となった。その時点から機関投資家が同社の主な株主基盤になった。

GM自体もこの進化に大きな役割を果たした。機関投資家の最大のグループの１つである企業年金基金は、事実上GMが生み出したものである。GM社長だったチャールズ・ウィルソン氏が1950年にGM企業年金基金を設立した当時、すでに企業年金基金はいくつか存在していたが、それらは債券のみに投資する年金保険、あるいは母体企業の株式のみに投資する信託だった。ウィルソン氏は、年金基金は株式への大きなエクスポージャーをもつべきだと信じていたが、従業員の退職後の備えを母体企業の将来だけに賭けるのは合理的ではないと考えた。同氏はGM企業年金基金に対して、独立した運用管理を行うこと、母体企業への投資をほとんど、あるいはまったく行わないこと、他の会社への大きな所有権をもたない分散されたポートフォリオにすることを義務づけた[67]。ウィルソン氏のガイドラインはすぐに他の会社にも広まり（GMが企業年金基金を開始して１年足らずで8,000の新しい年金基金が立ち上げられた）、1974年にはERISA法＊17として成文化された。

米国の会社が従業員の退職後の備えを広く株式に投資するという意思決定を行ったことにより、米国の労働者は実質的に米国の経済的資産に対する大きな所有権をもつことになった。ピーター・ドラッカー氏は「これにより、米国は世界初の真の社会主義国になった」と主張した[68]。しかし、それはまた、こうした投資の管理を厳しい規制が課された、保守的な受託者の手に委ねることになり、単一の投資先へのエクスポージャーは制限された。ロス・ペロー氏によって臨界点に追い込まれるまで、こうした投資家がGMのような強大な会社の監視に乗り出す可能性はきわめて低かった。

GMの衰退については多くの書籍が出版されており、関係当事者のほとん

＊17　Employee Retirement Income Security Act of 1974。1974年従業員退職所得保障法。

どが同社の没落について非難されている。GMの経営陣や取締役はわかりやすい標的だが、専門家はUAW、GMのディーラー、ホワイトカラーとブルーカラーの両労働者、企業文化、OPEC[18]、自由貿易、そしてもちろん各規制当局も厳しく批判している。GMがなぜ失敗したかについて長い議論ができるが、はっきりしていることが1つある。GMの衰退は長い間に、ゆっくりと生じた、非常に目立ったプロセスだったということだ。同社が30年にわたり数々の公然の失敗に耐える間、株主は何もせずにただじっとしていた。株主こそがGMの苦境を長引かせ、深刻化させたのであり、株主はGMの衰退について、ほかのどの関係当事者よりも非難されるべきだ。

　GMの最初の大きな公然の失敗は、ラルフ・ネーダー氏による『どんなスピードでも自動車は危険だ（Unsafe at Any Speed)』[19]に書かれた「1台だけの事故」に登場するコルベアである。この1959年版シボレーには重大な欠陥があり、高速走行時に制御不能になりがちだった[69]。多くのエンジニアは反対したが、GMはこの車の販売を推し進め、その結果、多くのドライバーが死亡した。本社14階が、車両に15ドルの安定バーを追加したいというシボレー部門からの要求を拒否したとき、部門長は辞職して異議を公表するという脅しをかけた[70]。GMの幹部は折れたが、もう遅かった。ネーダー氏の書籍はその数年後に出版され、GMに対する悪評の波を引き起こした[71]。

　1970年代から1980年代初頭にかけて、GMは一連の新車を発表したが、いずれも見事な失敗だった。ヴェガ、X-cars、J-cars、GM-10は自動車評論家から酷評され、顧客からも不評だった。フォードのエドセルも史上最悪の自動車発売とされているが、エドセルはとても野心的なプロジェクトで、先駆的なマーケティング展開にふさわしくなかっただけだ。一方、GMの惨事はレイアップ・シュート[20]を外しまくったようなもので、最終的により大

---

*18　Organization of the Petroleum Exporting Countries。石油輸出国機構。

*19　邦訳は、ラルフ・ネイダー著『どんなスピードでも自動車は危険だ』、河本英三訳、ダイヤモンド社、1969年。

*20　レイアップ・シュートは、バスケットボールの基本的な得点方法の1つ。選手がドリブルでゴールに接近し、片手でボールを持ち上げてバックボードに当てて得点するか、直接ゴールに入れるのが典型的な動作で、ディフェンスがいる状況でも高確率で得点をねらえるため、試合で頻繁に使用される。

第5章　ロス・ペロー氏 対 GM　163

きな損害をもたらした。トヨタのリーン生産方式について書いた『リーン生産方式が、世界の自動車産業をこう変える。―最強の日本車メーカーを欧米が追い越す日（The Machine That Changed the World）』[*21]の共著者であるジェームズ・ウォマック氏は、GM-10を「米国産業史上、最大の惨事」と呼んだ[72]。

　チャーリー・マンガー氏は、ブルー・チップ・スタンプス社の株主向けの年次書簡において、問題のある投資について次のように述べている。「現実が危険を知らせる旗を遠くで振り回すのをやめ、その旗を私たちの頭や腹を突くのに使うようになった時、私たちは現実にうまく対処できるようになりました」。この言葉は、GMの機関投資家に何が起こったかを完璧に表している。同社の失策は非常に大きな注目を浴び、徹底的に検証された。ラルフ・ネーダー氏とジョン・デロリアン氏の書籍は大ベストセラーになった。ロス・ペロー氏が1986年夏に述べたGMへの苦言は、あらゆる主要なビジネス出版物で取り上げられた。ミシガン州ハムトラムックに建設中の「未来の工場」から、寛大な長期給付による従業員への莫大な富の移転まで、あらゆる資本の無駄遣いとあらゆる経営判断の誤りが評論家によってうんざりするほど議論された。しかし、ロス・ペロー氏を取締役から引きずり下ろすために7億ドルも支払ったことで、GMは頻繁に振られていた危険を知らせる旗を株主たちの鼻先に突きつけることになった。このペロー氏からの株式買取りにより、株主たちは自分たちの監視下にあるGMがどれだけ悪くなったかを認識することになった。

　ペロー氏からの株式買取りの後、GMの株主は活気づいた社外取締役よりもさらに積極的になった。1990年、CalPERSは取締役会に書簡を送り、CEOを退任したロジャー・スミス氏を取締役からも解任するように求めた。CalPERSとニューヨーク州退職年金基金はともに取締役会に対し、新CEO選出に向けて取締役会が積極的に関与するよう圧力をかけていたのだった。そのような重要な経営判断をスミス氏には任せられないということだ。GM

[*21]　邦訳は、ジェームズ・P・ウォマック著『リーン生産方式が、世界の自動車産業をこう変える。―最強の日本車メーカーを欧米が追い越す日』、沢田博訳、経済界、1990年。

の取締役会は1950年代以来初めて、エンジニアを会社の経営者に昇格させた。同氏は十分な速さで成果をあげなかったため解雇され、社外の人物が経営者になった。

　機関投資家はGMにおいて革命的な変化を推進していたのと同様に、他の大手上場会社でもその力を誇示し始めていた。ロス・ペロー氏の辞任の翌年、4つの年金基金（CalPERSとSWIBを含む）がコーポレート・ガバナンスに関する47件の株主提案を提出した。これらは公的年金基金が提出したコーポレート・ガバナンス問題に関する初めての株主決議となった[73]。翌年、TIAA-CREF[*22]は、現経営陣が反対する取締役候補者リストを提出した最初の機関投資家として歴史に名を残した[74]。GMの後継者計画をめぐって同社と争ったCalPERSのCEO、デール・ハンソン氏は「株式の所有については、銘柄の選択と同じくらいの注意深さでケアしています。……過去30年ないし40年の間、私たちは株主としての責任を果たさずにいました」と語った[75]。

　ロス・ペロー氏は、GMを去ったことで、頼ることのできる自分の会社を失ったことに苦々しい思いを抱いていたと伝えられている。しかし最近、私が同氏に「愛するEDS社をGMの手に委ねたことを後悔していますか」と尋ねたところ、同氏はすぐにこう答えた。「あの混乱については、もう何もいう必要はありません。私は新しい会社を立ち上げました。彼らは私を首にしただけです」。ロス・ペロー氏は、過去を振り返って時間を無駄にするような人物ではない。同氏には、1986年後半と同じく、まだ燃えるエネルギーがある。GMによる株式買取りが確定してから数週間後、ペロー氏はテレビでスティーブ・ジョブズ氏をみて、その熱意にすっかり魅了され、NeXT社に資金を提供することを決めた。1988年にGMとの競業禁止契約が失効すると、ペロー氏はペロー・システムズ社を設立し、同社はすぐに10億ドル規模の会社となった。これらすべては、同氏が政界に進出し、現代で最も成功し

---

*22　Teachers Insurance and Annuity Association of America – College Retirement Equities Fund。主に教育機関の教職員を対象にした退職給付を提供する米国の大手機関投資家で、大きな影響力を誇る。

第5章　ロス・ペロー氏 対 GM　165

た第三政党の大統領候補になるより前に起こったことだ。しかし、こうした数々の勝利にも増して、ロス・ペロー氏の最も輝かしい瞬間の1つは、ロジャー・スミス氏とGMの取締役会に対抗して敗北した時だった。

　本書のいくつかの章では、株主たちが矢面に立たない取締役会と横暴なCEOを黙認するようすを描いている。ベンジャミン・グレアム氏はノーザン・パイプライン社から余剰資本を解き放つために数年を費やし、ロックフェラー財団に熱烈な嘆願を行わなければならなかった。次章ではR. P. シェラー社の取締役たちが、筆頭株主で創業者の娘でもあるカーラ・シェラー氏の取締役会への参加を阻止しようとするようすが描かれる。GMでロス・ペロー氏は、筆頭株主で取締役会のメンバーであっただけではなかった。ロス・ペロー氏はロス・ペロー氏であった！ペロー氏は大衆やメディアから崇拝される、億万長者の大立者であった。強大なロス・ペロー氏でさえGMの取締役会と経営陣を揺さぶることができなかった時、同社の株主たちは自分たちが怪物を生み出してしまっていたことに気づいた。

　1986年のGMによるロス・ペロー氏からの株式買取りを契機にした機関投資家の覚醒は、上場会社のコーポレート・ガバナンスに即座に影響を及ぼした。GMの取締役会からロジャー・スミス氏を追い出そうとしたCalPERSのキャンペーンにみられるように、CEOや取締役はその数年前までには考えられなかったような方法で標的にされるようになった。しかし、その最も大きな影響は最初のうちは軽微なものだった。すなわち、舞台裏で機関投資家たちの決意が固まったことだった。ロス・ペロー氏の株式買取りの直後、SWIBの責任者は「株主が受け身のままだと、羊のように毛を刈られ続けてしまいます」と語った[76]。彼は本気だった。ペロー氏の出来事の後、大規模な機関投資家が会社の言いなりになるようなことは期待できなくなった。これは企業乗っ取り屋の時代を終わらせる一因になり、今日の市場を支配する株主アクティビズムの誕生を促した。

第6章

カーラ・シェラー氏 対
R. P. シェラー社：
カプセルのなかの王国

「シェラー社の経営陣の経済的方針から真に利益を受けるのがだれであるかは、完全に明らかです。それは**トップの役員たち**だというのが私たちの見解です」

——カーラ・シェラー、1988年

1933年、ロバート・パウリ・シェラー氏は、ソフト・ゼラチン・カプセルを大量生産する機械を発明した。約50年後、同氏の試作品のオリジナルはスミソニアン博物館に保存され、R. P. シェラー社は世界最大のソフトカプセル製造会社となった。しかし、1984年にロバート・シェラー氏の47歳の娘、カーラが取締役会に参画してみると、すぐに会社の経営に幻滅した。R. P. シェラー社は特許をとった技術と長年にわたる専門知見に守られた、キャッシュを生み出す優良会社だったが、経営陣は過去20年間にわたり、紙パッケージやヘアケア用品などのコモディティ商品を扱うビジネスへの多角化のためにソフトジェルから得た利益を浪費していた。

もう1つ問題があった。R. P. シェラー社のCEOは、ほかでもないカーラ・シェラー氏の夫、ピーター・フィンク氏だった。カーラは、夫が株主の利益にならない強引な拡大戦略を追求していると考えていた。カーラはR. P. シェラー社の筆頭株主であり、彼女の純資産の大半は同社の株式で占められていた。カーラは後に「私は経営陣とその取り巻きが踊る舞台に資本を提供

していたのです」と語っている[1]。この発言により、カーラの結婚生活は終焉を迎えた。

カーラはほかのどの取締役よりもはるかに多くのR. P. シェラー社株式を所有していたが、取締役会のメンバーたちはカーラの会社経営に対する懸念を認めようとしなかった。カーラは、彼らの頑固さの一部は、自分が男性ばかりで占められる取締役会のなかでビジネス教育を受けていない女性であるという事実によると感じていた。しかし、カーラは取締役たちの多くの利益相反行為も非難していた。彼女は次のような構図を説明した。「まさに旧友同士のネットワークでした。こうした男性たちは一緒にゴルフをし、同じクラブに所属し、お互いの金庫を豊かにしていました」[2]。

取締役会で数年を過ごした後、カーラ・シェラー氏は、父親が築いたソフトジェル事業を業績不振の経営陣から切り離したほうが、その価値ははるかに上がるということに気づいた。R. P. シェラー社は、公開会社に閉じ込められた資産と競売にかけられた資産のアービトラージというアイカーン氏のアイデアが当てはまる典型的な事例だった。しかし、なぜそうなってしまったのだろうか？ノーザン・パイプライン社では、5つの取締役会席のうち3つの席を経営陣が占めていたことが、同社が株主に対する説明責任を欠く原因になった。R. P. シェラー社の取締役会では、経営陣は10席のうち2席しか占めていなかった。しかし、会社の取締役会が経営陣によって丸ごと支配されていない場合でも、CEOは自分が好きな取締役を選ぶ傾向がある。そして、取締役が本当に独立の立場だとしても、組織の社会的性質により、敵対的な立場をとることはむずかしい。会社の取締役会は、本質的に経営陣を守る傾向がある。カーラ・シェラー氏が夫に対して行った激しい委任状争奪戦は、そうした傾向がある場合の教訓である。

シェラー氏の成功物語

ロバート・パウリ・シェラー氏が「カプセル王」の座に就く前、同氏は妻と2人の幼い子どもを抱える失業者だった。しかし、1949年のサタデー・イブニング・ポスト紙の人物紹介で指摘されているように、「シェラー氏の成

功物語は貧困から富豪に上り詰めた物語ではない」[3]。ボブ（同氏は自身のことをボブと呼んでほしいと思っている）は、デトロイトの成功した眼科医の息子だった。1930年にミシガン大学を卒業し、すぐにデトロイトの製薬会社で化学エンジニアとしての職を見つけた。そこで4カ月間働いたボブは、生活するには月給125ドル以上の収入が必要だと判断したが、上司は昇給を拒否したことから、ちょうど米国が大恐慌に陥る時に最初の仕事を辞めた[4]。

シェラー氏は、地下室に大きな金属加工作業場を構えていた父親から機械工作の才能を受け継いでいた。ボブは幼い頃、父親が電動コーヒー・グラインダーや肉・野菜のスライサー、アイスクリーム専用冷凍庫などをつくるのをみていた[5]。仕事を辞めた後、ボブは自由に時間と設備の整った作業場を使えるようになったので、ソフト・ゼラチン・カプセルを製造するための新タイプの機械をつくることにした。

ボブの以前の勤務先は、2枚のダイ・キャスト・プレートを使用してソフトジェルをバッチで製造するというめんどうなプレート・プレス方式を使用していた。この技術は50年間ほとんど進歩しておらず、生産スピードは遅く、不正確だった。各プレートは錠剤サイズのくぼみがある大きなカップケーキの型のようなものだった。底のプレートの上に薄く温かいゼラチンのシートを置いた後、カプセルの内容物である液体の薬剤を各ポケットに注入する。通常は上から注ぐだけである。もう1枚の温かいゼラチンシートを追加し、2枚目のプレートが現れる。大きなワッフル焼き器のようにすべてを押して詰め込み、2枚のプレートが重なりあってカプセルが形成される。

ボブは、回転円筒型ダイのプロセスを開発するために、両親の地下作業場に3年も籠った。その機械は温かいゼラチンシートをつくり、非常に正確な量で薬剤を注入し、2つの回転円筒型ダイを使用してソフトジェルをたえず吐き出す1つの自己完結型ユニットだった[6]。プレート・プレス方式よりも無駄が少なく、ゼラチンシートの形成とカプセルの成型を同時に行うため、大幅に高速だった。注入システムは液体に加えて軟膏やペーストにも対応できるため、カプセル化できる物質の数が増えた。1台のマシンで1日に100万個を超えるソフトジェルを生産できた[7]。

第6章　カーラ・シェラー氏 対 R.P. シェラー社　169

ロバート・シェラー氏は回転円筒型ダイのプロセスについて特許を取得し、1933年に事業を開始した。同年に最初の注文を出してくれたのは以前の勤務先だったが、1944年までにシェラー社は年間50億個のカプセルを製造するようになっていた。事業は非常に利益率が高く、シェラー氏は収益の全額を事業に再投資した。サタデー・イブニング・ポスト紙の記事には、シェラー氏の「私は成長を望んでいます。安定を望んだりしていません」という発言が引用されている。

　この記事には、1949年の読者には風変わりに思えたであろうシェラーの仕事習慣も紹介された。記事には「仕事が嫌いな」ボブ・シェラー氏の典型的な1日が描かれている。同氏は遅くまで（午前9時半頃まで）起床せず、起床後は少なくとも1時間は読書や考え事をして過ごし、それからようやくオフィスに到着して書簡などを読んだ後、昼食に出かける。ゆっくりと昼食をとってからシェラー氏はオフィスに戻り、仕事に取り掛かる。自身の注意を引くプロジェクトがあったりすると、それに集中しすぎて深夜を超えてまで働く。そうでなければ、家族のもとに帰るか、夕食やお酒、カードゲームに出かける。1949年のビジネス・エリートとしては、ロバート・シェラー氏は反逆者であり、着こなしについてもそうだった。同氏は「極寒の日でも帽子をかぶらず、ゴム製の手袋をはめる几帳面な人たちを静かに見下す。彼のダブルのスーツとラクダの毛のコートは、その身長6フィート2インチ、体重180ポンドの体型にぴったりだが、靴はいつも磨かれていない」とのことだった[8]。

　シェラー氏は「私がしてきたことは、仕事ではありません」とよくいっていた[9]。これが同氏の成功の鍵だった。ボブはそのキャリア全体を通じて、ソフトジェルの製造工程を改良し、それを新しい市場で試してみるという点だけに集中し続けた。これはボブの好きなことであり、めったにそこからそれることはなかった。1940年までにボブは特許で保護された低コストのソフトジェル製造業者となり、市場シェアは90％になっていた[10]。ボブはまた、自社ビジネスの周囲にめぐらす競争上の堀を広げるための、素晴らしい専門的な知見も向上させた。初期の頃は顧客がボブに薬をもってくると、それをカプセルに詰めていたが、ビジネスを開始してから15年も経たないうちに、

顧客のほとんどがカプセルの製剤化も依頼するようになっていた。

ロバート・シェラー氏は1960年に癌で亡くなった。当時まだ53歳だった。同氏のリーダーシップのもと、R. P. シェラー社は圧倒的な市場シェアを維持しながら急速な成長も遂げ、3大陸6カ国に工場を設けた[11]。シェラー氏の死後、同社はすぐに方向転換を図った。ボブはほとんどの時間を作業場で過ごしてソフトジェル事業を改善することに満足していたが、後継者たちはより急速な成長という野心を抱いた。その後の30年の大半、R. P. シェラー社は積極的な買収戦略を追求した。

無意味な多角化[*1]

ボブの後を継いだのは27歳の頑固な息子、ロバート・ジュニアで、彼は会社の社長に就任した。ロバート・ジュニアはリーダーシップを担ってからわずか1年後、R. P. シェラー社にとって最初の買収を行った。1961年に買収した会社は、ドイツからの直刃剃刀輸入事業からスタートしたデトロイトの理髪用品販売会社、E.モリス・マニュファクチャリング社だった[12]。ロバート・ジュニアはそれを皮切りに、歯科用品会社、外科医用器具会社、アロエ・ベラ化粧品メーカー（25％持分）、耳鼻咽喉科医用スチール製キャビネット・椅子製造会社、ヘアピン・ヘアカーラー製造会社（2社）を買収した[13]。ロバート・ジュニアが社長を務めていた間、R. P. シェラー社はカナダのハードシェル・ゼラチン・カプセル製造会社も買収し、米国を含む何カ国かでハードシェル市場にも参入した。

R. P. シェラー社は1971年に株式公開に成功し、上場会社となった。しかし、同社の中核事業であるソフトジェル事業はその優位性を維持するのに苦労していた。同社は1960年代に市場シェアの3分の1を失っていた。元COO[*2]のアーネスト・ショーペ氏は後に「本社からの指示がまったくありませんでした」と述べている[14]。

＊1　原書では「diworsification」。著者による「diversification」の言葉遊びと思料し、「無意味な多角化」と翻訳した。
＊2　Chief Operating Officer。最高執行責任者。

第6章　カーラ・シェラー氏 対 R.P. シェラー社　171

ロバート・ジュニアは1979年に同社を去り、1966年から取締役を務めていたカーラ・シェラー氏の夫、ピーター・フィンク氏が後任となった[15]。ロバート・ジュニアの退任に伴い、R. P. シェラー社はロバート・ジュニアの保有する20％の株式と交換で彼に非カプセル事業を売却した。これは特殊なディールだった。ロバート・ジュニアは社長だった過去20年間で行き当たりばったりに買収した会社群を基本的にそのまま保有し続けることになったが、これはR. P. シェラー社が中核事業に再び集中することを意味した[16]。フィンク氏はカプセル製造に注力し、買収は「中核事業を補完するものに限る」と誓った[17]。

　R. P. シェラー社の中核事業への集中は長く続かなかった。フィンク氏がCEOに就任してから約１年後、同社は「注射用製剤の密閉および封止」を担うドイツの会社、フランツ・ポール社を買収した。年次報告書をたくさん読んだことがある人なら、その書き振りが不可解であったり、誇張されたりしていることを知っているだろう。フランツ・ポール社は薬瓶用のアルミ製キャップを製造していた。これは顧客基盤が絞られた、収益の低いコモディティ・ビジネスだった。

　フランツ・ポール社がR. P. シェラー社のカプセル事業を補完していると主張するのは無理があるが、両社には少なくとも共通の顧客がいた。フィンク氏の次なる買収対象はさらに中核事業からは遠かった。使い捨て歯科医用品製造会社、動物実験研究所、眼鏡・コンタクトレンズ製造会社（２社）だった。同社最大の買収は、医薬品のパッケージを製造するパコ・ファーマシューティカル・サービス社だった。ポール社のビジネスと同様にパコ社のビジネスはR. P. シェラー社の中核事業を微かに補完していたかもしれないが、悪いビジネスだった。労働集約型で従業員が労働組合に組織されている紙包装会社であり、資産収益率は低く、売上利益率は非常に低かった。

　ピーター・フィンク氏は前任のロバート・ジュニアと同様に、中核のソフトジェル事業に比べて大幅に劣るビジネスでR. P. シェラー社の多角化を進めた。1988年、R. P. シェラー社のカプセル事業は29％の税引前資産収益率を生み出した。これは高い数字だが、収益率の低いハードシェル事業と、アジアにおけるリストラの影響がなければ、さらに高くなっていただろう。対

照的に、買収した事業はわずか6％の税引前資産収益率しか達成できていなかった[18]。さらに悪いことに、買収のほとんどは高額だった。フィンク氏は1987年のパコ社買収で6,400万ドルをキャッシュで支払ったが、パコ社の1988年の営業利益はわずか83万ドルだった[19]。しかもフィンク氏は、使い捨て歯科医用品製造会社、動物実験研究所、眼鏡・コンタクトレンズ製造会社を買収するために、キャッシュに加えて、過小評価されていたR. P. シェラー社の株式130万株以上を使った。カーラの委任状争奪戦によってシェラー社の株価が本源的価値に導かれると、フィンク氏が行った買収がいかに愚かなものかが明らかになった。同氏は1988年に税引前営業利益をわずか320万ドルしか計上できないような成熟した事業に4,000万ドル以上を支払っていたのだった[20]。

　R. P. シェラー社は自社のビジネスにおいても首を傾げたくなるような投資を行っていた。ロバート・ジュニアは1968年にハードシェル・カプセル製造市場への参入という違和感ある決断を下した。ハードシェルはソフトジェルよりもはるかにコモディティ製品である。配合や製造が容易な分、利益率が低くなる[21]。ハードシェルでR. P. シェラー社は他の製造業者と競争しなければならないだけではなく、自社の顧客からビジネスを奪われることもあった。顧客は簡単に自社生産に踏み切れるからだ。フィンク氏がCEOに就任すると、海外のハードシェル工場およびユタ州の最新鋭工場などに7,000万ドルを投じる建設計画を推進したが、ユタ州の工場が完成してから5年も経たないうちに、R. P. シェラー社は米国とカナダにおけるハードシェル製造から撤退せざるをえなくなった。同社はユタ州に建設した工場の閉鎖で650万ドルの損失を、ニュージャージー州の古いハードシェル施設の閉鎖で490万ドルの損失を計上した[22]。

　R. P. シェラー社にはソフト・ゼラチン・カプセルの配合と製造という優れた事業が1つあったにもかかわらず、さほど重要ではない事業にキャッシュを浪費していた。こうした事業のなかで最悪だったのは、いちばん規模が大きかったパコ社だった。R. P. シェラー社がパコ社を買収した直後、パコ社は深刻な問題に直面した。パコ社はチームスターズ*3との間で、賃金と福利厚生費を毎年8％引き上げるという3年の契約に合意することによ

第6章　カーラ・シェラー氏　対　R. P. シェラー社　173

り、ストライキを辛うじて回避した。また、パッケージ製造を社内で行うことにしたプエルトリコの主要顧客も失った。パコ社の工場のうち2つは採算がとれなくなっていたが、労働協約によって工場閉鎖には厳しい罰が科せられていたため、操業が継続されていた。パコ社は眼科医薬品と経皮パッチに重点を置いた研究開発パートナーシップも設立していたが、そのパートナー数社が資金拠出義務を履行しなかったため、数百万ドルの不足分をまかなう必要が生じていた。さもなければ、パートナーシップを閉鎖して初期投資を捨てるしかなかった[23]。

こうしたパコ社の出来事でカーラ・シェラー氏の堪忍袋の緒が切れた。カーラは「私が不適切だと感じるビジネスへの進出という点で追い打ちをかけた事例」と語っている[24]。カーラのほぼすべての資産がR. P. シェラー社の株式で占められていたが、彼女は経営陣や取締役を信頼していなかった。カーラの結婚生活はすでに問題を抱えていたが、フィンク氏への株主に十分な利益をもたらす能力があるかという疑念は、夫婦間の不和から生じたものではないとカーラは認識していた。カーラは2つの明確な問題を抱えていた。崩壊しつつある結婚生活と、不安定な金銭状況だ。最初の問題が2つ目をより鮮明にしていた。

遅い目覚め

カーラ・シェラー氏はロバート・シェラー氏の3番目の子どもで、ボブが回転円筒型ダイの特許を取得してから5年後に生まれた。前述のサタデー・イブニング・ポスト紙に掲載されたボブの人物紹介はカーラが10代になる前のものだったが、その頃にはカーラも家業の株式を保有することによりすでに億万長者になっていた。16歳の時、カーラは船上デートでピーター・フィンク氏と出会った。カーラはウェルズリー大学に入学したが、フィンク氏と早く結婚できるようにとミシガン大学で学位を取得した[25]。時代が違えば、

＊3　Teamsters。米国とカナダで活動する、トラック運転手を中心に多様な職業の労働者、数百万人で構成される労働組合で、強力な組織力をもち、ストライキや政治活動を通じて社会に大きな影響力をもつ存在。

174

両親は自身にビジネス教育を受けさせて家業を継ぐよう勧めただろうとカーラは感じるが、当時まだ20歳だった彼女は学校を出てすぐに主婦になった。

　では、ビジネス教育をまったく受けていないカーラ・シェラー氏が、なぜR. P. シェラー社の取締役に就くことを望んだのだろうか。1980年代初頭の2つの出来事が、カーラが会社でより積極的な役割を果たすきっかけとなった。まず、カーラの母親が亡くなったことだ。マーガレット・シェラー氏は意志の強い人で、ボブが亡くなったときに家族をまとめた。それだけではなく、彼女が子どもたち全員を統率していたのだった[26]。母親が亡くなった後、カーラは夫にビジネスについてもっと多く質問するようになった。もう1つは、1982年に大手製造会社FMCコーポレーション社がR. P. シェラー社を買収しようとしたことだ。ピーター・フィンク氏はカーラと弟のジョンの支援を受けて、その買収の試みをなんとか阻止した。しかしカーラは、フィンク氏がCEOにふさわしい人物かどうかを真剣に考えずに、盲目的な忠誠心から同氏をCEOに据えてしまったのではないかと懸念するようになった。カーラはフィンク氏に取締役の席を得たいと伝えた。「それは遅い目覚めでした」とカーラはいった。「私は『だって、私は株を所有しているんだから、何が起こっているのか知りたいじゃない』と思ったのでした」[27]。

　カーラがフィンク氏に取締役の席について圧力をかけると、同氏は抵抗を示した。同氏は他の取締役たちが「彼女はビジネスについて何か知っているのか」と問い質してきているとカーラに話したが、カーラは譲らなかった。「私はビジネスとともに育ちました」「夕食の席で私たちが話していたのはビジネスのことです」とカーラはフィンク氏にいった。カーラはフィンク氏による引延ばしに終止符を打った。「それでついに私は苛立ち、こういったのです。その会話を昨日のことのように覚えています。私がそれをいった時、どこに立っていたかも覚えています。私は『もし私が取締役に指名されないのなら、自分自身で指名します』といいました。彼の顔から血の気が引き、ビンゴ、私は取締役になりました」[28]。

　カーラ・シェラー氏は1984年にR. P. シェラー社の取締役に就任した。カーラは1985年のハードシェル事業の崩壊、1985年と1986年の赤字、そして1988年2月のパコ社買収を目の当たりにした。パコ社の買収に際して、R. P. シェ

第6章　カーラ・シェラー氏　対 R. P. シェラー社　175

ラー社は長期債務を2倍以上に増やしたが、パコ社はすぐに問題の兆候を見せ始めた。ソフトジェル事業は好調に推移していたが、カーラはフィンク氏の指揮下での会社の将来について不安を感じていた。1988年3月と4月に、カーラは各取締役と個別に会い、会社を売却するよう働きかけた。

　カーラが他の取締役に訴えた内容はシンプルだった。カーラは、R. P. シェラー社は2年間の悲惨な損失計上の後に黒字化したこと、同社の中核事業の収益は順調に伸長していること、米国資産に対する外国資本の関心によって買収市場が活発化していることから、同社は非常に高い株価で売却できると主張した。カーラは、R. P. シェラー社を諸条件のもとでオークションにかけるほうが、独立した公開会社として事業を継続するよりも株主にとってはるかに良い結果をもたらすと確信していた。カーラの主張はもっともだった。市場はR. P. シェラー社をあまり評価していなかったのだ。中核のカプセル事業は前年比で3,500万ドル増の健全な営業利益を生み出していたが、株価は15ドルで取引され、時価総額はわずか2億3,000万ドルだった。過去4年の間に株価は8.50ドルまで下落し、20ドルを超えていたのはわずか数カ月だった[29]。

　R. P. シェラー社の取締役のうち2人が、会社を売却するというカーラの考えを支持した。1961年から取締役を務めていた弟のジョンとR. P. シェラー社のCOOを務めるエルンスト・シェーペ氏である。シェーペ氏はピーター・フィンク氏以外では取締役会で唯一の執行サイドの役員であった。シェーペ氏はドイツの子会社で昇進し、1985年に取締役になっていた。同氏はフィンク氏がカプセル事業をうまく経営できていないと考えており、株主にとっての最善は会社の買い手を見つけることだというカーラの意見に同意したのだった。

　取締役会の他のメンバーは全員、R. P. シェラー社の売却案を支持しなかった。カーラはそのだれもが売却案を拒否する正当なビジネス上の理由を彼女に示せなかったことを覚えている。そのかわりに彼らが提示していたのはピーター・フィンク氏への忠誠心だった。ある取締役はカーラに「まあ、君にそんなことはできないよ。ピーターを去勢するようなものだ」とさえいっ

た[30]。取締役会は7対3で独立を維持することに賛成した。カーラ、ジョン、そしてエルンスト・シェーペ氏は、フィンク氏と他の6人の取締役より数で劣っていた。

ピーター・フィンク氏は、取締役会で同氏に味方した6人と深い個人的なつながりをもっていた。彼らは次のとおりである。

ウィルバー・マック氏、
アメリカン・ナチュラル・リソーシズ社の元会長兼CEO

マック氏はR. P. シェラー社の取締役会の会長だった。カーラによる委任状争奪戦の前年、同社はマック氏に40万ドル近くのキャッシュを報酬として支払っていた。キャッシュでの多額の年俸に加えて、マック氏は株式ベースの報酬、クラブ会員権や秘書サポートなどの手厚い便益も受けていた。マック氏が死亡または障害を負った場合、マック氏または妻のどちらかが生きている限り、年間4万2,000ドル相当の給付が支払われる権利も付与されていた[31]。カーラによると、マック氏はフィンク氏にとって父親のような存在だったようだ。マック氏は77歳で、カーラは会社での同氏の職務は「ほとんど儀式的なもの」だと考えていた[32]。マック氏はフィンク氏からR. P. シェラー社の取締役に推薦された。

ピーター・ダウ氏、
リンタス・キャンベル・エワルド社の社長兼COO

ピーター・フィンク氏とピーター・ダウ氏は幼なじみで、2人ともキャンベル・エワルド社でキャリアをスタートし、4人からなる研修チームへの配属でも一緒だった。ダウ氏は、フィンク氏がキャンベル・エワルド社を去った後も親しい友人だった。ダウ氏はミシガン州グロース・ポイントにあるフィンク家の向かいに住んでいた[33]。ダウ氏はピーター・フィンク氏からR. P. シェラー社の取締役に推薦された。

第6章　カーラ・シェラー氏 対 R. P. シェラー社　177

W・メリット・ジョーンズ・ジュニア氏、ヒル・ルイス・アダムズ・グッドリッチ&テイト法律事務所のパートナー

メリット・ジョーンズ氏は、デトロイトの法律事務所のパートナーで、R. P. シェラー社はそこの3大クライアントの1社だった[34]。カーラによる委任状争奪戦の前年、R. P. シェラー社はジョーンズ氏の事務所に法務顧問料として49万6,300ドルを支払った[35]。同氏はピーター・フィンク氏の妹と結婚していた[36]。ジョーンズ氏はピーター・フィンク氏からR. P. シェラー社の取締役に推薦された。

リチャード・マヌージャン氏、マスコ社の会長兼CEO

リチャード・マヌージャン氏はピーター・フィンク氏の長年の友人だった。フィンク氏もマスコ社の取締役を務め、マヌージャン氏を自身のカントリークラブの会員に推薦していた[37]。マヌージャン氏はピーター・フィンク氏からR. P. シェラー社の取締役に推薦された。

ディーン・リチャードソン氏、マニュファクチャラーズ・ナショナル社の会長兼CEO

リチャードソン氏はデトロイトに拠点を置くマニュファクチャラーズ・ナショナル銀行の経営者だった。同行はR. P. シェラー社への大口の貸し手だった。カーラによる委任状争奪戦の前年、R. P. シェラー社は同行に52万8,617ドルの利息と手数料を支払っていた。マニュファクチャラーズ・ナショナル銀行は、シェラー家のさまざまな信託の受託者でもあり、同社の普通株式および優先株式の証券代行業務も担っていた。R. P. シェラー社のウィルバー・マック会長は、マニュファクチャラーズ・ナショナル社の元取締役でもあった[38]。

ウィリアム・スタット氏、
ゴールドマン・サックス社のゼネラル・パートナー

　ビル・スタット氏はゴールドマン・サックス社のパートナーで、同社はR. P. シェラー社の投資銀行として17年に及ぶ取引関係を築いており、1971年にR. P. シェラー社の株式公開を担当した。カーラによる委任状争奪戦において、ゴールドマン・サックス社は同社のファイナンシャル・アドバイザーになった[39]。

　ご覧のとおり、これは私利私欲に走るような小悪党の集団ではなかった。ピーター・フィンク氏の6人の支持者は、非常に優れたビジネスマンばかりであった。そのうち3人はデトロイトの大会社を経営しながらR. P. シェラー社の取締役を務めていた。ピーター・ダウ氏は全米規模の広告代理店を率いていた。ディーン・リチャードソン氏のマニュファクチャラーズ・ナショナル銀行は、エドセル・フォード氏が設立したデトロイト最大の銀行の1つであった。マヌージャン氏のマスコ社は急成長を遂げた建築資材メーカーで、現在はフォーチュン500入りしている。マヌージャン氏は後に億万長者になり、フォードの取締役も務めた。このグループには、デトロイト最大の公益事業会社の元会長兼CEOであるマック氏、そして同市有数の法律事務所とゴールドマン・サックス社でそれぞれパートナーを担うジョーンズ氏とスタット氏が加わっていたのだった。

　彼らは豊富なビジネス経験をもつ有能な人物たちだったが、重要な点でピーター・フィンク氏に恩義を感じていた。6人のうち4人は、フィンク氏を支援する明確な経済的動機をもっていた。ウィルバー・マック氏は、R. P. シェラー社から通常の取締役報酬をはるかに超える金額を受け取っていた。ディーン・リチャードソン氏、ビル・スタット氏、メリット・ジョーンズ氏はR. P. シェラー社を大口顧客として支援していた。6人のうち5人はフィンク氏と深い社会的つながりをもっていた。ニューヨーク出身のスタット氏を除いて、彼らは同じグロース・ポイント・カントリークラブの会員だった[40]。ピーター・ダウ氏はフィンク氏の幼なじみ、メリット・ジョーンズ氏

第6章　カーラ・シェラー氏　対 R. P. シェラー社　179

は義理の兄弟、ウィルバー・マック氏はフィンク氏のメンターだった。

ピーター・フィンク氏の支持者のうち4人は、フィンク氏が選んだからこそR. P. シェラー社の取締役になれた。取締役の1人であるリチャード・マヌージャン氏は、フィンク氏（その後にはピーター・ダウ氏）を自社の取締役に招き入れていた。フィンク氏がマスコ社の取締役を務めている場合、マヌージャン氏はR. P. シェラー社の気難しく要求の多い取締役になるものだろうか。これらの人物たちは、ピーター・フィンク氏に厳しい質問をし、R. P. シェラー社の業績について説明責任を負わせるという任務にふさわしいだろうか。R. P. シェラー社に対する高額な買収提案が浮上した場合、彼らのうちのだれかがフィンク氏のもとからすり抜けて同社を売却しようと望むだろうか。

1988年4月26日、そして6月8日に再度、対立議案が提示されたが、フィンク氏とその支持者が勝ち、R. P. シェラー社の取締役会は、他社からの買収申出をいっさい考慮しないという決議を可決した[41]。また、いかなる売却案も拒否することが株主にとって最大の利益であるという宣言も行った。これは明らかにばかげた宣言だ。どんな価格でも売れないほど良いビジネスは存在しない。R. P. シェラー社の取締役会を占める産業界のリーダーたちは、会社に対して正当な買収提案が行われた場合、友人のピーター・フィンク氏と株主のどちらかを選ばざるをえなくなるような事態を恐れたのではないかと思われる。

公の場での争い

カーラ・シェラー氏は、株主に直接訴えることに決めた。1988年5月20日、ピーター・フィンク氏との離婚を申し立ててから9日後、カーラとジョンはSECに13Dを提出し、すべての株主の利益のために会社を売却することに関心があることを明らかにした[42]。6月、2人はR. P. シェラー社に対して株主名簿を要求し、取締役会の構成メンバーを変更するために委任状争奪戦を行うと発表した。ピーター・フィンク氏とその支持者は委任状争奪戦を真剣に受け止めた。カーラとジョンは恐るべき脅威だった。2人はR. P. シェ

ラー社の38％の議決権を握っており、これに加えてボブが２人を受益者にして設立した信託が９％を保有していた[43]。

　R. P. シェラー社は、ポイズン・ピルを発明したことで有名な買収防衛弁護士マーティン・リプトン氏の助けを借りて、すぐに反撃に出た。まず同社はカーラとジョンに株主名簿を提供することを拒否した。取締役会は、会社の支配権が変わった場合にオプション付与の権利確定が加速的に前倒しされる新型のストック・オプション・プランも可決した。ピーター・フィンク氏はさらに、カーラとジョンのために信託されている株式の議決権を経営陣に有利に行使をするよう、マニュファクチャラーズ・ナショナル銀行に働きかけ始めた。取締役会はまた、前年にR. P. シェラー社に1,200万ドルのゼラチンを販売し、その他費用として700万ドルをR. P. シェラー社から徴収していたドイツの会社、ドイチェ・ゼラチン社の会長であるイェルク・シーバート氏を新しいメンバーとして加えた。

　シーバート氏の加入により取締役会は11人となり、フィンク氏の守りが強化されることになった。R. P. シェラー社は、３つのクラスの取締役で構成される「スタッガード・ボード」の取締役会をもっており、各クラスの取締役の任期は３年であった。スタッガード・ボードは、すべての取締役の任期が１年になっている多くの会社の取締役会とは異なり、任期に段階的な構造を設けることにより、会社の株主が１回の株主総会だけでは取締役全員を追い出せないようになっている。1988年、R. P. シェラー社の取締役のうち、再任にかけられるのはリチャード・マヌージャン氏、ジョン・シェラー氏、ピーター・ダウ氏の３人だけだった。カーラとジョンが出した、現経営陣への反対派候補者リストにはジョンと２人の新顔がいた。新顔の１人は製薬業界に知見をもつインベストメント・バンカーのフレデリック・フランク氏、もう１人は元ミシガン州最高裁判所判事のセオドア・スーリス氏だった。反対派の候補者が勝利した場合、カーラおよびアーンスト・シェーペ氏とあわせて取締役会の５つの席を支配することになるはずだった。ピーター・フィンク氏は取締役会にシーバート氏を追加したことで取締役会が５対５の膠着状態になるのを防ぎ、1989年の株主総会までの１年間は過半数を維持できた。これによってフィンク氏は、業務の改善、株主の説得、そして会社の競

第６章　カーラ・シェラー氏 対 R. P. シェラー社　181

売回避のために、もう1年の猶予が得られることになった。

デラウェア州衡平法裁判所における審問の前日になった7月7日、R. P. シェラー社はついに株主名簿を提出した。ジョンは遅延戦術をとって訴訟に持ち込ませるという同社の姿勢が、最終的に株主が負担することになる多額の訴訟費用をもたらしたと不満を述べた。その2日前には、R. P. シェラー社の弁護士がデラウェアでカーラの証言録取を行っていた。そこではカーラとジョンに委任状争奪戦を仕掛ける真剣な意図があるかどうかに焦点が当てられるはずだったが、その弁護士はカーラを4時間にわたって厳しく問い詰めたので、ジョンはそれを「不適切」かつ「ハラスメント」であると主張した[44]。事態は泥沼化していた。

8月17日の株主総会決議が迫るなか、両陣営は株主への委任状郵送を開始した。会社は7月11日に最初の攻撃を行った。ピーター・フィンク氏とウィルバー・マック氏が署名した書簡には、カーラとジョンの動機は、R. P. シェラー社の全株主の利益ではなく、自分たちの金銭的利益にあるという主張が記載されていた。カーラは7月25日に、同社を最高額の入札者に売却すれば株式価値が最大化されると主張する書簡を出した。カーラはまた、R. P. シェラー社が買収される場合に同社経営陣に付与される「ゴールデン・パラシュート」という新型のストック・オプション・プランに反対の議決権行使を行うよう株主に促した。カーラとジョンは自分たちのグループを「カーラ・シェラー・フィンク株主委員会」と名付けた。

7月28日、フィンク氏とマック氏は株主に短い書簡を送り、カーラの「いわゆる委員会」を侮蔑したうえで、カーラがかつて会社のCEOに就任させてほしいと要求していたと主張した。8月4日、フィンク氏とマック氏は同じ非難を記したもっと長い書簡を株主に送付した。1行間隔で書かれた4ページの書簡のなかで、太字で書かれたいくつかの部分の1つは次のようなものであった。

> **本年3月初旬、経営経験のないフィンク夫人は、ピーター・R・フィンクにかわって貴社のCEOに任命されるよう要求しました。**

この書簡では、カーラがフィンク氏との離婚を申請した直後に、会社売却を公然と要求したことが強調されている。また、カーラが会社売却を希望する動機をあらためて疑問視し、カーラが自らR. P. シェラー社の経営を担いたいという要求は、同社の経営と将来の見通しについてメディアに対して行った肯定的な発言と矛盾していると主張している。

「カーラ・シェラー・フィンク側の候補者はどんな人物か」と題された節には、セオドア・スーリス氏に関する箇条書きが1つある。「反対派の候補者であるセオドア・スーリス氏は、フィンク夫人の代理人を務める弁護士であり、彼女の離婚手続を担当する法律事務所のメンバーである」。もちろん、スーリス氏自身はカーラの離婚を担当する弁護士ではなかった。1960年、同氏は33歳の時に史上最年少でミシガン州最高裁判所の判事に任命され、最高裁判所で9年間勤務した後、民間弁護士に戻り、ミシガン州で最も尊敬される企業弁護士の1人となっていた[45]。

このR. P. シェラー社が送付した8月4日付株主宛書簡で、フィンク氏の冷静沈着なザラシュトラ*4振りに対して、カーラ・シェラー氏は気まぐれな夜の女王として描かれている。CEOになりたいという要求へのカーラによる執着がそれを物語っている。カーラはCEOになることを要求したことは一度もないと強く否定しているが（正式な要求の記録はたしかに存在しない）、カーラがその職を実際に要求していたとしても私は気にならない。**R. P. シェラー社の議決権の39％も保有する「男」が、会社を売りに出すために業績不振のCEOの交代を要求したとして、だれかがヒステリックに大騒ぎするだろうか？**もちろん、だれもそんなことはしない。フィンク氏とマック氏は、カーラが理不尽で、軽蔑的で、離婚手続を進める妻で、離婚弁護士と組んで夫の会社を破滅させようとしているという印象を与えようとしていた[46]。

経営陣からの委任状勧誘参考資料中の書簡には必死さが感じられた一方、カーラからの委任状勧誘参考資料中の書簡*5は明確で要点を突いていた。

---

* 4　ゾロアスター教の開祖。預言者として倫理的な善行や正義、そして悪に対する抵抗を説いた。
* 5　全文を付録に掲載。

第6章　カーラ・シェラー氏 対 R. P. シェラー社　183

彼女がCEOになることを要求したという会社の非難に対する反論として、カーラは他人の目を気にせず、次のような熱意に溢れた文章を書いている。

> **経営陣は個人的な利益を享受し続けるために会社の売却を阻止しようと画策しており、そのために株主の皆様に誤解を抱かせようとしていると私たちは確信しています。**ウィルバー・H・マック取締役会長（私たちは、マック氏の地位はほとんどお飾りにすぎないという見解をもっています）とピーター・R・フィンク社長は、1985年4月1日から1988年3月31日の間に合計300万7,000ドルの報酬を受け取りました。……これは同じ3年度の間に株主に支払われた配当総額の3分の1を超える金額です。……目下の問題は**株主皆様の経済的幸福**（financial well-being）であり、株主皆様の関心をそらそうとして経営陣が仕掛けている個人攻撃ではありません。

　株主総会の1週間前、カーラは自分が勝つ見込みについて楽観的だった。何人かの大株主がカーラの主張に賛同し、かなりの数の株式を購入した。そのなかには、スタインハート・ファイン[*6]の創設時のパートナーで、業界で敬意を集めるヘッジファンド・マネジャーのトニー・シルッフォ氏もいた。その後、カーラは歓迎できないニュースも受け取った。マニュファクチャラーズ・ナショナル銀行が、カーラとジョンが受益者になっている信託が保有するR. P. シェラー社株式について、カーラ陣営の取締役候補者に反対票を投じる予定とのことだった。これは大きな転機であった。カーラとジョンの信託がもつ議決権9％にマヌージャン氏の15％、イェルク・シーバート氏が経営するドイチェ・ゼラチン社の10％を加えると、経営陣の候補者は34％の議決権を確保できた[47]。これはカーラとジョンが保有する38％に十分迫る数字であった。

　思い出してほしい。マニュファクチャラーズ・ナショナル銀行は、ボブがカーラとジョンのために設立した信託の受託者というだけではなかった。同

＊6　マイケル・スタインハート（Michael Steinhardt）氏とジェローム・ファイン（Jerome Fine）氏が共同で設立し、大きな成功を収めた伝説的なヘッジファンド。

行はR. P. シェラー社に融資して年間50万ドルの利益をあげており、同行の会長であるディーン・リチャードソン氏はR. P. シェラー社の取締役会の一員だった[48]。同行はR. P. シェラー社との長期にわたる収益性の高い関係から利益を得ており、両社の役員の間には深い社会的つながりがあった。R. P. シェラー社の会長であるウィルバー・マック氏は、マニュファクチャラーズ・ナショナル社の取締役会の一員でもあった。

　カーラの弁護士は7月下旬に信託管理人に連絡をとり、委任状投票に関する銀行の意向を尋ねた。弁護士は、R. P. シェラー社を売却に向かわせることが株主にとって最善の利益であると主張した後、信託の受益者はカーラとジョンのみであり、2人は自分たちに有利な投票をしてほしいと望んでいることを信託管理人に伝えた。するとその信託管理人は、これは「デリケートな」問題になっていて、「上層部マターとして」信託部門長の判断になっていると答えた[49]。カーラは憤慨した。マニュファクチャラーズ・ナショナル銀行は過去5年間、ボブがカーラとジョン以外の2人の子どもたちのために設立した信託が、その2人からの要請に応じ、R. P. シェラー社の株式全額を売却することにすんなりと応じていたため、カーラはとりわけ苛立ちを覚えた。その際、受託者は、保有株式を低い価格で売却したとしても、売却がカーラの兄弟姉妹にとっての最善の利益にかなうという意見を出していた。それならば、どうして受託者は、会社の即時売却を求める取締役の指名を拒否することが、カーラとジョンにとっての最善の利益にかなうという意見を主張できたのだろうか。

　カーラとジョンがこの件で訴訟を起こしたとき、この2人の弁護士は「信託で保有されている会社の株式の議決権行使に関する受託者の決定が、ディーン・リチャードソン氏の行動と、R. P. シェラー社との有益なビジネス関係を維持し、促進したいというマニュファクチャラーズ・ナショナル銀行の動機によって大きく影響を受けることはないと考えるのは、ナイーブすぎる」と主張した[50]。後日、信託部門長は個人的な夕食会でピーター・フィンク氏に主張を自分たちに説明させた後、経営陣の候補者に投票したという事実が明らかになった。その信託部門長はカーラやカーラの代理人と会ったことはなく、カーラの委任状勧誘参考資料やボブの遺言書に含まれる信託契

第6章　カーラ・シェラー氏 対 R. P. シェラー社　185

約を読んだこともなかった。

　株主総会の当日、ミシガン州控訴裁判所はマニュファクチャラーズ・ナショナル銀行に株式の議決権を行使しないように命じた。同行は週初に委任状を提出していたうえ、厚かましくもそれを撤回しないことを決定したが、そんなことは問題にはならなかった。カーラの候補者たちが勝利したからだった。R. P. シェラー社は信託株式の件、そして、カーラの候補者に賛成票を投じたある大口株主の件（委任状のコピーが届いていたが、原本の両面が写されていなかったというもの）に基づき、投票結果に異議を唱えようとしたが、裁判所はカーラの味方になり、反対派は10月には全員、取締役に就任した。数カ月も経たないうちにイェルク・シーバート氏はカーラ陣営に寝返り、ピーター・フィンク氏はCEOを退任し、R. P. シェラー社は売りに出されることになった。

　1989年 5 月、シェアソン・リーマン・ハットン社はR. P. シェラー社を 4 億8,000万ドルで買収することに合意した[51]。株主は 1 株当り31.75ドル（キャッシュで28.19ドルと、額面に対して17％の配当が支払われる優先株式で3.56ドル相当分）を受け取った。カーラが14カ月前に売却を働きかけ始めて以来、株価は 2 倍以上に上昇していた。数年後に優先株式が償還されるまでに、R. P. シェラー社の株主は 1 株当り33.21ドルを受け取った。

対立と妥協

　米国のほとんどの大手上場会社において、株主と経営陣との間に大きな隔たりがあり、取締役会がこの溝を埋めることになる。取締役会はある意味で、経営陣の利益が株主の利益と一致するようにする仲介者である[52]。しかし、取締役会には事業を運営する大きな権限も与えられている。取締役会はCEOを選出し、主要な戦略的決定について助言する。取締役会の会社を統治する権限は、ほかのどの当事者よりも大きい[53]。

　私たちは会社の取締役に多くの責任を負わせている。私たちは株主として、また社会として、取締役の職務遂行に高い期待を抱いている。しかし、彼らはその任務を果たせるだろうか。会社の取締役は非常に多くの矛盾する

職務を遂行しなければならないため、彼あるいは彼女が有効に機能するのはなかなかむずかしい。最も基本的な2つの責任をみてみよう。取締役会は、経営陣を選出し、彼らが会社を導くのを支援することになっているが、彼らを評価し、株主にかわって彼らに説明責任を負わせることも取締役会の責務である。言い換えれば、取締役会は会社の戦略を定義するのに寄与するが、その後、その戦略が機能しているかどうかを判断する責任も負うのだ。取締役がCEOの選出やCEOへの助言に大きく関与していた場合、会社の業績を評価するにあたり、取締役はどの程度客観的になれるものだろうか。私たちはすでに、この種の心理的バイアスがグロテスクなかたちで現れるのをサラダオイル巨額詐欺事件でみてきた。アメリカン・エキスプレス社はディ・アンジェリス氏が信じられないような詐欺を犯すのを許した。なぜなら、同社の経営陣はアライド社を顧客として受け入れた時点で、すでにその評判を危険にさらしていたからだ。上場会社の取締役がCEOに反抗することは、本質的には間違ったリーダーを選んでしまったと自らを叱責することになる。

　会社の取締役会議室で働く力学は、最終的には経営陣と取締役のつながりを強める。これによって、取締役会が本来埋めるべき株主と経営陣の間の溝が広がる。カーラ・シェラー氏とR. P. シェラー社の闘争事例では、取締役が業績不振の経営陣を延命させる数多くの方法が示されている。幸いなことに、この事例はそうした問題のいくつかを解決する方法についてもいくらか洞察を与えてくれる。

　まず、R. P. シェラー社の取締役の間で健全な反対意見が出るのを阻む障壁をいくつかあげてみよう。容易に観察できる問題は、取締役会における金銭的な利益相反の数である。取締役会長は今日の基準に照らしたとしても巨額の報酬を受け取っていた。また、取締役会には同社と取引がある商業銀行、投資銀行、弁護士、および最大仕入先の1社が参加していた。取締役会にはCEOとCOOが両方とも参加していたため、11人の取締役のうち7人が無視できない金銭的利益相反を抱えていた。3人は会社から高額な報酬を直接受け取っており、残りの4人は顧客またはベンダーであった。

　R. P. シェラー社取締役会のもう1つの問題は、ピーター・フィンク氏が自ら選んだ取締役の数だ。取締役の席には報酬と名誉が伴う。特に大会社で

第6章　カーラ・シェラー氏 対 R.P. シェラー社　187

取締役を務めることは大きな名誉とみなされている。しかし、CEOが取締役を実質的に選ぶ場合、CEOが個人的に名誉と報酬を取締役に与えることになる。これにより当初から、経営陣を客観的に判断すべきという取締役の能力が損なわれることになる。

CEOがその選出に大きな役割を果たした取締役は、取締役会で波風を起こさない人物に偏る可能性もある。カーラは、R. P. シェラー社取締役会の空席をめぐるピーター・フィンク氏との会話を覚えている。カーラによると、フィンク氏は「消極的で、私のいうとおりにしてくれる」という理由で、その空席をある人物で埋めた[54]。この現象の好例は、元SEC委員長アーサー・レビット氏とアップル社の取締役会とのニアミスである。レビット氏は2002年に出版した名著『ウォール街の大罪（Take on the Street)』[*7]のなかで、スティーブ・ジョブズ氏がレビット氏にアップル社の取締役への就任を打診した時のことを書いている。レビット氏は大喜びだった。1984年に最初のマッキントッシュを購入して以来、同氏は生粋のアップルファンだったのだ。翌日、レビット氏はカリフォルニアに飛び、ジョブズ氏と朝食をともにし、その後アップル社の最高経営者層と会った。CFO[*8]は同氏に会社の財務状況と取締役会の構成についてプレゼンテーションを行い、その後、今後の取締役会の日程を伝えた。レビット氏はCFOに、自分がコーポレート・ガバナンスについて行ってきたスピーチのフォルダーを渡した。レビット氏が飛行機に乗って帰宅する間、ジョブズ氏はそのスピーチの１つを読み、レビット氏を取締役会に加えるかどうか再考した。ジョブズ氏はレビット氏に電話をかけて「アーサー、あなたは当社の取締役会には向かないような気がしますので、お招きしないほうが最善かと思います」と伝えたのだった[55]。

R. P. シェラー社の取締役会において反対意見を表明するうえで最大の障壁だったのは、おそらく最も目につかないもの、取締役の間に形成されていた多くの社交的なつながりだった。彼らのほとんどは同じカントリークラブの会員だった。取締役会にはピーター・フィンク氏の父親がわり、幼なじ

[*7] 邦訳は、アーサー・レビット著『ウォール街の大罪』、小川敏子訳、日本経済新聞出版社、2003年。

[*8] Chief Financial Officer。最高財務責任者。

み、そして義理の兄弟2人が含まれていた。皮肉なことに、フィンク氏の妻、カーラが取締役でなかったら、おそらく取締役会は完全に支配されていただろう。取締役とCEOの深い個人的なつながりは、取締役会の監督機能に影響を与えずにはいられない。

　規制当局、取引所、そして投資家が重視しているのは「取締役の独立性」を促進することである。取締役会に会社と関係のない「社外」取締役を配置することで、株主が公正な取扱いを受けることを確保しようとしている。サーベンス・オクスリー法を含む新しい規制は、取締役会のパフォーマンス向上を目指して、とりわけ取締役の独立性を高めることを目指している。しかし、客観的なチェックリストを使って取締役の独立性の程度を判断できるのだろうか。R. P. シェラー社の取締役会には、この問題がぴったりと当てはまる。

　取締役は通常、会社と取引や雇用関係がない場合に「独立」とみなされる。取締役候補者に対する「独立性に関する質問票」は、主に金銭的な利益相反を洗い出そうとするものだ。しかし、定義するのがはるかにむずかしい社会的な関係は、取締役の職務遂行能力に同じくらい大きな影響を与える可能性がある。マニュファクチャラーズ・ナショナル銀行のディーン・リチャードソン氏は、フィンク氏の幼なじみで隣人だったピーター・ダウ氏よりも独立性が低かったであろうか。メリット・ジョーンズ氏の法律事務所に支払われる訴訟費用と、ジョーンズ氏がフィンク氏の妹と結婚していたことのどちらを懸念すべきだろうか。CEOと深いつながりがあるにもかかわらず、その人物を「独立」取締役として取締役会に迎えることはあまりにも容易である。ディズニー社で、マイケル・アイズナー氏は自身の弁護士、自身の建築家、そして子どもたちの小学校の校長を取締役会に迎えた[56]。

　取締役の独立性に関する定型的な評価基準が取締役会の改善に本当に役立つとは思えない。根本的な課題の1つは、ビジネス界の上層があまりにも近親相姦的であるため、人々が社会的および職業的に結びついているさまざまな方法を追跡することがむずかしいことである。証券取引所はその独立性基準においてこの困難さを認めている。NASDAQとニューヨーク証券取引所は、特定の取締役が独立性を確保しているかどうかを判断するために、取締

第6章　カーラ・シェラー氏 対 R. P. シェラー社　189

役会に集団的判断を下すよう求めている[57]。これも、上場会社の取締役会が「自分自身の事件における裁判官」になっている状況の例である[58]。

　もう1つの課題は、取締役の独立性が、監督の改善のためのメカニズムとして過大評価されていることだ。インセンティブと利益相反は重要だが、真の独立性は心の状態でもある。R. P. シェラー社のCEOを除く取締役のうち、書類上で最も独立性が低いのはだれだろうか。それは反対派のカーラ・シェラー氏とエルンスト・シェーペ氏になる。CEOの妻と、会社のCOOだからだ。

　取締役の独立性が取締役会の改善に非常に効果的であったとしても、取締役が管理職と親密な関係を築くようになるのは時間の問題である。私たち人間は社会的な存在であり、私たちのなかでも会社の取締役やCEOは、おそらく平均的な人物よりも社交的である。取締役会が当初は社会的なつながりを中心に構築されていなかったとしても、時間の経過とともにそこにそうしたつながりは形成される。ウォーレン・バフェット氏が2002年に、他の場所では「知的で品行方正な取締役たち」のガバナンスの失敗の原因として、「取締役会の雰囲気」を槍玉にあげて話題になったことがある[59]。2014年のバークシャー・ハサウェイ社の定時株主総会で、バフェット氏はより具体的にこう述べている。「取締役会は本質的にビジネスのための組織ですが、社会的な組織でもあります。そこにおいて人々はビジネスの脳で行動しますが、社会的な脳で行動することもあります」。

　2014年の年次株主総会で、バフェット氏はコカ・コーラ社の筆頭株主としてのバークシャー・ハサウェイ社の最近の行動について、いくつかの鋭い質問に答えた。コカ・コーラ社は、別の投資家が「法外な分捕り」と呼んだ物議を醸す株式報酬プランを発表した[60]。バフェット氏はプランがやりすぎであることに同意したが、プランに対して反対票を投じるかわりに、コカ・コーラ社のCEOであるムーター・ケント氏に直接苦情を申し立てた。もちろん、バフェット氏はコカ・コーラ社とは長い付き合いがある。バークシャー社は9％を保有する圧倒的な筆頭株主であるだけではなく、バフェット氏は17年間同社の取締役を務め、息子のハワードも現在、同社の取締役を務めている。バフェット氏は自らの行動を「バークシャー社にとって最も効

果的なコミュニケーション方法だったはずだ」と説明した。

　バフェット氏のやり方は突飛ではなかった。同氏が株式報酬プランに反対票を投じたとしても、72％対28％で承認されていただろう[61]。同氏は「コカ・コーラ社と戦争する気はなかった」と述べた。公の場で騒ぎ立てて会社とその取締役に恥をかかせるかわりに、同氏は舞台裏でCEOと話し合った。それが功を奏し、コカ・コーラ社は後にプランを修正した。しかし、このエピソードは、米国最大の上場会社の最上層部が友好的な環境下にあることをはっきりと示している。バフェット氏はコカ・コーラ社の株式報酬プランを変更することに成功したが、実際には反対票を投じなかったし、取締役会のだれもそれに反対しなかった。部分的に社会的な、部分的にビジネスのための組織で効果的に行動するには、時には政治的な駆け引きが必要になる。

　2014年のバークシャー・ハサウェイ社の定時株主総会で、バフェット氏は問題を次のように要約した。「取締役会での行動には社会的ダイナミクスが重要です」。これに対してカール・アイカーン氏は異論を唱える。アイカーン氏はバフェット氏の控えめな態度についてこう書いている。「取締役会を、波風を立ててはいけない友愛会やクラブのように考えている取締役が多すぎます。こうした態度は、凡庸な経営陣を保護することに寄与するだけではなく、今日まで米国で享受している経済的覇権の源泉である能力主義を廃棄することになります」[62]。アイカーン氏は正しいが、バフェット氏自身が「取締役会の雰囲気」について書いたときに嘆いたように、取締役会は友愛会やクラブでもあり、波風を立てることはたしかに好ましくない反作用をもたらす。バフェット氏は取締役会に内部から影響を与える方法を次のように説明している。「適切な場面と適切な方法を選ぶ必要があります」。

　取締役会で生じる友好的な関係性は、取締役の監督能力を損なう要因の1つであり、取締役の独立性を確保することによってコーポレート・ガバナンスの欠陥を修正しようとすることの愚かさがわかる。いずれにせよ、ほとんどの取締役は時間の経過とともに経営陣の影響下に入る。多くの場合、ビジネスと経営陣からの距離が遠い取締役ほど経営陣の影響を受けやすい。エンロン社の取締役会は、この力学を体現した[63]。

　ジョージ・W・ブッシュ大統領は2002年にサーベンス・オクスリー法に署

名し、次のように述べた。「低い基準と偽りの利益の時代は終わった。米国におけるどんな取締役会もこの法のもとにあり、その適用を逃れることはできない」[64]。「エンロン後の改革」という言葉が使われるが、もちろん皮肉なことに、エンロン社の取締役会の構造はそもそも新しい規制に完全に準拠していた[65]。取締役会の構成に関していえば、同社はその破綻によって幕開けした独立取締役志向の時代のはるかに先を行っていた。エンロン社の取締役会は、それがひどいガバナンスの例として蔑まれる前は、米国内でも最も優れた取締役会の1つとして頻繁に称賛されていた。その取締役会には、会計学部を統括していたスタンフォード大学経営大学院の元学部長や、英国の庶民院と貴族院の指導者でもあった元内閣閣僚など、著名人が多数参加していた。これらの人物のだれもエンロン社のCEO、ケン・レイ氏と、自分のキャリアや評判を危険にさらすに値するほどの特別なつながりをもっていなかった。エンロン社は取締役の独立性の真のモデル事例だったが、そんなことは関係なかった。

　本書では、機能を不十分にしか発揮できない取締役会を数多くみてきた。取締役会を良いものにするのはなんであろうか？カーラ・シェラー氏がR. P.シェラー社の取締役会にもたらした価値と視点を考えてみよう。何よりも重要なことは、カーラがオーナーの精神をもって取締役会に加わったことだ。カーラが保有する株式は、彼女の純財産に対する割合においても、会社の株式全体に対する割合においても、相当の量にのぼっていた。これはカーラが取締役会に参加したときに防御策として働いた。カーラは会社がつまずくと、多くのものを失うことを認識していた。また、カーラは、CEOに対する十分な情報に基づいた懐疑心をもっていた。カーラは当初から敵対的だったわけではなかった。彼女は、離婚を考え始めたのは取締役会に参加してかなり経ってからだったと主張している。しかし、ピーター・フィンク氏との30年間の結婚生活は、カーラにとってたしかに高性能なデタラメ発見システムになっていた。

　カーラは正式なビジネス教育を受けていなかったが、聡明で、R. P. シェラー社のビジネスを理解していた。また、同社のCOOであるエルンスト・シェーペ氏と手を組んだのも賢明だった。これによりカーラは業務について

192

より深い洞察を得ることができ、フィンク氏や他の取締役たちに適切な質問をすることができた。優れた取締役になるには、会社のビジネスを徹底的に理解することが重要であり、それはどんなときでも、より広いビジネスや金融における輝かしい経歴よりも重要である。R. P. シェラー社では、ピーター・フィンク氏がカーラやその仲間の反対派への情報の流れを操作することは決してできなかった。

ジェルカプセルには常に隙間がある

　R. P. シェラー社は、シェアソン・リーマン・ハットン社によって買収された後、大きな成功を収めた。買収された同社は、1986年にR. P. シェラー社のカナダのハードシェル事業を買収していた経営者、アレックス・エルデジャン氏およびジャック・キャッシュマン氏と提携した。エルデジャン氏は1979年から1986年までR. P. シェラー社で働いており、同氏の前にピーター・フィンク氏とロバート・ジュニアがソフトジェル事業を疎かにしていたこともよく知っていた。エルデジャン氏は「彼らは自社の技術は時代遅れになっており、事業からのキャッシュフローを多角化に使う必要があると考えていました」[66]と語った。

　エルデジャン氏とキャッシュマン氏は、非中核事業をすべて取り除き、見込客に対してソフトジェル技術を売り込むことに集中した。エルデジャン氏は、フィンク氏の指揮下で会社が業績不振に陥った理由を次のように説明した。「彼らは自分たちを受託製造業者だと思い込んでいました。だれかが自分たちを必要としたら、電話がかかってくるという考え方で、マーケティングや新規事業開拓に関しては非常に消極的でした」。エルデジャン氏とキャッシュマン氏は、従業員を「受注者から積極的なマーケティング担当者」に変革するための新しいインセンティブを導入した。また、本社経費をはじめとしたコストの削減も始めた。

　結果は驚くべきものだった。カプセル事業の売上げは6年で2倍になり、営業利益は5年で3倍になった。同社の中核事業の営業利益率は、会社売却前の5年間は平均13％だったのに対し、売却後の5年間は20％に改善し

第6章　カーラ・シェラー氏　対 R.P. シェラー社　193

た[67]。同社の新オーナーはおおいに儲けた。

　1990年代になってからのR. P. シェラー社の驚異的な成功は、優れたリーダーシップの力を証明するものだが、同時に上場会社の苦境についての疑問も生じさせる。R. P. シェラー社の当初の株主は、なぜ同社が達成できたはずの業績向上の分け前に与れなかったのか。なぜ同社は25年間もリーダーシップの不振に苦しみ、優れた中核事業を見捨てて、次々と失敗に終わる買収を追求し続けたのか。カーラはR. P. シェラー社を経営陣の手から取り上げ、適正な価格を支払う先に渡したことで、株主のために善行を行ったことになる。しかし、エルデジャン氏、あるいは同氏と同様の能力をもつ人物を同社に迎え入れ、会社の経営をさせることで、株主のためにさらに良いことをできたのではなかったか。

　アレックス・エルデジャン氏はそうは考えていない。同氏は「フィンク氏はCEOでいることが好きでしたが、CEOがしなければならないことはしていませんでした。……そして、彼は自宅があるグロース・ポイントの仲間全員を取締役会に迎えていました」と語った。そして、非上場会社になったことの利点を次のように説明した。「プライベート・エクイティが得意としていることの１つは、ガバナンスです。投資しているのは自分たちのお金ですから、彼らは厳しい質問をし、ビジネスをよく理解して必要な変更を加えることを恐れません。取締役会が劣っている人材を排除するのに、相当の時間がかかることはよく知られています。業績の悪いCEOを首にする決断はむずかしいのです」。

　残念ながら、カーラが会社の売却以外の目的で株主を説得し、委任状争奪戦で支持を取り付けることはできなかった。カーラにとって取締役会で支配権を得る唯一の方法は、フィンク氏およびその取り巻きの取締役たちの手からビジネスを取り上げて売却することにより、投資家に相当なプレミアムを約束することだった。彼女が経営陣を追放するキャンペーンを展開しても、投資家たちからはほとんど支援を得られなかっただろう。こうして、カーラ・シェラー氏は父親が創業した会社の歴史において奇妙な役割を果たした。パフォーマンスは悪いが、防御の厚い経営陣と取締役会からビジネスを救うために、カーラは自分と株主にもたらされたかもしれない将来の成長と

利益の多くを犠牲にしなければならなかった。

　ボブ・シェラー氏が回転円筒型ダイのプロセスを発明してから80年以上経った今日でも、同氏の技術は支配的であり、現在はカタレント社の一部になったR. P. シェラー社の後裔は成長を続け、莫大な利益をあげている。エルデジャン氏は次のように述べている。「人々がソフトジェル技術を過小評価した理由の１つは、特許があればその技術を守ることができると考える傾向です。人々はノウハウの価値のほうが大きいことを理解していません」。R. P. シェラー社のビジネスは素晴らしかったが、経営者はその価値を理解していなかった。「彼らは無能な経営者であり、無能な経営者は無能な決断を下すものです」[68]。

　R. P. シェラー社の劇的な事例は、取締役会が株主にかわって経営陣を監督するうえでしばしば陥る失敗について語っている。また、上場会社のガバナンスに関するより深刻な問題も示唆している。取締役会は自力で長期的に会社をうまく経営できるとは限らない。したがって、会社の取締役会を絶対無謬なものにすることへのこだわりは的外れである。優れたガバナンスには、有能な取締役会だけでなく、望ましい株主と経営者も必要なのだ。経営陣と投資家の生来の対立関係のなかで、上場会社がうまく運営されるためには、熱狂的なCEO、長期志向だが目も光らしている株主たち、そして用心深い取締役会が必要なのだ。私たちはすでに、この組合せを実現するのがいかにむずかしいかを目にしてきた。ノーザン・パイプライン社では経営陣がいかに簡単に堕落するかを学んだし、アメリカン・エキスプレス社では株主がいかに矛盾した行動をとりうるかが示され、R. P. シェラー社では取締役会が往々にして経営陣の地位を盤石にするだけの役割しか果たさないことが明らかにされた。

第６章　カーラ・シェラー氏 対 R. P. シェラー社　195

第 **7** 章

ダニエル・ローブ氏と
ヘッジファンド・アクティビズム：
恥のゲーム

「スター・ガス社は、貴殿の個人的な『蜜壺』としてしか機能していないようです。貴殿とご家族の給料、貴殿の取り巻きへの報酬を搾り取るため、そして、これまでの捏造、虚偽記載、約束違反の疑惑によって貴殿が直面している数々の訴訟から逃れるための『蜜壺』です」

——ダニエル・ローブ、2005年

　2013年9月、大富豪の投資家ロン・バークル氏は、モーガンズ・ホテル・グループ社の投資に関するスケジュール13Dを修正した。13DはSECに提出され、SECのウェブサイトを通じて一般に公開される。その内容は、上場会社の5％以上を保有する株主に対し、株式に関する最近の活動、資金源、取引の目的などを報告するよう求めるものである。バークル氏の修正は2009年後半以降、モーガンズ社に関する10回目の提出であり、そこには「これにより（hereby）」という単語とか、「そのような減額は認められない（such reduction is not determinable）」というフレーズで埋め尽くされた定型的な表現が含まれていた。しかし、バークル氏が書類を提出した本当の目的は、13Dのデータをアップデートすることではなかった。保有株式数や資金源に変更はなかった[1]。それよりむしろ、バークル氏は数日前にモーガンズ社の取締役会長兼CEOに宛てた書簡を添付するために提出書類を修正したのだった。その書簡には「駄々っ子のように振る舞うのはやめなさい。会社を自分の新

しいおもちゃのように扱うのはやめなさい。モーガンズ社を売りに出して、適切な買い手に売りなさい。株主全員の利益のために、いまこそ売却の時です。貴殿はお母さんに何か別なものを買ってもらいなさい」[2]と書かれていた。

1980年代後半に敵対的買収の時代が終わると、上場会社の経営陣はポイズン・ピルやデラウェア州法203条[*1]などの反買収法を盾にして引きこもった。しかし、彼らは自由に振る舞えたわけではなかった。CalPERSやTIAA-CREFのような大規模な機関投資家はコーポレート・ガバナンスの問題にいっそう敏感になっており、業績不振の経営陣に対してより不寛容になっていた。加えて、改革者、あらゆる機会を利用しようとする者、ガンマンのグループ、すなわち、新時代のベンジャミン・グレアム氏、ルイス・ウルフソン氏、カール・アイカーン氏のような者たちが台頭していた。プロキシティアから受け継いだ戦術をとる戦闘的なヘッジファンド・マネジャーたちである。こうした新勢力は決断力と大胆さで資金不足を補った。彼らは経営陣に対して影響力を行使できない場合、強い言葉を用いて公の場で非難を浴びせた。彼らの最大の武器の1つはペンであり、彼らはスケジュール13Dを使って市場に不満を伝え、他の株主の支持を取り付けようとした。彼らの手法は効果的であることが明らかとなり、その主張は経済紙の見出しを独占し、米国を代表するいくつかの会社の役員室を揺るがした。カール・アイカーン氏やネルソン・ペルツ氏といった大物企業乗っ取り屋たちもその仲間に加わった。

ヘッジファンドは、フォーチュン誌のキャロル・ルーミス氏が1966年にA・W・ジョーンズ氏のロング・ショートで「ヘッジ」された投資パートナーシップを説明するために使った言葉の短縮形である。現在では、運用資産額に基づく手数料に加えて、ファンドの利益からもたらされる成功報酬を投資家に請求する、さまざまな私募の投資ファンドがヘッジファンドと呼ばれるようになっている。その投資戦略はファンドによって大きく異なるが、ヘッジファンドは概して同じような法的構造をもち、規制監督のレベルが低

[*1]　第4章参照。

第7章　ダニエル・ローブ氏とヘッジファンド・アクティビズム　197

い（しかし急速に高まっている）という特徴がある。ベンジャミン・グレアム氏、ロバート・ヤング氏、ウォーレン・バフェット氏、チャーリー・マンガー氏が運営していたパートナーシップは、今日ではヘッジファンドと呼ばれるだろう。1990年当時、ヘッジファンドは資産運用業界の小さな一角を占めていただけだった。ヘッジファンド数はわずか600ほどで、運用資産額は390億ドルであった[3]。現在、ヘッジファンド数は1万5,000を超え、運用資産額は3兆ドルを超えている。

　業界が成熟する前、ヘッジファンドには独立心旺盛なトレーダーや起業家気質の投資家が集まった。ヘッジファンドの大半はわずかな資金からスタートし、優れた運用成績をあげなければ生活していけなかった。ポール・チューダー・ジョーンズ氏は1984年にチューダー・フューチャーズ・ファンドを150万ドルで設立した[4]。ダニエル・ローブ氏は1995年にサード・ポイントを300万ドルで、デビッド・アインホーン氏は1996年にグリーンライト・キャピタルを90万ドルで創業した。これらのファンドは後に数十億ドル規模の資産を運用するようになったが、最初はちっぽけな存在だった。1960年代半ば、ウォーレン・バフェット氏は投資家に対して、ポートフォリオの投資先の経営を引き受ける「意欲と資金力」が貴重な「保険」になると説明した[5]。しかし、運用する資本が少額で、マイケル・ミルケン氏が証券業界から追放されてしまっていたとしたら、いったいどうすれば上場会社に対して意味のある圧力をかけられるだろうか。新興ヘッジファンドが、アイカーン式に株式公開買付けの脅しを背景にすることなく、経営陣の注意を引くにはどうすればいいだろうか。

強力な武器

　1999年5月18日、ロバート・チャップマン氏という若きヘッジファンド・マネジャーは、マーティン・D・サス氏が経営する事業開発会社（BDC）[*2]、

[*2]　Business Development Company。主に通常の商業銀行が融資に消極的な非上場会社に対する融資や投資を行う。一般に上場クローズドエンド型ファンドの形態になっている。

コーポレート・ルネッサンス社（以下、CRG社）にベアハグ・レターを書いた。同社の資産はキャッシュと３件の投資案件だけで構成されていたが、同社の株価はその資産に対して大幅な割安で取引されていた。公開市場で可能な限りの株式を買い戻した後、CRG社は事業会社の買収または会社の清算という戦略的な選択肢を追求すると発表した。しかし、買収候補が見つからなかったため、サス氏率いる経営陣は１株８ドルで同社を非公開化することを提案した。

　チャップマン氏はCRG社株の６％を所有しており、同社のキャッシュおよび投資案件は少なくとも１株当り10ドルの価値があると考えていた。同社の取締役会は経営陣の提案を評価する特別委員会を組成したが、チャップマン氏はその委員会が取締役会長兼CEOで筆頭株主でもあるサス氏に有利になるのではないかと懸念していた。特別委員会が偏りなく行動するように仕向けるため、チャップマン氏は清算が株主にとって最善の利益であると主張するとともに、自ら１株９ドルの買収提案書を提出した。さらに、チャップマン氏は例の「高い確信をもっている」という文言まで持ち出した。チャップマン氏自身は資金をもっていなかったが、「資金調達に関しては現在進行している交渉の成功に高い確信をもっている」[6]と述べたのだった。これはドレクセル・バーナム社からの念書ほどの説得力はなかったが、印象的な言葉だった。チャップマン氏は1980年代の企業乗っ取り屋と同じように、ベアハグ・レターを13Dの添付資料として提出した。この作戦は成功し、CRG社は資産価値が１株当り12ドル以上に増加したと発表した後、清算に着手した。

　その５カ月後、チャップマン氏は別の書簡をスケジュール13Dの公開書類の１つに添付した。それは、経営破綻した労災保険会社、リスコープ社のCEOが死亡した４日後に、同社の取締役会長に宛てて書いたものだった。リスコープ社はフェニックス・マネジメント社との契約を通じてCEOを雇用していたが、フェニックス・マネジメント社はそのCEOがリスコープ社の顧問弁護士も務める若いパートナーとともに経営していた会社だった。CEOの死後、リスコープ社はフェニックス・マネジメント社との関係を継続し、その若いパートナーがCEOの職務を引き継いだ。チャップマン氏は、

第７章　ダニエル・ローブ氏とヘッジファンド・アクティビズム　199

フェニックス・マネジメント社はすでに多額の報酬を受け取っており、若い
パートナーは亡くなったCEOほど有能ではないと主張した。さらに、「彼が
法務担当役員を務めていた時に、同社が保険業界史上最悪の法的スキャンダ
ルに巻き込まれたことに言及せざるをえないでしょう……。」と付け加え
た[7]。

　今回、チャップマン氏は正式な買収提案をしたわけではなかった。同氏は
ただ、フェニックス・マネジメント社との高額な経営契約を解消するようリ
スコープ社に迫っただけだった。しかも、CEOが過大な報酬を受けていた
と糾弾する一方で、その逝去には哀悼の意を示すという、デリケートな主張
だった。1,400語を超えるこの書簡は綿密で、うまく書かれていた。チャッ
プマン氏は取締役たちを解任するのに十分な株式をもっていなかったが、
13Dを巧みに利用して、株主の目の前で取締役たちに圧力をかける方法を見
つけたのだった。

　ロバート・チャップマン氏による次の13Dで革命が始まった。2000年３月
30日、同氏はアメリカン・コミュニティ・プロパティーズ・トラスト社（以
下、ACPT社）の取締役会長兼CEOであるＪ・マイケル・ウィルソン氏に書
簡を送った。チャップマン氏は、株式の51％を所有するウィルソン一族が、
関連当事者取引と「濡れ手で粟的なコンサルティング料」の搾取によって同
社を略奪していると非難した。チャップマン氏はさらにこう付け加えた。
「ブロンクスのマンハッタン大学を卒業した32歳の元銀行融資管理担当者
を、その父親の任命でCEOに就かせるとは、現実版モノポリー・ゲームの
如きものです。もし役員会がそのようなACPT社の経営を続けることを望む
のであれば、私としては、不適切かつ縁故主義的な慣行が精査されないよ
う、会社を非公開にすることを強くお勧めします」[8]。

　チャップマン氏の書簡は辛辣かつ不遜な書き振りで、鋭い財務分析に皮肉
とユーモアを組み合わせていた。同氏はブルームバーグの記者に「嘲笑は強
力な武器になります」と自分の戦略を説明している[9]。最終的にチャップマ
ン氏は17社に対して13Dを提出した。そのなかには「陰茎」という言葉を
使ったとんでもない書簡もあったが、同氏はすべての投資で利益をあげ、１
社を除くすべての会社で年率20％の収益を生み出した[10]。

ロバート・チャップマン氏は、ボディサーフィン中に脊椎を骨折した後、2003年にヘッジファンド業界から退いた。ちょうどヘッジファンド・アクティビズムが盛り上がりをみせていた頃だった。新世代のアクティビスト・ヘッジファンド・マネジャーたちは、ウォーレン・バフェット氏やベンジャミン・グレアム氏ではなく、口の悪いティーンエイジャーが書いたような13Dを振りかざし、業績不振の会社をターゲットにし始めた。そのなかで、サード・ポイントのダニエル・ローブ氏ほどうまくやった人物はいなかった。ローブ氏とパーシング・スクエア、ジャナ、ラミアス、スターボード・バリュー、グリーンライト、バリューアクトなどのヘッジファンドに所属するその同志たちは、虻のような目障りな存在から猛禽のような略奪者へと進化するに伴い、大規模な委任状争奪戦を繰り広げ、大手機関投資家の支持を得て主要なコーポレート・ガバナンスの問題に関する議論をリードし始めた。

迷わずに行け

ダニエル・ローブ氏の幼少期に、同氏が将来的に業界の大物になるという予兆はほとんどなかった。ローブ氏はコロンビア大学で経済学の学士号を取得したが、ベンジャミン・グラハム氏やカール・アイカーン氏のような優秀な学生ではなかった。しかし、ローブ氏はアイカーン氏と成長期の体験を1つだけ共有していた。ともに20代前半に株式市場で投機をして大金を儲け、その後すべてを失い、さらに税金で少し損をしたのだった。ローブ氏は父親に返済するのに10年かかった。同氏はブルームバーグの記者に「レバレッジをかけての極端な集中投資がどんなに恐ろしいものか、10年かけて学びました」と語っている[11]。

大学卒業後、ローブ氏はファイナンス業界でさまざまな仕事を渡り歩いた。バイサイドで何社か、そしてセルサイドの数社で働いた[12]。1980年代後半には、クリス・ブラックウェル氏のアイランド・レコード社で短期間働いたこともあった。同社は、アート・ガーファンクル氏[*3]主演の犯罪スリラー映画に多額の資金を投じたために資金繰り危機に陥り、U2[*4]の著作権

第7章　ダニエル・ローブ氏とヘッジファンド・アクティビズム　201

使用料が支払えなくなった。ローブ氏はブラックウェル社の借入れを手伝ったり、ボブ・マーリー氏[5]の遺産をめぐる紛争の解決を支援したりした[13]。アイランド・レコード社は偉大なレコード会社の1つであり、ローブ氏にとって隠れた価値を知るための初期の教訓になった。流動性の問題や財務上の問題を常に抱えていたが、非常に価値のある会社だった。1989年にブラックウェル社がポリグラム社に3億ドルで売却された時、印税収入の債権を株式に転換していたU2は大儲けした。

　アイランド・レコード社の後、ローブ氏はラファー・エクイティ・インベスターズというヘッジファンドでリスク・アービトラージ・アナリストとして3年間働いた。ラファー・エクイティ・インベスターズの後、ヘッジファンドの仕事に就けなかったローブ氏は、セルサイドに転身した。多くの独創的な投資家にとって、ヘッジファンドからセルサイドへの転職は、船から降りて床に手をついたまま歩かされるようなものだが、ローブ氏は1991年という適切な時期にジェフリーズ社のディストレスト・トレーディング・デスクという適切な場所に降り立った[6]。

　ジェフリーズ社はロサンゼルスを拠点とする、立会外での大規模な株式ブロック・トレードのフランチャイズを築いていた証券会社だった。1980年代半ばに連邦捜査官に協力していたアイヴァン・ボウスキー氏が創業者のボイド・ジェフリーズ氏との電話を録音し、その会話のなかでストック・パーキングの取決めについて話していたことが明らかになったことから、同社は難局に直面した。インサイダー取引容疑は同社の存続を脅かしたが、最終的には会社に多額の利益をもたらすことにもなった。ジェフリーズ氏は同社を救うために自らを犠牲にし、その後ドレクセル社が崩壊すると、ジェフリーズ社はドレクセル社の後始末に一役買ったのだった[14]。

＊3　米国の歌手・詩人・俳優で、特にポール・サイモン氏と「サイモン＆ガーファンクル」というデュオで世界的に有名になった。

＊4　アイルランド出身のロックバンドで、社会的・政治的メッセージを強く含んだ歌詞と、独特のサウンドで知られ、世界的な人気を誇った。

＊5　ジャマイカ出身の有名なレゲエミュージシャン。

＊6　ディストレスト・トレーディングとは、破産や債務不履行に直面する会社などが発行した証券を通常よりも大幅に低い価格で買い入れて、将来の価値回復、ひいては高いリターンをねらう取引。

1990年にドレクセル社が破産申請した後、ジェフリーズ社は同社から従業員を数十人ほど雇用し、ハイイールドボンドとディストレスト債権のブローカレッジにまで業務を拡大した。ジェフリーズ社のセールスとトレーディングのデスクで働くことになったドレクセル社の人材は、ドレクセル社が発行を引き受けていた債券を取引対象にした。ダン・ローブ氏は、ディストレスト・アナリスト兼トレーダーとして、ドレクセル社が債券を引き受けた発行体のリサーチを通じて破産法に精通した。ジェフリーズ社とローブ氏に多大な貢献をしたドレクセル社にもはや提供できるものは何も残っていないように思えたが、切り札が残っていた。ローブ氏はドレクセル社の破産そのものに目をつけて調べ、ドレクセル社の清算信託から支払を受ける権利がある、あまり見慣れない証券を発見した。

　ドレクセル社の破産処理計画では、請求権者のために「受益権証書（Certificates of Beneficial Interests。以下、CBI）」を３つのトランシェに分けていた。破産手続における開示書類の見積りによると、シニア・トランシェであるCBI-Aはユニット当り646ドルの支払を受けることになり、総額は10億ドルを超えていた[15]。CBI-Aの保有者の多くは、すでにドレクセル社に対する債権を償却していた欧州の大手銀行だった。ローブ氏は破産裁判所からその所有者のリストを入手し、彼らが格安でCBI-Aを売却する用意があることを突き止めた。同氏は自身の上得意客らにCBI-Aを購入するよう働きかけ、彼らは大儲けした。ドレクセル社の清算により、最終的に債権者には20億ドル以上が支払われたのだった[16]。

　ローブ氏はジェフリーズ社で大成功を収め、後にヘッジファンド業界に君臨することになる新興投資家グループと貴重な関係も築いた。また、1990年代初期の不況の結果、ディストレスト投資が運用可能な資産クラスとして登場したときに、ローブ氏はそのど真ん中に立つことになった。シティコープ社で債券のセールスを１年間やった後、ダン・ローブ氏はついに自身のヘッジファンドを立ち上げた。1995年、同氏はファンド・マネジャーであるデビッド・テッパー氏[*7]のニュージャージーのオフィスのウェイト・トレー

＊7　ヘッジファンドであるアパルーサ・マネジメントを創業した著名な投資家。

第7章　ダニエル・ローブ氏とヘッジファンド・アクティビズム　203

ニング室でサード・ポイントを立ち上げた[17]。

なぜ、私がミスター・ピンクに？

　投資コミュニティは常に、仲間同士の健全な意見交換から利益を得てきた。米国初期に最も裕福な人物の1人であったロバート・ベヴァリー氏は19世紀初頭、バージニア州北部の銀行や保険会社に投資していた仲間のグループに頻繁に書簡を送った。彼らは各社の財務状況、保険引受や貸出の質、ガバナンスや内部関係者の持分割合などについて意見を交わしていた[18]。ベンジャミン・グレアム氏は、志を同じくする投資家たちと長期にわたる付き合いを育んでいた。そのなかには、グレアム氏が最初の仕事で書いた調査報告書で酷評した鉄道会社の財務責任者、ボブ・マロニー氏もいた。同氏は後に、パイプライン会社についてロックフェラー財団に宛てたグレアム氏の最初の書簡にグレアム氏とともに署名した。ウォーレン・バフェット氏は、グラハム派がかつての恩師と集うための会合を主催していた。ウォルター・シュロス氏は、株仲間たちと何十年にもわたって文通していた。マイケル・ミルケン氏は、1日に500人と電話で話していたといわれている[19]。その1人がアイヴァン・ボウスキー氏で、同氏のアイデア交換はもっと非合法で、時にはお金の詰まったブリーフケースを伴った。

　私がいいたいのは、投資の世界には一匹狼はほとんどいないということだ。

　学びの一環として自分のアイデアや投資プロセスをほかの人と話し合うことが必要であり、1人で戦場に突進する必要はないのだ。今日、投資家はツイッター＊8で意見を交換している。もしかしたら明日は、仮想現実ヘッドセットを装着し、ウォーレン・バフェット氏のように観察し、思考するようプログラムされたAIボットとチャットしているかもしれない。ダニエル・ローブ氏がサード・ポイントを創業した頃は、人々は匿名のインターネット掲示板に推奨銘柄を投稿するようになっていた。

＊8　現X。

「ミスター・ピンクは、スピンオフ、相互銀行および相互険会社の株式会社化、合併アービトラージ、破綻会社の株式、ショート戦略など、さまざまなトピックについて知恵を披露します。ミスター・ピンクは嘘をつきません」。1996年、ローブ氏はシリコンインベスター・ドット・コム（Siliconinvestor.com）というサイトに「ミスター・ピンク」として登場し、自身がショートした株式について掲示板に投稿し始めた。翌年、同サイトで自身の掲示板「ミスター・ピンクのおすすめ」を立ち上げ、投資アイデアやロング・ショートについて共有し、偶然サイトにアクセスした人々と交流した。自身の戦略がうまくいったときは「なんて賢いやつだ！」と叫び、うまくいかなかったときは「最悪だ！」と叫んだ。1997年、ローブ氏は「ミスター・ピンクはヘッジファンド界の雑魚だ」と書いている。株式掲示板の初期は、ダン・ローブ氏やマイケル・バリー氏（マイケル・ルイス著『世紀の空売り：世界経済の破綻に賭けた男たち（The Big Short）』[*9]に登場する）のような投資家たちが、関心がある人全員にヒントを与える奇妙な時代だった。また、議論のレベルは驚くほど高く、提案の質も高かった。ローブ氏は、保険会社の非相互化、スピンオフ、失敗したIPO、破綻会社の株式などが大幅に過小評価されることが多い時機には、こうした「特別な状況」について数多くの提案を行った。今日の競争市場に身を置く投資家がミスター・ピンクの当時の掲示板を読み返せば、確実に勝てたであろう昔の投資機会を見つけて切なく感じるかもしれない。

サード・ポイントの初期の業績は素晴らしかった。ローブ氏はロング・ポジションとショート・ポジションの両方で好成績を収め、2000年初頭までに同氏のファンドは1億3,000万ドルを超えた[20]。同氏は、5年間にわたってスモール・キャップ[*10]のロングとショートを行っていたが、その過程でそうした会社のコーポレート・ガバナンスがいかにひどいものかを学び、経営のまずさからロング・ポジションが吹っ飛ぶのを何度も経験した。ショート・ポジションの会社がローブ氏に対して訴訟を起こし、会社に残っていた

---

*9　邦訳は、マイケル・ルイス著『世紀の空売り：世界経済の破綻に賭けた男たち』、東江一樹訳、文藝春秋、2010年。
*10　時価総額が小さい上場会社。

第7章　ダニエル・ローブ氏とヘッジファンド・アクティビズム　205

わずかな資金が浪費されたこともあった。チャップマン氏がACPT社に宛てた13Dを読んだとき、ローブ氏は自身の新興ファンドにとって有用な武器を見つけたことを知った。ミスター・ピンクとして長年にわたり耳障りなメッセージを投稿し続けたことで、ダン・ローブ氏は他の市場参加者との接点のつくり方を学んだ。同氏の13Dは、正式なビジネス文書というよりも、匿名の掲示板上の炎上をねらった投稿のようになるはずだった。

2000年9月8日、ローブ氏はラルストン・ピュリナ社からスピンオフしたアグリブランズ社に関する13Dを提出した。同社はラルストン・ピュリナ社からスピンオフした別の会社であるラルコープ社との合併計画を発表していたが、ローブ氏はその条件がアグリブランズ社の株主を不当に不利に扱っていると考えていた。両社の取締役会長はビル・スティリッツ氏で、同氏は1981年からラルストン・ピュリナ社のCEOも務めていた。スティリッツ氏は、在任中にラルストン・ピュリナ社の株主に多大な価値をもたらした、尊敬を集める実業家だった。同氏は肥大化していたコングロマリットを解体し、最良の事業を残してレバレッジをかけ、余剰キャッシュを使って自社株を買い戻した。これを実現すると、同氏はラルストン・ピュリナ社の構成部門を株主にスピンオフし始めた[21]。ラルコープ社とアグリブランズ社はそれぞれ1994年と1998年にスピンオフされた。

1株当り約41ドルと市場が評価したこのディールについて、ローブ氏はアグリブランズ社が著しく過小評価されていると主張した。そして、スティリッツ氏がアグリブランズ社の株主よりも自分の利益を優先させたと非難した。同社の株価はスピンオフ後、「基本的に横ばい」を続けていたが（スピンオフ後の35.75ドルから2年後の合併発表直前には36.25ドルまで上昇）、1998年にアジア危機で株価が一時21ドルまで下落した際に、スティリッツ氏に50万株という巨額のオプションが付与されたことをローブ氏は指摘した。しかもローブ氏によれば、これは同社が大規模な自社株買いとアナリストの予想を上回る四半期決算を発表する直前に起きた。

ローブ氏は、スティリッツ氏によるスピンオフは「成功した」という発言を引用し、次のように書いた。「しかし、その成功はだれにとってでしょう

か？私たちは、投資家にどれだけのリターンをもたらしたかで成功かどうか
を評価されます（当社のリターンは、アグリブランズ社への投資で生じた足枷に
もかかわらず、5年以上にわたって平均して年間35％を超えており、かなり良好
です）。そのような投資家の視点からみると、アグリブランズ社とラルコー
プ社の業績は惨憺たるものです。貴殿に対するオプション付与のタイミング
と行使価格設定が絶妙だったため、貴殿に1,400万ドルを超える利益がもた
らされました。貴殿が口にする成功は、貴殿のオプションによる貴殿の利益
のことであって、株主の利益のことではないようですね」[22]。

　ローブ氏は最初の13Dにおいて、村の長老たちをこき下ろすのを恐れてい
ないことを示した。チャップマン氏の13Dは、だれも聞いたことのない凡庸
な人々を標的にすることが多かったが、ビル・スティリッツ氏のような人物
をその私利私欲を理由に非難するのは別の話だった。スティリッツ氏は資本
配分においては経験豊富な人物で、余剰キャッシュをもつ成熟した動物飼料
事業者であるアグリブランズ社を、買収による成長を望む高収益の消費財会
社であるラルコープ社に統合する機会を見出した。特筆すべき相乗効果はな
かったが、同氏はアグリブランズ社の資本を株主のために有効活用する方法
を見つけたと思った。もちろん、ローブ氏には異論があり、このディールは
アグリブランズ社の中核事業を過小評価することで同社の株主に損害を与え
るという見解だった。13D提出の3週間後、カーギル社[*11]が、アグリブラ
ンズ社を1株当り50ドルのキャッシュで買収するという内容の同意なき提案
を書面で行った[23]。カーギル社は最終的に54.50ドルを支払い、ローブ氏は
株式を売却して巨額の利益を手にした。

　その後、数年間にわたり、ローブ氏は、怒りに満ちた13Dを次々に提出し
た。業績不振のCEOを厳しく非難するだけでなく、取締役会のメンバーも
臆することなく標的にした。ローブ氏の特技の1つは、株主総会の招集通知
に虚偽の職歴を記載した取締役を摘発することだった。同氏は、実質的に中
身のない会社でしか勤務していない取締役を数名摘発した。ペン・バージニ

＊11　世界最大級の農業・食品系の商社。

ア社に対する13Dレターのなかで、ローブ氏は「持株会社」である「ウッドフォード・マネジメント社」の「創業者兼CEO」である取締役の経歴に疑問を呈した[24]。ローブ氏は、ウッドフォード社にはほかに従業員がおらず、売上げもほとんどないことを調べ上げていた。この取締役が従事していた唯一のビジネスは、ウッドフォード社と同じ住所で経営されている、コットンウォッシュ社という経営難の洗剤会社だった。ローブ氏は同じ13Dレターで、続くペン・バージニア社の別の取締役に関する不備の追求を次のような文章で始めている。「私たちは汚れた衣類の洗濯に役立つはずのコットンウォッシュ社製品を注文しました。というのは、御社の新任取締役について私たちが知るところでは……」。

ローブ氏はまた、自己取引や縁故主義にも目を光らせた。インターセプト社の取締役会長兼CEOに宛てた13Dレターのなかで、ローブ氏は厄介な関連当事者との融資取引やプライベート・ジェットのリース契約などについて苦言を呈した。同氏はまた、CEOの娘夫婦が2人とも同社により雇用されており、合わせて25万ドル近い給料をもらっていることも指摘した。ローブ氏が勤務時間中にCEOの義理の息子に電話し、同社での役割について尋ねたところ、その息子は「ゴルフ・コースに」いたのだった[25]。その後、インターセプト社に宛てた次の13Dレターのなかで、サード・ポイントを「卑劣なヘッジファンド」と呼ぶ同社のCEOに対して、ローブ氏はこう反論している。「自称『商業決済処理ビジネス』を行うiBillという会社を買収されましたが、その活動は主にハード・コアなポルノ・サイトに対して課金サービスを提供することではありませんか。道徳的な判断を行う人物としての貴殿の信頼性はそう高くありません。……メディアにおいて第2位の大株主を「いかがわしい」と評していることは、貴殿の判断力の欠如をさらに証明するものであり、そう遠くない将来、義理の息子さんとゴルフ・コースで一緒になる可能性を十分に示唆する行動です」[26]。

こうした個人攻撃のなかで注目すべき点は、それらがローブ氏の投資や、そもそものアクティビスト的な動機とはほとんど関係のない内容が多かったことだ。たとえば、インターセプト社宛の2通目の13Dレターは、CEOを嘲笑する以外になんの目的もなかった。その13Dレターの冒頭には「私たちは

次のような市場の判断に同意することを貴殿にお知らせいたしたく、この書簡をしたためています。それは、インターセプト社の価値は貴殿をCEOの地位から強制的に退任させることで大幅に上昇するということです。その実現のためにも同社が売却されることを私たちは期待します」と書かれていた。ローブ氏は他の株主たちに働きかけて支持を得ようとしたわけではないし、経営陣や取締役会が何か違う対応をするように説得しようとしたわけでもなかった。同氏は、すでに地に落ちていたCEOをただ蹴飛ばしただけだった。翌年、スター・ガス社に送った書簡はさらに厳しいものだった。しかし、このとき、ローブ氏には少なくとも目的があった。取締役会長兼CEOに辞任してもらいたかったのだ。同氏は「公開絞首刑で私の評判が高まり、将来、悪徳CEOと交渉する際に役立つこともあるかもしれませんね」[27]と語っている。

保守的な有配株

スター・ガス社は、元インベストメント・バンカーのイリック・セビン氏が経営する、買収を通じて急速に成長したプロパンガスと灯油の販売業者だった。スター・ガス社の戦略は複合企業の戦略とさほど変わらず、高値で評価された自社の株式を買収資金に充てるというものだった[28]。しかし、スター・ガス社は利益成長を追い求める機関投資家に頼って株価を吊り上げたりはしなかった。同社は、堅実そうにみえる配当金を利用して定期的な収入を求める個人投資家を引き込み、株価を吊り上げていた。また、企業乗っ取り屋の手口を参考にして、スター・ガス社はレバレッジを活用し、最大限まで負債を負うことを恐れなかった。

スター・ガス社は設立当初から、1株当り2ドルを超える堅実な配当を投資家に約束していた。同社の株式は公益事業会社のように「利回り」で取引され、株価は20ドル台半ばに達していた。しかし、灯油やプロパンガスの供給事業は安定した公益事業ではない。季節変動が激しく、多額の運転資金を必要とするビジネスだ。さらに、家庭の暖房用燃料が徐々に天然ガスに移行するにつれて、暖房用燃料としての灯油の需要は減少の一途をたどってい

た。スター・ガス社は1998年から2004年の間、毎年新株発行を行って資本を調達した。この期間に支払った３億3,500万ドルの配当金で経営が安定しているようにみえていたが、同社は新株発行によって４億6,800万ドルを捻出していたのだった。

2002年、スター・ガス社は灯油事業の大規模な再編に着手した。灯油の配送はプロパンの配送とよく似ているようにみえるが、この２つのビジネスは根本的に異なる。プロパンガスの場合、95％の家庭が販売業者から直接タンクをリースしており、ほとんどの州ではタンクの所有者だけに補充を許可している。こうした「火災予防規制」は既存ディーラーを固定化し、顧客を実質的に拘束する。しかし、灯油の場合、顧客は比較的簡単にディーラーを切り替えることができるため、灯油事業ははるかに競争が激しく、サービス指向の業界となる。しかし、灯油事業には秘密があるのだ。灯油事業は、うまく運営すれば、良好な資本収益率を生み出すことができる。常に最良のディールを求めて販売会社を乗り換える家庭もあるが、そうでない家庭は、個々の家庭にあわせた優れたサービスを提供する販売会社とずっと取引を続ける。米国北東部の小さな町の灯油会社の多くはまさにそうすることで、オーナーのファミリーをとても豊かにしている。

スター・ガス社は、コスト削減下でのサービス向上という野心的な目標を掲げ、灯油事業の広域化を決定した。同社は同事業をわずか２つのブランドに統合し、買収してきた90のブランドを廃止した。廃止されたブランドの多くは、何世代にもわたって地元のコミュニティに貢献してきたファミリー・ブランドだった[29]。また、スター・ガス社は、直営の27地方営業所から顧客にフル・サービスを提供するのをやめて、わずか２拠点からサービス技術者を派遣することにし、11拠点で灯油配送を管理し、コールセンター業務をカナダの業者に外注し始めた。

イリック・セビン氏は、経営がうまくいっているプロパンガス会社のイメージで、大規模で効率的な灯油事業を立ち上げるという自身の計画を「非常に学術的で知的好奇心をそそる」と評していた[30]。しかし、この再編は大失敗だった。意味のあるコスト削減にはつながらないのに、3,000万ドル近くの費用がかかった。案の定、顧客はそっぽを向き、集団で同社から離れ

た。2004年における顧客の純減少数は、過去3年間平均の5倍にものぼっ
た。スター・ガス社の状況をさらに悪化させたのは、灯油価格の高騰だっ
た。家庭用灯油の卸売価格は、2003年9月の1ガロン当り0.78ドルから、
2004年9月には1.39ドルになった。これは、スター・ガス社の顧客の灯油消
費量を減少させただけではなく、運転資本の増加のために同社の流動性を脅
かした。2004年に首の縄が締まってくると、スター・ガス社はいくつかの経
営判断を下したが、それらは最終的に原油価格に独断的な賭けをするに等し
いものだった。同社は灯油価格が安定することを期待してヘッジと値上げを
遅らせたが、実際には原油価格は上昇し続け、スター・ガス社は800万ドル
の不必要な損失を被った[31]。

　2004年10月18日、スター・ガス社は資本維持を目的に無配に転じ、株価は
1日で80％も下落した。11月中旬、同社はプロパン事業を4億8,100万ドル
で売却し、即座に3億1,100万ドルを負債の返済に充てたが、苦境にある灯
油事業は危険なほどの過剰債務を抱えたままだった。さらに悪いことに、同
社は上場パートナーシップであったため、プロパン事業の売却で得た巨額の
税前利益は株主にパス・スルーされることになった[*12]。あなたが退職者
で、過去5年間は1株当り年間2.30ドルの配当金が届くので頼りになると
思ってスター・ガス社の株式を保有していたら、20ドルで買った株式が突然
5ドルに下落し、さらに1株当り最大11ドルの課税所得を稼得したとみなさ
れる羽目になってしまったのだ。これでは堪らない。

　2005年2月14日、ダニエル・ローブ氏はスター・ガス社のイリック・セビ
ン氏に残酷なバレンタインデーの書簡を送った[*13]。ローブ氏はその冒頭
で、セビン氏が同社株価の暴落以来、株主とのコミュニケーションを怠って
いることを批判し、こう続けた。「悲しいことに、貴殿の不手際は、社債権
者やユニットホルダー[*14]とのコミュニケーション不全に限りません。貴殿
の経歴を調査した結果、長年にわたる価値の破壊と戦略上の失策が明らかに

＊12　パートナーシップ自体は法人税を支払わず、利益や損失が各投資家に分配され、そ
　　　の分配額に応じて各投資家が個人所得税を支払う仕組み。
＊13　全文を付録に掲載。
＊14　ユニットについては、本章原著脚注28を参照。

第7章　ダニエル・ローブ氏とヘッジファンド・アクティビズム　211

なり、私たちは貴殿を米国で最も危険で無能な経営者の1人と呼ぶに至りました（調査の過程でコーネル大学に『イリック・セビン奨学金』というものがあることを知り、笑えました。学業成績表に貴殿の名前が付されるという屈辱を味わっている哀れな学生には同情するしかありません）」。

　ローブ氏の書簡には、スター・ガス社の業績、イリック・セビン氏の報酬、同社が負担した莫大な弁護士費用と投資銀行手数料に対する痛烈な攻撃が含まれていた。ローブ氏は同社が手数料として7,500万ドル、つまり時価総額のほぼ半分に相当する金額を支払ったと見積もっている。そして、セビン氏の78歳の母親の取締役としての役割に疑問を呈している。「どのようなコーポレート・ガバナンス理論のもとで、貴殿の母親が当社の取締役の席に座っているのか疑問に思います。私たちが想定しているように、貴殿の取締役としての任務懈怠が判明した場合、貴殿の母親が貴殿を解雇するのに適切な人物だとは思いません。私たちは、貴殿が株主の利益よりも、取締役手当2万7,000ドルと母親の基本給19万9,000ドルを通じて自身の家族の収入を補いたいという欲望を優先していることに懸念を感じます。私たちは、貴殿の母親が直ちに当社の取締役を辞任すべきだと確信します」。

　ローブ氏は書簡の最後に、同氏とセビン氏の間に親交があることをもらしてこう書いている。「私は長年にわたり貴殿を個人的に存じ上げているので、これから申し上げることは辛辣に聞こえるかもしれませんが、それなりの正当性があります。貴殿がCEOと取締役の役職から退き、自分が最も得意とすること、つまりハンプトンズのウォーターフロントにある邸宅に引きこもってテニスをしたり、社交界の仲間と親しくしたりすることに専念すべき時が到来しました。貴殿が引き起こした混乱の修復は、プロの経営者と、その結果に経済的な利害をもつ人々に任せるべきです」。

　それから3週間後、イリック・セビン氏はスター・ガス社から身を引いた。同社は1年足らずで、ヨークタウン・パートナーズ傘下のプライベート・エクイティ会社、ケストレル・エナジー社によってリキャップ*15された。ケストレル社は以前、ミーナン・オイル社を所有していた。ミーナン・オイル社は2001年にスター・ガス社に買収された当時、米国で第3位の灯油

販売業者だった。スター・ガス社はケストレル社によるリキャップ後も上場会社として存続し、スター・ガス社のなかで辞めずに生き残っていたミーナン・オイル社の経営陣がスター・ガス社全体を経営することになった。今度の取締役会と経営陣はどちらも多額の同社株式を保有していた。新経営陣の初動は、地域密着型の顧客サービス・モデルへの回帰だった。

ダン・ローブ氏による取締役会長兼CEOに対する辞任要求があった後、スター・ガス社は数年間にわたり業績を伸ばし続けた。灯油価格が1ガロン当り4ドルに達するなど急激に変動し、経済不況が深刻化して、業界環境はより厳しくなったようだが、同社は1ガロン当りの粗利益をほぼ2倍に増やした。2006年にケストレル社が経営権を握って以来、スター・ガス社は1億1,500万ドルの配当金を支払い、2億4,900万ドル相当の買収を行った。長期借入金を増やすことも、資本調達のために株式を新規発行することもなく、これらを成し遂げたのだった。実のところ、同社は8,300万ドルを支払って株式の24％を公開市場から買い戻した。過去1年間のEBIT[16]は、セビン氏が経営していたスター・ガス社(プロパンガスと灯油の両事業をあわせた)の最高業績年の水準を上回った[32]。もちろん、いまのスター・ガス社のCEOの給与は、イリック・セビン氏の給与より40％低い[33]。

ビジネスライクな行動の再定義

著書『賢明なる投資家』の最後に、ベンジャミン・グレアム氏は「投資は、最もビジネスライクなときに最もインテリジェントである」と書いてい

---

*15 Recapitalization。資本再構成のことであり、第4章のフィリップス・ペトロリアム社の事例でも検討されていたように、一般に借入資本(負債)を増加させる一方、株主(自己)資本を自社株買いや増配によって減少させる財務手法を指す。買収対象会社の資産や将来キャッシュフローを担保に借入れを行い、その資金で会社買収を行うLBOもリキャップの一種。新株予約権付社債(Convertible Bond)の発行で調達した資金で自社株買いを行うリキャップCBや、バイアウト・ファンドの買収先会社が負債で調達した資金を株主(バイアウト・ファンド)への特別配当に充て、レバレッジを高めるディビデンド・リキャップなどがある。ディビデンド・リキャップについては岩谷賢伸『米国バイアウト・ファンドの興隆と変貌』(資本市場クォータリー、2007年winter、野村資本市場研究所)が詳しい。

*16 Earnign before Interest and Taxes。利息および税金控除前利益。

第7章　ダニエル・ローブ氏とヘッジファンド・アクティビズム　213

る。この一文は、投資家は会社の株式を部分的所有権としてみるべきである
というグレアム氏の考えを説明するときに引用されることが多い。しかし、
グレアム氏がいいたかったのはそれ以上のことであり、この発言は本当のと
ころ投資の哲学を語っている。株式を買うことは会社の部分的所有権を買う
ことと同じなのだから、投資家は株式を「自分自身のビジネス・ベンチャー
として」扱うべきだといっているのである。したがって、優れたリターンを
生み出すには、投資プロセスのあらゆる側面においてプルーデント・ビジネ
スマンのアプローチが要求されることになる。

　もちろん、ベンジャミン・グレアム氏が「一般に受け入れられるビジネス
原則」について語るとしたら、公開書簡でCEOの78歳の母親を非難したり、
失禁や陰茎に言及したりすることを除外するだろう。しかし、良くも悪く
も、今日受け入れられているビジネス慣行は、グレアム氏が異質とみなすで
あろうレベルの狂信性を容認している。ウィリアム・ソーンダイク氏の著書
『破天荒な経営者たち（Outsiders）』[17]には賢明な資本配分で成功したCEO
たちの人物像が紹介されている。しかし、スティーブ・ジョブズ氏、レイ・
クロック氏[18]、ロス・ペロー氏、トム・モナハン氏[19]、レス・シュワブ
氏[20]、ハーブ・ケレハー氏[21]といった強迫観念の強い人物を取り上げた
『Maniacs（狂人）』というタイトルの第2巻があってもいい。本書にもこの
ような多くの変人が登場する。ルイス・ウルフソン氏、カール・アイカーン
氏、そして、賢明な投資を極限まで推し進めた現在のアクティビスト・ヘッ
ジファンド・マネジャーたちだ。

　ヘッジファンド・ビジネスに関する私の愛読書は、デビッド・アインホー
ン氏の『黒の株券―ペテン師に占領されるウォール街（Fooling Some of the
People All of the Time）』[22]だ。同氏が2002年から2007年にかけてBDCのア

---

[17]　邦訳は、ウィリアム・N・ソーンダイク・ジュニア著『破天荒な経営者たち』、長
　　　岡慎太郎監修、井田京子訳、パンローリング、2014年。
[18]　ファスト・フード・チェーン「マクドナルド社」を発展させた米国の実業家。
[19]　ピザ・チェーン「ドミノ・ピザ社」を創業した米国の実業家。
[20]　米国のタイヤ販売チェーン「レス・シュワブ・タイヤ社」を創業した米国の実業
　　　家。
[21]　米国の格安航空会社「サウスウエスト航空」を創業した米国の実業家。

ライド・キャピタル社株式でショート・ポジションをとったときの出来事を詳細に記録した驚くべきドキュメントである。この書籍は読者に対し、グリーンライト・キャピタルのアインホーン氏と同僚がアライド・キャピタル社と交わした最初の会話を記している（グリーンライトはリサーチのための通話を録音している）。そして、グリーンライトがどうやってアライド・キャピタル社の強引な会計処理を規制当局、アナリスト、ジャーナリスト、投資家に暴露したのか、その5年半に及ぶ現実離れした努力に読者を案内する。

デビッド・アインホーン氏は現在最も成功しているヘッジファンド・マネジャーの1人である。グリーンライト・キャピタルは100億ドルを運用しているともいわれ、同氏の時間価値は想像を絶するほど高いし、アインホーン氏はプロの投資家として投下資本の利益率についても鋭い感覚をもっているはずだ。しかし、アインホーン氏とその同僚は、アライド・キャピタル社を追跡するために数え切れないほどの日数と時間を費やした。特にこの事件の終盤では、同氏のファンドにおけるアライド・キャピタル社のポジションはさほど大きなものではなかったはずだ。書籍にはその理由を記述する場面がある。ウォーレン・バフェット氏が毎年開催するeBayチャリティ・ランチの初日、アインホーン氏がバフェット氏を訪ねる。世界で最も偉大な投資家とプライベートな時間を過ごしながら、アインホーン氏は衝動を抑え切れずにアライド・キャピタル社についてバフェット氏の意見を求める。

デビッド・アインホーン氏によるアライド・キャピタル社株式のショート・ポジションはもはや神聖な使命になった。同氏は個人的な利益のためにそれをやっているわけではなかった。アインホーン氏はそのショート・ポジションをとった年に、利益の半分を慈善事業に寄付すると約束した（最終的には利益の全額を寄付した）。また、たとえターゲットがアライド・キャピタル社のような不健全なBDCであっても、ショート・セリングに賞賛は集まらない。それでも、アインホーン氏はこの案件に途方もない時間を費やしただけではなく、その経緯について400ページにも及ぶ回顧録まで執筆した。すべてに少し呆気にとられてしまう。

＊22　邦訳は、デビッド・アインホーン、ジョエル・グリーンブラッド著『黒の株券―ペテン師に占領されるウォール街』、塩野未佳訳、パンローリング、2009年。

第7章　ダニエル・ローブ氏とヘッジファンド・アクティビズム　215

ダニエル・ローブ氏がイリック・セビン氏の母親を攻撃したことや、デビッド・アインホーン氏が自身のファンドがとった３％のショート・ポジションをめぐって偉大な著作を出版したことなど、ヘッジファンドのマネジャーが経済的に割にあわないようなやり方でターゲット会社に対して寄せる関心にはどこか奇妙なところがある。セビン氏は必ずしも米国で最も有害で無能な経営者というわけではなかった。スター・ガス社の灯油事業をうまく経営できなかったが、石油価格が倍に高騰していなければ、いまでも同社のCEOを務めていたかもしれない。アライド・キャピタル社に関しては、貸借対照表上の資産を過大評価していたのはたしかだが、同業他社の多くも同様だった（米国経済にもっと大きな損害を与えるような、より大規模な産業にもそうした会社は存在していた）。セビン氏とアライド・キャピタル社がトップ・ヘッジファンドのターゲットになったのはある種の偶然であり、ダン・ローブ氏が「公開絞首刑」の比喩を口にした時、同氏はそのことを知っていた。ローブ氏は、他の上場会社の経営陣に「私たちは君たちを監視している。次は君たちかもしれない」と警告したのだ。その後、ヘッジファンドが選ぶターゲットはもっと大きな権威のある会社になっていった。アインホーン氏はリーマン・ブラザーズ社の強引な会計処理を非難し、ローブ氏はヤフー社のCEOの経歴詐称を暴露した。ビル・アックマン氏が率いるパーシング・スクエア・キャピタルはネットワークビジネスの強豪、ハーバライフ社に死闘を挑んだ。

　企業乗っ取り屋たちが支配権を求めて敵対的な株式公開買付けを仕掛け、アービトラージャーたちを助太刀にして関所を破ったのに対し、初期のヘッジファンド・アクティビズムは説得力を武器にした。こうした争いの多くで最終的な仲裁役を務めたのは、CalPERSやCalSTERSといった大手機関投資家だった。こうした機関投資家が、業績不振を続ける経営陣に反対キャンペーンを張るアクティビスト・ヘッジファンドに味方し始めるのにそれほど時間はかからなかった。奇妙なことに、ヘッジファンドによる株主アクティビズムが成熟するにつれ、きらびやかな武器は不要かつ逆効果になり、取締役会における席の獲得や委任状争奪戦に焦点が当てられるようになった。

216

大手機関投資家は、ヘッジファンド・アクティビストとの共生関係があれば、会社に水面下で圧力をかけることが容易になる。彼らは介入することで利益を得られそうな投資先があれば、アクティビストを探し求めることさえある。そして、おそらく最も重要なのは、アクティビズムが頻繁にみられるようになったことから、機関投資家がヘッジファンドによるキャンペーンをより適切に評価し、賢明に議決権を行使するようになったことだ。アクティビストによるキャンペーンが本当に馬鹿げた考えに基づいていれば、おそらく支持はほとんど得られないだろう。30年前であれば、株主から攻撃を受けた会社はほぼ例外なくイン・プレイに追い込まれた。たとえ売却のタイミングが悪くても、最終的に売却されるという結末はほぼ避けられなかった。偉大なR・ケリー[23]の言葉を借りれば、「まるで『ジェシカおばさんの事件簿（Murder She Wrote）』だった」[34]。しかし、2013年末になると、CalPERSでグローバル・ガバナンス担当ディレクターを務めるアン・シンプソン氏は次のようにニューヨーク・タイムズ紙に語っている。「株主アクティビズムは、もはや野蛮な来訪者[24]ではなく、所有者としての行動が進化を遂げているのです」[35]。

　ヘッジファンド・アクティビストはもうアウトサイダーではなく、大手機関投資家に手厚く歓迎されるようになった。このいわゆる進化は、米国株式会社に巨大な影響を与えることになった。議決権支配が確保されていない限り、いかなる会社も立ち入り禁止にはならないのだ。ヘッジファンド・アクティビストたちは近年、世界最大の上場会社であるアップル社とマイクロソフト社に対してキャンペーンを展開している。カール・アイカーン氏はアップル社に対し、さらなる資本の株主還元を実現するよう圧力をかけた。他の投資家からはあまり支持を集められなかったものの、アイカーン氏の行動は

---

[23]　1990年代から2000年代初頭にかけてR&Bとヒップホップのジャンルで活躍した米国のアーティスト。

[24]　野蛮な来訪者（Barbarians at the Gate）は、同名のベストセラーになったノンフィクション（邦訳は、ブライアン・バロー、ジョン・ヘルヤー著『（新版）野蛮な来訪者』、鈴田敦之訳、パンローリング、2017年）に基づく表現と思料。同書では、RJRナビスコ社がCEOによるMBO（Management Buyout）提案を契機にイン・プレイになり、最終的にKKRに買収された経緯が描かれている。

第7章　ダニエル・ローブ氏とヘッジファンド・アクティビズム　217

アップル社に確実に影響を与えたようで、同社は自社株買いを増やした。バリューアクトはマイクロソフト社の株式を1％も保有していないが、同社の取締役会に自陣から取締役を送り込むことに成功した。同じような偉業を10年前にヘッジファンドが成し遂げたとは想像しがたい。

　もちろん、ヘッジファンド・アクティビストが長期投資家と完全に足並みをそろえるという考え方には、明白かつ根本的な欠陥が1つある。ヘッジファンドは長期資金を運用するような組織ではない。委任状争奪戦をしたり、会社の取締役を務めたりすると、投資資金が拘束されてしまい、アクティビスト投資の期間とファンドの流動性条件の間にミスマッチが生じる可能性がある。多くのヘッジファンドは、自分たちの投資家は長期投資にコミットしていると主張しようとするが、ファンドのパフォーマンスが落ち始めたらそれはもう真実ではない。ヘッジファンドが会社の長期保有者になると口にしたところで、それは結局のところ希望的観測にすぎない。

　ヘッジファンドで長期的な投資戦略を成功させるためには、自社への短期的なビジネス上のプレッシャーを無視するわけにはいかない。カタリスト*25と出口戦略を考慮する必要がある。だからこそ、マーティン・リプトン氏のような公開会社擁護派は、ヘッジファンド・マネジャーによる長期保有に関する一般向けの発言は正確ではなく、自己宣伝であると指摘するのだ。ここで参考になるのが、ダン・ローブ氏によるスター・ガス社への投資だ。2006年に所有者を一新して以来、同社が大成功を収めていることは以前に書いた。しかし、ローブ氏は実際には再建に関与しなかった。セビン氏が退任し、リキャップも完了したため、「イベント」と「カタリスト」はすでに終わっていた。投資家たちはスター・ガス社に飽きており、大量の株式がリキャップの参加者の手に残った。スター・ガス社はしばらくの間、死んだ金になる運命にあり、ローブ氏はその資本をもっと有効に活用することができた。同氏は2004年にニューヨーク誌のスティーブ・フィッシュマン氏に次のように語った。「私が気にしているのは、投資家のために金を儲けることだけです」[36]。ミスター・ピンクは嘘をつかないのだ。

＊25　市場を動かす材料。

今日の投資家にとっての朗報は、ダン・ローブ氏のようなヘッジファンド・マネジャーが市場で儲けようとするとき、他の株主にも利益をもたらすことが彼ら自身にとって最も有利な展開になるということだ。グリーンメールの時代にみられたように、アクティビストが他の株主全員を犠牲にして自分の利益を生み出すことは、はるかに困難になっている。大手機関投資家の覚醒がこの力学に大きく関係している。受動的な投資家が賢く議決権を行使することで、株主アクティビズムは破壊的ではなく、むしろ建設的な方向に向かう。たとえば、マイクロソフト社の株式を１％足らずしか所有していないバリューアクトが大きなリターンを得るためには、マイクロソフト社の株主全員が利益を得る必要がある。

　しかし、プロキシティアたちや企業乗っ取り屋の発言と同様に、人気のある株主擁護を口にするすべての人たちの発言をうっかり真に受けてはならない。アクティビストが他の株主に対してどのような真意をもっているかは、彼らが会社の支配権を握ったときによくわかる。以前のプロキシティアたちや企業乗っ取り屋と同様に、ヘッジファンドにも信頼を損なう履歴がある。おそらく、その最も良い例は、ステーキン・シェイク社のサルダール・ビグラリの物語だろう。

思いやりの精神

　サルダール・ビグラリ氏は、ステーキン・シェイク社のほか、保険会社や雑誌「マキシム」を所有するビグラリ・ホールディングス社の取締役会長兼CEOだった。同氏の経歴は大変興味深い。1979年のイラン革命後に投獄された元イラン軍将校の息子であるビグラリ氏は、幼少期の一定期間を母親とともに自宅軟禁状態で過ごした[37]。1984年に家族とともに米国に移住した時、同氏は７歳で、知っている英語の言葉は「こんにちは」と「さようなら」だけだった[38]。

　ビグラリ氏は19歳の時、『株で富を築くバフェットの法則（The Warren Buffett Way）』[*26]を読んで投資に興味をもつようになった。大学卒業後に自身のヘッジファンドを立ち上げ、ウエスタン・シズリン社というレストラン

会社に多額の投資を行った。同社の取締役に就任後、ビグラリ氏はフランチャイズに重点を置いた事業再編を支援し、余剰資本をフレンドリーズ・アイスクリーム社に対するアクティビスト投資に振り向けて、大きな成功を収めた。同氏の次のターゲットは、ダニー・マイヤー氏のシェイク・シャック社立ち上げに影響を与えた中西部を代表するハンバーガー・チェーン、ステーキン・シェイク社だった。ステーキン・シェイク社は当時、既存店舗の業績が悪化する一方で、新規店舗の開店に多額の資金を浪費していた。ビグラリ氏は2008年3月に取締役に選任され、8月初旬にはCEOに就任した。ステーキン・シェイク社はその頃、債務不履行の危機に瀕し、米国は悲惨な金融危機と不況に見舞われようとしていた。

レストラン経営の経験もなく、当時はまだ30歳そこそこだったが、ビグラリ氏は抜本的なステーキン・シェイク社再建に着手した。ビグラリ氏は債権者と交渉していくばくかの財務的余裕を確保したうえで、積極的にコストを削減し、メニューも簡素化した。そして、不安定な財務状況下ではかなり度胸の据わった行動だが、顧客のために大幅な値下げを行った。ステーキン・シェイク社は不況下で客足と収益性を大幅に伸ばした。

サルダール・ビグラリ氏はステーキン・シェイク社を救い、利益を伴う成長軌道に復帰させることで、同社の株主に多大な富をもたらした。しかし、それ以来、同氏は社内で自分を守り、自身の報酬を最大化するために物議を醸すような行動を繰り返すようになった。あるヘッジファンド・マネジャーがこういった。「彼はウォーレン・バフェット氏のように話すが、行動はロン・ペレルマン氏のようだ！」

ビグラリ氏はかつて、ウエスタン・シズリン社の株主に宛てて次のような書簡を書いたことがある。「当社の組織全体で株主を大切にする気風を示すつもりです……」[39]。その後、ステーキン・シェイク社とウエスタン・シズリン社をビグラリ・ホールディングス社という会社に統合した。直近のSECファイリングによれば、ビグラリ・ホールディングス社はビグラリ氏が運用するヘッジファンドに6億2,000万ドルの投資を行っている。また、ビグラ

---

*26　邦訳は、ロバート・G・ハグストローク著『株で富を築くバフェットの法則』、小野一郎訳、ダイヤモンド社、2014年。

リ氏が自身の名義で直接的に保有するビグラリ・ホールディングス社株式は2％未満だが、同氏が自身のヘッジファンドを通じて保有している割合は20％近くになる[40]。同氏はビグラリ・ホールディングス社の資金を自身のヘッジファンドに投資させ、6％のハードル・レートをクリアした分については25％の成功報酬を得る立場になっている。

また、ビグラリ・ホールディングス社からビグラリ氏のヘッジファンドに投資されている資金はロックアップ期間が5年となっているため、自身のヘッジファンドを通じたこのやり方は強力な自己保全の手段としても機能する。さらに、同氏は自身の地位をいっそう強固にするため、同氏が取締役会長やCEOを解任されたり、資本配分の職務を剥奪されたりした場合には、会社に対して年間売上高の2.5％を対価として自身の名前の使用を認めるライセンス契約を結んだ。もし怒れる投資家たちがビグラリ氏を追い出そうと共謀すれば、同社は「ビグラリ氏のステーキン・シェイク」というフレーズを使用するために、何年も同氏にお金を支払い続ける羽目になるわけだ（この契約が法廷で有効であると認められた場合だが）。2014年の同社年間売上高の2.5％は約2,000万ドルであり、これは同年の利益の70％に相当する。

ビグラリ氏の報酬額（ヘッジファンドとの契約による収入を除く）もかなり高額だ。ビグラリ・ホールディングス社の最新の委任状勧誘参考資料には、同氏が過去2年間で毎年1,000万ドル以上の年間報酬を得たことが記載されていた。これはマクドナルド社、バーガーキング社、ポパイズ社、ウェンディーズ社といったはるかに規模の大きな同業他社のCEOの報酬を上回るものだ。ビグラリ氏への報酬計算は、会社の簿価純資産の増加額に基づいている。2014年、ビグラリ・ホールディングス社は、権利行使価格が市場株価に対して40％ディスカウントの新株予約権を割り当てるライツ・オファリング*27を行った[41]。これにより株主は自分の持分が希薄化するのを防ぐために資金を出さざるをえなくなったが、このライツ・オファリングがもたらし

---

*27 新株予約権無償割当て、ライツ・イシューともいう。上場会社が新株予約権を既存株主に無償で割り当て、増資に応じる株主は新株予約権を行使して株式を取得し、増資に応じない株主は新株予約権を市場で売却することができる。公募増資や第三者割当増資と異なり、既存株主の持分や1株利益の希薄化を回避する増資手法。

た最終的な結果はなんだろう。ビグラリ・ホールディングス社の純資産は資本注入を受けた結果として増加し、ビグラリ氏の報酬も増加したのだった。そして、この増資資金がビグラリ氏のヘッジファンドに投資されて利益を生めば、ビグラリ氏は6％のハードル・レートを上回った利益部分の25％をも受け取ることになる。

サルダール・ビグラリ氏の成功によりステーキン・シェイク社の株主に利益がもたらされたことで、投資家たちはおおむね同氏の自己保身戦術と高額報酬を大目にみてきた。少数の小口株主がビグラリ氏から取締役会の支配権を奪うために委任状争奪戦を始めたが、著名なバリュー投資家で株主擁護者のマリオ・ガベリ氏＊28はインディアナポリス・スター紙の記者に対し、ビグラリ氏を支持する可能性が高いと語った42。一方、ビグラリ氏自身は「パックマン」ディフェンス＊29の変種を検討している模様であり、自身のヘッジファンドを通じて、反対派の株主が取締役を務める2つの会社の株式を大量に購入している。

サルダール・ビグラリ氏の戦術は、間違いなく機関投資家の忍耐力を試すことになろう。同氏が賢明な投資と優れたレストラン経営を通じて株主のために利益をあげ続けるなら、このままビグラリ・ホールディングス社での地位を維持し、繁栄し続けると思うが、投資家たちは同氏の他の会社における動きを警戒するだろう。同氏はクラッカー・バレル社＊30の株式の20％を所有し、貴重なレストラン経営の手腕を示しているにもかかわらず、数年連続で同社取締役への選任を逃している。ビグラリ氏は株主宛てに、同社の業績を品良くも痛烈に批判する書簡を大量にばらまいたが、クラッカー・バレル社の機関投資家層から共感を得ることはできなかった。株主からの信頼がなければ、誹謗中傷の書簡で攻撃したところで効果は限られる。2007年、ビグラリ氏はフレンドリーズ・アイスクリーム社の株主に宛てた書簡で「一般株

＊28　資産運用会社のガムコ・インベスターズ社の創設者およびCEO。
＊29　買収対象会社が、逆に買収を仕掛けてきた会社を買収しようとする買収防衛策。1980年代に人気を博したアーケード・ゲーム「パックマン」でキャラクターが敵を食べる場面に基づく呼称。
＊30　米国で著名なレストラン＆ギフト・ショップのチェーンで、南部風の家庭料理と昔ながらの田舎風の雰囲気が売り。

主の利益が最優先されるべきです」と強調した。同氏は「プライベート・ジェットは、株主を大切にしない文化の象徴です」とも書いていたが[43]、レストラン業界のファイナンスを専門にするライター、ジョナサン・メイズ氏は2014年に、ビグラリ・ホールディングス社がジェット機４機の所有権を登録したと報じた[44]。

　サルダール・ビグラリ氏ほど強引なヘッジファンド・マネジャーはほとんどいない。デビッド・アインホーン氏がアインシュタイン・ノア・レストラン・グループ社の事実上の支配権を握ったとき、同氏は社名をアインホーン・レストラン・グループ社に変更したり、プライベート・ジェットを４機購入したりはしなかった。しかし、ヘッジファンドによる株主アクティビズムを脱イデオロギーの極限まで推し進めたビグラリ氏の話は教訓となる。これまでみてきたように、いまや米国のコーポレート・ガバナンス・システムにおいて権力のほとんどは株主が握っている。アクティビスト・ヘッジファンドはかつて、ダン・ローブ氏やボブ・チャップマン氏のような、会社の重役室に悪臭弾を投げ込む異端の小物だったが、今日では大手機関投資家と手を組み、米国のほとんどの重役室にも出入りできるようになった。これにより、会社がうまくいかなくなったとき、従来のコーポレート・ガバナンス上のスケープゴート（社内昇格者や知り合いで固めた取締役会や、株式を所有していない経営者）を非難しているだけではすまなくなった。ガバナンスが悪化したとき、株主が責任を負わなければならなくなったのだ。株主は株主価値と健全な企業監視を擁護するが、最も洗練された株主でさえ、首尾よく利益が計上されているときには警告サインを都合よく見落とす習慣がある。ビグラリ・ホールディングス社の株価が暴落しない限り、市場はビグラリ氏による自己利得行為を容認するが、ビグラリ氏がよろめくことがあれば、株主は容赦しないだろう[*31]。

[*31]　2014年のビグラリ・ホールディングス社取締役会の支配権をめぐる委任状争奪戦（グローブランドというヘッジファンドによる挑戦）では、議決権行使助言会社がグローブランドの提案を全面的に支持しなかったこともあり、ビグラリ氏陣営が勝利を収めた（Patrick Danner, "Biglari Holdings prevails in proxy fight with Groveland", Houston Chronicle, April 9, 2015。https://www.houstonchronicle.com/business/local/article/Biglari-Holdings-Prevails-in-Proxy-fight-with-6190049.php）。

上場会社への投資は、限られた情報に基づいて現実のお金をリスクにさら
す危険な行為でもある。忠実に安全域のある価格で買ったとしても、損失に
つながるミスを犯す可能性はある。完璧を目指す意欲的な投資家でさえ、投
資先選びに失敗している。ダン・ローブ氏はマッセイ・エナジー社に、アイ
ンホーン氏はニューセンチュリー社に、セス・クラーマン氏はHP社に、アッ
クマン氏はJCペニー社に、そしてアイカーン氏はブロックバスター・ビデ
オ社にアクティビスト投資を行ったが、いずれも大きな損失を被った。
ウォーレン・バフェット氏でさえ、バークシャー・ハサウェイ社を所有して
いる一方で、あの厄介者になったアイルランドの銀行＊32に投資していた。
アクティビズムがうまくいかないと、野次馬的な投資家たちがそれみろと喜
ぶのは明白だ。しかし、ただ指をさして眺めているよりも、失敗したアク
ティビズムの結果と経緯を詳しく調べて、何を学べるのかを確認してみよう
ではないか。でも、ご心配なく。ポカンと眺めていればすむ事例もあるか
ら。

＊32　バフェット氏は2009年2月27日付バークシャー・ハサウェイ社の株主向け書簡で
　　「2008年に私は割安と判断した2つのアイルランドの銀行の株式に2億4,400万ドルを
　　投資しました。しかし、年末にはこれらの保有株式の時価評価を2,700万ドルに引き
　　下げて、89％の損失を出しました。その後、これら2行の株式はさらに下落しまし
　　た。テニスの観客であれば私のミスを『自ら招いた失策』と呼ぶことでしょう」と書
　　いている。

第 **8** 章

BKFキャピタル社：
画一化の錆

「強欲と自己利得取引の文化が暴走しています」

――J・カルロ・カネル、2005年

「反対勢力は、素直に認めてはいませんが、成長に『ノー』を突きつ
け、報酬を直ちに大幅に削減することを提案しています。もしそれが実
際に行われれば、必然的に重要な人材が離職し、既存のビジネスの価値
が低下することになるでしょう」

――ジョン・A・レヴィン、2005年

　株主アクティビズムの代表的な失敗例として悪名高いのは、ビル・アック
マン氏がJCペニー社に対して展開した「Think Big」キャンペーンである。
ファンド・マネジャーたちにJ–C–Pという文字列を伝えると、怒りと他人の
不幸を喜ぶ気持ちが混じった反応が返ってくるだろう。アックマン氏はパー
シング・スクエア・キャピタル・マネジメントというヘッジファンドを運営
しており、超集中型バリュー投資戦略を採用して大成功を収めている。現
在、運用資産は150億ドルを超えている[1]。ほとんどのヘッジファンドは、
この規模に達するとトーンダウンして保守的になり、インデックス追随アプ
ローチを採用し始める。アックマン氏は立派なことに、自身のルーツを忠実
に守り続けている。四半期に一度SECに提出される運用報告書によれば、
130億ドルもの資金がわずか7銘柄に投資されている[2]。アックマン氏が動

第8章　BKFキャピタル社　225

きをみせることは比較的少なく、動けばその多くが大ホームランになっているため、同氏の動静はウォール・ストリート全体から注目されている。

ビル・アックマン氏は、驚くほど詳細で長大なプレゼンテーションを非常に流暢に行うことで知られている。バーガーキング社に関しては52ページ、マクドナルド社に関しては78ページ、ゼネラル・グロース・プロパティーズ社に関しては101ページ、そして、なんとハーバライフ社に関しては342ページだった。アックマン氏がJCペニー社について63ページにわたって書き上げた壮大なプレゼンテーション資料には、同社の将来に対する野心的な構想が概説されていたが、投資の論点はシンプルだった。JCペニー社は不動産の49%を自社で保有していたが、残りは市場相場を下回る賃料でリースしていた。同社は年間売上高170億ドル、マーケティング予算10億ドルという規模の経済性を実現していた[3]。業務運営が少し改善されるだけでも株主には十分な利益がもたらされるだろうが、アックマン氏はさらに高みを目指した。同氏はJCペニー社を、小売業について先見の目をもっている人物のための真っ白なキャンバスと見立てた[4]。そして、その芸術家としてアップル社のロン・ジョンソン氏に白羽の矢を立てた。

しかし、ジョンソン氏はJCペニー社で、ターゲット社やアップル社での成功を再現することができなかった。JCペニー社の大安売りプロモーションから顧客を乳離れさせようと尽力したところ、逆に彼らはそのまま同社に戻ってこなくなってしまった。既存店売上高は25%も急落し、かつては運転資金をあまり必要としなかったビジネスが、金食い虫へと変貌した。取締役会はジョンソン氏によるJCペニー社変革の取組みをわずか17カ月で中止した。アックマン氏でさえ、ジョンソン氏とそのチームは「大きな過ち」を犯し、同社の経営を「ほぼ破滅に近づけた」という厳しい言葉を投げかけた[5]。その後5カ月間でアックマン氏は保有するJCペニー社の全株式を売却し、4億5,000万ドル以上の損失を出したといわれている[6]。

株主にとっては大打撃となったが、私はJCペニー社の事例が悪いアクティビズムの一覧に属するとは思わない。同社の取締役会が全員一致でジョンソン氏をアップル社から引き抜いたとき、投資家たちは興奮で浮かれていた。ビル・アックマン氏とJCペニー社の取締役たちは、株主のためにジョンソ

ン氏を選ぶという計算ずくのリスクを負った。結果はどうあれ、それは賢明な動きだった。JCペニー社が悪いアクティビズムの代名詞となったことは、結果重視のビジネスにおける事後分析のむずかしさを物語っている。

　純粋に株価のパフォーマンスだけでアクティビズムの成否を判断することは、誤解を生むし、表面的なものになりかねない。たとえば、アクティビストによる干渉は会社の売却につながり、プラスの株式リターンを生み出すことが多い。しかし、会社売却が長期的な株主に与える実際の影響は、それほど明確ではない。業績が低迷し、居座り続ける経営陣を価値あるはずの事業から強制的に切り離すと、通常は株主が利益を享受する。しかし、買収プレミアムが株主に対して、将来実現しうるキャピタル・ゲインを公正に補償しない場合、株価が上昇したとしても株主は損害を被ったことになる。株主アクティビズムを擁護する最近の学術研究では、買収プレミアムは疑いようのないプラスであるとされている[7]。しかし、決してそうではないはずだ。ファンド・マネジャーが投資家として最も苛立たしい経験について語るとき、その多くには低い価格での買収が含まれる。

　アクティビストの影響を適切に評価するためには、株価の動向だけではなく、ビジネスに実際に何が起こったのか、なぜ起こったのかを理解する必要がある。また、アクティビストが関与しなければどうなっていたかも考える必要がある。このことを念頭に置いて、BKFキャピタル社の2005年の悲惨な事例を検証してみよう。そこでは、アクティビストによるキャンペーンで株主価値が完全に崩壊した。ビル・アックマン氏という有名人がいなければ、BKF社こそがアクティビズムの失敗の典型例になっていただろう。

倒れそうな木材

　ベイカー・フェントレス＆カンパニー社の起源は、木材ビジネスを専門とするシカゴの投資銀行だった1890年代にさかのぼる。同社は1940年代初頭に数十社の木材・伐採会社の所有権を売却し、売却によって得た資金で公開株式に投資した[8]。1995年には5億ドルの資産をパッシブ運用するクローズドエンド型ファンドとなるとともに、以前からずっと保有し続けてきた木材持

株会社の1つ、コンソリデーテッド・トモカ・ランド社の支配権も握っていた。しかし、同社は時代遅れな恐竜だった。1987年に20年近く経営を担っていたジェームズ・フェントレス氏が亡くなって以来、同社のポートフォリオはS&P 500を大幅に下回っていた[9]。ベイカー・フェントレス社の株価はその資産に対して大幅に割安で取引されていたため[*1]、既存株主の持分を希薄化させることなく資本を調達することはできなかった。取締役会長のジェームス・ゴーター氏は、会社を成長させる最善の方法は外部資産の運用を開始することだと考えていたが、近年の運用実績の低迷で顧客の獲得もむずかしかった。

1996年6月、ベイカー・フェントレス社は大型株バリュー投資を専門とする資産運用会社、ジョン・A・レヴィン社を買収した。同社は当時、前年比40%増の50億ドル超を運用し、1982年の設立以来、力強い投資リターンを生んでいた。自分の名前を社名に冠した創業者、ジョン・A・レヴィン氏は、ローブ・ローデス社のリサーチ・ディレクターを務めた後、1976年に退職し、ヘッジファンドのスタインハート・パートナーズのパートナーになった。ジョン・A・レヴィン社は、最初は富裕層向けのロング・オンリー運用から始まった。ベイカー・フェントレス社に買収される頃には、運用資産の80%以上を機関投資家が占めるようになっていた。また、同氏はその頃、いくつかのヘッジファンド戦略も開始した。ジョン・A・レヴィン社は買収ディールによって、新たなファンド戦略のシードを提供してくれる大規模かつ恒久的な資本基盤にアクセスできるようになった[10]。1996年のディールの一環として、ジョン・レヴィン氏はベイカー・フェントレス社の筆頭株主兼CEOとなった。

ジョン・A・レヴィン社はレヴィン・マネジメント社と改名され、ベイカー・フェントレス社のもとで成長を続けた。1998年末までには83億ドルを運用するようになり、ヘッジファンド資産も順調に拡大した。同社の最大のヘッジファンドは、レヴィン氏とその息子、ヘンリーが共同で運用するイベント・ドリブン戦略[*2]だった。ヘッジファンドは、その強気な手数料体系

＊1　PBRが1倍割れということ。

もあって、レヴィン氏に貴重な成長機会をもたらしていた[11]。2000年、レヴィン・マネジメント社の伝統的なロング・オンリー運用からの手数料収入は4,100万ドルだったのに対し、同社総資産の約10％を占めるにすぎないヘッジファンドからの手数料収入は3,400万ドルだった。その年、ヘンリーのファンドの資産は10億ドルを超えた[12]。

レヴィン・マネジメント社の成長にもかかわらず、ベイカー・フェントレス社はその資産価値に対して大幅な割安株価で取引され続けた。クローズドエンド型の株式ファンドは当時すでに人気がなかったうえに、ベイカー・フェントレス社はレヴィン・マネジメント社とコンソリデーテッド・トモカ・ランド社の持分も保有していたため、特に異質な存在だった。1999年、同社は投資会社[*3]としての登録を抹消してポートフォリオを清算し、キャッシュとコンソリデーテッド・トモカ・ランド社の株式を株主に分配することを決定した。これは株主にとって素晴らしい帰結であり、株主は最終的にベイカー・フェントレス社の株式ポートフォリオの公正価値を受け取ることができた。存続会社はBKFキャピタル社と改名され、レヴィン氏の事業のみで構成されることになった。「あれは信じられないほどに株主に好意的なイベントだと思いました」とジョン・レヴィン氏は私に語った[13]。しかし、それはまた株主基盤の改変ももたらし、アクティビスト投資家をBKFキャピタル社に招き入れた。

100年以上の歴史をもつベイカー・フェントレス社が、いよいよ終わりを迎えようとしていた。有配当のクローズドエンド型ファンドとして保有していた投資家は、投資運用に特化する小規模な事業を最終的に手にすることになった。BKF社のCFOであるグレン・アイゲン氏は次のように回想してい

＊2　イベント・ドリブン戦略は、会社の経営に大きな影響を与える出来事（イベント）に伴う株価の変動を収益機会としてとらえようとする投資手法。主な戦略にM&Aアービトラージ戦略（M&Aに伴う買収価格と市場価格の乖離に注目）、ディストレスト戦略（経営破綻・不振で割安とされた株式や社債などを買い入れ、その後の価格回復を期待）などがある。

＊3　米国はクローズドエンド型の株式ファンドは投資会社の形態になっており、SEC登録が要求される。

第8章　BKFキャピタル社　229

る。「クローズドエンド型ファンドとしての登録が抹消されると……株主基盤は投資信託や個人富裕層から機関投資家層、特にヘッジファンドへと完全に変化しました」[14]。会社の株主基盤が構造的に大きく変わると、株式を大幅な割安価格で取得する機会になることがよくあるが、ベイカー・フェントレス社には多くのバリュー投資家が引きつけられた。マリオ・ガベリ氏は大量の同社持分を取得した。ウォーレン・バフェット氏でさえ同社が資産を分配する直前に個人口座で同社株式を購入した[15]。

2000年代初頭、BKFキャピタル社はバリュー志向のヘッジファンド・マネジャーたちの間で人気の銘柄となった[16]。買う理由は単純明快だった。多くのアナリストは、運用会社のバリュエーションをその運用資産に対する比率で行う。この点で、BKF社は非常に割安にみえた。運用資産に対する企業価値の割合が、上場している資産運用会社よりも低かったのだ。さらに魅力的だったのは、ほとんどの同業他社とは異なり、BKF社がヘッジファンド事業を急成長させていたことだった。ヘッジファンド事業に直接関与している上場会社はほとんどなかった。2000年代初頭にBKF社株式を購入していたヘッジファンド・マネジャーが皆、理解していたように、この業界は爆発的な成長を遂げていたのだ。

2003年末にBKFキャピタル社の運用資産は130億ドルに達した。イベント・ドリブン型ヘッジファンドは20億ドルを突破し、この年の手数料収入は5,100万ドルにもなった。しかし、BKF社の急成長と9,700万ドルの手数料収入にもかかわらず、同社の株価は低迷していた。2003年を通じて、同社の時価総額は1億5,000万ドル足らずだった。一時は時価総額が1億1,500万ドルを下回り、1996年にベイカー・フェントレス社がジョン・A・レヴィン氏に支払った金額（しかも、当時のジョン・A・レヴィン社の運用資産はかなり少なかった）を大きく下回るほどだった。株主は忍耐力を失い始めた。

ビジネスをキャッシュフローではなく売上高に基づいて評価する場合、そのコスト構造について暗黙の、そして多くの場合は楽観的な前提が立てられている。しかし、BKF社のコスト、特に従業員の報酬は非常に高く、ジョン・レヴィン氏がそれを削減しようとする気配はなかった。BKF社の投資家の多くは同社のヘッジファンドが本格的に軌道に乗る日を心待ちにしてい

た。しかし、ついにその日が来た時、投資理論の欠陥が露呈した。BKF社のヘッジファンドが多額のパフォーマンス・フィーを得ても、そのほとんどは株主ではなく従業員への報酬に充てられたのだった。このことは同社のより根深い構造上の問題を浮き彫りにした。BKF社の従業員は同社の株式をあまり所有していなかったのだ。ジョン・レヴィン氏自身も約10％しか所有しておらず、彼らのインセンティブは株主のインセンティブと完璧には一致するものではなかった。

レヴィン氏は当初、自分と息子は会社にとって非常に重要な存在であり、だれも会社に対して敵対的な攻撃を仕掛けることはないだろうと考えていた[17]。また、ジェームズ・ティッシュ氏[*4]、バートン・マルキール氏[*5]、ディーン・タカハシ氏[*6]、そしてインベストメント・バンカーのアンソン・ビアード氏[*7]とピーター・J・ソロモン氏[*8]など、スターぞろいの独立取締役もそろえていた。しかし2001年、マリオ・ガベリ氏が支配する会社の持分比率が9％を超えた直後、BKF社は10％という比較的低い発動条件のポイズン・ピルを導入した。その1カ月後ガベリ氏は、来たる年次株主総会で、株主たちが承認しなければBKF社はポイズン・ピルを撤回するという提案を提出すると発表した[18]。

ポイズン・ピルの撤回を求める株主提案は、2002年と2003年のBKF社の年次株主総会で圧倒的な支持を得た。しかし、この提案指示に法的な拘束力はなく、取締役会はこの提案を無視することを選択した。2003年9月、ガベリ氏の顧問弁護士であるジェームズ・マッキー氏は、ポイズン・ピルについて気骨のある書簡をBKF社に送った。同氏は次のように書いている。「いま

---

*4　当時、米国の大手コングロマリットのロウズ社のCEOを務めていた著名ビジネスマン。

*5　投資に関する名著として知られる『ウォール街のランダム・ウォーク（A Random Walk Down Wall Street）』を著した米国の経済学者。同書の邦訳は、バートン・マルキール著『ウォール街のランダム・ウォーク』、井手正介訳、日経BPマーケティング、1993年。

*6　当時、イェール大学基金のCIO（Chief Investment Officer、基金の運用・調査部門の最高責任者）。

*7　当時、ゴールドマン・サックス社で富裕層向け資産管理部門の成長を推進。

*8　モルガン・スタンレー社やリーマン・ブラザーズ社を経て、当時、自身の独立系投資銀行を運営し、多くの著名なディールを手掛けていた。

第8章　BKFキャピタル社　231

こそ会社に行動への説明責任を果たさせ、取締役会室と経営陣執務室におけるチェック・アンド・バランスを取り戻すべき時です。会社がポイズン・ピルによって自らの周囲に濠を張り巡らし、株主の声を無視する時ではないのです」[19]。

　その2カ月後、ニューヨーク市の元土木技師で、割安なクローズドエンド型ファンドへの投資で第二のキャリアを成功させていたフィリップ・ゴールドスタイン氏[*9]がスケジュール13Dを提出し、BKF社の身売りを株主提案した。同氏はそのなかで次のように書いた。「BKF社の運用資産に対するマーケットキャップ（ここでは株式時価総額＋有利子負債）の比率はわずか1.3％です。これは他の投資運用会社に比べてかなり低いものです。たとえば、フランクリン・リソーシズ社[*10]（ティッカーシンボル 'BEN'）は4.4％、ジャナス・キャピタル社[*11]（'JNS'）は2.9％、ワッデル＆リード社[*12]（'WDR'）は7％です。BKF社の低比率の主たる原因は、その過大な経費にあると考えます。2002年、BKF社の営業収益[*13]に占める人件費の割合は約69％でした。これに対し、BENでは25％、JNSでは30％、WDRでは13％でした。つまり、株主価値を向上させる最も確実な方法は、直ちに投資銀行に

---

*9　アクティビストでブルドッグ・インベスターズやオポチュニティ・パートナーズを運営。

*10　Franklin Resources。一般には「フランクリン・テンプルトン（Franklin Templeton）」のブランドで知られる、米国の大手資産運用会社。1947年に設立された老舗。2020年にはレッグ・メイソン社を買収し、約1.6兆ドル（2024年3月末）の運用資産を誇る。特に債券運用で歴史的に高い評価を得ている。

*11　Janus。1970年に設立された米国の資産運用会社。積極的な成長株投資戦略で急成長し、特に1990年代にはテクノロジー株への集中投資で高いリターンを得たことで大きく注目されたが、2000年代初頭のITバブル崩壊後は運用資産の減少などに直面した。その後、運用戦略の変更やリスク管理の強化などに取り組み、2017年に英国有数の資産運用会社、ヘンダーソン・グローバル・インベスターズ社と合併、ジャナス・ヘンダーソン・インベスターズ社となり、3,614億ドル（2024年6月末）の運用資産をもつ。

*12　Waddell & Reed。1937年に設立された米国の資産運用部門と富裕層向けサービス部門を運営していた会社。2021年にオーストラリアのマッコーリー・グループ（Macquarie Group）が同社を買収し、資産運用部門はマッコーリー・グループの資産運用部門（ブランド名はデラウェア・ファンズ）に、富裕層向けサービス部門はLPLフィナンシャル社に売却された。

*13　原文はrevenueなので、「売上高」と訳すのが一般的だが、BKF社の事業に鑑み、運用会社の損益計算書で使われる「営業収益」とした。

依頼し、会社売却を含む、株主価値を最大化する選択肢を考案することだと考えています」[20]。

　マッキー氏がガベリ氏にかわって送った書簡は、株主提案の枠を超えて2004年の年次株主総会における取締役選任を脅かしそうなものだった。しかし、2004年の年次株主総会になっても委任状争奪戦は引き起こされず、取締役会に無視されるだけのポイズン・ピル撤回提案が再び決議されただけだった。BKF社では数年前から株主の不満が顕著になっていたが、だれも取締役会の席を求めて争おうとはしなかった。しかし、これがいよいよ変わろうとしていた。2004年4月、スティール・パートナーズが6.5％の株式保有を開示するスケジュール13Dを提出したのだった。

戦闘態勢

　スティール・パートナーズは1990年にウォーレン・リヒテンシュタイン氏によって設立された。ヘッジファンドの仕組みにアクティビスト投資戦略を活用した最初の会社の1つだった。リヒテンシュタイン氏の攻撃的なスタイルはカール・アイカーン氏を手本にしていた。アイカーン氏と同様、リヒテンシュタイン氏もすぐに結果を出さなければならないという緊迫感をもって業務に取り組んでいた。多くのヘッジファンド・アクティビストは、委任状勧誘参考資料を長期価値と長期株主への敬意で埋め尽くすのだが、リヒテンシュタイン氏はもっと単刀直入だった。2001年にSLインダストリーズ社のCEOに宛てた書簡のなかで、同氏は、自身の取締役候補者は「SL社の株主のための短期的な価値を創造するため、必要なあらゆる措置を講じます」[21]と説明した。

　スティール・パートナーズは、小規模な上場会社に対するアクティビスト・キャンペーンを14年間も展開してきたという実績を引っ提げて、BKF社の前に現れた。スティール・パートナーズが関与した以上、BKF社の根本的な変化はある程度必然的になった。BKF社は3年間にわたり、高額な従業員報酬とポイズン・ピルの撤回拒否の件で投資家を無視していた。スティール・パートナーズは戦う気満々だったので、両社が取締役会の刷新に

第8章　BKFキャピタル社　233

向けて和解交渉を行うか、スティール・パートナーズが委任状争奪戦を仕掛けて勝利するかのどちらかだった。その他、唯一ありうる代替案は、BKF社の即時身売りだった。市場は熱狂的に反応した。スティール・パートナーズが13Dを提出した４月から、初めてBKF社に公開書簡を送った12月までの９カ月間で、BKF社の株価は24％も上昇した[22]。

2004年12月16日、スティール・パートナーズはBKF社に対し、株主代表３名を直ちに取締役会に加えるよう要求した。ウォーレン・リヒテンシュタイン氏が取締役会に提出した書簡の概要は次のとおりだ。「ジョン・A・レヴィン社[*14]はこれまでも、そしてこれからも顧客に良いサービスを提供し続けると信じていますが、BKF社は株主にその価値を提供できていません。率直にいって、約130億ドルの資産を運用し、１億ドル以上の手数料収入を計上する資産運用会社がどうして損失を出すのか、理解できません」[23]。同氏はさらに「BKF社は、主要従業員の業績に報いつつも、彼らの利害がBKF社の顧客や株主の利害と直接一致するような報酬体系を導入する必要があると考えています。BKF社の長期にわたる業績の観察に基づき、私たちはBKF社の取締役会が同社を株主に対して説明責任を負わない非公開会社のように経営していることに懸念を覚えました。……明確に申し上げれば、私たちの目標は単純明快です。つまり、BKF社のすべての株主のために同社の企業価値を迅速かつ即座に高めることです」[24]と述べた。

ジョン・レヴィン氏と他のBKF社の取締役が、リヒテンシュタイン氏からの新取締役の即時追加要求に応じなかったため、スティール・パートナーズは次の年次株主総会に向けて自陣の取締役候補者リストを提示した。BKF社はスタッガード・ボード[*15]だったため、改選される取締役は３人だけだった。ジョン・レヴィン氏、バートン・マルキール氏、プライベート・エクイティ投資家のバート・グッドウィン氏だ。スティール・パートナーズは、リヒテンシュタイン氏、投資家のロン・ラボウ氏、そして複数の大手資産運用会社で業務経験をもつカート・シャハト氏を指名した。

委任状争奪戦は2005年５月中旬から６月初旬までの約３週間に集中した。

---

*14　この時点でレヴィン・マネジメント社に改名していたはずだが、原文のまま。
*15　第７章参照。

スティール・パートナーズのメッセージは、最初の公開書簡で訴えた内容からほとんど逸脱していなかった。高額な従業員報酬と低い営業利益率に加え、ポイズン・ピルのような買収防衛策、スタッガード・ボード、定款や細則における買収防止条項に重点が置かれていた。スティール・パートナーズは、2004年のヘンリー・レヴィン氏の報酬900万ドルと、ジョン・レヴィン氏の娘に支払われたコンサルティング料17万5,000ドルなど関連当事者取引も指摘した。

BKF社の取締役会は、長期的な資産拡大戦略によって短期的な利益率が必然的に圧縮されると反論した。同社から5月18日に提出された委任状勧誘参考資料には、次のように記された。「大手または非上場の他の資産運用会社が提供する水準に匹敵する報酬を支払おうとする当社の決定は、当社がより高い利益を生み出せる規模へ成長するのに必要とする人材を確保し、引きつける機会をもたらしてくれると考えています。……当社の利益率が当社よりもはるかに規模の大きい競合他社より低いことは理解していますが、短期的に利益率を改善することだけを目的とした施策や、長期的な利益の絶対額ではなく利益率の最大化だけに焦点を当てた施策により、最終的に株主価値の最大化を実現できるとは考えていません」[25]。

両社は数週間にわたって激しく攻撃しあった。スティール・パートナーズはBKF社のコーポレート・ガバナンスを厳しく批判し、議決権行使助言会社のISS（Instituional Shareholder Services）とグラス・ルイスの支援を得ることに成功した。これに対してBKF社は、スティール・パートナーズが取締役を送り込んでいた会社における関連当事者取引を指摘して反論した。BKF社の取締役会から出された5月26日付の書簡には「コーポレート・ガバナンスの面で、スティール・パートナーズが模範とはとてもいえません。……コーポレート・ガバナンスの綱領を掲げてキャンペーンを展開するリヒテンシュタイン氏の偽善振りには大変驚きました」[26]。株価上昇の大半はスティール・パートナーズによる持分開示後だったが、BKF社は同社の株価が好調であることを強調した。スティール・パートナーズは増配または自社株買いも要求した。

BKF社はまた、スティール・パートナーズが競合関係にある資産運用会

第8章　BKFキャピタル社　235

社に投資するのは、何か下心があるのではないかと主張した。取締役会は、スティール・パートナーズがBKF社の運用資産に手を伸ばして手数料を得ようとしている可能性があると書いた[27]。BKF社の取締役会はこう締めくくった。「騙されないでください。スティール・パートナーズは、コーポレート・ガバナンスや全株主の利益を代表することに主眼を置いていません。リヒテンシュタイン氏の個人的な利益を伸ばすために、この委任状争奪戦に参加しているのです」[28]。リヒテンシュタイン氏は、スティール・パートナーズの利益のためにBKF社の運用資産をくすねようとしているという疑惑を否定した。同氏は、スティール・パートナーズの評判はすべての株主の価値を守ることにかかっていると書き、BKF社に対して怒りを感じている自分以外にも投資家は皆、資産運用ビジネスに携わっていると指摘した。同氏はさらに「私たちに下心があるという推測には根拠がなく、今回の委任状争奪戦の真の争点を曇らせる煙幕にすぎません」[29]と付け加えた。

2005年5月末まで、BKF社をめぐる委任状争奪戦はごく標準的な展開をたどった。スティール・パートナーズは、長年の実績に裏打ちされた委任状争奪戦の定石を活用して成功を収めつつあった。同社は、BKF社の財務実績が低迷しているのは高額な従業員報酬が主因だという中核的な主張を繰り返し強調し、そこにコーポレート・ガバナンスの取組み、増配の要求、インサイダー取引の告発など思いつく限りの攻撃を積み重ねた。BKFキャピタル社は全力でスティール・パートナーズからの攻撃をかわし、株主の関心を取締役選任と同社の運用資産増加に集中させようとした。そうしたなかで、株主総会のわずか8日前に突然、J・カルロ・カネル氏というヘッジファンド・マネジャーが13Dレターをもって現れた。BKF社株主のすべての不満をジョン・レヴィン氏と他の取締役全員への痛烈な非難に凝縮した内容だった。レヴィン氏と取締役会の重鎮たちは個人的な非難にさらされ、戦闘態勢に入った取締役会長は株主への熱烈な嘆願をもって答えた[30]。

動的な力

1992年、J・カルロ・カネル氏はわずか60万ドルの資産でヘッジファンド

を立ち上げた。それから10年後、同氏は10億ドル弱を運用する業界の新星の１人となった。インスティテューショナル・インベスター誌によると、カネル氏は2002年に5,600万ドルの報酬を手に入れ、米国で13番目に高収入のヘッジファンド・マネジャーであった[31]。この金額は、ジョージ・ソロス氏、デビッド・テッパー氏、エディ・ランパート氏、スティーブン・ファインバーグ氏といった大物ヘッジファンド・マネジャーを凌ぐものであった。

　カルロ・カネル氏は、無名のスモール・キャップ企業を対象にしたロング・ショート・バリュー戦略を展開していた。同氏はバリュー・インベスター・インサイト誌のインタビューでこう語った。「（私たちは）投資コミュニティからほとんど見向きもされない有望なターンアラウンド案件、愚鈍な会社、その他投資にそぐわない会社を市場の下草のなかから発掘することに時間を費やしています」[32]。インスティテューショナル・インベスター誌の所得番付に載っているファンド・マネジャーの多くが、大規模で複数の投資戦略を展開する会社を構築しているなか、カネル氏は組織を肥大化させず、中核となる投資手法を貫いていた。ファンドの規模が大きくなりすぎないようにするため、実際に同氏は投資家に２億5,000万ドルを返還した。同氏は「私たちの投資手法の大きな欠点は拡張性に乏しいことです」[33]と説明した。世の中の多くのヘッジファンド・マネジャーたちはこの事実を自分の胸に秘め、運用資産を（そして、その結果として手数料も）保持しているだろう。

　急速に成熟しつつあるヘッジファンド業界でトップクラスに上り詰めたにもかかわらず、カルロ・カネル氏は依然として異端だった。同氏は投資の世界で一匹狼を自負しており、他のファンドと一緒に仕事をすることはほとんどなかった。ファンド・マネジャーが特定の銘柄を推奨するよう伝えられた投資カンファレンスで、ヒドロダマリス・ギガス、別名ステラー海牛という動物の絶滅に関するプレゼンテーションを行ったこともあった[34]。投資家に運用資産の一部を返還してから数年が経った2004年、カネル氏は繁盛していたビジネスから完全に手を引き、試しに隠居生活に入ることにした。同氏は次のように発表した。「カネル・キャピタル社がまだオムツをしていた頃、家族をないがしろにしていることに後悔を感じていました。いまは会社のオムツは外れましたが、息子がオムツをしているので、家族と一緒に過ごす

第８章　BKFキャピタル社　237

ためにしばらく休むことにしました」[35]。

　6カ月後、カネル氏は愚鈍な会社や投資にそぐわない会社の掘り出し作業が恋しくなった。同氏は心機一転して仕事に戻り、BKFキャピタル社に目をつけた。同氏はBKFキャピタル社をまずい経営のせいで収益が落ち込んでいる成長企業と判断した。株主層の不満と有能なアクティビスト投資家の存在を与件とすれば、BKF社の問題を解決するのはそれほどむずかしくないように思われた。カネル氏は2005年2月14日、ダン・ローブ氏がスターガス社で聖バレンタインデーの虐殺を行ったのと同じ日に、BKF社の5％持分取得を開示した。委任状争奪戦が過熱するにつれ、同氏はBKF社の保有持分を9％近くまで引き上げた[36]。

　スティール・パートナーズがアクティビズムを材料にしてビジネスを立ち上げたのに対し、カネル氏はアクティビズムを自身の投資家を守るための武器としていた。ダン・ローブ氏の場合と同じように、小さな公開会社への長年の投資経験がカネル氏を頑なにしていた。カネル氏は正義感が強く、悪意のあるビジネスマンが投資家に害を及ぼした場合は行動せざるをえないと感じている人物だった。同氏は私に「私のリミテッド・パートナー[*16]から明らかに盗みを働いている人たちを目の前にして何もしなければ、注意義務違反になってしまいます」と語った[37]。BKF社に関して、カネル氏は、同社に1億2,000万ドルもの手数料収入があるのに、レヴィン氏が株主に利益をもたらそうとしないことに異議を唱えた。「彼に必要だったのは、不適切な構造的問題を自覚することだけでした。その悪質さはかなり露骨で、議論の余地はありませんでした。……主観的なものではありませんでした」[38]。

　カルロ・カネル氏は型破りなファンド・マネジャーだが、名高い金融家の家系に生まれている。同氏はインベストメント・バンカーのフェルディナン

＊16　出資金を基にして共同で投資を営む組合であるリミテッド・パートナーシップは、無限責任組合員（ゼネラル・パートナー）と有限責任組合員（リミテッド・パートナー）の間の契約により成立し、リミテッド・パートナーは有限責任組合員として自己の投資額の範囲内で責任を負う一方、ゼネラル・パートナーは自己の出資金に加え、リミテッド・パートナーから募った出資金を基に投資や運用活動を行い、また、無限責任組合員として自己の出資金の範囲にとどまらず、事業から生じた責任を負う。

ド・エバーシュタット氏の孫である。エバーシュタット氏はウォール・ストリートとワシントンで輝かしいキャリアを築き、米国政府のアドバイザーとしても活躍した。エバーシュタット氏のビジネス上の業績として、運用資産が10億ドルに達した最初の投資信託であるケミカル・ファンドを設立したことがあげられる[39]。カルロ・カネル氏の父、ピーター・B・カネル氏は、大手広告代理店BBDOのコピーライターとしてキャリアをスタートした。義父にウォール・ストリートで働くように圧力をかけられたピーターは、後にケミカル・ファンドの社長になった。ピーターは1973年に自身の会社、ピーター・B・カネル社を設立し、2004年末の引退まで年率16％のリターンをあげた[40]。ピーターが投資家に送った、デイヴィッド・オグルヴィ氏[*17]を彷彿とさせる個性的な書簡は、今日、ハワード・マークス氏[*18]のメモが回覧されているように、ウォール・ストリートを駆け巡った。息子のカルロと同様、ピーター・カネル氏もウォール・ストリートの経営リーダーたちには批判的で、鋭い宣伝文句を好んで用いた。たとえば、2000年に「Dumb.com」と題した書簡を出し、そこでインターネット企業が広告キャンペーンで株主のお金を浪費していることを批判した[41]。

　しかし、ピーター・カネル氏は自身のペンでターゲット会社を直接批判することはなかった。ピーター・カネル氏の同僚の1人が1997年のインタビューでこう語っている。「私たちは平凡な投資家です。議論は敬遠します。投資先が議論を呼ぶようになれば、売却します」[42]。カルロ氏は父親の文才を受け継いでいるが、業績不振の会社に関しては、ある書籍で「動的な力の体現者」と評された祖父に似ている[43]。2005年6月1日付のカルロ氏がBKFキャピタル社に送った書簡[*19]がその証拠だ。冒頭はこうである。

> 「カティリナよ、いつになったらわれらの忍耐を辱めるのをやめるのか。その狂気はいつまでわれわれをあざ笑うつもりなのか。いつになったら、いまは尊大な振る舞いをしている、あの奔放な大胆さが終わりを

[*17]　現代広告の父とも称される伝説的な広告パーソン。
[*18]　第3章の訳注参照。
[*19]　全文を付録に掲載。

第8章　BKFキャピタル社　239

告げるのか」。

紀元前63年、執政官マルクス・トゥッリウス・キケロは、ルキウス・セルギウス・カティリナに対する最初の弾劾演説で、ローマ元老院の腐敗と悪徳を暴きました。私たちがBKFキャピタル社の記録を研究すると、その言葉は今日にも通じるものであることがわかります。

　カネル氏はまず、BKF社の低い利益率と高額の従業員報酬を指摘する。「コストは法外です。……増加した収入は高騰した給与に吸い取られています。その結果、過去5年間で運用資産と手数料収入がそれぞれ18％と64％増加したのに、BKF社は引き続き赤字を計上しています」。そして、ヘンリー・レヴィン氏とイベント・ドリブン型ヘッジファンドの他のシニア・マネジャーの高額報酬について次のように書いている。「マネジャーたちの報酬にはBKF社の株式がまったく組み込まれていませんし、彼らの定着を促す長期インセンティブも組み込まれていません。このような取決めで、マネジャーたちの利益と株主の幸福（well-being）をどのように一致させるというのでしょうか？　非上場会社であれば、このような過剰な報酬は大した問題にはならないでしょうが、BKF社は上場会社です」。

　BKF社の経費については、カネル氏は次のように不満を述べている。

BKF社による株主資産の冷酷な破壊は、キケロを憤慨させたように私たちを憤慨させます。会社訪問するとき、私たちは39.95ドルのモーテルに泊まります。「レセプション」にフルーツが置いてある高級ホテルに泊まるわけではありません。……2005年5月26日に貴殿のオフィスを訪問した際、このような利益の出ない会社が米国で最も高価なオフィス・スペースに拠点を置いていることに驚きました。ロックフェラー・センターにある5万6,000平方フィートの貴殿のオフィスは、BKF社株主の犠牲のもとにキャッシュを燃やしています。……私は、カジノがテーブルに「太客」を誘い込むために贅沢な出費をすることを評価しますが、それはそのような装飾品が収益に貢献すること、金のなる木をもたらすことが前提となっています。貴殿のロックフェラー・センターの成金主

義は無駄な出費です。

　カネル氏が触れた問題の多くはスティール・パートナーズが提起した問題と同じだが、同氏はより挑発的な言い方をした。同氏は、取締役のバートン・ビッグス氏[20]、バートン・マルキール氏、アンソン・ビアード氏に名指しで言及し、「悪党どもには予想されますが、皆さんのようなウォール・ストリートの著名な大物がこのような振る舞いに出ることは予想されません」と述べた。そして、カネル氏は、取締役会に対し「(i)BKF社を非公開化し、経費の浪費を非公開会社として行うこと、(ii)オポチュニティ・パートナーズのフィリップ・ゴールドスタイン氏が2003年11月17日の13Dで最初に提案したように、インベストメント・バンカーを指名して会社の競売を行うこと、あるいは(iii)取締役が辞任して、株主重視の取締役会にバトンを渡すこと」を要請した。カネル氏は書簡を「カティリナは他の金持ちや堕落した男たちと反乱軍を結成しようとしましたが、キケロは最終的にカティリナを打ち負かしました。……貴殿にはまだ逃げる時間があります。前進せよ、カティリナ」と結んでいる。

白い委任状のほうに投票してください

　6月9日の株主総会が近づくにつれ、勢いは明らかにアクティビスト側に傾いていた。92.5セントの特別配当や、フリー・キャッシュフローの70%分配という新方針など、これまでのBKF社の株主の支持を得ようとする試みに大きな効果はなかった[44]。一方、スティール・パートナーズによるガバナンス改革の要求は投資家の共感を呼んだ。BKF社は思い切った行動に出た。同社は株主総会を2週間延期し、コーポレート・ガバナンスに関するすべての項目について譲歩した。同社は、ポイズン・ピルの撤回、取締役会の非スタッガード化、株主による臨時株主総会招集を認める定款変更に同意した。

---

[20]　モルガン・スタンレー社の調査部門を立ち上げた経験を有する著名なヘッジファンド運用者。バートン・ビッグス著『ヘッジホッグ』、望月衛訳、日本経済新聞出版社、2007年など邦訳された著作が複数ある。

第8章　BKFキャピタル社　241

リヒテンシュタイン氏は株主への書簡のなかで、BKF社の微々たる、遅すぎた行動を嘲笑した。

> 私たちの候補者および私たちが支持するコーポレート・ガバナンスの取組みに対する皆様のご支援のおかげで、BKF社の取締役会は強く抵抗しながらも、その意志に反して、現代的なコーポレート・ガバナンス改革の世界に引きずり込まれました。……BKF社が遅ればせながら、私たちのかなり前からの提案の多くを採用したという事実は、私たちの提案がすでにBKF社の株主に利益をもたらしていることを示していると確信します。**達成すべきことはまだたくさんあります。BKF社の取締役会はいまだ、今回の取締役選任戦の主たる争点が業績の改善と、報酬と株主利益の一致であることを理解していません！** [45]

委任状争奪戦のこの時点まで、ジョン・レヴィン氏は比較的目立たない存在だった。同氏は自分への個人的な攻撃に対して公に反応しておらず、過去3通の委任状勧誘参考資料中の書簡には「取締役会」[46]の署名がされていた。6月16日、レヴィン氏は株主に対して個人的に語りかけることを決心した。同氏は、カネル氏とスティール・パートナーズに対する力強い反論を書き、株主にバートン・マルキール氏とバート・グッドウィン氏を再任するよう懇願した。1954年のニューヨーク・セントラル鉄道の委任状争奪戦におけるウィリアム・ホワイト氏のように、ジョン・レヴィン氏はほぼ確実な敗北を前にして、自ら進んで「銃を突きつける資本主義」に立ち向かったのである[47]。

レヴィン氏の書簡*21は、ポイズン・ピルの撤回と取締役会の非スタッガード化という決定について説明することから始めている。「BKF社の取締役会は最近、中心的な争点以外のすべての争点を年次総会の議題から外すという劇的な行動をとりました。中心的な争点とは、どちらの候補者リストが同社の成長と成功を促進するために最善の取締役会を生むかということです」。レヴィン氏は、スティール・パートナーズとカネル氏が経費削減につ

＊21　全文を付録に掲載。

いて意地悪く騒ぎ立てる一方で、そのための具体的な計画を提示しなかったと指摘する。そして、BKF社が適切にビジネスを成長させ、株主にとって長期的に最大の価値を生み出すためには、従業員基盤に投資する必要があると主張する。

> 当社は経験豊富なプロフェッショナルたちで構成されていますが、同時に、成長余地のある、分散された投資戦略シリーズの展開を目指す若い公開会社でもあります。**発展途上の現段階では、株主の皆様が、当社が成長するか、それとも失敗するかを決定する力を有しています。**

レヴィン氏は、BKF社の経費政策を弁護した後、関連当事者取引の疑惑について言及している。

> 資産運用業界で世界的に認められているエキスパートであるバートン・ビッグス氏が、私たちのオフィス内の使われていない転貸不可のスペースを使っていたため、ごく短期間、賃料を支払っていたことに対する攻撃は、常に冗談のようなものでした。私たちがこの件について議論すると、人々は理解を示します。私たちはピーター・ソロモン氏の投資銀行組織に比較的低額の手数料を支払ったことで攻撃されていますが、同じ攻撃者たちは同時に株主価値を実現するための戦略的代替案を追求しなかったという理由で私たちを批判しています。

おそらく、レヴィン氏の反論のなかで最も説得力があるのは、子どもたちへの報酬について語った箇所であろう。

> 私の子どもたちに対する攻撃は、反対派の本質について多くを明らかにしますが、不適切な点を暴露するものではまったくないと申し上げざるをえません。息子のヘンリーに支払われた報酬については多くのことが語られていますが、私はただ株主の皆様に、イベント・ドリブン戦略を担当する2人のシニア・ポートフォリオ・マネジャーの1人として彼を

第8章　BKFキャピタル社　243

評価していただきたいのです。同戦略は長年にわたり当社の収益とフリー・キャッシュフローの非常に大きな部分を生み出してきました。……彼は、自分が運用する戦略が当社にもたらす収益に基づいて報酬を受け取っています。これは、私たちを批判するヘッジファンド・マネジャーたちが彼ら自身に対して報酬を支払っている方法とまったく同じです。……なぜ、彼がその運用するアカウントの収益に基づいて報酬を受け取ることが、もはや物事をとらえる適切な視点にならないのか、理解できません。……私の娘であるジェニファー・レヴィン・カーターは、学業において優れた実績をあげました。イェール大学3年生でファイ・ベータ・カッパの会員となり、同大学で分子生物物理学と生化学を専攻して優等で卒業し、ハーバード大学医学部とハーバード大学公衆衛生大学院を卒業しました。彼女は、バイオテクノロジーと彼女の専門分野に入る他の会社について、当社の投資プロフェッショナルたちに貴重なリサーチを提供しており、彼女とかかわるすべての人たちから大きな強みとして評価されています。

レヴィン氏は、BKF社の2000年以降の会計上の損失は、9,100万ドルの現金支出を伴わない償却費に起因するのに、スティール・パートナーズとカネル氏はBKF社を赤字ビジネスと位置づけ、投資家をミスリードしていると非難する。そして、同氏は最後の嘆願で書簡を締めくくる。

最後は素晴らしい希望のメッセージで締めくくるべきでしょうが、厳しい現実をお伝えします。どんな株主や株主グループが次に何を言い出すのか、あるいは何をするかはわかりません。将来がどうなるかは、この会社の中立株主にかかっています。妥協点はありません。私たちの候補者リストは傑出した人物で構成されています。バートン・マルキール氏は、まさに株主が求めるべき取締役です。同氏は経済諮問委員会の元メンバーであり、プリンストン大学経済学部に長年在籍する正教授であり、バンガード社*22のさまざまなファンドのトラスティでもあります。バート・グッドウィン氏は、プライベート・エクイティ会社に在籍

する優れた投資家です。2人とも、1996年に私たちの資産運用会社が
BKF社に合併される以前からBKF社の取締役でした。彼らは取締役とし
て可能な限り独立しています。白い委任状のほうに投票してください。

　6月23日、BKFキャピタル社の株主は、スティール・パートナーズの取
締役候補リストを2対1の差で選任した[48]。ジョン・A・レヴィン会長は決
議によって解任されたが、新たな取締役会からすぐに復帰を要請された。し
かし、レヴィン氏とリヒテンシュタイン氏が同じ取締役会に参加してみる
と、会社をともに前進させる計画には合意しなかった。バートン・ビッグス
氏は7月12日に取締役を辞任した。同社は8月23日にレヴィン氏の辞任を発
表したが、同氏は「名誉会長」の肩書きを保持した。9月末時点で、BKF
社の運用資産は年初から29％減少の96億ドルだった。
　悪いニュースは続いた。10月18日、BKF社はヘンリー・レヴィン氏とイ
ベント・ドリブン・チームの他のシニア・マネジャーたちの退社を発表し
た。彼らのヘッジファンドは永久に閉鎖されることになった。12月20日、
CFOのグレン・アイゲン氏がレヴィン氏の新しい会社で働くために退社し
た。同社はその年をわずか45億ドルの運用資産で終えた。アンソン・ビアー
ド氏とジェームズ・ティッシュ氏は1月10日と11日に取締役会を去った。4
月3日、BKF社は6億1,500万ドルのヘッジファンド資産を運用する2人の
マネジャーと折り合いがつかなかったと発表した。その2週間後、さらに1
人のヘッジファンド・マネジャーが出ていき、さらに1億3,300万ドルの
ファンド清算を余儀なくされた。BKF社は2006年6月をたった19億ドルの
運用資産で終えた。その四半期の収益はちょうど100万ドルを超えたほど
で、前年同期に計上した3,000万ドルから96％の減少だった。7月には致命
的な一撃を受けた。BKF社はロング・オンリーのマネジャーを失い、残り
の運用資産を清算すると発表した。委任状争奪戦から15カ月後の2006年9月

＊22　Vanguard。1975年にジョン・C・ボーグル氏が創業した資産運用会社で、現在は
　　投資信託とETFを中核に世界最大級の運用資産額を誇る（2024年9月末で10.1兆ド
　　ルとされる（※））。特に、コスト効率の高いインデックス・ファンドの先駆者。（※）
　　https://www.advratings.com/company/vanguard-groupに基づく。

第8章　BKFキャピタル社　245

末までに、BKFキャピタル社には事業も資産もなくなっていた[49]。株価は、株主が反対派の取締役候補リストに投票した日から90％下落していた[50]。

公開会社における非公開ビジネス

　もしアクティビスト投資家がBKFキャピタル社に手を出さなければ、間違いなく株主たちはもっと良い結果を得ていたことだろう。ジョン・A・レヴィン氏が最後まで従業員に収益の80％を支払い続けていたとしても、市場はその会社を2006年末のBKF社の抜け殻よりも高く評価していただろう。しかし、BKFキャピタル社は失敗に終わったアクティビズムに関する教訓以上のものだ。それは公開会社の本質について根本的な疑問を提起している。

　ジョン・レヴィン氏は株主に対して、BKF社の成長に備えるために従業員基盤に投資していることを明確に説明していた。しかし、株主はレヴィン氏を本気で信じなかった。レヴィン氏の持株比率が10％未満であることを懸念し、同氏には投資家の利益のためにコストを厳しく管理する強いインセンティブがないことを知っていたのだ。完全に一致したインセンティブがなければ、コーポレート・ガバナンスは信頼の問題になる。しかし、ビジネスの世界では、信頼に頼ることはしばしば裏目に出る。BKF社の株主は単純に、レヴィン氏が従業員の利益よりも株主の利益を気にかけるとは信じられなかったのだ。ポイズン・ピルとスタッガード・ボードによって汚されたBKF社のコーポレート・ガバナンスの実績は、レヴィン氏の信頼性を損なった。最終的に、株主は３人の新メンバーを一斉に取締役会に据えることを決定した。スティール・パートナーズは触媒だったかもしれないが、根底には株主の不満の高まりがあった。

　しかし、レヴィン氏に対する株主の不信は正当なものだったのだろうか。BKF社はたしかに買収防衛策を講じ、レヴィン氏は息子に数百万ドルを支払ったが、同氏は同社の経営を誤り、株主を搾取していたのだろうか。自己利得取引の告発を検証するためにまず調べるべきは、レヴィン氏自身の給与だろう。同氏は委任状争奪戦に至るまでの５年間、年平均で400万ドルの総報酬を受け取っていた[51]。たしかにそれは大金だが、100億ドル以上を運用

する資産運用会社のCEO兼ポートフォリオ・マネジャーの報酬としては決して法外ではない。1997年、レヴィン氏は会社の収益の約7％を自分の報酬に充てたが、それは従業員の取り分の14％に当たるものだった。2004年までには、同氏の報酬は収益の3％を大きく下回り、従業員への総報酬の3％をわずかに上回る程度だった。ジョン・レヴィン氏が自身に対して報酬を著しく過大に支払っていたと主張するのはむずかしい。

　ヘンリー・レヴィン氏の報酬はアクティビストたちから大きな注目を集めた。同氏は2003年に800万ドル近く、2004年には900万ドルをわずかに下回るくらいを稼いだ。これらはスティール・パートナーズがBKF社の「説明責任の欠如」[52]を強調するために使った大きな数字である。しかし、同氏は2003年に5,100万ドル、翌年には約6,000万ドルの手数料を生み出した2人のシニア・ヘッジファンド・ポートフォリオ・マネジャーのうちの1人だった。ヘッジファンド業界は「自分が狩ったものを食べる」報酬体系で有名である。25億ドルのヘッジファンドを運用するヘンリーの報酬は、その同業他社の大半よりも低いことはほぼ間違いなかった（インスティテューショナル・インベスター誌が、J・カルロ・カネル氏の2002年の報酬を5,600万ドルと見積もったことを思い出してほしい）。

　BKF社はイベント・ドリブン・チームに収益の3分の2をとらせていた[53]。ヘッジファンドの世界においては、これは実にBKF社に寛大な取引だった。ほとんどのヘッジファンドのシードマネー契約はもっと控えめな25％の取り分になっており、ファンドが成功した場合、この取り分はほとんど例外なく交渉により引き下げられる。ヘッジファンドが設立されたら、シードマネー投資家の取り分を無理やりにでも引き下げるのは通過儀礼のようなものだ。BKF社のアクティビストたちは、同社がヘッジファンド・マネジャーとの報酬契約を再構築することを望んだが、33％以上も削減するのは困難だったろう[54]。

　2004年12月に提出されたスティール・パートナーズの最初の委任状勧誘参考資料のなかで、ウォーレン・リヒテンシュタイン氏は次のように書いた。「おそらく最も驚くべきは、BKF社の財務指標を他の上場資産運用会社の財

務指標と比較したときです。これらの数字をざっとみただけでも、会社の株主に妥当な価値を提供するには変革が必要であることがわかります」[55]。しかし、ざっとみただけでは誤解を招くとしたらどうだろうか。BKF社をイートン・バンス社[*23]やワッデル＆リード社といった会社と比較してもあまり意味がない。それらは確立されたブランド・ネームをもつ、大規模で多角化された組織であった。BKF社の成長の見込みを損なうことなく、レヴィン氏がこうした会社の効率性レベルを達成することは不可能だっただろう。

　カルロ・カネル氏は非常に優秀な投資家だ。しかし、ヘッジファンドの成果報酬型の構造のもとで成功したカネル氏のような型破りな投資家が、BKF社が同業他社と根本的にどう違うのかを理解しなかったことを見過ごすことはできない。BKFキャピタル社にとって大きな皮肉は、同社に報酬削減を迫った株主が、もっと賢明でありえたはずの高給取りのヘッジファンド・マネジャーだったことだ。彼らは、従業員の報酬を削減することが収益を増やす近道とみたが、結局は優秀な人材を追い払ってしまった。ジョン・レヴィン氏は私にこう語った。「私たちは40億ドルから150億ドルに成長しました。私たちは5,000万ドルのキャッシュを生み出しました。私たちは6億8,000万ドルを株主に分配しました。そして、そのすべてがアクティビズムによって破壊されました」[56]。

　私は総じて、株主アクティビズムが米国経済とその上場会社にとって非常に良いものだったと信じる。金融危機以降、上場会社が記録的な利益率を達成した原因の少なくとも一部は、アクティビズムの脅威が浸透したためだと思う。しかし、株主の台頭はまた、同業者間における過度の画一化をもたらす。アイカーン氏による、自分の株価を上げなさい、だれかがあなたにかわってそれをする前に、という言葉は、今日の市場では「営業利益率を業界標準まで上げなさい、さもないとだれかがあなたにかわって上げようとするでしょう」と言い換えられるだろう。今日の株主アクティビストの多くは、

＊23　Eaton Vance。1924年に設立された米国の資産運用会社。2020年にモルガン・スタンレー社によって買収され、その傘下の資産運用部門として活動。その経緯は以下に詳しい。岡田功太『モルガン・スタンレーによるイートン・バンスの買収』、野村資本市場クォータリー、2021年winter、野村資本市場研究所。

営業利益率の最大化に注力している。彼らは不確実な成長見通しを極端なほどに信用しない一方で、過去の収益を将来の銀行預金とみなす。これは、資本配分に中心を置くベンジャミン・グレアム氏のアクティビズムとは相当異なるものである。

　BKF社の委任状争奪戦への参加者ほぼ全員が、公開会社と非公開会社では基準が異なることを認めていたのは示唆に富んでいる。フィリップ・ゴールドスタイン氏、スティール・パートナーズ、カルロ・カネル氏はいずれも、BKF社は非公開会社のように運営されていると主張した。「貪欲さを批判しているわけではありません」とカネル氏は私に語った。「しかし、あのような構造は非公開会社として実践されるのが最善です」[57]。レヴィン氏の後任として取締役会長を務めたアンソン・ビアード取締役はニューヨーク・タイムズ紙のジョー・ノセラ記者[*24]に「そもそも公開会社であるべきではなかったのです」[58]と語った。ジョン・レヴィン氏でさえ、息子のヘンリーについて書いたとき、その溝を示唆した。「公開会社の一員だということで、彼が受け取る現金報酬は必然的に減らなければならないと私は理解しています……」。

　現在、ジョン・レヴィン氏は、ベイカー・フェントレス社が再構築された時、複数議決権株式[*25]を推し進めなかったことを深く後悔している。同氏は「私はひどい間違いを犯しました。馬鹿げた話に聞こえるかもしれませんが、株主に6億8,000万ドルを分配するという大勝利を収めたので、それで十分だと考えていました」[59]と語った。もしレヴィン氏がデュアル・クラス・シェア・ストラクチャー[*26]を通じてBKF社の議決権の過半数を確保してい

[*24]　同記者はその著書『アメリカ金融革命の群像（A Piece of the Action: How the Middle Class Joined the Money Class）』で知られる。同書は1995年にThe New York Public Library Helen Bernstein Book Award for Excellence in Journalismを受賞。邦訳は、ジョセフ・ノセラ著『アメリカ金融革命の群像』、野村総合研究所訳、野村総合研究所、1997年。

[*25]　普通株式に比べて議決権について有利な設定がされている種類株式。

[*26]　Dual Class Share Structure。たとえば2つのクラスの株式を発行し、一方のクラスの株式には1票、もう1つのクラスの株式は複数議決権を付与し、経済的持分と支配権を切り離すことで、少数持株による支配権確保を可能にする仕組み。

たら、従業員に寛大すぎるという理由で取締役会から追放されることはなかっただろう。このことは、今日の株式市場で起きている興味深い分岐を浮き彫りにしている。一方では、1株1議決権の原則を採用しているほぼすべての上場会社が株主アクティビズムの対象となっている。もう一方では、多くの会社が創業者に支配権確保可能な複数議決権株式 *27 の付与を認めることで、コーポレート・デモクラシーから完全に離脱している。その結果、グーグル社のような大手テクノロジー会社は、アクティビズムとは無縁になる一方、莫大に蓄えたキャッシュの上に座り、スペースX社のような会社に10億ドル規模の投資を行っている。

　Google's AdWords *28 は文字どおり、史上最高のビジネスの1つであり、株主は同社の成長に参加するために監督権を放棄することを選んだ。したがって、グーグル社と株主の関係は信頼の問題であり、それ以外のものではない。これまでのところ、投資家は十分な見返りを得ている。株主はアンドロイド社やYouTube社などの買収に眉をひそめたが、結局は大成功を収めた。それでも、これらの慈悲深い独裁体制が時間の経過とともにどのように機能していくかをみるのは興味深いことだろう。グーグル社はすでに、従業員への気前のいい株式やオプションの付与によって創業者らがもつ議決権が希薄化した後、支配権を創業者らに再集中させたことで、株主との当初の合意を裏切っている。株主はいつまで同社を信用し続けるのだろうか。自分たちは悪ではないという人をいつまで本当に信用できるだろうか。

　BKFキャピタル社が失敗に終わった後、ジョン・A・レヴィン氏は見事に立ち直った。同氏は20億ドルの顧客資産を新しい会社に持ち込み、主に新たな関係を通じて90億ドルにまで成長させた。その会社の従業員の半分以上がレヴィン氏とともにBKF社で働いていた。レヴィン氏は「私たちは従業員に対して、とても、とても高い報酬を与えるという哲学をもっていました

＊27　原書ではSpecial Controlling Shares。Special Controlling Sharesは法的な用語ではないが、一般的に議決権の90％以上を確保する株主のことをSpecial Controlling Shareholdersと呼ぶことから、複数議決権株式でも特に須らく支配権を確保可能としているものを指して記述したと思料。

＊28　現Google広告。

し、いまももっています」という。「現在の会社のユニークな特徴の1つ
は、オペレーション、投資、そしてトレーディングに携わる25人以上の社員
が結束していることで、これはこのビジネスではかなり珍しいことです。あ
の文化全体が事実上破壊され、そして移植されたのです」。レヴィン氏は自
身の成功の一因を「公開会社であることに伴う問題に直面しなかった」[60]こ
とにあると考えている。

それでも、もしスティール・パートナーズとジョン・レヴィン氏がなんら
かのかたちで妥協して協力できていたら、このビジネスには何が起きていた
だろうかと考えずにはいられない。BKF社から分かれたヘッジファンドの
いくつか、たとえばディストレスト・ファンドのオネックスはその後、大成
功を収めた。そしてレヴィン氏のロングオンリー・ビジネスも成功し、70億
ドルの新規の運用資産を獲得した。カネル氏は、BKF社の株主価値の破壊
はレヴィン氏による非合理的な焦土政策のせいだとしている。「ジョン・レ
ヴィン氏への反感はないが、彼のやったことは愚かでした」とカネル氏はい
う。「それはだれよりも彼を傷つけました」[61]。一方、レヴィン氏は会社の破
綻は自分の退職によるものではないと考えている。「私には評判がありまし
たが、本当に才能があるのは若い人たちでした。彼らは才能ある人材と取引
しませんでした。大きな間違いは、彼らは多くの人を雇うことができたはず
なのに、だれも雇わなかったことにあると私は思います」[62]。

BKFキャピタル社は株主アクティビズムの壊滅的な事例であり、そこで
は莫大な価値が破壊された。しかし、市場はそんな失敗を追跡しないし、カ
ルロ・カネル氏、ジョン・レヴィン氏、ウォーレン・リヒテンシュタイン氏
は生き残って、次の戦いに挑んでいる。彼らは皆、ほんの少し貧しくもなっ
たけれども、ほんの少し賢くなって立ち去った。1世紀以上の歴史をもつシ
カゴの誇り高き組織であったBKF社の残骸はどうなっただろうか？　2006
年には、わずかなキャッシュ残高と多額の税務上の繰越欠損金を抱えるシェ
ル・カンパニー[*29]に成り下がってしまった。ご想像のとおり、新たなアク
ティビスト投資家たちの一群がウロウロし始めた。

＊29　具体的な事業活動や事業資産をもたない会社。

第8章　BKFキャピタル社　251

結　び

　株主アクティビズムは一過性の流行ではない。それはコーポレート・ガバナンスの世界の真ん中に根を下ろし、過去100年間にわたって成長してきた。それは周期的に変化し、市場環境の変化に応じてさまざまなかたちをとってきたが、中心にある考え方はシンプルだ。35年前にカール・アイカーン氏が指摘したように、公開会社の保有する資産が競売にかけられたらつくであろう価格を下回る価格で評価されている場合、あるいは異なる経営陣のもとでならつくであろう価格を下回る価格で評価されている場合、そこにはアービトラージの機会があるということである。ベンジャミン・グレアム氏の時代、ミスター・マーケットはノーザン・パイプライン社の株式について、同社が保有する投資有価証券の売却価格を大幅に下回る価格を提示していた。今日、多くのアクティビストは業界の他社と比べて経営がうまくいっていないようにみえる会社を標的にしている。このアプローチはBKFキャピタル社の事例では裏目に出てしまったが、ロバート・チャップマン氏が「経営と所有権の健全な一時的分離」と呼んだものの追求は、依然として有効な投資戦略である[1]。

　株主アクティビズムは、公開会社のガバナンスの弱点を突くことで目覚ましい投資収益を生み出すことができる。株主アクティビズムを無力化するためには、取締役会と経営陣が業績を向上させ、アイカーン氏が指摘するアービトラージの機会を排除するしかない。しかし、本書に登場する会社のなかで、とりわけGM、R. P. シェラー社、スター・ガス社でみられたように、公開会社には信じられないほどの無能さが生じる余地がある。本書でも、そのようなガバナンスの失敗事例を強調せざるをえなかった。

　エンロン社、AIG社、ファニー・メイ社、BP社といった公開会社で起きた惨事は、2000年以降の15年間、米国のビジネスに関して何が語られるかを決定した。私たちはそうした事件をそれぞれ別のグロテスクな出来事とみなすか、そうでなければ「会社の貪欲さ」のせいにする。しかし、問題を行き過ぎた資本主義的貪欲さだけで十分に説明することはできない。今日の会社

の規模と複雑さが増していることに鑑みると、これは小さな事柄ではない。大会社は以前にも増して私たちの生活と深く絡み合っており、技術の進歩があってもその経営はいっそうむずかしくなり、うまくいかなければその波及効果は甚大だ。

ティノ・ディ・アンジェリス氏は、怪しい過去と傷のある信用履歴のため、事業用の一般の銀行口座を開設することさえむずかしい状況だったが、アメリカン・エキスプレス社に自分の在庫の価値を保証させた。アメリカン・エキスプレス社は世界最大の金融機関の1つだったが、その経営陣はどれだけのリスクを負っているかをきちんと理解していなかった。サラダオイル巨額詐欺事件では約10億ポンドの大豆油が実は海水だったことが判明し、いくつかの証券会社と輸出業者が倒産した。45年後、AIG社において同様の監視の欠如が発生した時、その金融商品部門は世界経済を崩壊寸前に追い込んだ。

ティノ・ディ・アンジェリス氏の詐欺で儲けたのは、アンジェリス氏自身とその仲間だけだった。アンジェリス氏がたとえ合法的だったとしても、アメリカン・エキスプレス社のだれも大金を稼げる立場にはなかった。それでもアメリカン・エキスプレス社は容易にこの詐欺を可能にしてしまった。AIG社の小さな部門がサブプライム・モーゲージに対する数兆ドルのクレジット・デフォルト・スワップを販売した時、状況は不気味なほどにこれと似ていた。最悪の時点でも、AIGファイナンシャル・プロダクツ社のクレジット・デフォルト・スワップ事業は部門利益の10％未満しか占めていなかった[2]。マイケル・ルイス氏がヴァニティ・フェア誌のAIGファイナンシャル・プロダクツ社に関する特集記事で指摘したように、この部門の報酬体系は長期的なインセンティブに重点を置いており、AIG社が崩壊した時、従業員は5億ドル以上の報酬を失った。アメリカン・エキスプレス社とAIG社の一部の主要な従業員は、意味のある見返りもないのに、多大な職業的、個人的、そして財務的なリスクを負ったのだった。これは無謀な貪欲さから生じたこととは思えない。

公開会社で起きる惨事は多くの場合、無関心な株主、無責任な取締役、そして戦略を欠いた経営陣がもたらす説明責任と監視の慢性的な欠如の結果で

結　び　253

ある。株主アクティビズムはこうした力学から利益を得ようとする。アクティビスト投資家はこの目的のために、しばしば非効率的な経営陣を標的にし、会社や他の株主に利益をもたらすような方法で行動する。しかし、本書でみてきたように、アクティビストはこうした機会を見つけると、無関心な株主を自分たちの利益のために積極的に利用する。アクティビストはすべての株主のために価値を創造すると語るが、彼らの真の動機は自身と資金調達先の利益であることを忘れてはならない。

チェックリストに頼らない判断力

アドルフ・バーリー氏が1932年に所有と経営の分離の危険性についての論文を執筆して以来、多くの賢明な人々がコーポレート・ガバナンスについて考察してきた。しかし、理論的な詳細にとらわれてしまうと、公開会社が実際にどのように機能しているかを学ぶことがむずかしくなる。コーネル大学の教授であるリン・スタウト氏は2012年に、『株主価値の神話（The Shareholder Value Myth)』[*1]という思考を刺激する書籍を出版した。同氏はそのなかで「米国の会社法は、公開会社に対して『株主価値の最大化』を要求していないし、これまで一度もそう要求したことはなかった」と説明している[3]。同氏はまた、株主の権利は非常に制限されているため、実際には会社の「所有権」を構成していないとも主張している[4]。しかし、スタウト氏の主張がどちらも技術的に正しいとしても、現実世界の取締役会が議決権をもつ株主の利益に優先する他のパーパスを推進できるだろうか[5]。本書に掲載されている取締役会長宛ての書簡の多くで、株主は会社の正当な「所有者」として明確に表現されている。これはどの点からみても真実である。なぜなら、株主は公開会社に資本を提供し、議決権行使を通じて取締役を選ぶことのできる唯一の選挙人だからだ。「会社はだれのものか」についての抽象的な議論は、コーポレート・ガバナンスをこれほど厄介な問題にしている現実への対処に役立たない。最終的に、株主が会社を「所有」しているかどう

＊1　邦訳はなし。

か、会社が法的に株主価値の最大化を要求されているかどうかは問題ではない。投資家が金銭的利益を動機とし、取締役会の構成員を決定できる限り、公開会社は株主利益を優先するだろう。

コーポレート・ガバナンスの学術的な専門家が実際の改革を手掛けると、ひねくれた結果を生むことがある。たとえば、2011年から2014年にかけて、ハーバード大学の教授グループは「スタッガード・ボード」を標的にすることにした。スタッガード・ボードとは、年に1回の選挙で取締役全員が入れ替わることのないように、取締役の任期を複数年にし、任期の異なる取締役によって構成される取締役会のことだ。任期がオーバーラップする上院方式のガバナンスと考えればいい。一方、下院では全員が同時に選挙で選ばれる。ハーバード大学のグループは、S&P 500およびFortune 500にランクインする約100社についてスタッガード・ボードの解消に成功した[6]。これは、株主がややあいまいな態度を示している領域において、少数の強力な意見がどれほどの影響を与えることができるかを示す驚くべき結果だ。このグループがスタッガード・ボードを本当に正当な問題と考えていたのか、それとも注目を集める対象として取り上げやすかっただけなのかはわからないが、率直にいえば、スタッガード・ボードはさほど重要な問題ではなかった。スタッガード・ボードは改組中の取締役会にある程度の継続性をもたらすという利点はあるが、だれかを守ることはほとんどない。賢明なアクティビストが適切な行動計画をもって登場すれば、スタッガード・ボードであっても通常は1回の任期サイクル内で他の取締役も味方の者に替えられる。本書のなかで最も激しい委任状争奪戦だったR. P. シェラー社とBKFキャピタル社の事例では、スタッガード・ボードが注目点だったが、アクティビストが望む結果を得るのに1回の取締役選任で十分だった。

常識よりもチェックリスト型のガバナンスを志向する者の典型は、おそらく議決権行使助言会社だろう。最大手の議決権行使助言会社であるISSは、1980年代半ばに将来を見越して設立され、現在では多くの機関投資家に対して議決権行使に関する助言を提供している。機関投資家に厳格な議決権行使方針をもつことを要求する規制によって、多くの機関投資家がISSやその競合相手であるグラス・ルイスに責任を外部委託するよう促されるという奇妙

な効果がもたらされた。機関投資家はどんなに努力しても、すべての公開会社の取締役会の実績を適切に追跡する経営資源をもっていない。そのため、機関投資家は標準化された評価基準に頼らざるをえず、その結果として得られる助言・勧告は驚くほど不適切なものになりうる。

2014年、私がタンディ・レザー・ファクトリー社という会社の取締役に就任して間もなく、ISSは投資家に対して私を除くすべての取締役に対する信任投票を控えるよう助言した。タンディ社の独特な小さなビジネスは革工芸業界で独占的な地位にあり、私のファンドは公開市場で同社株式の30％を購入していた。私は他の投資家がタンディ社の事業の良質性を理解していないと考え、数年間にわたり、同社の内在的価値に比べて大きなディスカウントと思われる価格で、できるだけ多くの同社株式を積極的に買っていた。タンディ社の取締役会は、私が特にプレミアムを支払うこともなく同社支配権を得るのにあと2本の電話だけで足りることに気づき、私がそれ以上の同社株式を買増しするのを阻止しようとポイズン・ピルを導入した。私はこのポイズン・ピルに立腹し、軽い癇癪を起こしたほどだったが、取締役会にとってこれは合理的な行動だった。実際、タンディ社のこの行動を率いていた取締役のマイケル・ネリー氏は守りを固めた重役ではなく、同社株式の10％を保有するバリュー・アプローチのファンド・マネジャーだった。タンディ社が株主総会の承認なしにポイズン・ピルを導入したことを理由に、ISSはネリー氏や、このユニークでニッチな会社で延べ100年以上に及ぶ知見を積み重ねてきた社内の経営陣全員に対する信任投票を控えるよう勧告したのだった。これはまったく理にかなっていない。

ISSの短絡的な助言は、小規模で目立たない会社に限られたものではない。ISSは2004年、コカ・コーラ社の株主に対し、ウォーレン・バフェット氏がデイリー・クイーン社を所有していることに関連する利益相反を理由に、同氏に対する信任投票を控えるように助言した。コカ・コーラ社でバフェット氏とともに取締役を務めていたハーバート・アレン氏は、ウォール・ストリート・ジャーナル紙に出した意見広告で皮肉を込めてこう書いた。「もしかするとISSの主張にも一理あるのかもしれません。自分が所有していることさえ忘れているかもしれないある会社がコカ・コーラ社と小さな

契約を結んでいて、それが500億ドルに及ぶ資産のうち3セントもの金額に相当するかもしれないことが、バフェット氏による取締役会での投票の行方を左右する可能性があるからです」[7]。

　大規模な公開会社の取締役会において、利益相反は生活の一部だ。規制やISSスタイルの「ベスト・プラクティス」を理由にして、潜在的な利益相反が少しでもあるために取締役候補を不適格とするような状況は正しいとはいえない。深い業界知識と経験をもっている取締役が利益相反をもつ可能性は高い。優れた取締役陣を選ぶために、株主はどの利益相反が問題で、どの利益相反が問題でないかについて判断する必要がある。ISSの定型的な評価方法は、バフェット氏によるデイリー・クイーン社の所有がコカ・コーラ社株式100億ドルの保有に比べて著しく小規模であるにもかかわらず、同氏にペナルティを科したわけだが、ISSのチェックリストには「この候補者は史上最も優秀な資本の利用者か」という質問はなかったようだ。

　実際のアクティビストの状況を研究し、その経済的な帰結を観察することを目的にした本書が読者にとって、コーポレート・ガバナンスについての理解を深め、直面している問題について明確かつビジネスライクに考えるための一助になることを願っている。つまり、もしあなたがコカ・コーラ社の株式に純資産の大きな部分を投じていたら、ウォーレン・バフェット氏がデイリー・クイーン社を所有していることを理由に同氏に対する信任投票を控えるだろうか。もちろんそんなことをするはずがない！

　これと同じような常識に基づく分析を、他のよく話題にのぼるコーポレート・ガバナンスに関する取組みに適用してみると、その多くはハーバードのグループによるスタッガード・ボードに対する改革運動のように、さほど大きな意味をもたないことがわかってくる。たとえば、取締役会長とCEOの役割を分離すべきだとする意見があるが、CEOが取締役会の主導的なメンバーである限り、そうしたところで会社のガバナンスに何か大きな影響が与えられるわけではない。ほとんどの会社の構造上、取締役会長が他の取締役にない特権をもっていることはほとんどない。もう1つよく議論されるアイデアに、長期間保有する株主に特別な議決権を与えるべきだというものがある。しかし、この改革が株主を持つ者と持たざる者に分け、老舗のファンド

結　び　257

に大きな優位性を与えることになるのは避けられないであろう。また、これにより既存のアクティビストも力を得て、小規模で新しいファンドに対して競争上の優位性をもつことになろう。

コーポレート・ガバナンスをめぐる最もホットな話題はプロキシー・アクセスであり、多くの公開会社がこれに激しく反対している。適格とされる株主が取締役候補を指名できる権利をもち、その候補者の名前を会社が作成する委任状勧誘参考資料に記載することを可能にするというアイデアだ。典型的には、少なくとも３％の株式を３年間保有する株主に対して取締役の25％を指名する権利が与えられる。プロキシー・アクセスはさほど重要ではないようにもみえる。委任状争奪戦は結局のところさほど高くつくことではないし、改革を推進しようとする大規模な機関投資家にとっては十分に実行可能な手段である。しかし、大して重要ではないようにみえる一方で、プロキシー・アクセスは反対派の候補者が否定的にみられることがなくなってしまうという深刻な影響をもたらしうる。大株主が取締役候補を指名でき、その候補者を敵対的なキャンペーンを伴わず有効にすることができるとすれば、経営陣は新たな次元での説明責任を果たさなければならない。プロキシー・アクセスによって株主アクティビズムが実質的に制度化されることになる。会社がこれを恐れる理由もわかるだろう。

捕食者が獲物になる

本書には、株主から公開会社に送付された書簡のなかで、最もうまく書かれたもののいくつかが収められている。私はこうした名作の蒐集家として、株主アクティビズムの世界における自らの場所について告白しなければならない。実は私はかつて史上最悪の「取締役会長殿」書簡を書いたことがある。私は2009年５月、ピアレス・システムズ社という保有キャッシュ残高を下回る時価総額で取引されていた小さな会社に対して、スケジュール13Dに基づく公開書簡を送った。わずか175語からなるこの書簡は、ひどい文法の誤りがあり、受動態を不適切に多用した恥ずかしい代物だった。幸いなことに、私のファンドが同社の20％持分を保有していることが悪筆の書簡よりも

声高に響き、同社はすぐに私と私のパートナーを取締役に指名した。ピアレス社はソフトウェアの会社だが、珍しいことに、聡明で攻撃的なアクティビストであるティモシー・ブロッグ氏の投資ビークルになっていた。私たちが13Dを提出して5日も経たないうちに、ピアレス社は別の会社であるハイベリー・ファイナンシャル社に関する自身の13Dを提出した。ハイベリー社自身も、成長を続ける投資信託運用会社の持分を買い入れていた買収ビークルだった。BKFキャピタル社の場合とは異なり、ハイベリー社の経営陣は資産運用業務に関与していなかった。ハイベリー社は新しい買収先を模索し、同社の会長が経営する関連会社に高額なコンサルティング料を支払っていた。ブロッグ氏は、ハイベリー社の不要な役員層を取り除くだけで、同社の株主はおおいに利益を得ることができると見込んでいた。ブロッグ氏はまた、ピアレス社による投資信託事業への参入も切望していた。私が出席し始めた頃のピアレス社のある取締役会で、ブロッグ氏による辛辣なハイベリー社宛てスケジュール13D書簡の草稿を読み、cojones＊2のスペルについて議論したことを覚えている。

　この状況は滑稽だった。私のファンドはピアレス社に対するアクティビスト投資家であり、ピアレス社はハイベリー社に対するアクティビスト投資家であり、ハイベリー社はどこかの買収先をねらっていた。最終的に、ハイベリー社は戦略的買収者に売却され、ピアレス社には大きな利益がもたらされた。ピアレス社は大規模な自己株式の公開買付けを行って株主に資本を還元し、私のファンドが保有する株式も買い取った。ブロッグ氏はピアレス社の残りの株式を取得し、自社株買いと巧妙な買収で株価を倍増させ、同社を別のアクティビスト投資家に売却した。

　ピアレス社の運命は、アクティビスト投資家によって支配される公開会社に関する興味深い事実を浮き彫りにしている。そうした公開会社はしばしば他のアクティビストの餌食になる。カール・アイカーン氏、ブーン・ピッケンズ氏、ハロルド・シモンズ氏によって運用されていた投資ビークルはすべてアクティビスト株主の標的になった。ロバート・ヤング氏のアレゲニー社

＊2　gutsやballsという言葉と同様に使われる、特に大胆な行動や挑戦に対して必要な勇気を指す言葉。

結　び　259

やベン・ハインマン氏のノースウェスト・インダストリーズ社も、最終的に他の買収の達人たちに飲み込まれた。ビジネスの世界では共食いが行われ、偉大な投資家たちが一生をかけて築き上げた成果は必然的に大きな産業複合体の一部として再吸収されていき、彼らの個々の功績はほとんど忘却される。これらの人々がもし記憶されるとすれば、それはおそらく彼らがどうやって富を築いたかではなく、どうやってその富を費やしたかであろう。この場合、ウォーレン・バフェット氏が想起されることになる。

　バフェット氏の遺産はバークシャー・ハサウェイ社だ。同氏の資産の大半はビル・アンド・メリンダ・ゲイツ財団に寄付されることになっており、バフェット氏は自身の年次寄付が1年以内に使われることを求めている[8]。したがって、バフェット氏の名前をあちこちの図書館、博物館、ホッケー・アリーナで目にすることはないだろう。バークシャー・ハサウェイ社はもちろん記念碑的な存在だ。同社は巨大な分散型コングロマリットであり、本書で崩壊するのをみてきた多くの会社よりもはるかに手に負えない組織だ。バークシャー社は驚くべきことに50年間にわたって成功を続けているが、多様な会社を傘下に置く他の大規模な持株会社と同様に過小評価される傾向がある。直近の2011年および2012年で、バークシャー・ハサウェイ社の株式は非常に割安だった。

　株主アクティビズムは、どんな高い地位にある人でも容赦しない。バークシャー・ハサウェイ社は公開会社であり、私たちが知る限り、バフェット氏は自身の後継者を黄金株の類で守ろうとはしていない。同氏の人生をかけた仕事は、株主アクティビズムが蔓延する時代にどれだけ長く存続するものだろうか。多くの成功した投資家の上場ビークルと同様に、バフェット氏の会社もターゲットになるのは不可避のように思われる。そして、バークシャー・ハサウェイ社を守れるかどうかは、その株主にこそかかっていよう。

市場における日常茶飯事

　ジョン・A・レヴィン氏は、BKFキャピタル社の株主への書簡を「最後

は素晴らしい希望のメッセージで締めくくるべきでしょう」と締めくくっている。私もここで未来に向けた処方箋を提供するべきなのだが、そうしたものは1つも持ち合わせていない。私たちが抱えるコーポレート・ガバナンスの問題に対する簡単な解決策を私は提供できない。そのかわりに本書が株主アクティビズムについてなんらかの意味ある展望を提供し、読者が公開会社の支配をめぐる派閥闘争に関してより妥当な判断を下し、より賢明な議決権行使を行う助けとなることを願っている。

　株主アクティビズムはどこにでもみられ、プロキシティアや企業乗っ取り屋の時代と違って、それは特徴ある出来事ではなく、株式市場の日常茶飯事である。取締役会や経営陣に不満をもつ株主が十分な数に及ぶと、そのうちのだれかが介入してくるのはほぼ確実だ。

　1985年初頭にカール・アイカーン氏がフィリップス・ペトロリアム社の大株主として登場した時、同氏は数日以内に訴えられた。現在では、アイカーン氏がターゲットにした会社の多くは、同氏を取締役会のメンバーとして迎え入れる。公開会社の経営陣と取締役会は、アクティビストからの脅威のもとで防御を固めると株主たちを遠ざけてしまうだけだということを学んだ。最善の会社防衛策は、自社の弱点を予測し、それについて投資家を啓蒙することなのだ。たとえば、業界標準に比べて営業利益率が低い場合や、借入れをさほど活用していない場合、アクティビストが現れる前に投資家に対してその理由を説明しておくべきだ。株主を無視することは非常に不利な戦略にしかならないため、アクティビズムによって公開会社は以前よりはるかに敏感に反応するようになってきている。このシステムは、株主のほうも会社に報いることでさらに効果を発揮するだろう。

　すべての個人株主がアクティビストによるキャンペーンを注意深く評価し、それに沿って議決権行使を行うだけの余裕をもつと考えるのは現実的ではない。過去60年間、受託者責任を負う機関投資家が株式市場を支配した理由の1つはここにある。しかし、これらの受託者責任を負う投資家の多くは、十分な情報分析に基づく議決権行使者になりうるリソースをもっているにもかかわらず、ガバナンスの観点からは実質的に何もしていない。やり方を変えることには、時間と労力を使うだけの価値がある。インデックス・

結　び　261

ファンドやクォンツ運用を行うファンド・マネジャーのようなパッシブ投資家であっても、コーポレート・ガバナンスの改善に向けた賢明な議決権行使を通じて、運用パフォーマンスを引き上げることができるはずだ。

　コーポレート・ガバナンスの目的は、専門的な知見を有する経営陣が外部の株主から提供される資本を使用するにあたり、その誠実さ、正直さを確保しつつ、彼らの才能を発揮させることにある。私たちは、公開会社の適切な監視のためには、有能な経営陣、要求の厳しい取締役会、そして積極的な株主からなるチームの努力が必要とされることを学んだ。こうしたガバナンス・システムがうまく働かないと、説明責任がうやむやになり、悲惨な結果がもたらされる可能性がある。そして、そんな事態はしょっちゅう起きている。会社があっという間に一線を越える事例は本書でもみてきたとおりだ。アルフレッド・スローン氏をCEOとし、個人大株主と23％の議決権を所有するデュポン社の代表者からなる建設的な取締役会をもっていたGMは、無能なCEOが後継者になり、持株が少なく惰眠を貪る取締役会と、分散して一体感を欠く株主基盤をもつGMに変貌した。

　経営史は、利益の追求が人々の極端で執拗な一面を引き出すことを教えてくれる。それをうまく活用すれば、ウォルマート社、レス・シュワブ・タイヤ社、サウスウエスト航空、そしてアップル社が生まれる。うまく活用できなければ、サラダオイル詐欺、ジャンクボンドの不正操作、そしてステーキン・シェイク社CEOによる自身のヘッジ・ファンドへの資金投入が生じる。公開会社は、大量の資本を適切なアイデアをもつ適切な人々の手に渡すことができるからこそ、進歩と経済成長を実現するための驚異的なエンジンとなってきた。しかし、適切な監視がなければ、公開会社は想像を絶するほどの資本を無駄にし、その周囲のあらゆるものに大きな損害を与える可能性がある。株主がコーポレート・ガバナンスにおける支配的な勢力として台頭したことで、議決権者としての投資家には巨大な権力と責任が授けられてしまった。破壊的な結果ではなく、偉大な成果を生み出すよう公開会社を導くための権力と責任である。

付録　書簡原文

第1章　グレアム氏の書簡＊1

1927年6月28日

ジョン・D・ロックフェラー・ジュニア殿
レイモンド・D・フォズディック殿
フレデリック・ストラウス殿
ロックフェラー財団・ファイナンス委員会
ニューヨーク

拝　啓

　この度は、かつてスタンダードオイルの子会社であった石油パイプライン
各社が現在抱える課題について、貴兄らから積極的な関与をいただきたく本
書簡をしたためました。御財団および他株主双方の利益に鑑み、各社は当課
題について早急に一定の行動をとる必要があります。私たちは石油パイプラ
イン各社のほとんどにおいて相応の持分を有しており、なかでもノーザン・
パイプライン社では御財団に次ぐ筆頭株主です。さらに、私たちは多数にの
ぼる少数株主の方々とも連絡を取り合っており、私たちの見解は少数株主の
方々の見解をも代表していると自負しています。

　御財団が石油パイプライン各社に投資を開始した1915年以来、各社を取り
巻く産業上および財務上の状況は大きく変化しました。その結果、12年前に
は合理的かつ説得的だったとはいえ、大幅に変化を遂げた現況下でも依然と
して採用されている特定の方針によって、不合理で残念な状況が生じていま

＊1　なお、全章の書簡について、著者から以下の注記がある。「これらの書簡は許諾を
　　得て、また、原文のまま掲載している。私はいっさい加筆修正していない」。

す。プレーリー・パイプライン社およびイリノイ・パイプライン社を除き、近年における石油パイプライン各社の事業投資がもたらす継続価値は大幅に減少する一方で、各社とも軒並み市場で取引されている有価証券の保有を大幅に増やしています。したがって、1915年当時、各社の資産はプラント設備とキャッシュで違和感なく構成されていたのに対し、ここ数年はキャッシュと有価証券からなる流動資産が石油パイプライン事業の実勢価値を大幅に上回り、まったくみたこともない異例な会社の構造がつくりあげられています。

　現在、これら石油パイプライン各社は事業会社というより、投資信託の様相を呈しています。というのは、株主資本の大部分がきわめて低い利回りしか享受できない高い信用力をもつ有価証券に投資されているからです。あえて申し上げますが、こうした状況は御財団にとって、そして石油パイプライン各社の株主にとってはなおいっそうの不利益をもたらすものです。保有有価証券の大部分は鉄道債券ですが、その受取利子には13.5％の法人税が課されます。御財団が同債券を石油パイプライン各社の株式への投資を経由して間接的に保有するかわりに直接保有した場合、その受取利子には法人税が課されず、最終的な利回りは間接的な保有の場合に比べて著しく改善されます。石油パイプライン各社は鉄道債券への重い課税を回避するためか、キャッシュの一部を国債および地方債にも投資しています*2。しかし、これらの債券に関しても同様の議論が成り立ちます。国債および地方債から得られる利回りは、御財団が免税の有無を考慮することなく直接的に選択できる投資対象がもたらす平均利回りよりもはるかに低いものにしかなりません。

　さらに、石油パイプライン各社の異常な財務状況によって株主にのしかかるいっそう大きな不利益についても真摯なご理解をいただきたいと思います。筆頭株主であり、また、その名前が示す威信に鑑みると、少数株主に

＊2　米国では国債は州税・地方税において、州債・地方債は連邦税において利子所得が免税となる。

とって御財団は、ある程度において、受託者のような倫理的な存在であると考えるべきでしょう。したがって、私たちは、さまざまな分野で示されてきた御財団の高潔で寛大なご配慮が、少なからず他の株主に対する姿勢にも具現化されることを期待申し上げます。

　石油パイプライン各社の投資家は、いまや自分たちが保有する株式がハイブリッド証券であること、許容される財務活動から完全に逸脱した種類であることに気づいています。それぞれの株式が表象しているのは高い信用力をもつ大量の債券の所有権であり、それに大きく変動し明らかに衰退している事業の持分がおまけのようについています。こうした状況下では、株式の投資価値が石油パイプライン資産の投機的性格によってゆがめられてしまいます。さらに、そもそも高い信用力をもつ債券から得られる収益は、株式投資の観点、特に石油パイプライン業界の株式への投資の観点からみて、あまりに低すぎます。したがって、石油パイプライン各社への投資の実質価値は、一般の方々や株主自身によって不合理に低く評価されることを余儀なくされております。この不幸な状況は、株主に対して本来の資産や収益力に関する情報が不十分にしか提供されていないことでますます増幅されているのです。

　こうした状況によって株主が被る不利益が想像上のものではなく、きわめて現実的なものであることは、次の一例からも明らかです。ノーザン・パイプライン社の株主は1926年末時点の1,909人に対して、1924年末時点で2,154人でした。これは2年間で少なくとも総株主数の12%が同社株式を手離したことを意味します。これらの株主の一人ひとりは事実上、1株当りの流動資産の価値よりも低い株価でしか売却できませんでしたし、その株価は相当な収益を稼いでいる石油パイプライン事業の価値もまったく反映していませんでした。1株当りの流動資産の価値の80%でしか売却できなかった株主もいます。

　状況を具体的に示すものとして、以下に3つの会社の関連数値を補足いた

します。

1926年12月31日	N.Y. トランジット社	ユーレカ・ パイプライン社	ノーザン・ パイプライン社
1株当り キャッシュ＆投資有価証券 （時価）	$52.40	$49.50	$89.60
1株当り パイプライン＆その他資産 （簿価、ネット）	77.60	101.20	21.30
1株当り 総資産	$130.00	$150.70	$110.90
株価　1926年12月31日	31¼	50½	72½
現在の株価	35	57	85

　御財団および他の株主の利益のために迅速な解決策が要されますが、解決策は単純明解です。石油パイプライン事業における通常の業務遂行に必要とされる水準や、不測の事態への備えとして必要十分な水準をまかなって余りあるキャッシュは、株主に帰属するものなので、特別配当および／または資本減少の方法で株主に還元されるべきです。この解決策に向かう歩みはすでにサザン・パイプライン社（株式1株につき50ドルの自社株買い）とカンバーランド・パイプライン社（同33ドルの特別配当）の2社によって踏み出されています。しかし、他の石油パイプライン会社の株主は、妥当な期間内に彼らのために同様の措置がとられるかどうかについての確証はもちろん、示唆すら得られていません。解決に向けての単なる期待だけでは現在の不利益に対して十分な対処になりえません。迅速な解決策の実現が容易であることを考えれば、なおさらです。

　私たちは過去2年間にわたり、ノーザン・パイプライン社およびサザン・パイプライン社の各社長とこの問題について何度か話し合って参りました。私たちは御財団自らが数年前に、私たちと同様の提案を行ったものの、連邦法人税をめぐる係争でその実行が先送りされたと理解しています。その係争はおおむね有利なかたちで解決ずみになっていますので、本問題に関する御財団のあらためてのご検討を是非お願い申し上げます。

266

私たちは本件につき、経営陣ではなく株主が適切に主導権を発揮すべきだと、なんの後ろめたさもなく堂々と指摘できると確信しています。法的な観点のみならず、実務的な観点からも、そういえます。ビジネスに必要のない資本が会社にとどまるべきか、あるいは還元されるべきかの決定は、一義的に資本の所有者によってなされるべきであり、それを管理する人々によってなされるべきではありません。したがって、私たちは、自身が相当数の株式を所有する株主として、また、多くの他の株主の代弁者として、早急に御財団の代表者と状況を話し合う機会が設けられること、その結果、現在の残念な状況を解消し、すべての株主の立場を向上させるための包括的な計画が策定されることをご要請申し上げます。

敬　具

ベンジャミン・グレアム
60 ビーバー・ストリート、ニューヨーク市

R・J・マロニー
42 ブロードウェイ、ニューヨーク市

CC：ジョン・D・ロックフェラー・ジュニア殿
　　レイモンド・D・フォズディック殿
　　フレデリック・ストラウス殿

第2章　ヤング氏の書簡

ニューヨーク・セントラル鉄道の
株主の皆様へ

拝啓　株主同志の皆様へ

　私たちに、皆様の株式をより価値あるものにするために働く機会をお与えください。私たちは、それができるという信念のもと、現時点の価格で総額2,500万ドルに及ぶ株式を購入しました。

アレゲニー・ヤング・カービー・オーナーシップ・ボードの
候補者を支持して
ロバート・R・ヤング

1954年4月8日

**委任状は同封した封筒に入れてご返送ください。
切手は不要です。**

皆さんの会社は、なぜ新たな指導者による舵取りが急務なのでしょうか

　3月15日のニューヨーク証券アナリスト協会で、ホワイト氏がニューヨーク・セントラル鉄道の株主のために最も期待できる提案として示したのは、4年から5年、あるいはもう少し短期間で年間2ドルの配当を可能にしたいというものでした。もしこれが私たちの見解であれば、私たちは同社の株式を保有してはいなかったでしょう。

　1929年にニューヨーク・セントラル鉄道の純利益は、租税公課の差引き後

で7,700万ドルでした。その年、1株当り8ドルの配当金（現在の株式数で換算すると5.75ドル）が支払われました。1953年にはその純利益が3,400万ドルになり、1929年から56％減少しましたが、他のすべての第一種鉄道会社は、1929年と比較して102％の利益を計上しました。1929年から1953年にかけて、ニューヨーク・セントラル鉄道は設備投資に7億5,000万ドル以上を費やしたにもかかわらず、その利益は減少しました。

ムーディーズの鉄道会社・平均株価指数の最安値は1929年につけた96.92ドルでした。ニューヨーク・セントラル鉄道株価の最安値は160ドルでした。今年4月2日のムーディーズの指数は46.33ドルで52％の下落、ニューヨーク・セントラル鉄道の株価は23.62ドルで85％の下落でした。したがって、過去25年間におけるニューヨーク・セントラル鉄道の株価は、平均よりも33ポイントも負けていたことになります。もしニューヨーク・セントラル鉄道の株価が平均指数の動きを下回らず、平均指数に追随さえすれば、いまの株価は53ドルも高く、約77ドルで取引されていたことになります。

すなわち、これが過去25年間における、ヴァンダービルト家、ファースト・ナショナル銀行、J. P. モルガン銀行、そしてこれらの銀行の利害関係者が代表してきたニューヨーク・セントラル鉄道の取締役会による財務管理がもたらした結果なのです。

優れた経営ならばできること

この関連で特に注目していただきたいのは、1938年から1954年までのアレゲニー社とその関連会社の株価推移を記録した4〜5ページの表（本書では278〜279ページ）です。この期間において、それらの株価は鉄道産業の収益力の拡大によって上昇傾向にありました。

良い経営の試金石は、増加した収益を問題ある会社の再生に向けてどれだけ使うかであり、これは通常、そうした会社のその後の市場株価に反映され

付録　書簡原文　269

ます。アレゲニー社の事業ポートフォリオにある主要な鉄道会社および工業会社のなかで、チェサピーク＆オハイオ鉄道だけが1938年時点で良好な財務状態にありました。したがって、同社の株価は事業ポートフォリオ内の他の鉄道株に比べても安定した動きでした。

　石炭業界の競争力低下に気を配りながら、アレゲニー社は、1938年から1954年までの間に、チェサピーク＆オハイオ鉄道の保有株式194万1,033株、すなわちその保有株式全部を約8,300万ドルで売却しました。これは１株当り平均42.88ドルに当たります。ちなみに、今年の最高値は36⅛ドル、最安値は33⅛ドルでした。

貧弱な業績

　ICCの運輸統計局が抽出してまとめた結果によると、東部地区（ポカホンタスおよび南部地方）の大規模鉄道19社のなかで、ニューヨーク・セントラル鉄道の1952年における貨物サービスのオペレーティング・レシオ（経費対収入）は、１社を除いて最も劣後していました。ニューヨーク・セントラル鉄道の同比率は73.85％であり、他の鉄道18社の平均は66.72％でした。

　これらの数字は、ニューヨーク・セントラル鉄道では旅客輸送量が相対的に大きく、それが業績の悪さの唯一の原因であるという神話を完全に打ち壊します。

　しかし、ニューヨーク・セントラル鉄道は世界で最も交通の便が良い地域に位置し、最も効率的な水平ルートを有しています。

　ホワイト氏が11年にわたり社長を務めたラッカワナ鉄道は、1952年に同氏がニューヨーク・セントラル鉄道に移籍した後の1953年、東部の鉄道会社77社（破産したロング・アイランド鉄道、カナダ政府保有のグランド・トランク・ウェスタン鉄道、そして小さなサスケハナ鉄道を除く）のなかで最悪の輸送費

比率で運行されていたことも明記しておくべきでしょう。

なぜニューヨーク・セントラル鉄道は残念な状況にあるのか？

　昨年の委任状勧誘参考資料によると、ニューヨーク・セントラル鉄道の取締役会は全員合計で同社株式を1万3,750株しか保有しておらず、それは全株数の1％の4分の1にも及びません。これが同社の残念な現況の基本的な理由だと私たちは考えています。

　現在の取締役会における4人の銀行家が、合計で450株しかニューヨーク・セントラル鉄道の株式を所有していないのに、なぜ皆さんの会社に固執しているのか自問なさってみてください。それは彼らの4つの銀行が預金、信託業務、そして無数の他の方法を通じて蓄積してきた著しい利益のためではないのでしょうか？

　これら4つの銀行の取締役と幹部は、ニューヨーク・セントラル鉄道以外の、合計で1,070億ドル以上の資産を保有する50社の事業会社と14社の鉄道会社で役員を兼任しています。株主の皆さんは、これら4人の方々がニューヨーク・セントラル鉄道に不二の忠誠心を注いでいるとお思いですか？

旅客部門の赤字

　私たちが最初にとるべき行動として考えているのは、昨年5,000万ドル以上の損失を出したニューヨーク・セントラル鉄道の旅客部門への積極的な対応です。

　チェサピーク＆オハイオ鉄道は（プルマン・スタンダード・カー・マニュファクチャリング社の協力を得ながら）、斬新かつ現代的で、車高が低く軽量の列車であるトレインXを開発中です。エンジニアの見積りによると、トレインXはICCの安全基準を満たし、現在の設備の半分のコストで運行でき、

付録　書簡原文　271

製造費は3分の1とのことです。私たちはトレインXがニューヨーク・セントラル鉄道の旅客部門の損失を大幅に減らすのにおおいに役立つと信じています。

　チェサピーク＆オハイオ鉄道は連結鉄道の協力なしには実際にはトレインXを導入することができませんが、セントラルは自社だけでできます。

ニューヨーク市の不動産

　1947年以来、チェサピーク＆オハイオ鉄道はニューヨーク・セントラル鉄道に対し、その台帳に帳簿価値として4,876万6,000ドルの記載があるニューヨーク市の不動産（時価で1億5,000万ドルになると推定しています）を売却するよう要請してきました。この推定時価で売却できると5％弱の利回りを実現できます。そして、その売却資金を使って、現在、額面に対して30％の割引価格で取引されているニューヨーク・セントラル鉄道債券を買い戻すことにより、会社の財務状況の大幅な改善が達成されると信じています。私たちからの持続的な圧力のもとで、ニューヨーク・セントラル鉄道の取締役会もついに行動を起こし、不動産売却資金の使途について宣言判決による法廷を通じた解決を求めて、債券の受託会社であるJ. P. モルガン銀行および他の4つの銀行、およびニュー・ヘブン鉄道に対して訴訟を起こしました。

銀行家による支配に関するランガー上院議員の意見

　米国の第一種鉄道会社130社に対する銀行家による支配に関して懸念をもつのは私たちだけではないことは、米国上院司法委員会委員長でノース・ダコタ州選出の共和党ウィリアム・ランガー上院議員が1954年3月18日にICCの議長であるJ・モンロー・ジョンソン大佐に宛てた書簡のなかの以下の段落に示されています。

　「私は長い間、米国上院司法委員会委員長として、わが国の鉄道会社を支

配している、ニューヨーク、ピッツバーグ、フィラデルフィアに所在する金融家と銀行家の小さなグループに関する調査に従事してきました。少数の人々の手に支配権が集中していることへの懸念から、私は、長い期間にわたり鉄道会社を独占してきたモルガン銀行、クーン・ローブ社、およびメロン銀行の利害関係者による支配を解体する人物やグループが現れることを期待していました」。

「したがって、ロバート・R・ヤング氏がニューヨーク・セントラル鉄道の支配権を求めて、この課題に取り組もうとしていることを読んだ時は、溜飲が下がる思いをしました。私は、ニューヨーク・セントラル鉄道が銀行グループの支配から解放され、株主（私の理解では、ヤング氏と同氏が提案した取締役候補は筆頭株主です）による支配に回帰する時が来たと考えています。もしこの戦いにおいてヤング氏とその仲間が成功したならば、私の見解では、鉄道業界における現在の独占的な支配を崩すための大きな一歩が踏み出されることになるでしょう」。

皆さんを代表しての訴訟

現在の取締役会には、彼らと競合する私たちの候補者（利益相反がなく、ニューヨーク・セントラル鉄道の株式を100万株以上保有しています）を排除し、彼ら自身が取締役としてとどまろうとする作業のために、株主の皆さんの会社の資金に無制限に手を出せるような権利はありません。にもかかわらず、現在の取締役会は新聞、ラジオ、テレビ、雑誌を使って全面的なキャンペーンを展開する意向を表明しています。

彼らは、有力な広報会社であるロビンソン・ハネガン・アソシエイツ社と、プロの委任状勧誘支援・助言会社であるジョージソン社を雇い、株主の皆さんの投票を彼らにとって有利になるよう誘導しようとしています。彼らは明らかに、株主の皆さんが彼ら自身の選挙運動のために株主のお金を使うことを阻止したり、皆さんの会社の10万人に及ぶ管理職や従業員のだれかに

委任状勧誘を命じることを阻止したりすることはできないだろうと高をくくっています。

　私たちは、会社および株主の皆さんを代表して、こうした資金支出を止め、株主のために返金させることを目的にして、ニューヨークにおいて現在の取締役会に対して訴訟を開始しました。

ホワイト氏とメッツマン氏の終身契約

　株主の皆さんに自問自答していただきたいことがあります。ホワイト氏が関連会社のラカワナ鉄道から社長として迎えられた際に、どんな根拠があって同氏が65歳で退職するまで年俸12万ドル、その後70歳になるまで年間7万5,000ドルの年金、それ以降は年間4万ドルの年金という契約が結ばれたのでしょうか。そのような契約は間違いなく、一生懸命働くインセンティブの大部分を削ぐ可能性があり、株主の皆さんの利益に反するものと思われます。

　現在の取締役会はまた、上記の契約についても、元社長のガスタフ・メッツマン氏との年間2万5,000ドルの終身契約についても、株主の皆さんに承認を求めるようなことはしませんでした。メッツマン氏とのこの契約は、同氏が受け取る年間2万6,000ドルにのぼる大盤振る舞いの年金とは別に存在し、同氏は68歳になったいまでもアメリカン・レイルウェイ・カー研究所（ニューヨーク・セントラル鉄道などの鉄道会社に機材を販売する車両製造業者の業界団体）から年俸6万ドルの奇妙な給料を受け取っているといわれています（ちなみに、元社長のウィリアムソン氏には1942年にある供給業者から10万ドルの贈与がありました）。株主の皆さんにとって、メッツマン氏の仕事振りはこうした報酬に値するものだったでしょうか？

　メッツマン氏とホワイト氏、ならびにJ. P. モルガン銀行やニューヨーク・ファースト・ナショナル銀行の取締役はともかく、ニューヨーク・セントラ

274

ル鉄道の一般従業員たちは上記のような契約についてまったく知らない立場にあります。こうした契約が株主の皆さんに提示されていたならば、チェサピーク＆オハイオ鉄道は現在の取締役会の行動（この2人の生活を終身にわたり株主の皆さんの負担でめんどうをみようとする企てです）を支持することはなかったでしょう。

会社の定款7条には次のように記載されています。「取締役会はいつでも任意の役員を解任する権限を有し、また、この定款はすべての役員との契約の一部となる」。私たちの顧問であるロード・デイ＆ロード法律事務所の意見では、ホワイト氏の社長としての任期はいつでも取締役会の意志によって変更されうるとのことです。

もし新しい取締役会がホワイト氏の現在の年収12万ドルを継続するなら、それは同氏が株主の皆さんの会社の収益に対する同氏の悲観的な見解を改め、良い成果を出し続ける場合のみだと確信していただきたいと思います。

下記に示す本書簡の署名者は、取締役会長として年間1ドルの報酬で株主の皆さんに対して献身するつもりです。主たる業務執行役員の立場には就きません。

競争がコストを削減する

アレゲニー・ヤング・カービー社は鉄道債券の競争入札の原則を推進し、これが電話や公共事業の業界にも広がり、銀行への支払を減らす一方で、株主、消費者、そして荷主に数億ドルの節約をもたらしました。

ICCによって競争入札ルールが導入されるまでは、ニューヨーク・セントラル鉄道とその役員、取引銀行は、この競争に関する米国の基本的な原則が自分たちの友人であるモルガン・スタンレー社に適用されないよう注力していました。

会社の事業のすべての局面に競争を取り込むことを決意した株主による、機敏で力強いトップダウンの指示のみが、銀行家が支配するニューヨーク・セントラル鉄道の取締役会によってもたらされた過度に高い輸送費率という癌を取り除くことができます。私たちは、現在の取締役会のもとでは、ホワイト氏が会社の供給業者、委託業者、請負業者との多くの関係に競争を取り入れる積極的な立場をとることはできないと思っています。

なぜ私たちは株主の皆様のためにお金と労力を使っているのか？

第一に、私たちはニューヨーク・セントラル鉄道の株式100万株以上を保有しています。それは、健全な経営のもとにおいては株価も配当も現在の水準を再び大幅に上回ることができるという確信に基づいています。

配当や株価値上りについての株主の皆さんと私たちの関心を別にしても、私たちがニューヨーク・セントラル鉄道を支配することが鉄道事業、一般旅行者、そして荷主に莫大な利益をもたらすと信じています。

ロバート・R・ヤング

アレゲニー・ヤング・カービー・オーナーシップ・ボードの
候補者を支持して
4500 クライスラー・ビルディング
ニューヨーク 17、N.Y.
1954年4月8日

警　　告

もし銀行、弁護士、荷主、納入業者、あるいはその他のだれかが、あなたの委任状を現在の取締役会に送るように勧誘してきたら、その人にどのような特別の利益があるのか、株主の皆さんの会社であるニューヨーク・セント

ラル鉄道からどれだけの報酬をもらっているのかを尋ねてください。ニューヨーク・セントラル鉄道の取締役会に席をもつ銀行の人たちのように、その人も株主の皆さんの会社または銀行から何か特別な恩恵を手に入れることを望んでいるかもしれません。

　あなたの株式が証券会社またはその他の代理人の名前で保有されている場合は、彼らがあなたの指示に従い、私たちがあなたの委任状を受け取ることを再確認してください。

　委任状が同封されています。
　いますぐ**署名**して、同封した封筒に入れてご返送ください。
　切手は不要です。

アレゲニー社、およびその関連会社の株価推移表
—1938年から1953年—

　ロバート・R・ヤング氏とアラン・P・カービー氏は1937年5月にアレゲニー社の取締役会に加わり、ヤング氏はその際に会長に就任しました。彼らは当時のパートナーであるコルベ氏とともに9人の取締役中3人を占めるにとどまりました。1938年1月5日までの間、彼らは敵対的な社長および取締役会の多数派と対峙し続けましたが、その日に現職社長の辞任を実現させ、カービー氏を後任に据えました。同時に取締役会を10人に拡大し、初めて過半数を占めてその取締役会の支配を達成しました。当時、アレゲニー社の債券は、最も早く1944年に償還を迎えるものが71ドルで、1950年償還のものが37½ドルで取引されていました。普通株式は1½ドルで売買されていました。ヤング氏は1938年1月19日に初めてニッケル・プレート鉄道の取締役会に加わり、その日に同社の普通株式は18½ドル、6％の利付ゴールド・ノート（1938年10月償還）＊1は60¾ドルで取引されていました。ヤング氏は1938

＊1　ゴールド・ノートとは当時、金を担保として発行された債券の一種。

付録　書簡原文　277

		比較市場価格		
	高値 – 1938年 – 安値		高値 – 1953年 – 安値	
アレゲニー社				
先取優先株式 ……………………	21	8	80†	
シリーズA優先株式 ……………	17	5	152	130
普通株式 …………………………	1⅝	⅞	5	3
			償還価格	
担保付転換債　5 %　1944年 ·····	85	45	102½*	
5 %　1949年 ·····	76	44	102½*	
5 %　1950年 ·····	51	25	102½*	
ニッケル・プレート鉄道				
<u>1947年</u>				
優先株式 …………………………	38	12	123‡	
普通株式 …………………………	23	7	34‡	
			償還価格	
6 %　ゴールド・ノート				
1938年 – 1941年a ····	106a	30	100a	
第 1 回　3.5%　　1947年 ·····	95	65	101*	
借換債　5.5%　　1974年 ·····	74	30	103½*	
借換債　4.5%　　1978年 ·····	62	27	102*	
チェサピーク＆オハイオ鉄道			高値 – 1953年 – 安値	
普通株式	38	22	42	33

†　この株式の大半は1953年に新発の 4 ドル先取優先転換株式と交換された。交換されな
　かったものは80ドルで償還された。

*　(*) のマークがついた発行証券はすべて1943年 – 1945年にコール価格で償還された。

‡　チェサピーク＆オハイオ鉄道が株主に特別配当として、保有していたニッケル・プ
　レート鉄道株式を分配した1947年11月10日の価格。

a　1938年10月償還予定だった 6 %のゴールド・ノートは1938年に償還されず、1941年に
　償還が延期された。同ノートは20%がキャッシュ払いで、また残りが1950年償還の 6 %
　と交換され、後者は1943年12月に100ドルで償還された。

	比較市場価格			
	高値－1938年－安値		高値－1953年－安値	
ペレ・マルケット鉄道				
先取優先株式…………………………	43	17	99	91b
優先株式…………………………	38	15	85	67b
普通株式…………………………	18	5	21	16b
			償還価格	
第１回　　5 %　　1956年……	81	53	105*	
第１回　　4 %　　1956年……	75	50	100*	
第１回　4.5%　　1980年……	76	50	105*	
ミズーリ・パシフィック鉄道			**高値－1953年－安値**	
第１回＆借換…………………………	25	14	118	102
一般債　　4 %、1975年…………	8	4	117	84
転換債　5.5%、1949年…………	6	3	101	69
優先株式…………………………	4	1⅛	58	33
普通株式…………………………	2	½	14	6
ピットストン社				
普通株式…………………………	¾	⅛	31	18
インベスターズ・ダイバーシファイ **ド・サービシーズ社c**				
普通株式…………………………	18¼d		98	82

---

b　ペレ・マルケット鉄道は1947年にチェサピーク＆オハイオ鉄道に吸収されたので、これらの価格は交換で受け取られたチェサピーク＆オハイオ鉄道株式の価格に基づいた現在価格を示している。

c　I. D. S. 社は、鉄道会社の株式や債券を含む証券による幅広いポートフォリオをもつInvestors Mutual、Investors Stock Fund、Investors Selective Fundの３本の投資信託グループの運用会社である。

d　1949年４月、５月に購入された支配株式の取得コスト。

年5月3日にペレ・マルケット鉄道の取締役に就任し、その日には普通株式が10ドル、さまざまな満期のシニア債務が56ドルから66ドルで取引されていました。アレゲニー社の取締役会を支配したことにより、アレゲニー社の子会社であるピットストン社やセクション77再編手続*2中の再建会社であるミズーリ・パシフィック鉄道も支配することになりました。アレゲニー社はミズーリ・パシフィック鉄道において、銀行および保険会社の利害関係者が支持する3つの一連の組織再編計画に対して反対運動を展開して成功し、それぞれの計画において、すべての種類の証券保有者の取扱いを改善することができました。

---

*2　米国の連邦破産法に基づく手続として当時、鉄道会社が破産宣告をせずに事業を継続しながら債務を再編することを可能にしていたもの。

第3章　バフェット氏の書簡

1964年6月16日

ハワード・L・クラーク社長殿
アメリカン・エキスプレス社
65 ブロードウェイ
ニューヨーク、N.Y.10006

拝啓　クラーク殿

　私たちのパートナーシップは最近、アメリカン・エキスプレス社の株式、約7万株を購入いたしました。この投資は、トラベラーズ・チェックの利用者、銀行の出納係、銀行の幹部、クレジットカードの利用施設、クレジットカードの保有者、そして、こうした事業分野における競合他社に関する徹底した調査に基づいて行われました。そして、調査結果はいずれも、アメリカン・エキスプレス社の競争力の強さと卓越した業界地位がサラダオイル事件によってまったく損なわれていないことを示していました。経営陣は時折、倉庫事業に関して底なしの穴にいるようなお気持ちにもなることでしょうが、私たちの見立てでは3、4年後には、平凡な会社をはるかに凌駕する財務的な健全性と責任の水準が示され、この問題がアメリカン・エキスクスプレス社の名声を高めるはずだと感じています。

　アメリカン・エキスプレス社株式の最近の購入を示す証書のインクがまだ乾いてもいないのに、経営陣に提案を行うのは少し僭越かもしれません。しかし、株主に対する今度の半期報告書では、年次株主総会で述べられた、アメリカン・エキスプレス社の競争的な地位は揺らいでいないという点を強調すべきであると敬意をもってご提案申し上げます。というのは、長期保有を目的とする株主が、サラダオイル事件に関する和解費用の実額、これに関連

付録　書簡原文　281

して、この上半期の純利益に過度の懸念をもっているとは思わないからです（季節変動要因や世界的な会計問題などもあって、貴殿は半期の純利益について言及されたくないかもしれませんが）。長期保有を目的とする株主が本当に関心を寄せているのは、トラベラーズ・チェックの売上高、クレジットカードの保有者数、クレジットカードの乗換え、外貨預金残高などについて、サラダオイル事件が起きる前の成長が引き続き維持されているかどうかです。

　アメリカン・エキスプレス社がサラダオイル事件に関して子会社が負う債務を自発的に引き受けることを阻止するために、ある株主が訴訟を起こしたことを知りました。私は証券アナリスト連合（the Financial Analysts Federation）のメンバーであり、企業情報開示委員会に所属しています。数カ月前まで、私たちはアメリカン・エキスプレス社とその株式にまったくかかわりがありませんでした。費用を自己負担してでも喜んで証言に参りますが、もし私たちがアメリカン・エキスプレス社は子会社の損害賠償責任を無視すると考えていたら、7万株への投資を行わなかったでしょう。なぜなら、その場合、私たちはアメリカン・エキスプレス社の長期的な価値が非常に大きく損なわれるという印象をもっていただろうからです。換言すると、アメリカン・エキスプレス社は、公正かつ見方によっては寛大ともいえる申出をすることによって、子会社がその行為で負った責任を放棄するよりも、はるかに価値のある会社となるであろうというのが私たちの判断です。私たちはこの見解の正しさを280万ドルに及ぶ投資額で裏付けました。経営陣が和解案の提示において適切な判断をしたかが問われる法廷で、こうした事実がお役に立つかどうかはわかりませんが、もしお役に立つのであれば、私に喜んで証言する意志があることを重ねて申し上げます。

　貴殿や経営陣にとって試練の日々が続いていることでしょう。私は断言できます。いいですか。株主の大多数（おそらく声の大きな方々ではありません）は、あなた方経営陣が、ほとんど不可抗力ともいえる台風に揺り動かされながらも、竜骨を水平に安定させ、船を全速力で前に進めるという傑出した仕事をしていると思っています。台風は過ぎ去りますし、船が真に前進し

続けていることは歴史が明らかにするでしょう。

敬　　具
ウォーレン・E・バフェット
WEB

第4章　アイカーン氏の書簡

ウィリアム・C・ドゥース
取締役会長殿
フィリップス・ペトロリアム社
フィリップス・ビルディング
バートルズビル、オクラホマ 74004

拝啓　ドゥース殿

　私はフィリップス・ペトロリアム社750万株の実質的所有者であり、これは私が同社の大株主の1人であることを意味します。貴殿からの提案に関して送付されてきた資料を精査しましたが、その内容はとても納得できるものではありませんでした。私はドナルドソン・ラフキン＆ジェンレット社（国内有数の石油アナリストの一角）から意見書を受け取っていますが、その意見書では提案パッケージの価値は1株当り約42ドルであるとされています。

　したがって私は、フィリップス社のすべての株主に対して、貴殿が提案したリキャップ・プランに比べてより大きな利益がもたらされる代替取引を選べる機会を提供するという提案を行うために、この書簡をしたためています。

　私はフィリップス社の普通株式すべてを1株当り55ドルで買い取るという提案を行います。支払は、1株当り27.50ドルはキャッシュで、残りの27.50ドルは劣後債で行います。同債の価値については、独立した評価機関として全米的に認知されている投資銀行が潜在株式調整後ベースで1株当り27.50ドルであるとの意見を表明しています。

　ドレクセル・バーナム・ランバート社が私の買取資金を手配します。同社

は、フィリップス社がこの取引に同意し、この取引を円滑に進めるべく協力する場合、現在の環境下において、遅くとも1985年2月6日のCOB＊1までには資金調達に向けての作業を開始し、1985年2月21日までには必要資金を調達できることに高い確信をもっている旨を表明しています。私の提案はデュー・デリジェンスを条件とはいたしません。私たちによる資金調達が2月21日までに調うことを前提に、取締役会が2月22日金曜日に予定されている臨時株主総会を延期し、株主が私たちの提案か貴殿の提案かを選択できる別の株主総会を開催することへの同意だけが条件です。

ESOPがフィリップス・ペトロリアム社の株式を買い取ることについて、私がまったく異論をもっていないことに注目していただくのは重要かと思います。しかし、とにかく、私が強く反対しているのは、取締役会が株主に対して、株主が保有するすべての株式について公正な価格を受け取れないようにしていることなのです。もし私がフィリップス社のLBOを1株55ドルで行えるのであれば、税制優遇を享受できるESOPも同じことを容易に実行できるはずです。もし貴殿が、発行ずみのフィリップス社株式のすべてを1株当り55ドルで買収するものにリキャップ・プランを改善するのであれば、私は喜んで身を引きましょう。

株主総会の日程が迫っていることによる時間的制約により、私は貴殿に対し、私のこの提案を受け入れるか、拒否するかを、1985年2月6日水曜日のCOBまでに決めることを要求します。

私は貴殿に対し、フィリップス社のすべての株主に対して1株当り55ドルまたはそれ以上の価値を提供するように計画を変更することを提案します。私の保有株式の一部または全部を買い取る提案を貴殿や貴殿の代理人から提示されても、フィリップス社のすべての一般株主に対してまったく同じ条件が提示されない限り、私が絶対に受け入れないことを強調しておきたいと思

＊1　Close of Business。一般に米国東部標準時・午後5時。

います。もし貴殿のリキャップ・プランにおいて私の提案したような変更が行われない場合、私は貴殿の提案に反対する委任状を集めるつもりです。また、私はフィリップス社の発行済株式の51％を対象に1株当り55ドルでの公開買付けを開始し、残りの株式は1株当り55ドルに相当する劣後債で取得する予定です。添付の書簡に記載されているように、ドレクセル社はこの提案に必要な資金を手配することができると確信しています。

敬　　具

/s/ カール・C・アイカーン

CCI：slb
添　　付

第5章　ペロー氏の書簡

1985年10月23日

厳　　秘

ロジャー・B・スミス
取締役会長殿
ゼネラル・モーターズ
14130 GMビルディング
3044 W.グランドブルバード
デトロイト、MI 48202

拝啓　ロジャー殿

　ヒューズ社の取引に関する私の懸念を解決するには、次の2つの点に対処する必要があります。

- 経済性と事業性の両側面
- GMの経営スタイルが先端技術会社に与える悪影響、特にヒューズ社への長期的な影響

　ヒューズ社の事業性に関する側面は、外部の次のような専門家から十分な説明を求めることで最善の解決を得ますが、彼らにデトロイトに電話させるだけ、テレックスを返信させるだけでは不適切です。

- 弁護士
- 会計士
- インベストメント・バンカー

ヒューズ社の長所だけでなく問題点も強調したデュー・デリジェンス形式の説明を求めたいと思います。特に、ヒューズ社の販促プレゼンテーションは無用です。

　この説明には、ヒューズ社の減益と減損に関する事実分析を含める必要があります。

　さらに、GMがヒューズ社を買収した主な理由を箇条書きで、GMにとっての重要性に応じてランク付けして提示していただきたいと思います。

　私はこれらの作業を1～2日で完了できます。すぐに開始できます。

　私のこの申出が受け入れられる場合は、エルマー氏または適当なGM幹部に命じて私に連絡させ、打合せを設定してください。

　次のステップは、貴殿と私たちの間の問題を隠さずに取り上げて解決することです。そうしないと、同じ問題がヒューズ社にも悪影響を与えることになります。

　究極の課題はGMが成功できるかどうかです。私たちの相性ではありません。

　貴殿にはGMの利益のために、私を問題児として扱うのをやめて、次のような人物として受け入れてほしいと思います。

- 大株主
- アクティブな取締役
- 経験豊富なビジネスマン

　貴殿は、私が貴殿に反対できるし、実際に反対する数少ない人物の1人で

あることを認識する必要があります。

　GMで働く人たちのなかで、次のような事柄を私から貴殿に伝えてほしいという声がますます増えています*1。

● 　貴殿が認識する必要があると彼らが感じている事柄
● 　貴殿が耳を貸さないのではないかと彼らが懸念している事柄
● 　貴殿に伝えるのを彼らが躊躇している事柄

　私は、貴殿が耳を貸したいかどうかにかかわらず、GMの構築と強化に直結するあらゆることを貴殿に伝えるつもりです。

　たとえば、ヒューズ社は一般的にGMの幹部たちから、GMの品質とコスト競争力を高めるうえで重要な貢献ができる組織とはみなされていません。ヒューズ社を買収しても、GMを競争上不利な立場に置いている経営上の根本的な課題は解決されません。このことは、私が事業性の側面に関して感じる懸念の主因です。

　私たちの関係において

● 　私は貴殿が正しいと思うとき、貴殿をサポートします。
● 　私は貴殿が間違っていると思うとき、率直に伝えます。
● 　私は貴殿が現在の独裁的なスタイルを続けるなら、重要な問題で貴殿の敵に回ります。

　私は貴殿と以下のように議論します。

---

*1　この一文は、第5章本文の冒頭で、ペロー氏からの書簡からの引用として記述されているが、原書掲載の同書簡には該当部分の記載がない。記載もれと判断して加える。

- 個人的に。
- 必要であれば、取締役会と株主の前で公然と貴殿と議論します。

　貴殿やGMの他の方々は、貴殿が私の日々の生活を十分に不快にし続けるなら、私が単にイライラしてどこかに去るだろうと思っているかもしれません。しかし、私は以下の方々への義務があるために辞められないということを貴殿は認識すべきです。

- EDS社の顧客
- EDS社の従業員
- クラスE株主
- GM取締役としての責任がある私自身

　私の目的にはたった1つの項目、つまりGMの成功を見届けることしか含まれていません。GMでライン管理職を務めることにはまったく興味がありません。

　私の考えがすべて受け入れられるとは思っていません。ただ、私の考えが聞き入れられ、よく検討されることを強く求めます。

　GMの成功を見届けるために、私は建設的な努力を惜しみませんし、他の方々にも同様のことを期待します。

　私たちの間の問題についてもう少し具体的に述べましょう。

　たとえば、デトロイトでの最近の会議で、貴殿は次のような態度でした。

- 明らかに退屈していました。
- 他の出席者からの発言をほとんど受け入れませんでした。
- 貴殿の態度と発言は、オープンなコミュニケーションを妨げていまし

た。

● たとえば、「GMには企業戦略はありません」。貴殿が好むと好まざると
にかかわらず、GMの上級幹部の多くは、GMの企業戦略が何であるかを
認識していません。上級幹部たちは、われわれが「自動車事業から撤退し
ている」と確信しています。

貴殿は次のことを理解する必要があります。

● 貴殿の姿勢は人々を威圧しています。
● 貴殿が怒りを爆発させることはGMに悪影響を及ぼします。
● 意見のあわない人を蹂躙しようとする貴殿の姿勢は、GM内での貴殿の
影響力を損ないます。
● 貴殿は社員が貴殿を恐れていることに気づく必要があります。貴殿のせ
いでGM内での率直な、下から上への意見伝達が妨げられています。
● GM内のあらゆる階層の人々が、貴殿を冷血漢やいじめっ子といった言
葉で表現していることを知るべきです。
● GM全体に、貴殿は社員のことをまったく気にかけていないという感じ
方が広がっています。
● 貴殿が注意を引かれた単一の課題に注力したところで、GMの問題を解
決することはできません。貴殿のそうした傾向は、GM内で広く懸念され
ています。

ビジネス上の課題は、私たちがオープンに、率直に、誠意をもって取り組
めば解決できます。私はGMの取締役として今後、貴殿のUAWスタイルの
対決姿勢、誤った情報、誤解を招くような発言を受け入れるわけにはいきま
せん。

過去の貴殿の問題事例には以下があります。

● シリーズE株式の発行。

付録　書簡原文　291

- モート・メイヤーソン氏の報酬をめぐる誤解――同氏はもらいすぎであり、したがってEDS社の全員が報酬をもらいすぎているという誤解について、GMはそんなことを知らなかったという主張。
- モートの報酬計算を目論見書に記載しなかったのはSEC規則違反になるという主張。
- 本当の理由については議論せず、実務的な課題を理由にして株式インセンティブ・プランに伴う株式拠出を何カ月にもわたり保留にした件。
- GMはヒューズ社買収を遅らせることはできないし、特定日以降にヒューズ社に遅延利息が発生するようなことは許容できないという主張。
- EDS社買収時に交わした約束の不履行。
- 自分の目的にとって都合の良い場合にだけ、公平性の問題を持ち出す姿勢。

最後になりますが、私は、GMが技術と資金だけで問題を片付けようとしたところで、ワールド・クラスの会社になってコスト競争力をもてるとは信じていません。

- 日本人は技術や資金で私たちに優っているわけではありません。彼らは古い設備を使い、日本でも、UAW組合員が働く米国でも、より優れた経営によって、より良質でより安価な自動車を製造しています。
- 工場の自動化に巨額の費用を投じているにもかかわらず、私たちは品質と価格の差を埋められていません。私たちが競争力のある価格を実現する目標の日付を設けていないという事実は、私たちに蔓延している勝利を収めようとする意志の弱さを如実に物語っています。

将来の関係の基盤になるのは、正直さ、オープンさ、率直さ、つまり簡単にいえば、相互の信頼と尊敬です。いまこの時点から行動がすべてであり、言葉は重要ではありません。私たちはGMの勝利を支援することに全力を注がなければなりません。

ロジャーさん、私の目標はこれらの問題を首尾よく解決することです。私は最初のステップとしてそれらを定義してみました。このことは私たちの間の個人的な問題ではありません。GMの成功こそが課題です。私は、私たちが勝利するために自分の役割を果たすことを約束します。貴殿も同様であることを知っています。

　これらの問題について貴殿と私が話し合うことを提案します。

　貴殿のご都合をご教示いただきたく。

敬　　具

ロス
/sb

第6章　シェラー氏の書簡

1988年8月4日

拝啓　株主同志の皆様へ

　R. P. シェラー社の取締役会長と社長は、1988年7月28日付の書簡を皆様に送りましたが、これはR. P. シェラー社売却に向けてカーラ・シェラー・フィンク株主委員会が達成しようとしていることを歪曲しています。

　委員会が望んでいるのは、次の2つのことだけです。

● 　すべての株主の利益のために、会社をキャッシュによる最大限の価値で売却すること。
● 　すでに株主の皆様の負担で高額の報酬を得ていると思われるトップの役員たちへの「ゴールデン・パラシュート」に反対すること。

　上記の書簡では、私カーラが会社のCEOに就任することを要求したと主張されていますが、これはまったくの誤りです。そのような要求はいっさい行われていません。また、上記の書簡が取締役会を代表して株主の皆様に送られたという主張も誤りです。私たちは2人とも取締役ですが、会社の経営陣が報道メディアに上記の書簡を伝えるまで、その存在を知りませんでした。最後の取締役会開催は1988年6月8日でした。

　経営陣は、個人的な利益を享受し続けるために会社の売却を阻止しようと画策しており、そのために株主の皆様に誤解を抱かせようとしていると私たちは確信しています。ウィルバー・H・マック取締役会長（私たちは、マック氏の地位はほとんどお飾りにすぎないという見解をもっています）とピーター・R・フィンク社長は、1985年4月1日から1988年3月31日の間に合計

300万7,000ドルの報酬を受け取りました。これにはキャッシュ、付与された インセンティブ株式の価値、ストック・オプション行使によって実現した ネットの価値が含まれ、退職給付積立の会社負担費用は含まれていません。 これは同じ3年度の間に株主に支払われた配当金総額（その金額は合計900万 2,000ドルにすぎないのですが）の3分の1を超える金額です。

シェラー社の経営陣の経済的方針から真に利益を受けるのがだれであるか は、完全に明らかです。それは**トップの役員たち**だというのが私たちの見解 です。

1988年5月23日に私たちが会社売却の決断を公表して以降、会社売却を見 越してR. P. シェラー社の株価は約80%上昇し、1988年6月24日には28.75ド ルの高値に達しました。目下の問題は**株主皆様の経済的幸福**（financial well-being）であり、株主皆様の関心をそらそうとして経営陣が仕掛けている個 人攻撃ではありません。

私たちに同意するだけでは十分ではありません。同封の緑色の委任状に**署 名**と**日付**を記入し、**本日中**に**返す**ことによって、私たちを**支援**してくださ い。

カーラ・シェラー・フィンク　　　　　　　　ジョン・S・シェラー

付録　書簡原文　295

第7章　ローブ氏の書簡

FAXと郵送にて

2005年2月14日

イリック・P・セビン
取締役会長、社長兼CEO殿
スター・ガス・パートナーズL. P.
2187 アトランティック・ストリート
スタンフォード CT 06902

拝啓　イリク殿

　サード・ポイントLLC（以下、サード・ポイント）は、スターガス・パートナーズL. P.（以下、スター・ガス社または当社）（NYSE：SGU）の普通株式194万5,500株を保有する特定の事業体に対して助言を行っています。私たちは当社普通株式6％の持分を保有していることになるため、貴殿にとって筆頭株主になります。1株24ドル水準でばかり買い付けた、哀れで不運な個人投資家（その多くは、貴殿個人や当社に対する集団訴訟の当事者となっています）とは異なり、私たちは約50万株については1株7ドル近辺水準でも利益が出るような買入れを行いました。

　貴殿によるさまざまな買収や営業上の失策により、株主が約5億7,000万ドルに及ぶ価値を破壊されている状況で、貴殿が株主とのコミュニケーションについて冷淡な姿勢をとることが信じられません。私たちは貴殿に対し、電話会議を開いて会社の窮状を話し合い、対策を打ち出すよう強くお勧めしたではありませんか。

私たちはまた、何度も貴殿と連絡をとろうとしましたが、現在経営陣と当社に対して提起されている株主代表訴訟が激化しているため、社債権者や株主と話すことを控えるようにと当社の顧問弁護士から助言を受けている、といわれるだけに終わっています。一方、私たちは、当社CFOであるアミ・トラウバー氏（同氏が以前はシラテック社（NASD：SYRA）に勤務していたことを知り、興味をもちました。同社は現在、1株6ペニーでしか取引されていないうえに、債務リストラが進行中ですね）から電話をいただきました。同じ株主集団訴訟のほぼすべてに名前があがっているトラウバー氏が貴殿と異なり、当社の顧問弁護士からの口止め命令の対象にされていないのは、とても奇妙なことですね。貴殿が何カ月間も私たちからの電話に応じなかったため、遺憾ながら、1934年証券取引所法13条(d)によって与えられた公開の場で貴殿とコミュニケーションをとらざるをえないと判断しました。

　悲しいことに、貴殿の不手際は、社債権者や株主とのコミュニケーション不全に限りません。貴殿の経歴を調査した結果、長年にわたる価値の破壊と戦略上の失策が明らかになり、私たちは貴殿を米国で最も危険で無能な経営者の1人と呼ぶに至りました（調査の過程でコーネル大学には「イリック・セビン奨学金」というものがあることを知り、笑えました。学業成績表に貴殿の名前が付されるという屈辱を味わっている哀れな学生には同情するしかありません）。

　2004年10月18日、スター・ガス社は普通株式を無配に転じると発表し、その結果、株価は10月17日の21.60ドルから10月18日の4.32ドルへと80％下落し、5億5,000万ドル以上の価値が失われました。

　2004年11月18日、株価がやや回復した後、スター・ガス社はプロパン事業の売却を発表し、その結果、普通株式の株価は11月17日の6.68ドルから11月22日の5.55ドルに下落しました。経営陣はこれが株主価値を創出すると考えたようですが、実際はまったく逆の結果になりました。当社は明らかに株主価値を最大化するという受託者責任を認識しておらず、プロパン事業売却に先立ってかかってきた大株主からの電話には応じませんでした。もし貴殿が

付録　書簡原文　297

私たちの電話にもっと早く応答していれば、私たちは貴殿にこうした行動は
価値を生まないと警告できたはずでした。衝撃的なことに、株主は1口当り
15ドル以上の損失を被った可能性があるにもかかわらず、当社は株主に対
し、1株当り最大10.53ドルの売却益が課税所得として「パス・スルー」さ
れることも示唆しました。

　株主の傷口に塩を塗り、悪しき経営陣の天空に貴殿の輝かしい居場所を確
保するためでしょうが、プロパン事業売却を諮問するために設置された特別
委員会の2人の委員、スティーブン・ラッセル氏とウィリアム・P・ニコ
レッティ氏が各々10万ドルの一時金を手数料として受け取っていたことを知
りました！貴殿がリーマン・ブラザーズ社（貴殿の以前の勤務先）にアドバ
イザリー手数料を支払い、キーバンク・キャピタル社には特別委員会への助
言の対価として追加のアドバイザリー手数料を支払い、さらに本取引に関連
して多額の法務費用を支払ったことに鑑みると、2人の委員への手数料支払
は本当に必要だったのでしょうか。受託者責任の放棄は本当に驚くべきこと
であり、私たちは、ラッセル氏とニコレッティ氏が特別委員会の手数料とし
て受け取った金額全額を直ちに返金することを要求します。

　2004年12月17日、スター・ガス社はJ. P. モルガン銀行による2億6,000万
ドルの運転資金融資枠の設定を完了しました。2004年12月31日の時点で、当
社はすでに固定費用カバレッジ・レシオを1.1倍から1.0倍に維持するという
条件から逸脱しました。その結果、財務コベナンツ違反の発生を防ぐために
運転資金融資枠の利用額を最低利用可能額である2,500万ドルに抑えなけれ
ばならなくなり、プロパン事業売却で手に入れた追加資金、1億4,350万ド
ルのうち4,000万ドルを運転資金用途に使わざるをえなくなりました。運転
資金融資枠の設定が2004年12月17日に完了したことを考えると、J. P. モル
ガン銀行が2004年10月〜12月の四半期におけるEBITDA＊1（経常外項目計上
前）が0百万ドルになると予想していなかったことは明らかです。また、

＊1　Earnings before Interest, Taxes, Depreciation and Amortization。利払い前・税引
　　き前・減価償却前利益。簡便的には営業利益に減価償却費を加えて求める。

ピーター・J・ソロモン氏（当社のリストラクチャリング・アドバイザー）も、そうした予測に基づいた借換えを推奨していなかったと推測されます。

　2004年12月14日（四半期末まで残り17日）に提出されたフォーム10-Kによると、当社の2004年10月～11月の2カ月間における灯油売上高は前年同期比で7.2％減少したとされています。しかし、2004年10月～12月の四半期に関するフォーム10-Qで、当社はその四半期全体で灯油売上高が同15％減少したと述べています。これは次の3つのいずれかを意味します。(i)年末に灯油売上高が同50％以上も減少したこと（信じがたいことですが）、(ii)経営陣が事業の現状を正確に把握していないこと、(iii)経営陣が、きわめて重要な冬季に向けた顧客対応に関する重要な情報について株主に適切に報告する必要はないと考えたこと。

　前述のとおり、2004年10月～12月の四半期におけるEBITDAは前年の2,600万ドルから0百万ドルに減少しました。灯油売上高は15％減少し、1ガロン当りの粗利益は0.05ドル超、つまり約10％減少する一方、固定費（配送費用、支店費用、一般管理費用）は8％増加しました。これは容認できないことであり、悪循環を引き起こすことになります。ビジネスのコスト構造をどのように合理化されるおつもりですか。アミ・トラウバー氏は、当社は1ガロン当りのEBITDAを過去最高の0.12ドルまで改善できると確信していると述べました（競合他社のなかには、この水準より約50％も高いEBITDAの会社もあります）。私たちは貴殿の筆頭株主として、貴殿がその目標を達成するための行動計画を提示するよう求めます。

　さらに、業績ピーク時でさえ、当社の利益率が競合他社より大幅に低い理由も理解したいと考えます。灯油事業が適切に経営されているならば、競合他社が享受している17％という利益率と同水準ではなくとも、少なくとも当社の過去実績の利益率水準を出せるはずで、それができない理由は見当たりません。私たちは、株主で組成される特別委員会を設置し、独立したコンサルティング会社に当社の業務運営と経営のパフォーマンスを評価させたいと

考えています。そのために必要な当社のデータにアクセスすることを目的にして、秘密保持契約を締結する用意もあります。

当社はプロパン事業の売却資金として1億5,350万ドルを受け取りました。当社は、このキャッシュを年末までに活用することも明示しました。しかし、年率10.25％の社債＊2の利息を支払わなければならず、社債を即座に買い戻さない場合、その年間コストは1,570万ドル（普通株式1株当りほぼ0.50ドル）になります。私たちは貴殿に株主価値の破壊をこれ以上拡大しないよう強く求めます。プロパン事業売却で手にしたキャッシュのより良い使い道がないのであれば、そのキャッシュが燃え尽きる前に、社債の償還にできるだけ早く充てるべきだと考えます。ただし、貴殿が社債の償還よりも良い代替案（タックイン買収＊3など）があると考えるのであれば、その代替案にキャッシュを投入する前にその中身を私たちは理解したいと考えます。

当社が法律事務所と金融機関に支払う手数料の金額はまったく不可解なものであり、当社の規模、資源、乏しい収益に見合うものでもありません。私たちは、当社が過去4カ月間で、期限前弁済、つなぎ融資、借換え、専門家によるアドバイス、法務に関連して約7,500万ドル（当社時価総額の約50％）の手数料を支払ったと推定しています。さらに、直近の当社フォーム10-Kの注記事項などを注意深く読むと、当社におけるコーポレート・ガバナンスの深刻な実態がさらに明らかになります。特に、当社のような規模の会社で65万ドルの給与を貴殿がもらっていることは、経営者として貴殿が犯した失敗の数々に鑑みても、正当化の余地がありません。

さらに、貴殿にこれだけ高額の給与が支払われているのであれば、2004年に当社が貴殿にプロフェッショナル・フィーとしても4万1,153ドルを支

＊2　原文ではMLP Notes。上場リミテッド・パートナーシップであるMaster Limited Partnershipが発行する債務証券。スター・ガス社は上場パートナーシップなので、同証券は社債とは異なるが、便宜的に社債と訳す。

＊3　会社が比較的小規模な会社を買収し、その買収先を自社に統合し、買収先が独立した子会社としてではなく、完全に親会社の事業や運営に吸収される形態の買収。

払ったり、当社所有車両の個人使用手当として9,328ドルを支払ったりしていることも腑に落ちます。私たちはこれら経費の性質についてトラウバー氏に質問しましたが、率直にいって、私は貴殿が乗り回している高級車がどのようなものか（もしかして、運転手付きですか）が気になりました。トラウバー氏は、貴殿が運転しているのは12年経った車だとおっしゃっていましたが、もしそうだとしたら、当社が12年も経った車の個人使用にこれほどの手当をなぜ支払っているのでしょうか。さらに、貴殿が社用車を個人使用することは「会社の資産（電話、コンピュータなど）はすべて、正当な業務目的に使用すべきである」と記載されている当社の行動・倫理規定*4に違反しているようにもみえます。私たちは、貴殿が社用車を個人使用するために車両手当を受け取るのをやめるよう要求します。これは明らかに当社の行動・倫理規定にも違反しています。私たちはまた、株主への配当支払が再開されるまでは、貴殿が自主的に給与を減額するように要求します。

　当社の行動・倫理規定における利益相反のセクションには、次のように明確に記載されています。「利益相反は、個人の私的な利害がその人の職業上の関係に、および／またはスター・ガス社の利害になんらかのかたちで干渉する、あるいは干渉するように想定される場合に生じます。スター・ガス社での業務を客観的かつ効果的に遂行することが困難になるような行動をとったり、利益を享受したりする場合は利益相反になります。同様に、スター・ガス社で就いている役職の結果として、自分または家族の一員が個人的な便益を受け取っている場合も利益相反になります。……そのような利益相反の印象を与えることさえ避けるべきです。たとえば、次のような場合は利益相反となる可能性があります。

1．スター・ガス社を親族または知人と取引させること……」。

　この明確な方針に基づいて、貴殿が78歳の高齢の母親を取締役に抜擢する

＊4　SOX法により開示が要求されている倫理規定。

とともに、従業員や株主にサービスを提供する正社員として雇うということは、いったいどうして可能なのでしょうか。さらに、どのようなコーポレート・ガバナンス理論のもとで、貴殿の母親が当社の取締役の席に座っているのか疑問に思います。私たちが想定しているように、貴殿の取締役としての任務懈怠が判明した場合、貴殿の母親が貴殿を解雇するのに適切な人物だとは思いません。私たちは、貴殿が株主の利益よりも、取締役手当2万7,000ドルと母親の基本給19万9,000ドルを通じて自身の家族の収入を補いたいという欲望を優先していることに懸念を感じます。私たちは、貴殿の母親が直ちに当社の取締役を辞任すべきだと確信します。

　イリクさん、現時点において貴殿が保有するジュニア劣後持分は完全に無価値なものであり、将来的にもその価値が上昇する可能性はほとんどありません。スター・ガス社は、貴殿の個人的な「蜜壺」としてしか機能していないようです。貴殿とご家族の給料、貴殿の取り巻きへの報酬を搾り取るため、そして、これまでの捏造、虚偽記載、約束違反の疑惑によって貴殿が直面している数々の訴訟から逃れるための「蜜壺」です。

　私は長年にわたり貴殿を個人的に存じ上げているので、これから申し上げることは辛辣に聞こえるかもしれませんが、それなりの正当性があります。貴殿がCEOと取締役の役職から退き、自分が最も得意とすること、つまりハンプトンズのウォーターフロントにある邸宅に引きこもってテニスをしたり、社交界の仲間と親しくしたりすることに専念すべき時が到来しました。貴殿が引き起こした混乱の修復は、プロの経営者と、その結果に経済的な利害をもつ人々に任せるべきです。

敬　　具

/s/ ダニエル・S・ローブ

ダニエル・S・ローブ

第8章　カネル氏の書簡

2005年6月1日

ジョン・A・レヴィン　取締役会長兼CEO
バートン・グッドウィン　取締役
バートン・マルキール　取締役
バートン・ビッグス　取締役
デビッド・グルムハウス　取締役
ジェームズ・ティッシュ　取締役
アンソン・ビアード・ジュニア　取締役
ピーター・ソロモン　取締役
ディーン・タカハシ　取締役

BKFキャピタル社
ワン・ロックフェラー・プラザ、25階
ニューヨーク、NY 10020

　「カティリナよ、いつになったらわれらの忍耐を辱めるのをやめるのか。その狂気はいつまでわれわれをあざ笑うつもりなのか。いつになったら、いまは尊大な振る舞いをしている、あの奔放な大胆さが終わりを告げるのか」。

　紀元前63年、執政官マルクス・トゥッリウス・キケロは、ルキウス・セルギウス・カティリナに対する最初の弾劾演説で、ローマ元老院の腐敗と悪徳を暴きました。私たちがBKFキャピタル社の記録を研究すると、その言葉は今日にも通じるものであることがわかります。

　資産運用は、簡単ではないけれども、シンプルなビジネスのはずです。コストを管理し、賢明に投資運用を行えば、手数料が最終利益に反映されま

す。資産増加からもたらされる収入は、ほとんど追加費用を必要としないはずです。

　しかし、BKF社では違います。コストは法外です。強欲と自己利得取引の文化が暴走しています。増加した収入は高騰した給与に吸い取られています。その結果、BKF社では過去5年間で運用資産と手数料収入がそれぞれ18%と64%増加したにもかかわらず、引き続き赤字を計上しています。経営陣は増収分を無駄に使い、より大きな損失を生み出していながら、株主の負担のもと、収入の78%という驚くべき割合を経営陣に分配しています。一方で、株主の権利を守るのが仕事であり、既得権益に固執する経営陣を守るのが仕事ではないはずの取締役会は、行き過ぎた報酬その他コストの抑制を通じて受託者責任を果たすことに失敗しています。

百万ドル	2004	2003	2002	2001	2000
営業収益	$120.7	$98.6	$89.3	$91.4	$76.6
人件費	93.8	77.8	61.8	60.1	57.4
営業収益に対する比率	77.7%	78.9%	69.2%	65.8%	74.9%
純利益	−1.8	−8.4	−2.5	1.5	2.1

（出所）　2004年BKF社10-K

　BKF社の高額報酬の従業員、法外な賃貸費用、そして定義のあいまいな「その他の営業費用」は、株主の最善利益にはなりません。BKF社の業績指標（営業利益率、従業員1人当りの収入など）はひどいものです。同業の上場会社と比較すると、経営の不手際が明らかになります。

百万ドル	社名	運用資産額	営業収益	営業利益率	従業員数	営業収益／従業員数	従業員1人当りコスト
CLMS	Calamos Asset	$38,000	$342.8	45%	264	$1,298.5	$248.9
GBL	Gabelli Asset Mgmt.	28,700	255.2	39%	188	1,357.4	553.7
HNNA	Hennessy Advisors	1,261	9.5	50%	10	954.5	201.6
TROW	T. Rowe Price	45,200	1,277.0	41%	4,139	308.5	110.6
LIO LN	Liontrust Asset Mgmt.	£5,035	£24.5	35%	43	£569.4	£369.3
BKF	BKF Capital	$13,604	$126.5	4%	151	$837.7	$634.1

（出所）　ファクトセット、2004年SEC10-K

BKF社の2005年4月22日のフォーム8-Kには、イベント・ドリブン・ポートフォリオのマネジャーであるフランク・ランゴ氏とヘンリー・レヴィン氏（BKF社取締役会長兼CEOの息子）の報酬契約が開示されています。取締役会の受動的な姿勢により、マネジャーたちはイベント・ドリブン・グループの収入の最大67％を自分たちのチームに支払うことが許されています。マネジャーたちは80万ドルの基本給を受け取る権利があり、グループの残余純利益の67％がインセンティブとして支払われます。しかし、甘い汁はこれだけでは終わりません。もしBKF社がランゴ氏とレヴィン氏を理由なく解雇した場合、それぞれが200万ドルから400万ドルの退職金を享受することになります。彼らが退職する場合、BKF社の投資家や従業員を勧誘することに関してなんの制限もありません。マネジャーたちの報酬にはBKF社の株式がまったく組み込まれていませんし、定着を促す長期インセンティブも組み込まれていません。このような取決めで、マネジャーたちの利益と株主の幸福（well-being）をどのように一致させるというのでしょうか。非上場会社であれば、このような過剰な報酬は大した問題にはならないでしょうが、BKF社は上場会社です。

BKF社の2005年5月10日の10-Qには「このような鍵となる人材への依存、および投資担当者または投資担当者グループが自身の独立したビジネスを始める能力の結果として、経営陣は上級社員と報酬を交渉する能力について制限される可能性があります」と記載されています。これはばかげています。私は、1992年からトンガ・パートナーズLPのジェネラル・パートナーを務めるキャンネル・キャピタルLLCを所有しています。だれも私に最低基本給を保証してくれません。私の会社が清算されても、だれも退職金を支払ってはくれません。私は利益を注視します。私の唯一の保障は、私の会社が投資家のために過去12年間に達成してきた、複利のグロス・リターンで年30％以上を維持することです。

BKF社の「関連当事者取引」リストは、まるで滑稽な漫画のように読めます。報酬委員会が、レヴィン氏、その親族、その親しい人たちに会社の利

付録　書簡原文　305

益の78％を喜んで支払わなければならないのであれば、少なくとも株式で支払うべきです。そうすれば、ビジネスの運営者とビジネスの所有者の利益が一致するでしょう。それはまた、従業員に税引き後で大きな利益を提供するでしょう。BKF社の従業員の大半は、連邦税、州税、ニューヨーク市の所得税と消費税の抑圧的なくびきのもとで働いているのではないかと思います。株式ベースの報酬に課される15％の長期キャピタル・ゲイン税率ははるかに大きな経済的利益を彼らに提供します。彼らを喜ばせて、私たちも喜ばせてください。

　BKF社による株主資産の冷酷な破壊は、キケロを憤慨させたように私たちを憤慨させます。会社訪問するとき、私たちは39.95ドルのモーテルに泊まります。「レセプション」にフルーツが置いてある高級ホテルに泊まるわけではありません。バスルームに置かれているグラスが紙で包まれていなければ、私たちも逃げますが。香水をつけた運転手が運転するリンカーン・タウン車でエスコートされることはありません（ただし、キャンネル・キャピタルLLCは2004年にシーズ・キャンディーズ社から購入した中古の1995年型フォード・エコノライン・バン、ドンキーバン（http://donkeynation.com）に1,200ドルを浪費したことは認めます）。

　2005年5月26日に貴殿のオフィスを訪問した際、このような利益の出ない会社が米国で最も高価なオフィス・スペースに拠点を置いていることに驚きました。ロックフェラー・センターにある5万6,000平方フィートの貴殿のオフィスは、BKF社株主の犠牲のもとにキャッシュを燃やしています。なぜフロアの半分をデル社コンピュータの「テスト」用に使うのですか。とはいえ、派手な装飾品すべてが悪質な事業費というわけではありません。私は、カジノがテーブルに「太客」を誘い込むために贅沢な出費をすることを評価しますが、それはそのような装飾品が収益に貢献すること、金のなる木をもたらすことが前提となっています。貴殿のロックフェラー・センターの成金主義は無駄な出費です。

BKF社の取締役会にとって、私のヒーローの1人である、ベア・スターンズ社（以下、BSC社）の取締役会長、アラン・"エース"・グリーンバーグ氏に接することは有益でしょう。グリーンバーグ氏の慎重な経営とコスト管理により、BSC社は税引前利益率24％を達成しています。しかし、BKF社は先週のフォームDEFA14A[*1]で「BKFキャピタル社は大幅なコスト削減戦略によって改善されることはない」と主張しています。無謀な主張です。

もし「エース」がBKF社の取締役会長に就任したら、それは私たちが願ってもないことですが、彼は次のように尋ねるでしょう。

・なぜ、BKF社はレヴィン氏の娘であるジェニファー・レヴィン・カーター氏に17万4,600ドルを支払っているのでしょうか。彼女が「同社のさまざまなオルタナティブ投資戦略に対するコンサルティング・サービス」を提供しているという主張は疑わしいものです。これらのサービスとはなんでしょうか。
・BKF社の営業利益率が非常に低いにもかかわらず、CEO兼取締役会長の息子であるヘンリー・レヴィン氏に870万ドルを支払うことをBKF社はどのように正当化するのでしょうか。
・経営陣はBKF社のファンドに投資していますか。投資している場合、その額はいくらですか。投資していない場合、その理由は。なぜ取締役の皆さんはBKF社の株式をあまり所有していないのですか。取締役は会社に大口の口座を保有していますか。自分でつくった料理を食べてみてください。株主はそれを望みます。

悪党どもには予想されますが、皆さんのようなウォール・ストリートの著名な大物がこのような振る舞いに出ることは予想されません。私は、投資家にアドバイスを提供する輝かしいキャリアを築いたビッグス氏にもっと期待していました。投資家へのアドバイスはBKF社が明らかに必要としている

[*1] SEC向け委任状勧誘参考資料。

ことです。模範的な財務的正直さと責任感の持ち主としてバンガード・グループの取締役を務めているマルキール教授にももっと期待していました。ビアード氏にももっと期待していました。このビアード氏が、モルガン・スタンレー社の株主に宛てられた2005年5月12日付の書簡にこう書いたビアード氏と同じ人物だとは信じられません。

「株主はより良い待遇を受けるべきです。私たちは、新しいリーダーシップが当社の成功と株主価値の創造に不可欠であると強く信じています」。

信頼できるヘッジファンドの経験が取締役会に欠けていることが、BKF社にとって障害になっています。見た目や経歴は立派ですが、取締役会には、ジェームズ・ティッシュ氏を除いて、当該方面で実務経験がある人がほとんど見当たりません。私はBKF社の経営にもその資産運用にも興味はありません（実のところ、キャンネル・キャピタルは近年、機動性を保つために2億5,000万ドル以上を投資家に還元しています）。しかし、BKF社の取締役会には、信頼できるヘッジファンド運用の専門知識と長期的な実績をもつ人物が加わるべきです。

BKF社は1995年11月にベイカー・フェントレス社とジョン・A・レヴィン社が合併して以来、成長してきました。しかし、過去5年間、BKF社は4億6,460万ドルの収入をあげましたが、利益はなしでした。実際のところ、BKF社は6,240万ドルの損失を計上しました。レヴィン氏はBKF社を私的なベビーサークルのように経営しています。同氏は株主を重要なパートナーまたは構成員として評価していないようです。

したがって、私は取締役会に対し、次のいずれかの措置をとることを要請します。(i)BKF社を非公開化し、経費の浪費を非公開会社として行うこと、(ii)オポチュニティ・パートナーズのフィリップ・ゴールドスタイン氏が2003年11月17日の13Dで最初に提案したように、インベストメント・バンカーを指名して会社の競売を行うこと、あるいは(iii)取締役が辞任して、株主重視の

取締役会にバトンを渡すこと。

　私たちは現在、BKF社に興味をもつ多くの関係者と話をしています。彼らは貴殿の業務の効率性と生産性を向上させ、投資チームをパワーアップしてパフォーマンスをよりいっそう向上させ、運用資産を大幅に増加させるための準備を整えています。この後者の「ドリーム・チーム」オプションをご検討ください。

　カティリナは他の金持ちや堕落した男たちと反乱軍を結成しようとしましたが、キケロは最終的にカティリナを打ち負かしました。

　「血なまぐさい反乱から救われたのだから、街は喜ぶべきだ。彼は、街が彼のしたことを、感謝を込めて記憶する以外に、自分のために何も求めなかった。彼は、敵がローマ市民であったため、この勝利は外国での勝利よりも困難であることを知っていた」。

　貴殿にはまだ逃げる時間があります。前進せよ、カティリナ。

敬　　具

J・カルロ・カネル

経営メンバー

1．アラン・C・グリーンバーグ氏が書いた『会長からのメモ（Memos from the Chairman)』＊2 の中古書籍を、USPSが印刷物に適用している2等郵便で郵送します。私のお気に入りの部分を抜粋して紹介します。

　・「購買部には、もうペーパー・クリップを購入しないように伝えたところです。

＊2　邦訳は、アラン・C・グリーンバーグ著『会長からのメモ』、三原淳雄訳、ダイヤモンド社、1997年。

付録　書簡原文　309

私たちは皆、毎日、ペーパー・クリップのついた書類を受け取っています。これらのクリップを貯めておけば、自分たちが使う分がそれで十分になるだけではなく、短期間のうちにこの小さな生物が溢れかえることになるでしょう。定期的に余分なクリップを集め、それを販売します（私たちのコストはゼロなので、アービトラージ部門によれば、資本に対するリターンは平均以上になるそうです）」

・「私が気にしている唯一の統計は、自己資本利益率です。当社のビジネススクール卒業生（ええ、何人かいます）と何度も話し合いを行った結果、彼らのおかげで当社の自己資本利益率を向上させる秘訣を理解できたと思います。収入を増やし、経費を削減すれば、自己資本利益率は上がるでしょう。それで私は満足です」

・「ベア・スターンズ社は今後輪ゴムを購入しません。郵便物からのペーパー・クリップを貯められるならば、輪ゴムも貯められます。そして、小さな輪ゴムが溢れかえることを私は願っています」

・「未公開会社であれば、経費削減は利益に反映されます。公開会社の場合も、経費削減は利益に反映されますが、さらに、その会社の株式の株価収益率によって増幅される形で株価に反映されます」

第8章　レヴィン氏の書簡

2005年6月16日

拝啓　株主同志の皆様へ

　BKF社の取締役会は最近、中心的な争点以外のすべての争点を年次株主総会の議論から外すという劇的な行動をとりました。中心的な争点とは、どちらの候補者リストが同社の成長と成功を促進するために最善の取締役会を生むかということです。取締役会の決定内容は次のとおりです。(1)ポイズン・ピルを撤回しました。(2)取締役会を非スタッガード化するという提案に修正し、2006年にすべての取締役が改選期を迎え、過半数の決議によって解任されるようにしました。(3)25％の株式を保有する株主が（取締役の解任その他の目的で）臨時株主総会を招集する権利を有するよう定款を改正しました。さらに、株主価値を実現するための取引を検討する目的で、2社の投資銀行を起用したことを開示しました。これらの措置はなぜとられたのでしょうか。**今般の選挙が当社売却や買収防衛策に関するものではなく、公開会社をどのようにして発展させるかに関するものだということを株主に紛れもなく示すためです。**対立候補者リスト側が信頼できる事業計画を提示していないため、株主は彼らに対して「いったいどうなっているんだ」と質問すべきです。

　私たちの見解では、カルロ・カネル氏が最近提出した書簡は、異議を唱えている株主たちの意図を正確に反映しています。彼らは、騒々しく意地の悪い公開キャンペーンを展開し、当社を非公開化、あるいは第三者へ強制的に売却しようとしてきました。実際に、どちらの手段も真剣に検討され、追求されましたが、現時点ではいずれの選択肢も現実的ではないことが明らかになっています。第3の選択肢として、カネル氏の書簡は株主に対し、未公表の「ドリーム・チーム」に信頼を置くことを求めています。カネル氏が、だ

れがこの「ドリーム・チーム」のメンバーになりうるのか、また、彼らが何をしようとしているのかを他の株主と共有してくれたらよかったのですが。

2005年6月9日、スティール・パートナーズは、当社が何度も同社の事業計画の開示を求めたことを受け、同社が支配しようとしている当社のビジネスへの頑なな無理解を反映した提案を行いました。**同社は、当社が本年末までに、まったく異なるビジネスを展開する多くの大手競合他社が実現している水準に匹敵する利益率を達成することを要求しました。**同社は、洗練された金融アナリストを雇用しているにもかかわらず、株主に対して、当社の規模、事業構成、販売モデル、無形固定資産の償却といった基本的な論点や、当社のビジネスの財務的な業績を理解するうえで不可欠なその他の論点を無視した主張を展開しています。

スティール・パートナーズによって言及されたいくつかの競合他社とは異なり、当社は中途解約や買戻しが原則認められていないクローズド・エンド型ファンドや、管理コストを吸収できるような大規模な投資信託グループを運営していません。加えて、株式を公開しているそうした資産運用会社は多くの場合、特定のポートフォリオ・マネジャーへの依存度が低く、そのマネジャーと運用手法との結びつきも強くありません。対照的に、当社は、クライアントがポートフォリオ・マネジャーはだれなのか、投資チームの他のメンバーはだれなのかに注目する、ファンダメンタルズに基づくロング・オンリー投資戦略およびオルタナティブ投資戦略から収益を得ています。特にオルタナティブ投資戦略に関して、そのマネジャーたちは、当社がリサーチ、販売、業務プラットフォームを提供できるからこそ当社に在籍する貴重な資産だと信じますが、マネジャーたちがもたらす利益率はどうしても低くなりがちです。

これまで何度も説明してきたように、私たちは、当社が競合他社の規模に追いつけるように、また、より多額の利益を計上できるように努めています。その目的に向け、いくつかのロング・オンリー投資戦略およびオルタナ

ティブ投資戦略を立ち上げましたが、そのトラックレコードが積み上がるに伴い、それに連動する報酬費用が当社の利益率に影響を与えてきました。過去３年間において、当社は２つのロング・ショート株式戦略をゼロから立ち上げ、その運用資産は現在、総額で約９億ドルに達しています。また、過去18カ月間においてさらに３つのロング・ショート株式戦略（現在立ち上げ中）とスモール・キャップ・バリュー戦略を開始しました。こうした新商品が相当の割合で成功すれば、そのための投資は株主にとって重要な利益をもたらすはずです。

当社は経験豊富なプロフェッショナルたちで構成されていますが、同時に、成長余地のある、分散された投資戦略シリーズの展開を目指す若い公開会社でもあります。**発展途上の現段階では、株主の皆様が、当社が成長するか、それとも失敗するかを決定する力を有しています。**反対勢力は、素直に認めてはいませんが、成長に「ノー」を突きつけ、報酬を直ちに大幅に削減することを提案しています。もしそれが実際に行われれば、必然的に重要な人材が離職し、既存のビジネスの価値が低下することになるでしょう。

スティール・パートナーズが当社への攻撃を開始して以来、当社はクライアント、従業員、および採用候補者に対し、彼・彼女たちが選んだ、または検討している会社が彼・彼女たちのために引き続き存在するという一定の希望をもってもらえるよう、多大な時間とエネルギーを費やさざるをえなくなりました。当社は経営陣強化と増益のために上級幹部を必要としていますが、スティール・パートナーズによる行動のために、そうした人材の採用がきわめて困難になりました。スティール・パートナーズは自らの行動がもたらす結果について言及することをもちろん避けていますが、私たちは、競合他社の一団がすべての株主のための価値向上にフォーカスするのではなく、当社の商品を彼らの商品に置き換えることに関心を示すかもしれないという深刻な懸念を抱いています。**私たちは、新たな経営陣が当社のシニア・ポートフォリオ・マネジャーを差し替えて、なお当社のクライアントを維持できるとは断じて信じません。**私たちに反対する株主は、見事なトラックレコー

ドをもつ熟練したポートフォリオ・マネジャーかもしれませんが、当社のクライアントはその資金を特定のスタイルで運用するために当社の人材を選んだというのが事実です。当社のクライアントがもしリヒテンシュタイン氏やカネル氏に資金の運用を任せたいならば、彼らを選ぶことができたはずですし、実際に何人のクライアントが彼らに自らの資金を投資したとしても、まったく驚きません。しかし、たとえ何人かの当社クライアントがリヒテンシュタイン氏やカネル氏に自身の資金の運用を任せたとしても、それはそうしたクライアントが自分の資産の大部分を彼らに運用させたいと思っているということを意味するわけではありません。

　当社を攻撃しているポートフォリオ・マネジャーたちは、いまあるクライアント資産を維持することのむずかしさをよく理解していると思います。したがって、私たちは、これらのポートフォリオ・マネジャーたちが、（おそらく自らが引き起こす破壊によってもたらされる）当社の株価下落を利用して、自分たちの事業体の1つあるいは複数を公開会社である当社に合併させようとしているのではないかと問わなければなりません。あるいは、リヒテンシュタイン氏は、BKF社が（投資家にではなく、リヒテンシュタイン氏によって所有されている）リヒテンシュタイン氏の資産運用ビジネスにとって直接的な収入源となる可能性があるため、自らの投資はヘッジされているとみているかもしれません。SECへの提出書類には、リヒテンシュタイン氏の資産運用会社は、同氏がCEOになった上場会社から多額の資産運用やコンサルティングの手数料を受け取っていることが開示されています。株主はこのことを知っておくべきだと考えます。

　もし対立候補者リストへのこの不信感はどこから生じるのかと疑問に思うのであれば、私たちへの攻撃に使われている議論の質をご覧になってください。資産運用業界で世界的に認められているエキスパートであるバートン・ビッグス氏が、私たちのオフィス内の使われていない転貸不可のスペースを使っていたため、ごく短期間、賃料を支払っていたことに対する攻撃は、常に冗談のようなものでした。私たちがこの件について議論すると、人々は理

314

解を示します。私たちはピーター・ソロモン氏の投資銀行グループに比較的低額の手数料を支払ったことで攻撃されていますが、同じ攻撃者たちは同時に株主価値を実現するための戦略的代替案を追求しなかったという理由で私たちを批判しています。

　私の子どもたちに対する攻撃は、反対派の本質について多くを明らかにしますが、不適切な点を暴露するものではまったくないと申し上げざるをえません。息子のヘンリーに支払われた報酬については多くのことが語られていますが、私はただ株主の皆様に、イベント・ドリブン戦略を担当する2人のシニア・ポートフォリオ・マネジャーの1人として彼を評価していただきたいのです。同戦略は長年にわたり当社の収益とフリー・キャッシュフローの非常に大きな部分を生み出してきました。その運用戦略は長期にわたるトラックレコードを確立し、後に当社の他の投資戦略にも投資することになる投資家を引き付けたことが重要です。彼は、自分が運用する戦略が当社にもたらす収益に基づいて報酬を受け取っています。これは、私たちを批判するヘッジファンド・マネジャーたちが自分自身に対して報酬を支払っている方法とまったく同じです。私は、彼が公開会社の一員であることから必然的に、彼のキャッシュによる報酬が減少することは理解する一方で、彼が特に未公開会社にいる同業者たちと同様にクライアント・サービス、マーケティング、人事管理といった多くの機能を担わなければならないにもかかわらず、なぜその運用するアカウントの収益に基づいて報酬を受け取ることが、もはや物事をとらえる適切な視点にならないのか、理解できません。

　私の娘であるジェニファー・レヴィン・カーターは、学業において優れた実績をあげました。イェール大学3年生でファイ・ベータ・カッパの会員となり、同大学で分子生物物理学と生化学を専攻して優等で卒業し、ハーバード大学医学部とハーバード大学公衆衛生大学院を卒業しました。彼女は、バイオテクノロジーと彼女の専門分野に入る他の会社について、当社の投資プロフェッショナルたちに貴重なリサーチを提供しており、彼女とかかわるすべての人たちから大きな強みとして評価されています。彼女には時間給でコ

付録　書簡原文　315

ンサルティング料を支払っており、公衆の受け止め方に配慮して、ほぼ間違いなく、彼女がほかで得られるはずの額よりも少ない額しか受け取っていません。

　当社のビジネスが生んでいる「損失」に関しては、投資家の皆様には、洗練された投資家ならだれでもそうするように、当社のビジネスをみていただきたいと思います。そして、私たちを攻撃するポートフォリオ・マネジャーたちは間違いなく洗練された投資家です。スティール・パートナーズは、当社がなぜ損失を出しているのか理解できないと繰り返し述べており、カネル氏は書簡で、当社のビジネスが2000年以降、6,200万ドル以上の損失を出していると指摘しています。リヒテンシュタインとカネルの両氏は、1996年の資産運用ビジネスとクローズド・エンド型ファンドに関連する取引から生じる無形固定資産の償却に伴い、当社が同期間において9,100万ドル以上の費用を計上していることを都合よく失念しています。言い換えれば、「損失」は当社のビジネスがどのように経営されているかを反映するものではまったくなく、両氏は実際に生み出されているキャッシュフローをあいまいにしています。私たちは、株主が、なぜ当社のキャッシュフローはもっと多くないのかと問いかけるのは理解できます。しかし、洗練されたマネー・マネジャーによる当社の「損失」への攻撃は、彼らがその目的を達成するために関連する事実をあいまいにする傾向を露呈しています。

　もう一度、「いったいどうなっているんだ」と申し上げます。BKF社がいま、ひどい苦境に立たされているのは、スティール・パートナーズがその「アクティビスト」としての信用に磨きをかけ、現在および将来のターゲット会社を威嚇し、それによって自社のポートフォリオのリターンを高めるために、当社の特定の状況における潜在的な価値破壊を見過ごしているからではありませんか。もしスティール・パートナーズが当社のコーポレート・ガバナンス改革を自分たちの功績として主張したいのであれば、当社はすでにできる限りの改革を実施しています。もしスティール・パートナーズが、主要な人材を追い出すような報酬プログラムを強行したいのであれば、真のビ

316

ジネス戦略とはいったいなんなのでしょうか。約7億ドルの資産還元を通じて株主に大きな価値をもたらした取引によって当社の資産運用ビジネスを公開した後に、このヘッジファンドの集団が虐待され苦しんでいる株主のふりをしながら、破壊的な道を進み続けるのをみるのは非常に辛いことです。彼らはBKF社の他の株主の利益よりも自分たちがつくりだすイメージのほうを気にかけています。当社が公開会社になって以来、私たちは株主基盤の支援が当社のビジネスにとって重要であると述べてきました。私は経営陣に失望した株主はいつでも株式を売却できるし（実際には当社の株価は非常に好調に推移しています）、いつでも建設的な提案や正当な批判を行うことができると考えてきました。私は批判を受け入れて理解することはできますが、明らかに価値を破壊するような攻撃を理解することはできません。

　この時点で、私が戦い続けるモチベーションはなんなのかと疑問に思われるのではないでしょうか。実際のところ、私自身も最近までその疑問と向き合ってきました。私の長年の主要パートナーの何人かは、少数の株主が当社を破壊することを許容しないように頑張れと私にプレッシャーをかけてくれました。彼らの励ましに支えられ、現在まで前進を続けてきました。当社は素晴らしい人材に恵まれた素晴らしい会社です。多くの成功した資産運用会社がそうであるように、当社は多くの正しい決断を下し、いくつかの間違った決断を下しました。しかし、特に他の何よりも資産運用に情熱をもつ私のような人物にとって、敵対的な株主をもつ上場会社を経営することは魅力的な仕事ではありません。

　最後は素晴らしい希望のメッセージで締めくくるべきでしょうが、厳しい現実をお伝えします。どんな株主や株主グループが次に何を言い出すのか、あるいは何をするかはわかりません。将来がどうなるかは、この会社の中立株主にかかっています。妥協点はありません。私たちの候補者リストは傑出した人物で構成されています。バートン・マルキール氏は、まさに株主が求めるべき取締役です。同氏は経済諮問委員会の元メンバーであり、プリンストン大学経済学部に長年在籍する正教授であり、バンガード社のさまざまな

付録　書簡原文　317

ファンドのトラスティでもあります。バート・グッドウィン氏は、プライベート・エクイティ会社に在籍する優れた投資家です。2人とも、1996年に私たちの資産運用会社がBKF社に合併される以前からBKF社の取締役でした。彼らは取締役として可能な限り独立しています。白い委任状のほうに投票してください。

敬　　具

/s/ジョン・A・レヴィン

ジョン・A・レヴィン

取締役会長兼CEO

謝　辞

　本書は、2つのアイデアから生まれた。1つ目のアイデアはなかなか良い
もので、上場会社の投資家からのオリジナルの書簡を使って、株主アクティ
ビズムの短い歴史を語るというものだった。2つ目のアイデアは本当にひど
いもので、私自身が書き上げなくてはならないというものだった。作家では
ないという明らかな問題に加えて、私は過酷なフルタイムの仕事と、決して
無視してよいわけではない若い家族を抱えている。

　このプロジェクトをほとんど諦めかけていた時、それを前進させるいくつ
かの重要な出来事があった。まず、ウォーレン・バフェット氏がアメリカ
ン・エキスプレス社に宛てた自身の書簡を送ってくれた。バフェット氏はお
そらく、私のプロジェクトを説明している書簡を30秒ほどで読んで、さらに
15秒ほどかけてだれかに書簡を探して送るよう指示したのだろう。同氏がこ
のプロジェクトに関心を向けたその45秒間の結果、私はこのキーボードの前
で睡眠不足の1年を過ごすことになった。私は本書を書かなければならない
だけではなく、できる限り最高の仕事をしなければならなくなった。ウォー
レン・バフェット氏にお礼を申し上げる。

　バフェット氏の書簡を受け取ってから数週間後、私は友人のクリスチャ
ン・ラダー氏と一緒にブルックリン・ネッツの試合をみに出かけた。ラ
ダー氏は自身の書籍を執筆している最中だった。私は自分の書籍のアイデア
を同氏に話し、すべてを書き上げてから出版社を見つけるという計画を説明
した。同氏はうーんと唸って「おい、それはやめとけ」といった。その翌
日、ラダー氏は自身のエージェントであるクリス・パリス・ラム氏を紹介し
てくれて、間もなく本書を実現するために不可欠な締め切りその他のなすべ
きことが設定された。クリスチャン・ラダー氏にお礼を申し上げる。

　ラム氏から書籍の提案書の作成方法についてアドバイスを受けた後、私は
腰を下ろして書き始めた。最初に同氏に送った5ページは書くのに途方もな
い時間がかかり、できあがりはひどいものだった。もし同氏がその時点で私
に電話をかけてこなかったら、私が執筆を再開することは決してなかっただ
ろう。しかし、同氏は私を正しい方向に導き、良い提案書をつくるのを手

伝ってくれ、さらに、ハーパーコリンズ社のホリス・ハイムバウチ氏を説得し、本書を引き受けさせた。クリス・パリス・ラム氏、そしてガーナート社*¹にお礼を申し上げる。

　本書を出版し、編集してくれたハーパーコリンズ社のハイムバウチ氏には多大な感謝を捧げる。同氏の編集によって本書はずっと良くなり、焦点が絞られた。同氏がいなければ、本書は多くの奇妙な音楽の話題が散りばめられた散漫なものになっただろう（とはいえ、私は第三の合併ブームをサードウェーブ・スカ*²にたとえたことは撤回しない）。また、ステファニー・ヒッチコック氏と、ハーパーコリンズ社のチームの他のメンバーにもお礼を申し上げる。

　ジョン・ヴェンジリオ氏のリサーチ・アシスタントとしての仕事はこのうえない助けとなった。同氏は私の作業をきちんと管理し、多くの書簡を本書に掲載するための許諾を得るのを手伝ってくれた。同氏は他のたくさんの興味深い情報、なかでもR. P. シェラー社やビル・シュレンスキー氏の存在を私に教えてくれた。同氏はまた、SECに対して古い提出書類のコピーを何度もしつこく申請してくれた。

　脚注を作成してくれたケビン・バーカー氏にもお礼を申し上げる。ケビンの妻、エイミー・ミラー氏は、多くの資料を読んで貴重なコメントをくれた2人の賢明な弁護士の1人である。もう1人はニック・ジョセフ氏だった。バーカー氏、ミラー氏、ジョセフ氏にお礼を申し上げる。

　エディ・ラムズデン氏は、本書のアイデアがまだ初期段階の頃から私があれこれ考えを練るのを助けてくれて、多くの優れた洞察を加えてくれた。また、ナタリー・バナス氏、アンディ・シュピズ氏、ジョン・ファスマン氏、フレッド・コヴィー氏に大きな感謝を捧げたい。彼らは提案書の初期バージョンのいくつかと、何章かを読み、非常に有益なフィードバックをしてくれた。

　ジェイソン・ジノマン氏は、私が出版の世界を理解するのを助け、作業期

＊1　ラム氏が所属する会社。
＊2　1990年代後半に米国を中心に起きたスカのムーブメント。スカは1950年代にジャマイカで発祥した音楽ジャンル。

間を通じて素晴らしい助言を与えてくれた。

　ほかにも私を支援してくれた、お礼を申し上げるべき多くの方々がいる。テリー・コントス氏、マーティン・リプトン氏、トーマス・ケネディ氏、ブラッドリー・ラドフ氏、バリー・スタインハート氏、ギル・ワイスブルム氏、ピーター・デッカー氏、ジェームズ・パパス氏、ノーバート・ルー氏、ビル・マーティン氏、ピーター・チェッチーニ氏、ティモシー・ブロッグ氏、スティーブン・ウォロスキー氏、ロバート・ホルトン氏、スティーブン・ブロンソン氏、ハーバート・ウィノカー氏、ハーヴェイ・ゴールドシュミッド氏、ブライアン・チェフィンズ氏、ダミアン・パーク氏、ウィンスロップ・スミス氏、ナタリア・ダ・シルバ氏、ジム・ハイムバック氏、エリザベス・ハイムバック氏、ロス・ペロー・ジュニア氏、キャロル・ホフマン氏、ジャック・ミッチェル氏、ジョージ・コノモス氏だ。

　本書の登場人物の皆様には、素晴らしい書簡を再公開することを許していただいたことにつき、特にお礼を申し上げる。これらは貴殿らの物語であり、私はその公平な評価に全力を尽くした。

　約10年間のビジネス・パートナーであるグレゴリー・ビリンスキー氏にもお礼を申し上げたい。同氏は偉大なビジネス作家の息子であり、このプロジェクトに辛抱強く付き合ってくれただけでなく、支援と貴重なインプットを提供してくれた。他の同僚たち、前述のバナス氏、ロビー・ビアーズ氏、リチャード・バルユット氏、グレゴリー・シュロック氏にもお礼を申し上げる。2番目のグレゴリーは、私の上場会社に関するさまざまな雑談を辛抱強く聞き、実際に物事がどのように機能するのかを説明してくれた。

　私のファンドの投資家にもお礼を申し上げる。貴殿らの長期投資へのコミットメントと忍耐のおかげで私は愛する仕事ができる。また、当ファンドの四半期レターを書くことが、本書を考えるきっかけになった。今後貴殿らに良好なリターンを提供するために、本書の研究と執筆を通じて学んだ教訓を最大限生かしたいと思っている。

　私にとって最も親密なメンターはアーサー・レヴィット氏だ。同氏とジョエル・グリーンブラット氏のおかげで私のキャリアが実現した。私は永遠に感謝する。

私の家族にも多くの感謝を捧げなければならない。特に両親には本書を捧げる。父はいつものように絶え間のないプレッシャーとともに、「この本は経済的に合理的な時間の使い方ではないね」や「君の名前が永遠に残るのだから、台無しにしないように」といったはっとするようなメッセージをくれた。母は、重要な時期に子どもの世話をしてくれて本書執筆を助けただけではなく、私が到底及ばないほどの深いコーポレート・ガバナンスの理解をもち、卓越した壁打ち相手になってくれた。

　両親と同じく、ともに経済学の教授である兄、マーシャルと、その妻、テレサにお礼を申し上げる。私が本書を考え始めた時からマーシャルに多くのフィードバックを求めてきたが、彼はいつも的確なアドバイスを迅速に送ってくれた。

　私が愛する愛らしい妻、スージー・ハイムバウチと、私たちの息子、ギルバートとベンジーに感謝する。スージーは文字起こしの名手であり、多くの章の編集を手伝ってくれた。彼女と息子たちは丸1年間、カブスの昼間の試合をみるビル・シュレンスキー氏よりも我慢してきた。ギルバートとベンジー、ようやく正式に終わったよ。カラオケ機のプラグを差し込むことができるよ。

　上にあげたすべての方々と、そして私が誤って書きもらしてしまった多くの他の方々のおかげで、本書は私1人でやり遂げられる水準を超えるクオリティになった。本書にある適切な洞察は、きっと彼らのだれかからのものだ。一方で、本書における間違い、不正確さ、判断ミス、そして注意義務や忠実義務の一般的な不履行については……そうですね、7人で構成される取締役会を組成し、取締役と経営陣を対象にした大規模な保険に加入しました。取締役会はアラスカ州ノームで年に一度、皆様にお目にかかることを楽しみにしています。質問は1つに制限してください。

原著脚注

序　章

1 . Jimmy Greenfield, *100 Things Cubs Fans Should Know Before They Die* (Chicago: Triumph Books, 2012), 66.

2 . これらの数字はイリノイ州控訴裁判所事件番号51750番の裁判記録Shlensky v. Wrigleyによる。

3 . Johan Matthijs de Jongh, "Shareholder Activists Avant La Lettre: The 'Complaining Participants' in the Dutch East India Company, 1622-1625," in *Origins of Shareholder Advocacy,* edited by Jonathan G. S. Koppell (New York: Palgrave Macmillan, 2011), 61-87.

4 . Ross Perot, speech to the General Motors board of directors, November 4, 1985.

5 . Alice Schroeder, *The Snowball: Warren Buffett and the Business of Life* (New York: Bantam Books, 2008), 486（邦訳はアリス・シュローダー著『スノーボール　ウォーレン・バフェット伝』、伏見威蕃訳、日経BP、2014年）.

6 . Steven M. Davidoff, "Nader, an Adversary of Capitalism, Now Fights as an Investor," *New York Times,* DealBook, January 14, 2014.

7 . Steve Fishman, "Get Richest Quickest," *New York,* November 22, 2004.

8 . ウィリアム・"ミッキー"・ハーリー氏が、デニーズ社CEOのネルソン・マーチョリ氏とデニーズ社の取締役会長チャールズ・モラン氏に宛てた2004年2月23日付の書簡。書簡に署名をしたのはミッキーだが、私が直属の上司グレッグ・シュロック氏からの適切な助言と校正のもとで執筆した。

9 . Warren Buffett speaking at Berkshire Hathaway Shareholders' Meeting, 1998.

第　1　章

1 . *Benjamin Graham: The Memoirs of the Dean of Wall Street,* edited by Seymour Chatman (New York: McGraw-Hill,1996), 200.

2 . 同上, 200.「それらは正式に私のもとに届けられました、そして、すぐに私は自らの手のなかに宝物があることに気づきました」。

3 . John H. Armour and Brian R. Cheffins, "Origins of 'Offensive' Shareholder Activism in the United States," in *Origins of Shareholder Advocacy,* edited by Jonathan G. S. Koppell (New York: Palgrave Macmillan, 2011), 257.

4 . "Cent. Leather Proxy Fight," *New York Times,* January 31, 1911.

原著脚注　323

5. Armour and Cheffins, "Origins of 'Offensive' Shareholder Activism," 257.

6. T. J. Stiles, *The First Tycoon: The Epic Life of Cornelius Vanderbilt* (New York: Vintage Books, 2010), 439, 449-465.

7. ジョーンズ氏は1949年に世界初のヘッジファンドを始めた人物として一般的に知られている。グラハム氏はニューマン＆グレアム社を1936年に創業した。Alice Schroeder, *The Snowball: Warren Buffett and the Business of Life* (New York: Bantam, 2008) (邦訳はアリス・シュローダー著『スノーボール　ウォーレン・バフェット伝』、伏見威蕃訳、日経BP、2014年). ニューマン＆グレアム社はA・W・ジョーンズ氏と同様に、パートナーの数を限定し、パフォーマンスの一部を報酬として支払い、ショート戦略やヘッジ戦略を採用した。*Benjamin Graham: The Memoirs,* 268を参照。

8. *Benjamin Graham: The Memoirs,* 180.

9. 「投資パートナーシップ」について。厳密には、グレアム・ニューマン社は会社 (corporation) であった。IRS (Internal Revenure Service、内国歳入庁) がベンジャミン・グレアム氏のジョイント・アカウントの課税区分に疑義を呈した際、グレアム氏の会計士は、後に規制当局によって法人と判断された場合に生ずる追加的な課税を避けるために法人化を勧めた。*Benjamin Graham: The Memoirs,* 268を参照。ジョー・カーレン氏によると、グレアム氏の平均年間パフォーマンスは17.5%だったのに対し、S&Pは14.3%であった。さらに、ファンドが清算された際に投資家はガイコ社の株式を受け取り、それが良い結果をもたらした。Joe Carlen, *The Einstein of Money: The Life and Timeless Financial Wisdom of Benjamin Graham* (Amherst, NY: Prometheus Books, 2012), 262.

10. 年間リターンの数字は "47 Year Results of Walter & Edwin Schloss Associates", Walter Schloss Investing Archive, Heilbrunn Center for Graham & Dodd Investing, Columbia Business School, New Yorkのメモに基づく。

11. Benjamin Graham, *The Intelligent Investor* (New York: Harper, 1973), 107 (邦訳はベンジャミン・グレアム著『賢明なる投資家』、増沢和美ほか訳、パンローリング、2005年). 「自分の保有株が不当な市場の下落にさらされることで、狼狽したり、過度に心配したりする投資家は、自身の基本的な強みを基本的な弱みにあべこべに変えてしまいます。そのような人物は、自身が保有する株式に市場の相場表示が一切ない方が、むしろ幸せになるでしょう。と言うのは、そうなれば、彼は他人の判断ミスで生じる精神的苦痛から解放されるからです」。

12. 同上, 109.

13. 同上, 281.

14. John Micklethwait and Adrian Woolridge, *The Company: A Short History of a Revolutionary Idea* (New York: Modern Library, 2003), 62 (邦訳はジョン・ミクルスウェイト、エイドリアン・ウールドリッジ著『株式会社』、高尾義明ほか監訳、ランダムハウス講談社、2006年).

15. 同上, 62.

16. *Benjamin Graham: The Memoirs*, 142.

17. 同上, 142.

18. 同上, 143.

19. *The Intelligent Investor*というタイトルは、グレアム氏の学術的な人柄を表す好例である。出版社は副題を何度も更新しているが(「バリュー投資に関する古典的テキスト」から「バリュー投資に関する古典的ベストセラー」、そして「バリュー投資に関する決定版」へ)、グレアム氏によるオリジナルの副題はシンプルな「実践的な助言の書籍」であった。

20. *Benjamin Graham: The Memoirs*, 200.

21. 同上, 201.

22. 同上, 203.

23. 同上, 207.

24. 彼はボブ・マロニー氏と一緒に書簡を書いた。マロニー氏はグレアム・ニューマン社の株主であり、取締役でもあった。グレアム氏は1919年にシカゴ・ミルウォーキー&セントポール鉄道を分析していた時にマロニー氏と出会った。最終的にグレアム氏は、セントルイス&サウスウェスタン鉄道のほうがはるかに魅力的な買いであるという調査報告書を書いた。マロニー氏はシカゴ・ミルウォーキー&セントポール鉄道の財務副社長であったが、グレアム氏の評価に反対しなかった。2人は友人となり、投資アイデアを共有し始めた。マロニー氏はバートラム・カトラー氏とトム・デボイス氏の両氏と個人的な知り合いだった。グレアム氏からの書簡を受け取った後、カトラー氏はデボイス氏に宛ててマロニー氏についてのメモを書き、そこで「……彼は厄介者になるのではないかと心配しています」と述べた。

25. *Benjamin Graham: The Memoirs*, 210.

26. 同上, 211.

27. Joe Nocera, "The Board Wore Chicken Suits," *New York Times,* May 27, 2006.

28. Leonard Marx, letter to Warren Buffett dated April 15, 1957, Walter Schloss Investing Archive, Heilbrunn Center for Graham & Dodd Investing, Columbia Business School, New York.

29. これはバリュー投資家の通過儀礼である。もっと情報をもっている人から「もしあなたが私たちの知っていることを知ったなら、どうその株を売りますか」といわれても、自らのポジションを維持することだ。

30. 委任状勧誘参考資料中の書簡に記載された取締役の名前をICCの従業員リストと照合した。「関連取締役」についての主張*1の出所は*Benjamin Graham: The*

---

*1　該当部分が不明だが、原書にあるのでそのまま記載。

Memoirs, 211.

31. ジョナサン・メイシー氏は、2006年10月9日のイェール大学法科大学院・サム・ハリス教授職への就任講義のなかで「フェデラリスト第10号」を論じている。Jonathan Macey, "Where's the Theory in Corporate Governance?," https://itunes.apple.com/us/itunes-u/corporate-law/id387940792?mt=10, released August 6, 2007.

32. トーマス・デボイス氏の息子、イーライ・ホイットニー・デボイス氏は、1931年にデボイス法律事務所を共同設立した。一般教育委員会は、ジョン・D・ロックフェラー・シニア氏によって設立された慈善団体だった。同氏の委員会への寄付は20世紀初頭当時において米国史上最大の慈善寄付だった。1925年4月16日付トーマス・M・デボイス氏によるウィックリフ・ローズ氏への書簡、Folder 181, Box 18, Rockefeller Family Collection, Rockefeller Archive Centerからの引用。

33. Northern Pipeline proxy mailing dated January 12, 1928, Folder 912, Box 121, Rockefeller Family Collection, Rockefeller Archive Center.

34. Robert A. G. Monks and Nell Minow, *Case Studies: Corporations in Crisis,* June 30, 2011, http://higheredbcs.wiley.com/legacy/college/monks/0470972599/supp/casestudies.pdf, 84–85. 博物館建設の正当性の根拠は、暖簾の創出とオキシデンタル社の名前の認知とされた。タイム誌の批評は「ほとんどがガラクタだ」だった。1億5,000万ドルの数字は株主の申立てに基づく。この推定が過大であるとしても、オキシデンタル社の委任状に記載のある最初の方針は5,000万ドルおよび将来の資金調達2,400万ドルだった。

35. Lucian A. Bebchuk and Jesse M. Fried, *Pay Without Performance: The Unfulfilled Promise of Executive Compensation* (Cambridge, MA: Harvard University Press, 2006), 113.

36. カントリーワイド・フィナンシャル社はもちろんバンク・オブ・アメリカ社によって買収された。ABNアムロ銀行はロイヤルバンク・オブ・スコットランド社、フォルティス社、バンコ・サンタンデール社が率いるコンソーシアムによって買収された。ABNアムロ銀行を分割してから間もなく、ロイヤルバンク・オブ・スコットランド社とフォルティス社の両社はABNアムロ銀行の負債によって破綻に追い込まれた。

37. この現象に関しては多くの研究が行われており、最近ではMichael Mauboussin and Dan Callahan, "Disbursing Cash to Shareholders: Frequently Asked Questions About Buybacks and Dividends," Credit Suisse report, May 6, 2014, http://www.shareholderforum.com/wag/Library/20140506_CreditSuisse.pdfがある。

38. ウィン・ディクシー社は破産前に長年にわたり多額の配当を支払い、店舗への投資が著しく不足していた。

39. 洞窟に入り込んだ瞬間、ドルビー社のノイズ・リダクションのような理解不能

な機能について説明してくるうるさいセールスマンの軍団と戦わなければならなかった。

40. *Benjamin Graham: The Memoirs,* 205.

41. ロックフェラー・アーカイブにはノーザン・パイプライン社との会議の議事録はないが、その後の株主還元に関するいくつかの文書があり、それらはノーザン・パイプライン社の経営陣との過去の議論を参照している。

42. *Benjamin Graham: The Memoirs,* 187.

43. Schroeder, *Snowball,* 186.

44. Graham, *The Intelligent Investor,* 269.

45. バークシャー・ハサウェイ社のアニュアル・レポート1976年版と1996年版。1976年の数字は株式の取得原価に約4,570万ドルの未実現利益を加算している。

46. これは、バンク・オブ・アメリカ社の株式を購入できるオプションの行使を前提としている。

47. *Benjamin Graham: The Memoirs,* 208.

第 2 章

1. Joseph Borkin, Robert R. Young: *The Populist of Wall Street* (New York: Harper & Row, 1947), 50.

2. 同上、50. もともとアレゲニー社の保有分は43％、したがって、残りの41％を加えられればぎりぎり70％超になる。

3. Matthew Josephson, "The Daring Young Man of Wall Street," *Saturday Evening Post,* August 18, 1945.

4. David Karr, *Fight for Control* (New York: Ballantine, 1956), 99.

5. DJIA promotional flyer, Dow Jones Indexes, December 31, 2011, http://www.djindexes.com/mdsidx/downloads/brochure_info/Dow_Jones_Industrial_Average_Brochure.pdf.

6. Karr, *Fight for Control,* 93.

7. J. C. Perham, "Revolt of the Stockholder," *Barron's,* April 26, 1954.

8. Connie Bruck, *The Predators' Ball: The Inside Story of Drexel Burnham and the Rise of the Junk Bond Raiders* (New York: Penguin, 1989), 157 (邦訳はコニー・ブルック著『ウォール街の乗取り屋』、三原淳雄ほか訳、東洋経済新報社、1989年). and Mark Stevens, *King Icahn: The Biography of a Renegade Capitalist* (New York: Dutton, 1993), 96. また、アラモとコウモリの事件は実際には同時に起きてはいない。

9. Borkin, *Robert R. Young,* 178. ヤング氏は130万ドル、ニューヨーク市は90万ドルを費やした。

10. Robert Young, letter dated April 8, 1954, Robert Ralph Young Papers (MS

原著脚注　327

1738), Manuscripts and Archives, Yale University Library.

11. Robert Young, unfinished memoirs, Robert Ralph Young Papers（MS 1738），Manuscripts and Archives, Yale University Library, 4. 不要な大文字表記をいくつか修正した。

12. エクイシェアーズ社で、ヤング氏はすぐにラスコブ氏の投機的投資という弱点に苛立ちを感じた。ヤング氏は株式に対して悲観的で、1929年6月にはデュポン氏に対して、その個人資産のうち1,500万ドルを株式から移動するように説得さえしたが、ラスコブ氏は無謀にも熱狂的な市場に飛び込んでいった。ヤング氏は後にこう書いた。「ラスコブ氏のこれらの失敗は、強く持続する強気の見通しを伴った、他の人々に対する根拠のない信頼に大きく起因していた。それらは私が彼を尊敬し、愛したゆえんでもあった。……1929年10月から1933年3月までの間、次の月こそは大きなブームが到来すると彼は信じ続けた」。Young, memoirs, 5.

13. Young, memoirs, 9-11.

14. Borkin, *Robert R. Young,* 35, 41.

15. 同上, 98.

16. 同上, 102.

17. 同上, 108.

18. 同上, 141.

19. Karr, *Fight for Control,* 11.

20. John Brooks, *The Seven Fat Years: Chronicles of Wall Street*（New York: Harper & Brothers, 1958), 6.

21. 同上, 10.

22. Borkin, *Robert R. Young,* 142. 実際の引用文は「最高経営責任者として、経営の責任が分割されることもありません」で終わっている。

23. 同上, 144.

24. Karr, *Fight for Control,* 7.

25. Borkin, *Robert R. Young,* 146.

26. Brooks, *7 Fat Years,* 12. Diana B. Henriques, *The White Sharks of Wall Street: Thomas Mellon Evans and the Original Corporate Raiders*（New York: Scribner, 2000), 133も参照。

27. Karr, *Fight for Control,* 15.

28. 同上, 32.

29. Borkin, *Robert R. Young,* 151. 1954年2月16日付ニューヨーク・タイムズ紙35面からの引用。

30. 同上, 154.

31. 同上, 152. 完全な引用文は「高い確率で、それがどうなるかでニューヨーク・セントラル鉄道がどうなるかが決まる」である。

32. Robert Young, letter to the New York Central shareholders dated March 5, 1954, Robert Ralph Young Papers（MS 1738）, Manuscripts and Archives, Yale University Library.

33. Northern Pipeline proxy mailing, January 12, 1928, Series 87.1N3, Box 121, Folder912, Business Interests—Northern Pipeline, Rockefeller Family Collection, Rockefeller Archive Center.

34. Borkin, *Robert R. Young*, 203.

35. 同上, 170. アソシエーテッド・プレス（AP）のインタビューから。

36. 同上, 151.

37. 同上, 137.

38. 同上, 171. APのディベートから。

39. 同上, 171. APのディベートから。

40. 同上, 196-197. 1954年2月17日付ニューヨーク・タイムズ紙からの引用。

41. 同上, 201.

42. 同上, 162.

43. 同上, 162.

44. Brooks, *7 Fat Years*, 28.

45. Borkin, *Robert R. Young*, 202.

46. Karr, *Fight for Control*, 33-34.

47. フォーチュン誌1954年5月号の記事を引用するロバート・ヤング氏によるヘンリー・ルース氏への書簡。Robert Ralph Young Papers（MS 1738）, Manuscripts and Archives, Yale University Library.

48. Brooks, *7 Fat Years*, 25.

49. 同上, 32.

50. 同上, 32.

51. 同上, 35.

52. Karr, *Fight for Control*, 111.

53. Robert Young, "Little White Lies," proxy mailing, Robert Ralph Young Papers（MS 1738）, Manuscripts and Archives, Yale University Library. For the Minneapolis & St. Louis, see Karr, *Fight for Control*, 109.

54. Karr, *Fight for Control*, 114.

55. "Soon-to-be-boss of North Western Collector of Two Kinds of Trains," *Toledo Blade*, February 23, 1956.

56. "Business: Challenge to Management—The Raiders," *Time*, July 25, 1955.

57. Henriques, *White Sharks*, 199. フォーチュン誌1955年9月号のDero A. Saunders "How Managements Get Tipped Over"からの引用。

58. 同上, 99.

59. 同上, 172.

原著脚注　329

60. Karr, *Fight for Control,* 151.

61. 同氏の失墜は劇的であった。SECはアメリカン・モーターズ社の株価操作、さらには同氏が管理していた投資ビークル、メリット・チャップマン社でのストック・パーキング・スキームで同氏をターゲットにした。ウルフソン氏の公然とした失墜は、ウルフソン家の財団の有料顧問への就任に同意していたアメリカ合衆国最高裁判所の判事エイブ・フォータス氏も巻き込むこととなった。

62. "Dissolution Approved by Merritt Chapman," *Milwaukee Journal Business News,* May 11, 1967.

63. Henriques, *White Sharks,* 307.

64. Borkin, *Robert R. Young,* 223.

65. 同氏とその妻が行った投資のなかで、妻の妹であるジョージア・オキーフ氏のアート作品への投資がいちばん良いものであった。彼らのコレクションにはオキーフ氏の最も有名な絵画が何点か含まれており、1987年に数百万ドルで競売にかけられた。

66. Borkin, *Robert R. Young,* 47.

67. Henriques, *White Sharks,* 243-244.

68. 同上、264.

69. 同上、206-207.

第 3 章

1. L. J. Davis, "Buffett Takes Stock," *New York Times Magazine,* April 1, 1990.

2. Warren Buffett, letter to Mr. M. Rubezanin, April 10, 1957, Walter Schloss Investing Archive, Heilbrunn Center for Graham & Dodd Investing, Columbia Business School, New York.

3. Appendix to Buffett Partnership Ltd., 1963 Annual Letter to Partners, January 18, 1964.

4. 同上.

5. Buffett Partnership Ltd., First Half 1963 Update Letter to Partners, July 10, 1963.

6. Alice Schroeder, *The Snowball: Warren Buffett and the Business of Life* (New York: Bantam Books, 2008), 230 (邦訳はアリス・シュローダー著『スノーボール ウォーレン・バフェット伝』、伏見威蕃訳、日経BP、2014年).

7. 同上、232.

8. 同上、232.

9. Norman C. Miller, *The Great Salad Oil Swindle* (Baltimore: Penguin, 1965), 79-80.

10. 同上、90.

11. 同上, 80.
12. 同上, 81-83.
13. 同上, 80.
14. Peter Z. Grossman, *American Express: The Unofficial History of the People Who Built the Great Financial Empire*（New York: Crown, 1987）, 312（邦訳は P.Z. グロスマン著『アメリカンエキスプレス』上田惇生訳、ダイヤモンド社、1987年）.
15. 同上, 312.
16. Miller, *The Great Salad Oil Swindle*, 88.
17. 同上, 15.
18. 同上, 16-17.
19. 同上, 22-23.
20. 同上, 23.
21. Grossman, *American Express*, 306.
22. Miller, *The Great Salad Oil Swindle*, 60-61.
23. 同上, 104-105.
24. Grossman, *American Express*, 313.
25. 同上, 309.
26. Miller, *The Great Salad Oil Swindle*, 82.
27. 同上, 83.
28. 同上, 83-84.
29. 同上, 134.
30. 同上, 179.
31. 同上, 179-180.
32. 同上, 163-168.
33. 同上, 178.
34. Schroeder, *Snowball*, 558.
35. 同上, 264.
36. Buffett Partnership Ltd., 1962 Annual Letter, January 18, 1963.
37. Buffett Partnership Ltd., 1963 Annual Letter, January 18, 1964.
38. Buffett Partnership Ltd., Partnership Letter, October 9, 1967.
39. Schroeder, *Snowball*, 260.
40. 同上, 151.
41. "How Omaha Beats Wall Street," *Forbes*, November 1, 1969.
42. Grossman, *American Express*, 327.
43. 同上, 328.
44. Davis, "Buffett Takes Stock."
45. Stanley H. Brown, *Ling: The Rise, Fall, and Return of a Texas Titan*（New

York: Atheneum, 1972), 56.

46. Bruce Wasserstein, *Big Deal: The Battle for Control of America's Leading Corporations* (New York: Warner Books, 1998), 58（邦訳はブルース・ワッサースタイン著『ビッグディール』、山岡洋一訳、日経BP、1999年）.

47. John J. Nance, *Golden Boy: The Harold Simmons Story* (Austin, TX: Eakin Press, 2003), 182-193.

48. 同上, 202.

49. 同上, 205.

50. Jim Mitchell, "The Inside Story of Harold C. Simmons from Huck Finn Looks to High-Rolling Investments," *Dallas Morning News,* October 1, 1989.

51. Peter Tanous, "An Interview with Merton Miller," Index Fund Advisors, February 1, 1997, http://www.ifa.com/articles/An_Interview_with_Merton_Miller.

52. Moira Johnston, *Takeover: The New Wall Street Warriors* (New York: Arbor House, 1986), 22（邦訳はモイラ・ジョンストン著『テイクオーバー』、東力訳、竹井出版、1989年）.

53. John Brooks, The Go-Go Years: The Drama and Crashing Finale of Wall Street's Bullish 60s (New York: Wiley, 1999), 238.

54. 同上.

55. 同上, 258-259.

第 4 章

1. Mark Stevens, *King Icahn: The Biography of a Renegade Capitalist* (New York: Dutton, 1993), 133.

2. 同上, 134.

3. 同上, 150.

4. 同上, 150.

5. 同上, 159.

6. Bruce Wasserstein, *Big Deal: The Battle for Control of America's Leading Corporations* (New York: Warner Books, 1998), 78（邦訳はブルース・ワッサースタイン著『ビッグディール』、山岡洋一訳、日経BP、1999年）.

7. 敵対的買収は決して1980年代に発明されたものではなく、1960年代から1970年にかけて急激に一般的になっていた。誤ったビジネス伝説では、1974年のインコ社によるESB社の不運な買収が最初の主要な敵対的買収とされた。

8. Connie Bruck, *The Predators' Ball: The Inside Story of Drexel Burnham and the Rise of the Junk Bond Raiders* (New York: Penguin, 1989), 117（邦訳はコニー・ブルック著『ウォール街の乗取り屋』、三原淳雄ほか訳、東洋経済新報

社、1989年).

9. 同上, 169.

10. "US Bond Market Issuance and Outstanding (xls)—annual, quarterly, or monthly issuance to December 2014 (issuance) and from 1980 to 2014 Q3 (through November 2014)," Securities Industry and Financial Markets Association, accessed December 27, 2014, http://www.sifma.org/research/statistics. aspx.

11. まあ、おそらくアイスランドの銀行の無知な債券保有者たちは購入したかも。

12. Stevens, *King Icahn*, 168.

13. T. Boone Pickens, *The Luckiest Guy in the World* (Washington, D.C.: BeardBooks, 2000), 17-24.

14. 同上, 31.

15. Moira Johnston, *Takeover: The New Wall Street Warriors* (New York: Arbor House, 1986), 53 (邦訳はモイラ・ジョンストン著『テイクオーバー』、東力訳、竹井出版、1989年).

16. 買取価格は発表前日の終値より10％以上高く、発表翌日の終値より30％高かった。

17. 乗っ取り屋たちが多くの非難を受けたが、私は経営陣よりも彼らに対して共感を覚える。彼らはターゲット会社の株主や投資家にではなく、自分たちの株主や投資家に対して忠誠を誓っている。

18. Pickens, *The Luckiest Guy in the World*, 224.

19. 同上, 229.

20. 同上, 233.

21. Debra Whitefield, "Unruh Calls for Pension Funds to Flex Muscles," *Los Angeles Times,* February 3, 1985.

22. Johnston, *Takeover,* 60.

23. 同上, 70-71.

24. Stevens, *King Icahn*, 149.

25. 同上, 14.

26. 同上, 18.

27. 同上, 28.

28. 同上, 31.

29. John Brooks, *The Takeover Game* (New York: Dutton, 1987), 86 (邦訳はジョン・ブルックス著『アメリカのM&A』、東力訳、東洋経済新報社、1991年).

30. Stevens, *King Icahn,* 43.

31. 同上, 43.

32. 同上, 111.

33. Ken Auletta, "The Raid: How Carl Icahn Came Up Short." *New Yorker,*

原著脚注　333

March 2006.

34. Bruck, *The Predators' Ball,* 247.

35. James Stewart, *Den of Thieves*（New York: Touchstone, 1992）, 136（邦訳は ジェームズ・ステュアート著『ウォール街　悪の巣窟』、小木曽昭元訳、ダイヤ モンド社、1992年）.

36. Bruck, *The Predators' Ball,* 17.

37. 同上, 163.

38. John Taylor, *Storming the Magic Kingdom: Wall Street, the Raiders, and the Battle for Disney*（New York: Ballantine, 1988）, 108.

39. Bruck, *The Predators' Ball,* 165.

40. 同上, 166.

41. Pickens, *The Luckiest Guy in the World,* 234.

42. フロント・ロード型の「2段階」公開買付けは、公開買付けを2つのステージ に分ける。第1段階では通常、株式の51％を対象とする。第2段階では残りの 49％に対して一般的により不利な条件が提示される。たとえば、第1段階は全額 キャッシュによる買付けであるのに対し、第2段階では債務証券による買付けが 提示される。この手法は、後の段階で不利な買付条件を受け入れる羽目になるこ とを株主に恐れさせることで、彼らが第1段階の51％のほうに参加するよう圧力 をかける。

43. Stevens, *King Icahn,* 163.

44. 1985年2月8日付フィリップス・ペトロリアム社の委任状勧誘参考資料で引用 されている1985年2月7日付カール・アイカーン氏によるウィリアム・C・ ドゥース氏への書簡。

45. 意図的にポイズン・ピルを発動させるのは狂気にみえたが、完全に狂気という わけではなかった。もしアイカーン氏が30％を買い付ければ、ポイズン・ピルは 事実上、他の株主を債権者に置き換え、同氏に250億ドルで完全な支配権を与え ることになった。取引の総対価は1株当り約59ドルになり、同氏が提案した1株 当り55ドルよりさほど高くはなかった。

46. 1985年2月8日付フィリップス・ペトロリアム社の委任状勧誘参考資料で引用 されている1985年2月4日付ウィリアム・C・ドゥース氏によるアイカーン氏へ の書簡。

47. Robert J. Cole, "Phillips, Icahn Argue on Note Plan," *New York Times,* February 9, 1985.

48. Douce, February 4, 1985, letter to Icahn.

49. Bruck, *The Predators' Ball,* 166.

50. Daniel Rosenheim, "Recess Called, Phillips Shakes Bushes for Votes," *Chicago Tribune,* February 23, 1985.

51. Robert J. Cole, "Phillips Meeting Recessed for a Day," *New York Times,* Feb-

ruary 23, 1985.

52. Johnston, *Takeover,* 86.

53. 同上, 86-87. Cole, "Phillips Meeting Recessed for a Day." も参照。

54. Cole, "Phillips Meeting Recessed for a Day."

55. Johnston, *Takeover,* 87.

56. Pickens, *The Luckiest Guy in the World,* 235.

57. Steven Brill, "The Roaring Eighties," *American Lawyer,* May 1985.

58. Robert Slater, *The Titans of Takeover* (Washington, D.C.: BeardBooks, 1999), 85 (邦訳はロバート・スレーター著『M&Aの仕掛人：巨大企業買収の驚くべき内幕』、三菱商事資本市場部M&Aチーム訳、ダイヤモンド社、1988年).

59. Brill, "The Roaring Eighties."

60. Stevens, *King Icahn,* 187.

61. 同上, 304.

62. Brill, "The Roaring Eighties."

63. Robert A. G. Monks and Nell Minow, *Corporate Governance,* 5th ed.(Hoboken, NJ: Wiley, 2011), 288 (邦訳はロバート・A・G・モンクス、ネル・ミノウ著『コーポレート・ガバナンス』、ビジネスブレイン太田昭和訳、日本生産性本部、1999年).

64. T. Boone Pickens, *Boone* (Boston: Houghton Mifflin, 1987), xii-xiii (邦訳はT・ブーン・ピケンズ著『ブーン：我が企業買収哲学』、相原真理子訳、早川書房、1987年).

65. 1990年―1991年不況は1990年7月から1991年3月まで続いた。S&L危機は1986年から1995年まで続いた。

66. "The Milken Sentence; Excerpts from Judge Wood's Explanation of the Milken Sentencing," *New York Times,* November 22, 1990.

67. Kurt Eichenwald, "Wages Even Wall Street Can't Stomach" *New York Times,* April 3, 1989.

68. Robert Sobel, *Dangerous Dreamers: The Financial Innovators from Charles Merrill to Michael Milken* (New York: Wiley, 1993), 94.

69. Stewart, *Den of Thieves,* 259.

70. Harvey Silverglate, *Three Felonies a Day: How the Feds Target the Innocent* (New York: Encounter Books, 2011), 101.

71. Carol J. Loomis, "How Drexel Rigged a Stock," *Fortune,* November 19, 1990.

72. Benjamin J. Stein, *A License to Steal: The Untold Story of Michael Milken and the Conspiracy to Bilk the Nation* (New York: Simon & Schuster, 1992), 113.

73. Sobel, *Dangerous Dreamers,* 207, and Stein, *A License to Steal,* 114.

74. Stein, *A License to Steal,* 105.

75. Sobel, *Dangerous Dreamers,* 88.
76. William K. Black, *The Best Way to Rob a Bank Is to Own One: How Corporate Executives and Politicians Looted the S&L Industry*（Austin: University of Texas Press, 2006）を参照。
77. "Drexel Burnham Lambert's Legacy: Stars of the Junkyard," *Economist,* October 21, 2010.
78. Brill, "The Roaring Eighties."
79. 同上。
80. 同上。
81. 同上。
82. Bruck, *The Predators' Ball,* 172.
83. Stevens, *King Icahn,* 170.

第 5 章

1. その物語はKen Follett's book *On Wings of Eagles*（New York: Signet, 1984）に記述されている。
2. Doron Levin, *Irreconcilable Differences: Ross Perot Versus General Motors*（Boston: Little, Brown, 1989）, 34-38. 飛行機が拒否されると、彼はラオスの北ベトナム大使館の前でメガホンを使って抗議した。
3. 同上, 24.
4. Albert Lee, *Call Me Roger*（Chicago: Contemporary Books, 1988）, 17.
5. 同上, 175. 1980年にはGMの車の製造コストはフォードよりも300ドル、クライスラーよりも320ドル低かった。1986年までにはGMの車の製造コストはフォードやクライスラーの車よりも300ドル高くなった。
6. J. Patrick Wright, *On a Clear Day You Can See General Motors: John Z. DeLorean's Look Inside the Automotive Giant*（Grosse Point, MI: Wright Enterprises, 1979）, 191（邦訳はJ・パトリック・ライト著『晴れた日にはGMが見える―世界最大企業の内幕』、風間禎三郎訳、ダイヤモンド社、1980年）.
7. Lee, *Call me Roger,* 110.
8. 同上, 144.
9. Thomas Moore, "The GM System Is like a Blanket of Fog," *Fortune,* February 15, 1988.
10. Lee, *Call Me Roger,* 156.
11. 同上, 253.
12. ほとんどの馬車製造業者はバギー鞭製造業者と同じ運命をたどった。スチュードベーカーとデュラントは著名な例外であった。
13. Joshua Davidson, "Durant, William Crapo," Generations of GM History, GM

336

Heritage Center, December 15, 2007. デュラントの年金は年間1万ドルであった。dollartimes.comの人たちによれば、1947年の1万ドルは2014年のドルに換算すると10万8,000ドルに相当し、年金開始時の1936年の1万ドルは2014年のドルに換算すると16万9,000ドルに相当した。

14. Alfred P. Sloan Jr., *My Years with General Motors* (New York: Currency/Doubleday, 1990), 30 (邦訳はアルフレッド・P・スローンJr.著『GMとともに』、有賀裕子訳、ダイヤモンド社、2003年).

15. 同上, 140.

16. 同上, 53.

17. 同上, 429.

18. 驚くべきことに、戦時中にGMが製造した120億ドルの軍需品の3分の2はそれまで同社によって製造されたことがなかった。

19. ただし、GMは工場労働者に責任を委譲しなかった。その事実はドラッカー氏を深く懸念させた。

20. Peter F. Drucker, *Concept of the Corporation* (New Brunswick, NJ: Transaction, 2008), 63-64 (邦訳はピーター・F・ドラッカー著『企業とは何か』、上田惇生訳、ダイヤモンド社、2005年).

21. 同上, 65. 同書におけるドラッカー氏の結論は、GMの分権化と自由な議論の維持のために必要な方策は、会計システムの確立と部門別の資本収益率へのフォーカスであるというものだったが、これは楽観的にすぎ、不正確だった。GMの財務さえ管理すれば、合理的な意思決定が全社的にもたらされるだろうというのが同氏の考えであり、GMの若い世代のマネジャーたちはこれに同意した。スローン氏が引退した後、GMはその方針と構造を変更のありえないルールをもつ科学とみなし始め、ビジネスの運営のために実務者ではなく会計士を登用した。

22. スローン氏の著書には、フォーチュン誌のジョン・マクドナルド氏というゴーストライターも存在した。

23. Wright, *On a Clear Day You Can See General Motors*, 12.

24. 同上, 7.

25. デロリアン氏は後に、その出来事はGMにとって、益よりも害のほうが大きかったと嘆いた。というのも、エンジニアリング委員会はそうした策略に対応するために部門への監視を大幅に強化したからだ。

26. Wright, *On a Clear Day You Can See General Motors*, 27.

27. Amanda Bennett, "GM Picks Roger B. Smith to Guide Auto Firm Through Critical Decade," *Wall Street Journal*, September 10, 1980.

28. Lee, *Call Me Roger*, 96, and Levin, *Irreconcilable Differences*, 126.

29. Mike Tharp, "US and Japan Agree on Ceilings for Car Shipments Through 1983," *New York Times*, May 1, 1981.

30. GMは常に内向きであったため、スミス氏は新しいアイデアを求めて次第に社

外に目を向けるようになった。同氏はマッキンゼー社からの意見に基づいて組織再編を行い、日本のロボット・メーカーとの合弁を含むいくつかの合弁事業に取り組んだ。

31. Lee, *Call Me Roger,* 154.
32. 同上, 144.
33. Levin, *Irreconcilable Differences,* 205-206.
34. Ross Perot, speech to the GM board, November 4, 1985.
35. Lee, *Call Me Roger,* 18.
36. 1985年のGM取締役会でのスピーチで、ペロー氏はホンダの幹部がGMの最新工場の1つに対して述べた言葉を引用した。「GMサターン——50億ドルの投資、年間40万台から50万台の車、6,000人のサターンの従業員。それが、私が新聞で読んだことです。ホンダでは6億ドルを投資し、3,000人の労働者で30万台の車をつくります。私は何か見落としているに違いありません」。もう1つの例の出所は、1985年11月4日付GM取締役会でのペロー氏のスピーチで、ジェームズ・ハーバー氏を引用している。
37. Drucker, *Concept of the Corporation,* 298.
38. Lee, *Call Me Roger,* 26.
39. "403: NUMMI," *This American Life* radio program, aired March 26, 2010, Chicago Public Media.
40. Michael Moore, *Roger and Me* (Burbank, CA: Warner Home Video, 2003), DVD, minute 69.
41. ミシガン大学アナーバー校の工学教授、ジェフリー・ライカー氏によれば、「このような非常に柔軟で自己完結型のアプローチは、トヨタ生産方式の初期にまさにトヨタがしていたことである」。Alan Ohnsman, "Tesla Motors Cuts Factory Cost to Try to Generate Profit," *Bloomberg Business,* April 12, 2012.
42. "NUMMI," *This American Life.*
43. Maryann Keller, *Rude Awakening: The Rise, Fall, and Struggle for Recovery of General Motors* (New York: Morrow, 1989), 131, and James Womack, Daniel T. Jones, and Daniel Roos, *The Machine That Changed the World* (New York: Free Press, 1990), 82-84.
44. Ross Perot, speech to the GM board, November 4, 1985.
45. 同上.
46. Levin, *Irreconcilable Differences,* 251.
47. Lee, *Call Me Roger,* 27.
48. Levin, *Irreconcilable Differences,* 261.
49. 同上, 28.
50. 同上, 323.
51. Lee, *Call Me Roger,* 124.

52. 同上, 207. また、ペロー氏がGMの監査人をEDS社に入れなかったとき、ペロー氏とGMの関係はさらなる悪化に向かった。ペロー氏とGMとの契約で、EDS社は独自の監査人をもつことを認められていたが、GMはEDS社のコスト積算請求について再確認したがった。ペロー氏の最終的な譲歩は、強い圧力を受けた結果だった。

53. Levin, *Irreconcilable Differences,* 311.

54. Lee, *Call Me Roger,* 198.

55. Joseph B. White, "Low Orbit," *Wall Street Journal,* May 24, 1991.

56. これは実際に一考に値する興味深い問題である。もしペロー氏の意図が当初からGMを困らせることだったなら、なぜ実際に契約にサインしたのか。この動きは、ペロー氏が保有株式の買取りを自身に有利に運ぼうとする計算された試みであったか、あるいは同氏が本当に懸念を抱いたかのどちらかのように思える。私は、(1)ペロー氏は純粋にGMが契約を進めるとは思っていなかった、そして(2)本当に契約が締結されると、同氏はGM取締役会や株主がそれを阻止するのを心底から期待したと考えたい。また、GMは、ペロー氏が本ディールの実行前にディールを公表することを拒否したことも指摘しておく価値がある。

57. Keller, *Rude Awakening,* 189-190.

58. Lee, *Call Me Roger,* 253.

59. 同上, 258.

60. Robert A. G. Monks and Nell Minow, Case Studies: *Corporations in Crisis,* dated June 30, 2011, http://higheredbcs.wiley.com/legacy/college/monks/0470972599/supp/casestudies.pdf, 29. Robert A. G. Monks and Nell Minow, *Power and Accountability: Restoring the Balance of Power Between Corporation, Owners and Society* (New York: HarperCollins, 1992), 186.

61. Jacob M. Schlesinger and Paul Ingrassia, "GM's Outside Directors Are Ending Their Passive Role," *Wall Street Journal,* August 17, 1988.

62. 同上.

63. Monks and Minow, *Power and Accountability,* 183.

64. Luis A. Aguilar, "Institutional Investors: Power and Responsibility," speech, Georgia State University, Atlanta, April 19, 2013.

65. スローン氏は90歳まで生きたが、他のGMのオーナー資本家たちは同氏よりもずっと年上だった。

66. 政府は、デュポン社がGMに供給していた自動車用の駆体や仕上材の取引を制限することになるために、デュポン社によるGMの少数株主としての所有は独占禁止法に違反すると主張した。GM取締役会にいたデュポン社を代表する者たちは辞任し、デュポン社は保有していたGM株式をデュポン社の株主に分配した。

67. Peter Drucker, *The Unseen Revolution: How Pension Fund Socialism Came to America* (Oxford: Butterworth-Heinemann, 1976), 7-10 (邦訳はP・F・ド

ラッカー著『見えざる革命　年金が経済を支配する』、上田惇生訳、ダイヤモンド社、1996年).

68. 同上.

69. 高性能のリア・エンジンはスイング・アクスル・サスペンションと組み合わさると、高速ターン中に後部をスピンさせた。

70. これはバッキー・クヌードセン氏のこと。同氏はGMでポンティアック、その後シボレーを担当した。同氏はまた、ルーズベルト大統領によって戦争物資の生産指揮を任された元GM社長、ウィリアム・クヌードセン氏の息子でもあった。

71. 自らの問題に対処するかわりに、同社はネイダー氏を監視する探偵を雇い、同氏が同性愛者だという噂を広めることで問題を悪化させた。

72. Alex Taylor III, Andrew Erdman, Justin Martin, and Tricia Welsh, "U.S. Cars Come Back," *Fortune,* November 16, 1992. GMが新しいデザインの最大限の利用を図るために「バッジ・エンジニアリング」を採用していたことから、製品の欠陥がもたらす影響はより大きなものとなった。GMは1970年代初頭にリバッジングを開始し、シボレー・ノヴァからポンティアック、オールズモビル、ビュイックをつくった。この方法はGMの生産、開発、エンジニアリングのコストを削減した一方で、自動車部門の創造性を奪った。この標準化は実質的な品質改善をまったくもたらさなかった。GMの車は相変わらずポンコツで、しかもすべて同じにみえた。

73. Ricki Fulman, "Shareholder Activism: Pension Funds Led Corporate Governance Revolution: Not Just for Gadflys Anymore, Investor Activism Gets Results," *Pensions and Investments,* February 9, 1998.

74. Robert A. G. Monks and Nell Minow, *Corporate Goverance,* 5th ed. (Hoboken, NJ: Wiley, 2011), 208 (邦訳はロバート・A・G・モンクス、ネル・ミノウ著『コーポレート・ガバナンス』、ビジネスブレイン太田昭和訳、日本生産性本部、1999年).

75. HBS California PERS (A), Case 9-291-045, August 17, 2000. Permission to use quotation granted by Harvard Business Publishing.

76. Doron P. Levin, "GM Executives to Explain Perot Buyout to Institutional Investors and Analysts," *Wall Street Journal,* December 15, 1986.

第 6 章

1. Karla Scherer, "Corporate Power, the Old Boys' Network, and Women in the Boardroom," speech, University of Windsor, Windsor, Ontario, September 12, 1997.

2. 同上.

3. Greer Williams, "He Did It with Capsules," *Saturday Evening Post,* April 9,

1949, 29.

4. アイカーン氏の反ダーウィン理論を参照。

5. 同上.

6. *Remington: The Science and Practice of Pharmacy,* edited by University of the Sciences in Philadelphia, 21st ed.（Philadelphia: LWW, 2005）, 923.

7. Williams, "He Did It with Capsules."

8. 同上.

9. 同上.

10. "R. P. Scherer Historical Outline," R. P. Scherer press release, 1983.

11. 同上.

12. Philip R. Pankiewicz, *American Scissors and Shears: An Antique and Vintage Collectors' Guide*（Boca Raton, FL: Universal-Publishers, 2013）, 150.

13. "Historical Outline," press release.

14. John Goff, "A Woman Scorns," *Corporate Finance,* November 1989.「しかし、本社からの指示がまったくありませんでした」。

15. "Historical Outline," press release.

16. ロバート・ジュニアは、ストルツ・インスツルメンツ社をアメリカン・シアナミッド社に１億ドル超で売却するという取引で１つの成功を収めた。彼はシェラー・ヘルスケア社という公開会社を通じて交渉や取引を続けた。同社は、その生涯において平均的なリターンをあげた。

17. "Historical Outline," press release.

18. R. P. Scherer dealbook, prepared by Goldman Sachs, circa 1988, 81-82.

19. 同上, 48-50.

20. R. P. シェラー社の1985年アニュアル・レポートには、同社が1985年にロルビック／サイエンティフィック・アソシエイツ社を507万5,000ドル（66万1,578株とキャッシュ）で買収したことが記載されている。1988年アニュアル・レポートには、同社が1987年にサザン・オプティカル社を962万7,000ドル（１株13ドルの株式66万59株とキャッシュ）で買収したことが記載されている。R. P. シェラー社の株式は最終的にシェアソン・リーマン・ハットン社に１株31.75ドルで買収された。

21. R. P. Scherer 1992 Annual Report.

22. R. P. Scherer 1986 Annual Report.

23. "Paco Status Report," R. P. Scherer company memo, February 2, 1989.

24. Karla Scherer, interview with the author, August 26, 2013.

25. ミシガン大学はカーラが学位取得を早めるために年間を通じて授業を受けることを認めた。

26. カーラは、1980年に母親が亡くなった後、彼女と妹が離婚し、弟が結婚し、彼女が兄のロバート・ジュニアと再会することはなかったと述べている。

27. Scherer interview.

28. 同上.

29. "R. P. Scherer Corp. Stock Prices," January 1979 through May 1988.

30. Scherer interview.

31. R. P. Scherer Proxy Statement, July 15, 1988.

32. Scherer, "Corporate Power" speech.

33. Scherer interview.

34. Scherer, "Corporate Power" speech.

35. R. P. Scherer 1988 Proxy Statement.

36. Scherer, "Corporate Power" speech.

37. R. P. Scherer 1988 Proxy Statement; Scherer interview.

38. R. P. Scherer 1988 Proxy Statement.

39. 同上.

40. Scherer interview.

41. R. P. Scherer Board Minutes, June 8, 1988.

42. R. P. Scherer Proxy Letter, August 4, 1988.

43. Morrow and Company, "R. P. Scherer Corporation—Combined Classes," shareholder analysis, 1988.

44. "Scherer Management Yields Shareholder Names on Eve of Trial; Brother of Major Owner Claims of Major Harassment of Sister," Casey Communications Management press release, July 7, 1988.

45. James Janega, "Theodore Souris, 76: Michigan Court Justice and 'Exemplary' Lawyer," obituary, *Chicago Tribune*, June 22, 2002.

46. 後の書簡で、フィンク氏とマック氏はカーラの会社売却計画を「策略」と呼んでいる。

47. Morrow, "Combined Classes" shareholder analysis.

48. 形式的には、リチャードソン氏は銀行の親会社であるマニュファクチャラーズ・ナショナル社の取締役会長兼CEOであり、子会社のマニュファクチャラーズ・ナショナル銀行での公式な肩書は取締役会長だった。

49. William M. Saxton and Philip J. Kessler from Butzel, Long, Gust, Klein & Van Zile, brief in support of motion to remove Manufacturers National Bank as trustee, August 10, 1988.

50. 同上.

51. "Schedule 14D9," R. P. Scherer, May 5, 1989.

52. Robert A. G. Monks and Nell Minow, *Corporate Governance*, 5th ed. (Hoboken, NJ: Wiley, 2011), 252（邦訳はロバート・A・G・モンクス、ネル・ミノウ著『コーポレート・ガバナンス』、ビジネスブレイン太田昭和訳、日本生産性本部、1999年）を参照。「取締役会は、本社にいる少数の主要な経営者のグループと、

世界中にいる膨大な株主のグループの間に均衡をもたらし、両グループ間の利益相反を調停する仲介者（ミドルマンと少数のミドルウーマン）である」。

53. Jonathan Macy, *Corporate Governance: Promises Kept, Promises Broken* (Princeton, NJ: Princeton University Press, 2011), 51を参照。「米国における会社法の最も基本的な原則は、会社が株主ではなく取締役会によって管理されることである。……具体的には、米国の法律下では、会社は取締役会によって、あるいは取締役会の指示のもとで経営されており、取締役は文字どおり会社の統治者である」。

54. これは、最終的にR. P. シェラー社の取締役会に任命された友人に関するピーターの発言について、カーラが記憶していることである。

55. Arthur Levitt, *Take on the Street* (New York: Pantheon Books, 2002), 201.

56. Monks and Minow, *Corporate Governance*, 257.

57. Macey, *Corporate Governance*, 64.

58. James Madison, Federalist 10, again per Macey, *Corporate Governance*.

59. Warren E. Buffett, "2002 Chairman's Letter," Berkshire Hathaway, February 21, 2003.

60. Jim Jelter, "Coca Cola Executive Pay Plan Stirs David Winters' Wrath," *WSJ Marketwatch,* March 24, 2014.

61. Form 8-K, Securities & Exchange Commission, April 23, 2014.

62. Carl C. Icahn, "Why Buffett Is Wrong on Coke," *Barron's*, May 3, 2014.

63. Warren E. Buffett, 2014 Berkshire Hathaway shareholders meeting, May 3, 2014.

64. George W. Bush, "Remarks on Signing the Sarbanes-Oxley Act of 2002," July 30, 2002, *Public Papers of the Presidents of the United States: George W. Bush, Book II: Presidential Documents—July 1 to December 31, 2002* (Washington, D.C.: U.S. Government Printing Office, 2002), 1319-1321.

65. Macey, *Corporate Governance*, 81.

66. Alex Erdeljan, interview with the author, July 21, 2014.

67. これらの数字はすべてR. P. シェラー社の1984年から1999年のアニュアル・レポートに基づく。

68. Erdeljan interview.

第 7 章

1. もしくはバークル氏の弁護士が簡潔に述べたように、その提出書類は「スケジュール13Dに記述された事実に重大な変更が生じたこと、またはそのような修正が1934年証券取引法のルール13d-2に基づき必要であることの、報告者による承認と解釈されるべきではありません」。Ron Burkle, "The Yucaipa Companies,"

原著脚注　343

13d Morgans Hotels, amendment 10, September 3, 2013.

2．同上.

3．Robert A. G. Monks and Nell Minow, Corporate Governance, 5th ed.（Hoboken, NJ: Wiley, 2011), 220（邦訳はロバートA・G・モンクス、ネル・ミノウ著『コーポレート・ガバナンス』、ビジネスブレイン太田昭和訳、日本生産性本部、1999年).

4．Jack D. Schwager, *Market Wizards: Interviews with Top Traders*（New York: Harper-Business, 1989), 117.

5．Warren Buffett, "Our Performance in 1963," letter to partners, January 18, 1964：「支配的立場を引き受けるという私たちの意欲と財務的な能力は、私たちの将軍グループにおける多くの買付けに双方向の伸びしろを与えてくれます」。Warren Buffett, "Our Performance in 1964," letter to partners, January 18, 1965：「この範疇では多くの場合、私たちにとって望ましい『二刀流』の状況が発生します。すなわち、外部要因または割安価格でのビジネスの支配的地位の取得のどちらかにより、市場価格の上昇を達成することができます。圧倒的多数のケースは前者ですが、後者はほとんどの投資に存在しない保険契約のようなものです」。

6．Letter from Robert L. Chapman to Mr. Lawrence W. Leighton, Securities and Exchange Commission Schedule 13D, May 18, 1999.

7．Letter from Robert L. Chapman to Riscorp/Mr. Walter L. Revell, Securities and Exchange Commission Schedule 13D, October 28, 1999.

8．Letter from Robert L. Chapman to ACPT/J. Michael Wilson, Securities and Exchange Commission Schedule 13D, March 30, 2000. チャップマン氏はこうしたおかしな言葉を使う。underservedという単語がタイプミスなのかどうかもわからない[*2]。

9．Deepak Gopinath, "Hedge Fund Rabble-Rouser," Bloomberg Markets, October 2005.

10．"Around the World with Robert Chapman," interview by Emma Trincal, January 5, 2006, http://www.thestreet.com/print/story/10260146.html.

11．Gopinath, "Rabble-Rouser."

12．「バイサイド」は資産運用ビジネスを指し、「セルサイド」はブローカー・ディーラービジネスを指す。

13．Gopinath, "Rabble-Rouser."

14．ジェフリーズ氏は1987年に2件の重罪を認め、会社を辞職した。

15．"DBL Liquidating Trust Payouts to Creditors Exceed Expectations... Trust Aims to Complete Activities in One Year," Business Wire, April 26, 1995,

---

＊2　翻訳では「不適切」と訳出した。

http://www.thefreelibrary.com/DBL+LIQUIDATING+TRUST+PAYOUTS+T
O+CREDITORS+EXCEED+EXPECTATIONS+......-a016863686.

16. "Liquidation of Drexel Is Ending on a High Note," *Los Angeles Times,* March 28, 1996.

17. Katherine Burton, *Hedge Hunters: After the Credit Crisis, How Hedge Fund Masters Survived* (New York: Bloomberg Press, 2010), 195.

18. Robert E. Wright and Richard Scylla, "Corporate Governance and Stockholder/Stakeholder Activism in the United States, 1790–1860: New Data and Perspectives," in *Origins of Shareholder Advocacy,* edited by Jonathan G. S. Koppell (New York: Palgrave Macmillan, 2010), 244.

19. Connie Bruck, *The Predators' Ball: The Inside Story of Drexel Burnham and the Rise of the Junk Bond Raiders* (New York: Penguin, 1989), 315（邦訳はコニー・ブルック著『ウォール街の乗取り屋』、三原淳雄ほか訳、東洋経済新報社、1989年）.

20. Gopinath, "Rabble-Rouser."

21. William Thorndike, *The Outsiders: Eight Unconventional CEOs and Their Radically Rational Blueprint for Success* (Boston: Harvard Business Review Press, 2012) にスティリッツ氏に関する章が1つある（邦訳はウィリアム・N・ソーンダイク・ジュニア著『破天荒な経営者たち』、長岡慎太郎監修、井田京子訳、パンローリング、2014年）。

22. Dan Loeb letter to William Stiritz, Agribrands, September 8, 2000.

23. Agribrands definitive proxy statement March 19, 2001.

24. Daniel Loeb letter to James Dearlove chairman and CEO of Penn Virginia, December 11, 2002.

25. Letter from Daniel Loeb to John W. Collins, chairman and CEO of InterCept, Securities and Exchange Commission Schedule 13D, May 27, 2004.

26. Letter from Daniel Loeb to John W. Collins, chairman and CEO of InterCept, Securities and Exchange Commission Schedule 13D, June 24, 2004.

27. Gopinath, "Rabble-Rouser."

28. スター・ガス社は上場マスター・リミテッド・パートナーシップであるため、「株式（shares）」は実際には「ユニット（units）」だが、ここではわかりやすくするために「株式（shares、stock）」という言葉を使うことにこだわりたい。

29. Star Gas Partners, third-quarter 2004 earnings conference call, July 29, 2004.

30. Star Gas Partners third-quarter 2003 earnings conference call, August 6, 2003.

31. これらの数字はすべてStar Gas Partners SEC filingsに基づく。

32. スター・ガス社が顧客リストの償却を行っているため、EBITDAから資本的支出を差し引いた金額を使用している。セビン氏時代の最高の年、同金額は9,300

万ドルだった。2014年における同金額は9,900万ドルだった。

33. 完全な情報開示のために申し上げるが、私はスター・ガス社株式を保有しており、私が運用するファンドも同社株式を保有している。

34. R. Kelly, "Ignition (Remix)."

35. Randall Smith, "Some Big Public Pension Funds Are Behaving Like Activist Investors," *New York Times,* DealBook, November 28, 2013.

36. Steve Fishman, "Get Richest Quickest," *New York,* November 22, 2004.

37. Max Olson, "The Restaurant Investor," Max Capital Corporation/Futureblind. com, November 25, 2009.

38. Greg Wright, "Friendly Ice Cream Cool to Overtures from Dissident Biglari," Dow Jones Newswires, March 8, 2007.

39. Olson, "The Restaurant Investor."

40. Biglari Holdings Form 4 filing, January 15, 2015.

41. 権利行使価格は1株当り250ドルで、発表当日の終値は432ドルだった。

42. Jeff Swiatek, "Steak 'n Shake-up Looming? Investor Launches Effort to Oust Parent Firm's CEO Biglari," *Indianapolis Star,* January 18, 2015.

43. Letter from Sardar Biglari to Friendly's Shareholders, Securities and Exchange Commission Schedule 13D, March 6, 2007.

44. Jonathan Maze, "Biglari Holdings Co-Owns a Few Jets," *Restaurant Finance Monitor,* September 17, 2014. http://registry.faa.gov/aircraftinquiry/Name_ Results.aspx?Nametxt=BIGLARI&sort_option=1&PageNo=1.

第 8 章

1 . Katrina Brooker, "How Do You Like Bill Ackman Now?" *Bloomberg Markets,* February 2015.

2 . Pershing Square Capital Management LP, Securities and Exchange Commission Schedule 13F, November 14, 2014. 13Fでは、海外での保有分、非上場会社、債券、ショート・ポジションは除外される。

3 . これらの数字は "Think Big," Pershing Square Capital Management LP, May 16, 2012というプレゼンテーションからの引用。

4 . 私はたしかにアックマン氏がこのたとえを用いるのを聞いたことがあるが、いつどこで聞いたのかは覚えていない。

5 . Svea Herbst-Bayliss and Katya Wachtel, "Hedge Fund Manager Ackman Says Mistakes Made in JC Penney Turnaround," Reuters, April 5, 2013.

6 . Brooker, "Bill Ackman."

7 . 一例としてLucian A. Bebchuk, Alon Brav, and Wei Jiang, "The Long-Term Effects of Hedge Fund Activism" を参照。これは、アクティビストによる13D

提出後5年間における業績と株価の両方の分析に取り組むものである。http://
www.columbia.edu/~wj2006/HF_LTEffects.pdf.

8．Jonathan R. Laing, "Hold 'Em Forever: How Baker Fentress Invented Long-
Term Investing," *Barron's,* December 31, 1990.

9．Baker, Fentress & Company, 1995 Annual Report, February 27, 1996.

10．「ベイカー・フェントレス社が私たちにとって非常に役立つ理由の1つは、同
社の公開株式のポートフォリオ、つまり私たちが運用するポートフォリオが、他
のインベストメント・マネジャーを当社に引きつける助けになることです。彼ら
にベイカー・フェントレス社の運用資金をすぐに提供できるので、仕事に就いた
マネジャーを食わせるのに本当に助かりますし、それは実に大きなプラスです」。
Jessica Bibliowicz, "CEO Interview," *Wall Street Transcript,* March 1, 1998.

11．ジョン・レヴィン氏のロング・オンリー口座は、ネットの手数料として運用資
産の約0.5％しか生み出さなかった。同氏の息子のヘッジファンドは、その2倍
の手数料に加え、投資利益の20％を請求した。

12．BKFキャピタル社のSEC提出書類によれば、1998年末から1999年末にかけて
80％の成長である。

13．John A. Levin, phone interview by the author, January 28, 2015.

14．同上.

15．From the company's proxy statement, and Warren Buffett's Securities and
Exchange Commission Schedule 13G, August 3, 1999.

16．同社株式はバリューインベスターズクラブ（ValueInvestorsClub）に3年連続
で紹介された。バフェット氏による所有はもちろん注目された。

17．Levin, 著者インタビュー。

18．Gabelli Asset Management Inc., Securities and Exchange Commission
Schedule 13D, July 3, 2001.

19．Securities and Exchange Commission Schedule 13D, September 19, 2003の添
付資料として提出されたJames McKee, General Counsel of GAMCO, letter to
Norris Nissim, General Counsel of BKF Capital Group Inc.

20．Securities and Exchange Commission Schedule 13D, November 17, 2003の添
付資料として提出されたPhillip Goldstein, Opportunity Partners LP, letter to
Norris Nissim, General Counsel of BKF Capital Group Inc.

21．Securities and Exchange Commission Schedule 14A, February 16, 2001の添
付資料として提出されたWarren Lichtenstein, SL Full Value Committee, letter
to Owen Farren, President and CEO, SL Industries Inc.

22．Yahoo! Finance, 配当金を含む。

23．Securities and Exchange Commission Schedule 14A, December 16, 2004の添
付資料として提出されたBKF Capital Group Inc. Proxy Statement, and Walter
Lichtenstein letter to Board of Directors, BKF Capital Group Inc.

原著脚注　347

24. 同上.

25. Securities and Exchange Commission Schedule 14A, May 18, 2005の添付資料として提出されたBKF Capital Group Inc. Proxy Statement.

26. Securities and Exchange Commission Schedule 14A, May 26, 2005の添付資料として提出されたBKF Capital Group Inc. Proxy Filing.

27. 同上.

28. 同上.

29. Securities and Exchange Commission Schedule 14A, May 24, 2005の添付資料として提出されたBKF Capital Group Inc. Proxy Filing, and Warren Lichtenstein open letter to shareholders.

30. Joe Nocera, "No Victors, Few Spoils in This Proxy Fight," *New York Times,* July 22, 2006：「サンフランシスコのヘッジファンド・マネジャーであるカネル氏は、BKF社の取締役会とレヴィン氏をこき下ろす大袈裟で煽情的な書簡を何通も書き、ある書簡では同社には『強欲と自己利得取引の文化』があると非難した」。

31. "Manna from Hedging," *Institutional Investor,* June 1, 2003.

32. J. Carlo Cannell, "Investor Insight: Carlo Cannell," interview, *Value Investor Insight,* March 31, 2006.

33. 同上.

34. Value Investing Congress, 2009, in Pasadena, California.

35. "Carlo Cannell Announces He Is Stepping Down as Manager of Cannell Family of Hedge Funds," Business Wire, February 27, 2004.

36. Cannell Capital LLC, Securities and Exchange Commission Schedule 13G, February 14, 2005, and Securities and Exchange Commission Schedule 13D, June 1, 2005.

37. Carlo Cannell, interview by the author, January 27, 2015.

38. 同上.

39. William H. Janeway, *Doing Capitalism in the Innovation Economy: Markets, Speculation and the State* (Cambridge: Cambridge University Press), 26.

40. Elizabeth Peek, "Farewell, Peter Cannell," *New York Sun,* May 3, 2005.

41. 同上.

42. Joseph B. Werner, "Money Manager Interview," *Wall Street Transcript,* October 6, 1997.

43. Townsend Hoopes and Douglas Brinkley, *Driven Patriot: The Life and Times of James Forrestal* (Annapolis, MD: Naval Institute Press), 62.

44. 配当発表は2005年4月6日。BKF Capital Group Inc. Securities and Exchange Commission Exhibit 99.1, April 6, 2005.

45. Securities and Exchange Commission Schedule 14A, June 9, 2005の添付資料

として提出されたSteel Partners, Proxy and Letter to Shareholders.

46. 2005年5月26日付、5月18日付、6月8日付。

47. John Levin, letter to Institutional Shareholder Services, BKF Capital Group Inc. Proxy Filing, Securities and Exchange Commission Schedule 14A, June 17, 2005.

48. Securities and Exchange Commission Schedule 14A, June 23, 2005の添付資料として提出されたBKF Capital Group Inc., Proxy Filing, およびSecurities and Exchange Commission Schedule 14A, June 23, 2005の添付資料として提出されたSteel Partners, Press Release.

49. これらの情報はすべてBKF Capital Group Inc. SEC filingsに基づく。

50. Yahoo! Finance.

51. BKF Capital Group Inc. 年次委任状勧誘参考資料。

52. 「説明責任の欠如」は、ウォーレン・リヒテンシュタイン氏が5月16日に株主に送った書簡における節の見出しだった。BKF proxy filing May 16.

53. BKF Capital Group Inc. Securities and Exchange Commission Schedule 8K, April 22, 2005およびSEC Exhibit 10.1, April 19, 2005.

54. 私が最初に勤務したヘッジファンドは2002年に大手銀行に売却された。その後の50/50の手数料分配は完全な失敗に終わり、大量の優秀な人材が流出する結果となった。

55. Steel Partners, BKF Proxy Filing, Securities and Exchange Commission Schedule 14A, December 16, 2004.

56. Levin, 著者インタビュー.

57. Cannell, 著者インタビュー.

58. Nocera, "No Victors."

59. Levin, 著者インタビュー.

60. 同上.

61. Cannell, 著者インタビュー.

62. Levin, 著者インタビュー.

結　び

1. Ben McGrath, "13D," *New Yorker*, August 7, 2006.

2. Michael Lewis, "The Man Who Crashed the World: Joe Cassano and AIG," *Vanity Fair*, August 2009.

3. Lynn Stout, *The Shareholder Value Myth*（San Francisco: Berrett-Koehler, 2012), 23.

4. 公開会社の株式は、保有者に対して一定の契約上の権利を付与する。これには、取締役を選任するための投票権や、会社資産の清算から得られる資金に対す

る持分割合に応じた権利が含まれる。また、株主は法的拘束力のない決議案を提案し、取締役や経営陣がその義務を果たさなかった場合に彼らを訴えることができる。株主が保有株式を売却する権利以外では、そんなところだ。

5．多くの法学者は、法が取締役に対し株主利益の最大化を要求しているという議論を展開する場合に「ドッジ対フォード・モーター」を引用する。Leo E. Strine Jr., "Our Continuing Struggle with the Idea That For-Profit Corporations Seek Profit," *Wake Forest Law Review* 47（2012): 135-172も参照。

6．Shareholder Rights Project at Harvard Law School, http://srp.law.harvard.edu/companies-entering-into-agreements.shtml.

7．Herbert Allen, "Conflict Cola," *Wall Street Journal,* April 15, 2004.

8．Warren Buffett, letter to Bill and Melinda Gates, June 26, 2006.

翻訳者あとがき

　東京証券取引所の上場会社の平均的な株主構成は過去30年余りで様変わりした。1960〜1980年代に定着した株式持合いはほぼ解消した。図が示すように、上場会社の株式持分は1986年度末では信託銀行を除く金融機関で36.3％、事業法人等が30.1％で、これらを合わせると66.4％となり上場会社の議決権の3分の2を占めた。それが2023年度末では3割に満たない（29.0％）。かわりに外国法人等（事実上、海外の機関投資家）と、投資信託や投資一任の運用資産を受託する信託銀行が日本の上場会社の株主として台頭

図　東京証券取引所・上場会社　投資部門別株式保有比率の推移

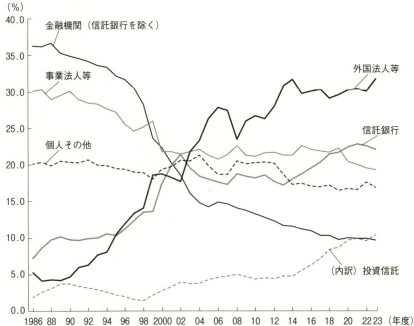

（注1）「金融機関（信託銀行を除く）」は、都銀・地銀等、生命保険、損害保険、証券会社、その他の金融機関を含む。
（注2）「政府・地方公共団体」の保有分は僅少での推移につき、掲載せず。
（出所）　日本取引所グループ「株式分布状況調査（市場価格ベース）・投資部門別株式保有比率及び保有金額の推移（長期統計）」

し（2023年度末で外国法人等31.8％、信託銀行22.1％）、合わせると53.9％と議決権の過半になる。

　こうした機関投資家は家計から資金が託されているアセット・オーナーやアセット・マネジャーであり、フィデューシャリー、あるいはスチュワードに求められる規範に基づいた資金運用が求められる。日本ではほとんどの機関投資家が、2015年に設けられたスチュワードシップ・コードの受入れを表明[1]している。議決権行使にも同様の対応が要求される。現経営陣から提示されるアジェンダだけでなく、他の株主からの提案にも利益相反回避に代表される、偏見のない専門的な判断を真摯に下さなくてはならない。日本は以前に比べて格段に株主アクティビズムの活発化に適した環境になった。実際に、アクティビストによる日本の上場会社に対する株主提案の提出件数は2014年に４件しかなかったが、近年、毎年増加を続け、2023年は71件と過去最高を記録した[2]。

　言わずもがなだが、上場会社が日本経済に与える影響は大きい。財務総合政策研究所の年次別法人企業統計調査（令和５年度）[3]によると、日本の全法人企業、約299万社（金融、保険を除く）が計上する売上高合計は約1,633兆円、同経常利益合計は約107兆円だった。一方、社数ではわずか0.1％しか占めない、東京証券取引所の上場会社3,500社（金融除く）が2023年度に計上した売上高合計は約908兆円、同経常利益合計は約73兆円だった[4]。前者は単体ベース、後者は連結ベースなので単純な比較はできないが、日本経済の牽引役としての上場会社の大きな存在感にはあらためて目を見張る。そうした上場会社のコーポレート・ガバナンス、ひいては経営のあり方に焦点を当てる株主アクティビズムは今後、どのような展望が見込めるのだろうか。日本経済、ひいては日本社会に大きな影響を与える事柄なので、株主ア

---

[1]　金融庁「スチュワードシップ・コードの受入れを表明した機関投資家のリストの公表について（令和６年６月30日時点）」。

[2]　アイ・アールジャパンホールディングス「アニュアルレポート　2024」。

[3]　財務総合政策研究所「法人企業統計調査・調査の結果・報道資料・年次別法人企業統計調査（令和５年度）」。

[4]　日本取引所グループ「調査レポート・決算短信集計結果（プライム・スタンダード・グロース合計、2023年度）」。

クティビズムをめぐる議論には専門家に限らず、一般投資家を含めて広範に参加することが望ましい。

　その際、他の先進国、なかでも定量・定性の両面で株主アクティビズムの事例の宝庫である米国における長年の経験・知見が参考になるはずだが、だれにでも読めそうな啓蒙書は浅学ながら見当たらなかった。そうしたなか、2023年8月31日には経済産業省が「企業買収における行動指針」を公表した。株主アクティビズムでは同意なき買収提案がその方法論の一角になりうることに鑑みると、同指針によって日本において株主アクティビズムが促される可能性は大きい。そう思いながら2023年秋にネット上で米国の書籍をあちこち探し続けて本書と出会った。

　8年前の2016年に出版されているが、そもそも米国における100年に及ぶ株主アクティビズムの事例集なので色褪せがたい内容だ。2024年7月にはフォーブズ誌の「夏の読書：これまでに書かれた偉大な投資に関する書籍ベスト25への究極ガイド」[5]に本書は11番目にリストアップされ、ベンジャミン・グレアム[6]氏、ウォーレン・バフェット[7]氏、ジョン・ボーグル[8]氏らが執筆しクラシックとされるような書籍と肩を並べて紹介されている。本書の各事例では当時、実際に取締役会長や株主に送付された書簡がそのまま掲載され、それを核に著者が解説を進めるスタイルだ。これで本書は類書に比べても親しみやすくなっている。

　本書の内容に基づき、株主アクティビズムの本質をどのように理解するかはもちろん、読者の自由に委ねられている。もし、日本の識者の言葉を借りて、本書の内容を短く要約するとしたら、宍戸善一[9]氏、大崎貞和[10]氏による『上場会社法』[11]における次の文章だろう。「敵対的買収とは、経営

＊5　Robert Daugherty, "Summer Reading: Ultimate Guide To The 25 Greatest Investment Books Ever Written", Forbes, July 3, 2024.
＊6　本書第1章の登場人物。
＊7　本書第3章の登場人物。
＊8　米国最大の投資信託運用会社、バンガード社の創業者。一般投資家向けに投資の基本を啓蒙する活動や著作を長く続けたことでも知られる。
＊9　武蔵野大学法学部教授、一橋大学名誉教授。
＊10　野村総合研究所未来創発センター主席研究員、東京大学公共政策大学院客員教授。
＊11　宍戸善一、大崎貞和著『上場会社法』、弘文堂、2023年。

翻訳者あとがき　353

者が経営資源を十分に活用できず、企業業績が低迷して、株価が下落すると、安価な株式を買い集めて経営支配権を取得し、無能な経営者を有能な経営者に取り換えて、株価を上昇させキャピタルゲインを手に入れようとする投資家や、割安に経営資源を手に入れようとする競争企業が現れる現象であり、株主にとって、経営者に対する究極的なモニタリング手段といえる。ただし、米国では、1990年代から、株主による経営者に対するモニタリング手段の主流は、敵対的企業買収から、経営支配権を取得せず、現経営陣の経営方針に異を唱える、ヘッジ・ファンドによる株主アクティビズムに移ってきている」[12]。

この前提として、神田秀樹[13]氏の次の発言[14]の再認識も不可欠だろう。「株式会社の仕組みというのは、経営者、特に代表取締役は取締役から選ばれ、取締役を選任するのは株主なのですね。これが株式会社という仕組みにおいての基本ルール[15]になっているのです」[16]。

取締役については宍戸善一氏、大崎貞和氏は前掲書でこうも書いている。「日本の取締役会は、2000年代まではほぼ社内者のみで構成された業務執行の最高意思決定機関としての「マネジメント・ボード」であった。2010年代から、法制度の圧力により徐々に社外取締役が増えてきたが、今日においても、社外取締役が過半数を占める取締役会はまれで、ほとんどの上場会社は「アドバイザリー・ボード」の段階にあるといえる」[17]。

日本の多くの上場会社は経営（執行）陣と取締役会の峻別を形式的に理

---

[12]　前掲[11]、p 3 の脚注 6 。
[13]　学習院大学法学部教授、東京大学名誉教授。
[14]　座談会「なぜ株主・投資家の目線を踏まえた経営が求められるのか」（日本取引所グループ・マーケットニュース、2024年 4 月 5 日）。本座談会の出席者は、スピーカーとして神田秀樹氏のほかに、勝木敦志・アサヒグループホールディングス株式会社代表取締役社長兼CEO、中神康議・みさき投資株式会社代表取締役社長、山道裕己・株式会社日本取引所グループ取締役兼代表執行役グループCEO、モデレーターとして藤田和明・日本経済新聞社上級論説委員兼編集委員。
[15]　さらに、この基本ルールによって、だれもがその株主になれる上場会社に伴う「公器」としての役割はいっそう重くなろう。
[16]　株式会社の基本的な仕組みについての詳細は神田秀樹著『会社法入門（第三版）』（岩波新書・新赤版、1969、2023年）を参照。
[17]　前掲[11]、p31。

解・実践し始めた段階にある一方[18]、米国では本書で解説されている事例などの積重ねを経て、上場会社の取締役会は「アドバイザリー・ボード（Board1.0）」から「モニタリング・ボード（Board2.0）」に進化して[19]、さらにBoard3.0として「ベンチャー／スタートアップ企業に投資するベンチャー・キャピタルから派遣される社外取締役のように、十分な情報と企業価値の向上に資するインセンティブを有する社外取締役を上場企業にも導入することが提案されている」[20]。Board3.0では機関投資家に大きな影響力をもつ有能なアクティビスト自身も社外取締役として取締役会に参画しうる[21]。こうした米国の流れに鑑みると、日本の上場会社に対する株主アクティビズムのいっそうの本格化は必至だろう[22]。

本書は米国の株主アクティビズムの事例集なので、日本の関連実務や事例集については他の専門書などから学んでいただきたい。宍戸善一氏、大崎貞和氏による前掲書、太田洋[23]氏による『敵対的買収とアクティビスト』[24]、

＊18 小平龍四郎氏は、2023年12月に上場廃止になった東芝について、次のように述べている。「事ここに至る経営迷走の発端は、社外取締役の選任や委員会の設置など形式はいち早く整えたものの、実態としては市場の声に耳を傾けなかったガバナンスの不全だった」（小平龍四郎「日本の企業統治、国際評価上昇」、日本経済新聞・経営の視点、2023年12月18日）。

＊19 日本でも、たとえば柳井正・株式会社ファーストリテイリング代表取締役会長兼社長の以下の発言のように、この進化を把握・理解し、実践しようとしているという印象を受ける動きがある。「僕は息子には継がせないとすでに伝えている。創業家が株主として経営を監視する米ウォールマートのような方式にする。会社の永続には、それが一番だ」（日本経済新聞・超渋沢論でのインタビュー、2024年7月3日）。

＊20 前掲＊11、p31、およびp31の脚注49。

＊21 小平龍四郎氏は次のように述べている。「最善のアクティビスト対策は「アクティビストのように考えよ」。攻撃されるような問題点にあらかじめ手をうつこと。「アクティビストと組む」のはその進化形だ」（小平龍四郎「株高が促すアクティビスト思考」、日本経済新聞、2024年1月15日）。

＊22 東京証券取引所によると、「資本コストや株価を意識した経営の実現に向けた対応」に関する開示に至っていない上場会社がプライム市場で237社（14％）、スタンダード市場で901社（56％）もあり、また「取組みを進める企業においても投資者との目線にズレがあるなど課題が存在」とのことだ（東京証券取引所上場部「「資本コストや株価を意識した経営の実現に向けた対応」に関する今後の施策について」、2024年8月30日）。さらに、PBRが1倍割れの上場会社も引き続き多い。2024年9月末時点で、たとえば日本を代表するような500社（「東証株価指数（TOPIX）500」の構成銘柄）のうち38％もPBRが1倍割れとのことだ（佐野日出之「PBR1倍割れ銘柄が一転増加、日本の市場改革「道半ば」で揺り戻し」、Bloomberg、2024年10月4日）。

＊23 本書第4章脚注11を参照。

翻訳者あとがき　355

鈴木紀子氏、宮地真紀子氏、原山真紀氏[25]による『アクティビスト対応の実務』[26]、手島直樹[27]氏による『アクティビズムを飲み込む企業価値創造』[28]、大熊将八[29]氏による『アクティビストと企業支配権市場—日本企業に変革と再編を迫るマーケットの猛威』[30]、そして、小平龍四郎[31]氏による日本経済新聞における一連の論考（その一部は本稿の脚注を参照）などは必読であろう。他の米国の事例集で読みやすいものとしてはオーウェン・ウォーカー[32]氏による『アクティビスト　取締役会の野蛮な侵入者』もある[33]。DIAMONDハーバード・ビジネス・レビュー誌・2016年3月号の特集「コーポレート・ガバナンス」も、リチャード・D・パーソンズ[34]氏、マーク・A・フェイゲン[35]氏による「最高の取締役会の作り方」、ビル・ジョージ[36]氏、ジェイ・W・ローシュ[37]氏による「アクティビストを出し抜く方法」、松本大[38]氏による「上場企業の覚悟　自分の弱さを受け入れ、打ち勝つ仕組みをつくる」などが掲載されており有意義だ。そもそも株式会社になぜモニタリング、ひいてはガバナンスが必要かについての歴史的な解説書としてはジョン・ミクルスウェイト[39]氏、エイドリアン・ウール

---

*24　太田洋著『敵対的買収とアクティビスト』、岩波新書・新赤版、1973、2023年。

*25　3氏はいずれもジェイ・ユーラス・アイアール株式会社・ディレクター。

*26　鈴木紀子、宮地真紀子、原山真紀著『アクティビスト対応の実務』、中央経済パブリッシング・グループ、2024年。

*27　小樽商科大学教授。

*28　手島直樹著『アクティビズムを飲み込む企業価値創造』、日本経済新聞出版、2024年。

*29　株式会社QuestHubの代表取締役CEO。

*30　大熊将八著『アクティビストと企業支配権市場—日本企業に変革と再編を迫るマーケットの猛威』、金融財政事情研究会、2024年。

*31　日本経済新聞社上級論説委員兼編集委員。

*32　FTロンドンコミッショニング・エディター（執筆当時）。

*33　オーウェン・ウォーカー著『アクティビスト　取締役会の野蛮な侵入者』、染田屋茂訳、日本経済新聞出版社、2020年。なお、1980年代〜1990年代に米国で出版され、当時ほぼリアルタイムで日本語に翻訳された関連ドキュメンタリー（その多くは本書の脚注で紹介されている）も事例の深掘りに有用であろう。

*34　プロビデンス・エクイティ・パートナーズ上級顧問（執筆当時）。

*35　フェイゲン・アドバイザーズ創業者（執筆当時）。

*36　ハーバード・ビジネス・スクール教授（執筆当時）。

*37　ハーバード・ビジネス・スクール教授（執筆当時）。

*38　マネックスグループ株式会社代表執行役会長、マネックス証券株式会社取締役会長CEO（執筆当時はマネックスグループ株式会社代表執行役社長CEO）。

ドリッジ[40]氏による『株式会社』[41]も示唆に富む[42]。

　期待を上回る成果を出せないままでいる経営陣を見過ごしている取締役会に対して意見や提案を示す[43]のは株主の責務とも言えないか。株主であれば本来「We Are All Activists Now」だろう[44]。アクティビストの存在自体の是非を問うことよりも、大事な点は、他の株主が、アクティビストの意見や提案が持続的な成長を伴う企業価値向上[45]に資するものなのかを適切に吟味し、賛成ないし反対の議決権行使をできるかどうかではないか[46]。株主アクティビズムの台頭で日本のコーポレート・デモクラシー、株主デモクラシーの成熟度が試される[47]。

　日本経済新聞・中外時評で藤田和明[48]氏は日本が資産運用立国になるために重要な論点を見事に総括している[49]。同氏は新しい少額投資非課税制

---

[39]　エコノミスト誌・米国担当編集主幹（執筆当時）。

[40]　エコノミスト誌・ワシントン特派員（執筆当時）。

[41]　ジョン・ミクルスウェイト、エイドリアン・ウールドリッジ著『株式会社』、日置弘一郎、高尾義明監訳、ランダムハウス講談社、2006年。

[42]　大垣尚司・青山学院大学法学部教授はその著書『金融から学ぶ会社法入門』（勁草書房、2017年）で「会社が歴史的にどのように発展してきて、今後どのような役割をもちうるかという経営史的な視点もたいへん重要である」として本書を紹介している。

[43]　株主が臨時株主総会招集を請求したり、株主提案権を行使したりする場合は、持株割合と保有期間に関する一定の条件を満たさなくてはならない。

[44]　1976年に創業したプライベート・エクイティ・ファンドの草分け、KKRは、1988年のRJRナビスコLBOに関して翌年出版されたドキュメンタリー、ブライアン・バロー、ジョン・ヘイヤー著『野蛮な来訪者（原書名はBarbarians at the Gate）』（鈴田敦之訳、パンローリング、2017年）を機に「野蛮人」呼ばわりされた。しかし、1990年代になると、KKRの企業価値向上に関する考え方や手腕の正当性・妥当性が高く評価されるようになり、米国のコーポレート・ファイナンス、コーポレート・ガバナンスにおける主流となった。1997年、シカゴ大学ビジネススクール教授（執筆当時）のスティーブン・N・カプラン氏はそれを評して自身の論文に「We Are All Henry Kravis Now」という副題をつけた（Steven N. Kaplan, "The Revolution of U.S. Corpotate Governance: We Are All Henry Kravis Now", Journal of Private Equity, Fall 1997）。日本ではいまだにアクティビストについて偏った見方をする人が少なくないが、同様の動きが期待される。

[45]　持続的な成長を伴う企業価値向上の実現には、従業員や取引先、地域社会、債権者など、いわゆるステークホルダーとの協働と信頼関係構築などが不可欠であるのは言うまでもない。

[46]　小平龍四郎氏は「アクティビズムは孤立無援では成功しない」「言い分に力を持たせるには仲間づくりが必要となる」（小平龍四郎「「物言う株主」が消える日、日本経済新聞・中外時評、2024年4月17日）と述べている。

翻訳者あとがき　357

度（NISA）の拡大を受けた日本の将来の風景として「長期に価値を生む会社を投資家が見定め、優れた経営が選ばれる市場本来の姿」を期待している。このためにも、冨山和彦*50氏の「バブル崩壊後、日本企業は従来からの終身雇用、年功序列を防衛することが社会的使命となり、儲からない事業をやめられず、結果、日本人の賃金は下がり、貧しくなった。今、日本は恒久的労働不足の国になっているので、雇用を守るより、せっかくの素晴らしい経営資源をどこで使うのか、どう活かすのかの議論が必要だ。その意味で、10年、20年といった長期視点を持ったアクティビストならば味方であり、歓迎すべき。世界の30位あたりに低迷している時間当たりの労働生産性も上昇するはずだ。本気で経営するならば敵対的買収者もウェルカムだ。同意なき買収を受け入れるという今の流れを止めてはいけない。同意なき買収がどんどん起きたらいいし、それを正々堂々と実力で突っぱねられる経営者がたくさん生まれることを期待している」という意見*51は傾聴に値しよう。

　最後に、一般社団法人金融財政事情研究会の編集者、花岡博氏にこの場を借りて感謝を申し上げたい。長年の記者としての経験に基づく、翻訳、ひいては日本語の書き方、使い方に関する知見と、金融分野に関する高度な知識

---

*47　芳賀沼千里・三菱UFJ信託銀行チーフストラテジストは、田中亘・東京大学教授の実証分析などに基づき、「アクティビストの要求を契機に企業が株主の視点から望ましい資本政策や株主還元策を取ることで、市場の評価が高まる。事業戦略を見直すならば、長期的な業績改善の可能性が高まろう」として、アクティビストの活動で株価は長期的にみて上昇する傾向にあるとする一方、「もちろん、アクティビストの要求が常に正しい訳ではない。「アクティビストの要求の内容」と「経営者の経営改革の意思」を精査することが鍵になる」とも述べている（芳賀沼千里「「物言う株主」の長期的効用　株価への影響は」、日経ヴェリタス、2024年7月7日号）。また、赤金（ペンネーム）氏は「ガバナンス改革の機運がアクティビストの追い風となり、資金力も増している。もっともらしい要求を並べれば支持も得られやすい。しかし今回は奥の顔が露呈したかと映っている」と、ある事例の顛末に懸念を示している（赤金「アクティビストも見られている」、日本経済新聞・大機小機、2024年9月5日）。

*48　本書あとがき脚注14を参照。

*49　藤田和明「「もがくカエル」で運用立国」、日本経済新聞・中外時評、2024年10月30日。

*50　日本取締役協会会長。

*51　フォーラム「「同意なき買収」時代に備える企業価値を高めるコーポレートガバナンス」（産経新聞社主催、日本取締役協会特別協賛、2024年11月18日）でのパネル・ディスカッション「経営者や投資家、法務の視点から見るコーポレートガバナンスの在り方」（Corporate Governance誌、Vol.17、2024年12月号、日本取締役協会）。

を併せ持つ彼の多岐にわたる指導・意見交換がなければ、本書の出版は到底実現できなかったであろう。もちろん、誤訳などがあった場合はすべて翻訳者の責任である。

2024年12月23日

翻訳者を代表して＊52

井潟　正彦

＊52　なお、本稿の内容は翻訳者の個人的な見解に基づくものであり、翻訳者が所属する組織を代表するものではない。

事項索引

【数字・英字】

1株1議決権の原則 ………………250
2段階買収 ………………………118
13D ……15,180,196,197,199,200,201,
　　206,207,208,232,233,234,236,
　　241,258,259,308
20世紀フォックス社 ……………41
1974年従業員退職所得保障法 ……162
ABNアムロ銀行 …………………34
ACF社 ……………………………115
AIG社 ………………………252,253
AOL社 ……………………………34
A. W. ジョーンズ …………………20
B.F.グッドリッチ社 ………………70
BKFキャピタル社 ……6,225,227,229,
　　230,231,232,233,234,235,236,
　　238,239,240,241,242,243,244,
　　245,246,247,248,249,250,251,
　　252,255,259,260,303,304,305,
　　306,307,308,309,311,314,316,
　　317,318
BP社 ………………………………252
CBS社 ……………………………156
CII …………………………………159
ERISA法 …………………………162
ESOP ………108,110,122,132,285
GM企業年金基金 …………………162
『GMと共に』 ………………142,144
H. J. ハインツ社 …………………131
H. K. ポーター社 …………………67
HP社 ………………………………224
ISS ……………………235,255,256,257
JCペニー社 …………224,225,226,227
J. P. モルガン・ギャランティ社 ……83
J. P. モルガン銀行 ………40,41,50,59,

269,272,274,298
J・カルロ・カネル ………6,225,236,
　　237,238,239,240,241,242,244,
　　247,248,249,251,303,309,311,
　　314,316
KKR ……………………………127,217
LPLフィナンシャル社 ……………232
margin of safety …………………22
M&Aアービトラージ戦略 ………229
MBO ………………………………217
MGM-ローズ社 …………………41
NASDAQ …………………………189
NeXT社 ……………………………165
PBR ………………………………228
P&G社 ……………………………131
RJRナビスコ社 …………………217
R. P. シェラー社 …………5,166,167,
　　168,171,172,173,174,175,176,
　　177,178,179,180,181,182,183,
　　184,185,186,187,188,189,190,
　　192,193,194,195,252,255,294,
　　295,320
SEC ……66,79,126,180,188,304,307,
　　314,320
SLインダストリーズ社 …………233
Think Bigキャンペーン …………225
TIAA-CREF ………………165,197
TWA社 ………………………123,133
UAW ………138,153,163,291,292
YouTube社 ………………………250

【あ行】

アーヴィング・カーン ……………21
アーサー・レビット ………………188
アート・ランダ ……………………70

アービーズ社······131
アービトラージ·····19,110,112,113, 133,168,252,310
アービトラージャー·····109,126,216
アーマンド・ハマー·····33
アイヴァン・ボウスキー·····109,126, 127,130,202,204
アインシュタイン・ノア・レスト ラン・グループ社·····223
アクティビスト投資戦略·····233
アクティビスト・ヘッジファン ド・マネジャー·····201,214,216,223
アグリブランズ社·····206
アップル社·····10,104,188,217,218, 226,262
アドルフ・バーリー·····254
アパルーサ・マネジメント·····203
『アメリカ金融革命の群像』·····249
アメリカン・エキスプレス社·····4,71, 73,74,77,78,79,80,81,82,83, 84,85,86,87,88,89,156,187, 195,253,281,282,319
アメリカン・キャン社·····113
アメリカン航空·····123
アメリカン・コミュニティ・プロ パティーズ・トラスト社·····200,206
アライド・キャピタル社 ·····214,215,216
アライド・クルード・ベジタブ ル・オイル・リファイニング社 ·····77,78,79,80,81,82,83,84, 88,187
アラン・"エース"・グリーンバー グ·····307
アラン・カービー·····48,49,50,53,54, 68,69,70,277
アルフレッド・キングズリー ·····112,113,121,134

アルフレッド・スローン·····44,45, 139,141,142,143,144,145,146, 147,148,161,262
アレゲニー・ヤング・カービー・ オーナーシップ・ボード····268,276
アレゲニー・ヤング・カービー社 ·····45,46,47,53,54,56,66,67,68, 69,70,259,269,270,275,277, 278,280
アンカー・ホッキング社·····113
アン・シンプソン·····217
安全域·····22,23,25,71,85,224
アンソニー・"ティノ"・ディ・ アンジェリス·····78,79,80,81,82, 83,84,187,253
アンソン・ビアード・ジュニア ·····231,241,245,249,303,308
アンドロイド社·····250
イーストマン・コダック社·····156
イートン・バンス社·····248
委任状勧誘参考資料·····40,120,157, 183,185,221,233,235,242,247, 258,271,307
委任状勧誘支援・助言会社 ·····49,51,273
委任状争奪戦·····3,4,20,28,29,32,34, 35,36,39,41,42,43,46,48,49, 51,52,56,57,60,63,66,69,70, 112,113,118,120,122,124,131, 133,168,173,177,178,179,180, 182,194,201,216,218,222,223, 233,234,236,238,242,245,246, 249,255,258
イベント・ドリブン·····228,229,230, 240,243,245,247,305,315
イリック・セビン·····5,209,210,211, 212,213,216,218,296,297
インサイダー情報·····117

事項索引　361

インサイダー取引‥‥‥‥116,202,236
インターセプト社‥‥‥‥‥‥‥‥208
イン・プレイ‥‥‥‥‥12,132,217
インベスコ社‥‥‥‥‥‥‥‥‥131
ヴァルヒ社‥‥‥‥‥‥‥‥‥‥92
ウィスコンシン州投資委員会
　‥‥‥‥‥‥159,160,165,166
ウィックス社‥‥‥‥‥‥‥‥‥126
ウィリアム・デュラント‥‥‥140,141,
　　142,161
ウィリアム・ドゥース‥‥‥4,100,117,
　　119,120,121,284
ウィリアム・ホワイト‥‥‥4,48,49,50,
　　51,52,53,54,55,56,57,58,59,
　　60,61,62,242,268,270,274,
　　275,276
ウィルソン＆カンパニー社‥‥‥‥90
ウィルマ・ソス‥‥‥‥‥‥9,57,62
ウィン・ディクシー社‥‥‥‥‥‥34
ウエスタン・シズリン社‥‥‥219,220
ウェンディーズ社‥‥‥‥‥131,221
『ウォール街　悪の巣窟』‥‥‥125,126
『ウォール街の白いサメ』‥‥‥‥‥67
『ウォール街の大罪』‥‥‥‥‥‥188
『ウォール街の乗取り屋』‥‥‥103,104
『ウォール街のランダム・ウォー
　ク』‥‥‥‥‥‥‥‥‥‥‥231
ウォーレン・バフェット‥‥‥4,6,7,8,
　　14,15,17,21,22,30,37,38,71,72,
　　73,74,75,76,77,84,85,86,87,88,
　　89,90,190,191,198,201,204,215,
　　220,224,230,256,257,260,281,
　　283,319
ウォーレン・リヒテンシュタイン
　‥‥‥‥233,234,235,236,242,245,
　　247,251,314,316
ウォルター・シュロス‥‥‥‥21,204
ウォルマート社‥‥‥‥‥‥‥96,262

エクイシェアーズ社‥‥‥‥‥‥‥45
エディ・ランパート‥‥‥‥96,97,237
エル・パソ・ナチュラル・ガス社
　‥‥‥‥‥‥‥‥‥‥‥‥‥118
エレクトロニック・データ・シス
　テムズ社‥‥‥‥7,136,137,148,149,
　　154,155,156,158,165,
　　290,292
エンロン社‥‥‥‥‥‥‥191,192,252
黄金株‥‥‥‥‥‥‥‥‥‥‥‥260
オーウェンズ・イリノイ社‥‥‥‥113
オークツリー・キャピタル・マネ
　ジメント社‥‥‥‥‥‥‥‥‥96
オークツリー・メモ‥‥‥‥‥‥‥96
オキシデンタル・ペトロリアム社
　‥‥‥‥‥‥‥‥‥‥‥‥‥‥33
オネックス‥‥‥‥‥‥‥‥‥‥251
オフィス・デポ社‥‥‥‥‥‥‥‥34
オペレーショナル・アクティビズ
　ム‥‥‥‥‥‥‥‥‥‥‥‥131
オポチュニティ・パートナーズ
　‥‥‥‥‥‥‥‥‥232,241,308
オメガ-アルファ社‥‥‥‥‥91,92,93
オルタナティブ投資戦略‥‥‥‥‥312

【か行】
カーギル社‥‥‥‥‥‥‥‥‥‥207
カート・ウルフ‥‥‥‥‥‥‥‥109
カート・シャハト‥‥‥‥‥‥‥234
カーラ・シェラー‥‥‥‥5,166,167,168,
　　172,173,174,175,176,177,178,
　　179,180,181,182,183,184,185,
　　186,187,188,189,190,192,193,
　　194,294,295
カーラ・シェラー・フィンク株主
　委員会‥‥‥‥‥‥‥‥‥182,294
カール・アイカーン‥‥‥4,8,10,12,17,
　　43,96,100,101,102,103,104,105,

107,110,111,112,113,114,115,
116,117,118,119,120,121,122,
123,126,131,132,133,134,168,
191,197,198,201,214,217,224,
233,248,252,259,261,284,286
ガイコ社 ……………………… 38
会社法 …………………………… 254
『会長からのメモ』……………… 309
カネル・キャピタル社 ………… 237
株式給付信託制度 ……………… 108
株式報酬 ………………………… 108
株式持合 …………………………… 24
『株で富を築くバフェットの法則』
……………………………… 219,220
株主アクティビズム ……… 2,3,6,7,8,
9,10,11,15,18,19,20,27,35,
108,139,166,216,217,219,223,
224,225,226,227,238,246,248,
249,250,251,252,254,258,260,
261,319
『株主価値の神話』……………… 254
株主至上主義 …………………… 3,10
株主提案 …… 3,160,165,231,232,233
株主ポピュリズム ………………… 9
ガムコ・インベスターズ社 ……… 222
カリフォルニア州教職員退職年金
……… 109,164,165,166,197,216,217
カリフォルニア州公務員退職年金
………………………… 109,121,216
カントリーワイド・フィナンシャ
ル社 ……………………………… 34
キーバンク・キャピタル社 ……… 298
機関投資家 …… 5,8,108,111,120,124,
125,132,133,134,139,159,160,
161,162,164,165,166,197,201,
209,216,217,219,222,223,228,
230,255,256,258,261
企業支配権市場 ………………… 25

『企業とは何か』……………… 143
企業年金基金 ……………… 133,162
企業乗っ取り屋 …… 3,4,6,8,10,42,65,
67,68,70,90,94,98,100,101,102,
103,104,105,106,107,110,112,
123,124,125,126,132,133,166,
197,199,209,216,219,261
議決権行使助言会社 …… 223,235,255
キャピタル・トランジット社 …… 65,66
ギャランティ・トラスト銀行
……………………… 40,41,46,69
キャンペーンGM ……………… 160
キンダー・ケア社 ……………… 127
キンバ・ウッド ………………… 125
グーグル社 ……………………… 250
クライスラー ……………… 136,157
クラウン・ゼラーバック社 ……… 115
クラスE株式 ……… 149,158,159,290
クラス株式 ……………………… 149
グラス・ルイス …………… 235,255
クラッカー・バレル社 ………… 222
クラフトフーズ社 ……………… 131
『グリーンブラット投資法』…… 14,15
グリーンメーラー ……… 104,107,108,
113,122
グリーンメール ……… 5,107,109,114,
116,121,132,133,134,159,219
グリーンライト・キャピタル
……………………… 198,201,215
グレアム・ニューマン社 ……… 21,37
クレーン社 ……………………… 67
クローズドエンド型ファンド
……………… 198,227,229,230,232
グローブランド ………………… 223
『黒の株券―ペテン師に占領され
るウォール街』…………… 214,215
ケストレル・エナジー社 …… 212,213
ケミカル銀行 ……………………97,98

事項索引　363

『賢明なる投資家』⋯⋯⋯ 22,23,38,213
ケン・レイ ⋯⋯⋯⋯⋯⋯⋯⋯⋯⋯ 192
小糸製作所 ⋯⋯⋯⋯⋯⋯⋯⋯⋯⋯ 101
公開買付け ⋯⋯ 91,92,93,98,100,101,
　　　　102,106,113,114,118,119,
　　　　120,132,198,216,259,286
公的年金基金 ⋯⋯⋯⋯⋯⋯⋯⋯⋯⋯ 165
効率的市場仮説 ⋯⋯⋯⋯ 94,95,97,98
ゴーゴー ⋯⋯⋯⋯⋯⋯ 90,94,98,136
コーポレート・デモクラシー
　⋯⋯⋯⋯⋯⋯⋯⋯⋯⋯⋯⋯⋯ 43,250
コーポレート・ルネッサンス社 ⋯⋯ 199
ゴールデン・パラシュート
　⋯⋯⋯⋯⋯⋯⋯⋯⋯⋯ 67,182,294
ゴールドマン・サックス社 ⋯⋯ 179,231
コカ・コーラ社 ⋯⋯⋯⋯⋯ 96,190,191,
　　　　　　　　　　　　　256,257
ゴッサム・アセット・マネジメン
　ト ⋯⋯⋯⋯⋯⋯⋯⋯⋯⋯⋯⋯⋯⋯ 14
コミットメント・フィー
　⋯⋯⋯⋯⋯⋯⋯⋯⋯⋯ 115,116,117
コロンビア大学
　⋯⋯⋯⋯⋯ 14,15,21,25,96,201
コロンビア貯蓄貸付組合 ⋯⋯⋯⋯ 128
コングロマリット ⋯⋯ 3,68,73,89,90,
　　　　91,97,102,206,231,260
コンソリデーテッド・トモカ・ラ
　ンド社 ⋯⋯⋯⋯⋯⋯⋯⋯⋯ 228,229
コンチネンタル社 ⋯⋯⋯⋯⋯⋯⋯ 123
コントラン社 ⋯⋯⋯⋯⋯⋯⋯⋯ 93,94

【さ行】
サーキット・シティ社 ⋯⋯⋯⋯⋯⋯ 34
サード・ポイント ⋯⋯⋯⋯⋯ 198,201,
　　　　　　　　　204,205,208,296
サーベンス・オクスリー法 ⋯⋯ 189,191
サウスウエスト航空 ⋯⋯⋯⋯ 214,262
サウスダウン社 ⋯⋯⋯⋯⋯⋯⋯⋯ 92

サクソン・インダストリーズ社 ⋯⋯ 113
『ザ・トヨタウェイ』⋯⋯⋯⋯⋯⋯⋯ 152
ザパタ社 ⋯⋯⋯⋯⋯⋯⋯⋯⋯⋯⋯ 92
サラダオイル巨額詐欺事件 ⋯⋯⋯ 4,71,
　　　　73,77,80,81,83,187,253,
　　　　　　　　　262,281,282
サルダール・ビグラリ ⋯⋯⋯ 219,220,
　　　　　　　　　221,222,223
サンフォード・シゴロフ ⋯⋯ 103,126
サンボーン・マップ社 ⋯⋯⋯⋯⋯⋯ 76
シアーズ・ホールディングス社
　⋯⋯⋯⋯⋯⋯⋯⋯⋯⋯⋯⋯⋯ 96,97
シェアソン・リーマン・ハットン
　社 ⋯⋯⋯⋯⋯⋯⋯⋯⋯⋯⋯ 186,193
シェイク・シャック社 ⋯⋯⋯⋯⋯ 220
ジェームズ・ゴールドスミス ⋯⋯⋯ 115
ジェームズ・ティッシュ
　⋯⋯⋯⋯⋯⋯⋯⋯ 231,245,303,308
ジェームズ・マディソン ⋯⋯⋯⋯⋯ 31
ジェーンおばさん ⋯⋯⋯⋯ 49,51,53,56
ジェシー・"ビッグ・ダディ"・ア
　ンルー ⋯⋯⋯⋯⋯⋯⋯⋯⋯ 109,159
ジェフリーズ社 ⋯⋯⋯⋯⋯⋯ 202,203
シェル・カンパニー ⋯⋯⋯⋯⋯⋯ 251
ジェローム・ファイン ⋯⋯⋯⋯⋯ 184
自社株買い ⋯⋯ 33,34,35,108,109,160,
　　　　206,213,218,235,259,266
ジム・リング ⋯⋯⋯ 4,90,91,92,93,94,
　　　　　　　　　　　　　97,112
シャーク・リペラント ⋯⋯⋯⋯⋯ 119
ジャガー ⋯⋯⋯⋯⋯⋯⋯⋯⋯⋯⋯ 154
社外取締役 ⋯⋯⋯⋯⋯ 156,161,164,189
ジャナ ⋯⋯⋯⋯⋯⋯⋯⋯⋯⋯⋯⋯ 201
ジャナス・キャピタル社 ⋯⋯⋯⋯ 232
ジャンクボンド ⋯⋯⋯ 101,102,103,114,
　　　　123,124,125,126,127,128,
　　　　　　　129,131,262
シュウェップス社 ⋯⋯⋯⋯⋯⋯⋯ 131

364

従業員持株会 ……………………… 108
受託者 ……… 8,35,52,162,178,184,
185,265
受託者責任 ………… 261,297,298,304
種類株式 …………………………… 249
ジョイント・ストック・カンパ
ニー ……………………………… 84,86
『証券分析』 …………………… 22,38
譲渡制限付株式インセンティブプ
ラン ……………………………… 108
ジョエル・グリーンブラット
…………………… 14,15,96,321
ジョージ・W・ブッシュ大統領 …… 191
ジョージ・ソロス …………………… 237
ジョージソン社 …………………… 49,273
ジョー・ノセラ ……………………… 249
ジョー・フロム ………………… 69,107
ジョーンズ＆ラフリン社 …………… 90
所有と経営の分離 ………………… 254
ジョン・A・レヴィン …… 6,225,228,
229,230,231,234,235,236,238,
242,243,244,245,246,247,248,
249,250,251,260,303,305,307,
308,311,318
ジョン・A・レヴィン社
…………………… 228,230,234,308
ジョン・C・ボーグル …………… 245
ジョン・グッドフレンド …………… 148
ジョン・Z・デロリアン …… 136,144,
145,146,147,164
シリコンインベスター・ドット・
コム ……………………………… 205
『新賢明なる投資家』 ……………… 22
スカデン・アープス・スレート・
ミーガー＆フロム …………… 69,108
スター・ガス社 ……… 5,196,209,210,
211,212,213,216,218,252,
296,297,298,300,301,302

スターボード・バリュー ………… 201
スタインハート・パートナーズ …… 228
スタインハート・ファイン ……… 184
スタッガード・ボード ……… 181,234,
235,246,255,257
スタンド・スティル契約 ………… 109
スティーブ・ウィン ……………… 115
スティーブ・ジョブズ …… 165,188,214
スティーブン・ファインバーグ …… 237
スティーブン・ブリル …………… 124
スティール・パートナーズ
………… 233,234,235,236,238,241,
242,244,245,246,247,249,
251,312,313,316
ステーキン・シェイク社
………… 219,220,222,262
ストック・パーキング ……… 126,202
ストラー・ブロードキャスティン
グ社 ……………………………… 127
スナップ社 ………………………… 131
『スノーボール』 ………… 7,37,72,84
スペースX社 ……………………… 250
『世紀の空売り：世界経済の破綻
に賭けた男たち』 ……………… 205
セス・クラーマン ………………… 224
ゼネラル・エレクトリック社 …… 131
ゼネラル・グロース・プロパ
ティーズ社 ……………………… 226
ゼネラル・パートナー …………… 238
ゼネラル・モーターズ …… 3,5,6,7,33,
44,45,133,134,135,136,137,
138,139,140,141,142,143,144,
145,146,147,148,149,150,151,
152,153,154,155,156,157,158,
159,160,161,162,163,164,165,
166,252,262,287,288,289,290,
291,292,293
セルサイド ………………… 201,202

事項索引　365

ソール・スタインバーグ
・・・・・・・・・・・・4, 97, 98, 115, 116
ソロモン・ブラザーズ社・・・・・・・・148

【た行】

ターゲット社・・・・・・・・・・・・・・・・・・226
タイムワーナー社・・・・・・・・・・・・・・34
高い確信・・・・・・・・・・・101, 105, 114, 116,
117, 199, 285
タックイン買収・・・・・・・・・・・・・・・・300
ダニー・マイヤー・・・・・・・・・・・・・・220
ダニエル・ローブ・・・・・5, 6, 8, 196, 198,
201, 202, 203, 204, 205, 206, 207,
208, 209, 211, 212, 213, 216, 218,
219, 223, 224, 238, 296, 302
タンディ・レザー・ファクトリー
社・・・・・・・・・・・・・・・・・・・・・・・256
ダン・リバー社・・・・・・・・・・・・・・・113
チームスターズ・・・・・・・・・・・・・・・173
チェース・ナショナル銀行
・・・・・・・・・・・・・・・・・・・50, 52, 53
チェサピーク＆オハイオ鉄道
・・・・・・・・40, 41, 43, 46, 47, 50, 51, 52,
53, 54, 56, 59, 66, 270, 271,
272, 275, 278, 279
チャーリー・マンガー・・・・72, 164, 198
チャールズ・ウィルソン・・・・・・・・162
チャールズ・グリーン・・・・・・・41, 42
チャンス・ボウト社・・・・・・・・・・・・90
チューダー・フューチャーズ・
ファンド・・・・・・・・・・・・・・・・・・198
貯蓄貸付組合・・・・・・・125, 127, 128, 129
ディーン・タカハシ・・・・・・・231, 303
ディストレスト・・・・・130, 202, 203, 229
ディズニー社・・・・・・・・115, 116, 131, 189
ディビデンド・リキャップ・・・・・・・213
ティモシー・ブロッグ・・・・・・・・・259
デイリー・クイーン社・・・・・・・・・256

デール・ハンソン・・・・・・・・・・・・・165
テキサコ社・・・・・・・・・・・・・・・・・・107
テキサス・エア社・・・・・・・・・・・・・123
敵対的公開買付け・・・・・・70, 90, 93, 100,
106, 116, 118
敵対的買収・・・・67, 94, 97, 101, 102, 113,
114, 115, 116, 118, 131, 197
敵対的買収防衛策・・・・67, 105, 124, 222,
235, 246, 311
テスラ・モーターズ・・・・・・・・・・・152
デッカ・レコード社・・・・・・・・・・・・41
デニーズ社・・・・・・・・・・・・・・・・・・14
デビッド・アインホーン・・・・・198, 214,
215, 216, 223, 224
デビッド・テッパー・・・・・・・203, 237
デビッド・ロックフェラー・・・・・・・125
デュアル・クラス・シェア・スト
ラクチャー・・・・・・・・・・・・・・・・249
デュポン社・・・・・・・・・・・44, 45, 131, 140,
161, 162, 262
『天才たちの誤算』・・・・・・・・・・・・・16
デンプスター・ミル・マニュファ
クチュリング社・・・・・75, 76, 77, 85, 88
投資会社・・・・・・・・・・・・・・・・・・・229
投資信託・・・・・・・8, 28, 89, 161, 230, 239,
245, 259, 264, 279, 312
トーマス・メロン・エバンス・・・・・・67
独立取締役・・・・・・・・・155, 189, 192, 231
ドナルドソン・ラフキン＆ジェン
レット社・・・・・・・・・・・・・・109, 284
トニー・シルッフォ・・・・・・・・・・・184
ドミノ・ピザ社・・・・・・・・・・・・・・214
トム・シュピーゲル・・・・・・・・・・・128
トム・モナハン・・・・・・・・・・・・・・214
トヨタ・・・・・・136, 150, 152, 153, 154, 164
トヨタ生産方式・・・・・・・・・・・152, 164
トラッキング・ストック・・・・・・・・149
取締役の独立性・・・・・189, 190, 191, 192

366

ドレイファス社·····················111
ドレクセル・バーナム・ランバー
　ト社·····101,102,103,104,114,115,
　　116,117,120,123,125,126,127,
　　128,129,130,131,199,202,203,
　　284,286
『どんなスピードでも自動車は危
　険だ』·····························163

【な行】
ナショナル・キャン社··············131
ニュー・アムステルダム・カジュ
　アルティ社························32
ニューセンチュリー社··············224
ニュー・ユナイテッド・モー
　ター・マニュファクチャリ
　ング社··················152,153,154
ニューヨーク州退職年金基金······164
ニューヨーク証券取引所·····9,42,45,
　　84,189
ニューヨーク・セントラル鉄道
　········4,20,40,43,44,46,47,48,49,
　　50,51,52,53,54,55,56,57,58,
　　59,60,61,62,63,64,65,67,68,
　　69,74,242,268,269,270,271,
　　272,273,274,275,276,277
ネルソン・ペルツ·····102,104,131,197
ネル・ミノウ·······················160
年金基金·········8,132,139,159,161,
　　162,165
ノーザン・パイプライン社·······3,18,
　　19,20,25,26,27,28,29,30,31,
　　32,33,34,35,36,37,39,54,166,
　　168,195,252,263,265,266
ノースウェスト・インダストリー
　ズ社·····························260

【は行】
バーガーキング社·············221,226
バークシャー・ハサウェイ社
　·········14,38,72,73,85,87,89,90,
　　190,191,224,260
パーシング・スクエア・キャピタ
　ル・マネジメント······201,216,225
バート・グッドウィン········234,242,
　　244,303,318
バートン・ビッグス·····241,243,245,
　　303,307
バートン・マルキール········231,234,
　　241,242,244,303,308,317
バーナード・エバース··············33
ハーバート・アレン·················256
ハーバライフ社··············216,226
ハーブ・ケレハー···················214
バーリントン・ノーザン・サンタ
　フェ社····························38
バーリントン・ノーザン社·········118
ハイイールドボンド············101,203
バイサイド·························201
ハイベリー・ファイナンシャル社
　·····································259
バス兄弟···························107
パックマンディフェンス············222
パッシブ運用················227,262
『破天荒な経営者たち』··············214
バフェット・パートナーシップ
　·····································75
ハリソン・J・ゴールディン
　·····························159,160
バリューアクト·············201,218,219
バリュー投資·····11,14,15,19,21,22,
　　38,71,72,73,89,222,225,
　　228,230,256,313
『晴れた日にはGMが見える』
　·····························144,146

事項索引　367

ハロルド・シモンズ……4,8,90,91,92,
　　　　　　　　　　93,94,259
ハワード・クラーク……4,78,80,83,
　　　　　　　84,87,88,89,281
ハワード・マークス…………96,239
バンカーズ・トラスト社…………83
バンガード社…………244,308,317
バンク・オブ・アメリカ社………83
反買収法………………………124,197
ピアレス・システムズ社……258,259
ピーター・J・ソロモン……231,243,
　　　　　　　　　299,303,315
ピーター・ドラッカー………143,144,
　　　　　　　146,151,161,162
ピーター・フィンク……167,172,173,
　　　　174,175,176,177,178,179,180,
　　　　181,182,183,184,185,186,187,
　　　　188,189,192,193,194,294
ピープルズ・キャピタリズム（大
　衆資本主義)……………………9
ピエール・デュポン……44,45,140,141
ビグラリ・ホールディングス社
　………………219,220,221,222,223
非公開化…………………………311
非スタッガード化………241,242,311
ヒューズ・エアクラフト社
　………139,154,155,156,157,287,
　　　　　　　288,289,292
ヒューレット・パッカード社………33
ビル・アックマン……216,224,225,
　　　　　　　　　226,227
ビル・スティリッツ………………206
ヒルトン・ホテル社………………115
ビル・ルエーン……………………21
ファースト・エグゼクティブ社…128
ファースト・ナショナル銀行
　…………………………50,269,274
ファイザー社………………33,156

ファニー・メイ社…………………252
ファミリー・ダラー社……………131
フィリップ・ゴールドスタイン
　………………232,241,249,308
フィリップス・ペトロリアム社
　………4,100,103,105,107,114,115,
　　　117,120,122,124,134,213,261,
　　　　　　　　　284,285
ブーン・ピケンズ………101,105,106,
　　　107,108,109,110,114,115,
　　　116,117,118,121,122,124
フェアバンクス・モース社………70
フェデラリスト・ペーパーズ………31
フェデレーテッド・デパートメン
　ト・ストアーズ社………………124
フォーツマン・リトル社…………131
フォード…………136,157,163,179
複数議決権………………………249,250
複利マシーン………………………74
プライベート・エクイティ
　………102,127,194,212,234,244
ブラインド・プール…………102,103
ブラウン・ブラザーズ・ハリマン
　社……………………………83
フランクリン・リソーシズ社……232
フランク・ロレンゾ………………123
ブルー・チップ・スタンプス社…164
ブルドッグ・インベスターズ……232
フレッド・ジョセフ………………114
プレデターズ・ボール………114,129
フレデリック・ドナー………145,147
フレンドリーズ・アイスクリーム
　社………………………220,222
プロキシー・アクセス……………258
プロキシティア……3,4,6,7,8,40,42,
　　　44,50,54,63,65,66,67,68,
　　　69,70,75,102,197,219,261
プロクター＆ギャンブル社……83,156

ブロックバスター・ビデオ社……224
フロントランニング……………116
ベアード＆ワーナー社…………112
ベア・スターンズ社………………307
ベアハグ………100,101,117,134,199
ベイカー・フェントレス＆カンパ
　ニー社…………227,228,229,230,
　　　　　　　　　　　　249,308
米国機関投資家評議会……………159
米国女性株主連合…………………57
ベイズウォーター・リアルティ社
　…………………………………112
ヘッジファンド・アクティビスト
　…………………………………217
ヘッジファンド・アクティビズム
　…………………………196,201,216
『ヘッジホッグ』…………………241
ペプシコ社…………………………131
ペロー・システムズ社……………165
ベンジャミン・グレアム……3,6,7,17,
　18,19,20,21,22,23,24,25,26,
　27,28,29,30,31,32,33,34,35,
　36,37,38,39,54,68,71,89,166,
　197,198,201,204,213,214,249,
　　　　　　　　252,263,267
ヘンダーソン・グローバル・イン
　ベスターズ社……………………232
ペン・テキサス社…………………70
ペン・バージニア社…………207,208
ベン・ハインマン…………63,64,65,
　　　　　　　　　　　　70,260
ヘンリー・クラビス………………127
ヘンリー・レヴィン………………305
ポイズン・ピル………5,9,67,69,104,
　105,118,119,120,121,124,132,
　181,197,231,232,233,235,241,
　　　　　　242,246,256,311
ボイド・ジェフリーズ……………202

ホームデポ社………………………33
ポール・チューダー・ジョーンズ
　…………………………………198
ポパイズ社…………………………221
ボブ・マロニー………………204,267
ホワイトナイト………………113,131
ホンダ…………136,146,150,152,154

【ま行】

マーティン・リプトン……69,104,118,
　　119,124,132,181,218,321
マートン・ミラー…………………95
マイクロソフト社………217,218,219
マイケル・スタインハート………184
マイケル・ネリー…………………256
マイケル・バリー…………………205
マイケル・ミルケン………4,99,102,
　103,104,114,115,116,117,125,
　126,127,128,129,130,131,132,
　　　　133,134,198,204
マイケル・ムーア………………151,152
マイケル・ルイス…………16,205,253
マクドナルド社…………214,221,226
マッコーリー・グループ…………232
マッセイ・エナジー社……………224
マニュファクチャラーズ・ナショ
　ナル銀行……178,179,181,184,185,
　　　　　　　　　　186,189
マリオ・ガベリ……222,230,231,233
マルチメディア社…………………115
ミーナン・オイル社…………212,213
ミスター・テークオーバー………108
ミスター・ピンク……204,205,206,218
ミスター・マーケット……22,23,252
ミッドアメリカン・エナジー社……38
ミネアポリス＆セントルイス鉄道
　…………………………………63,64
ミルトン・フリードマン……………10

事項索引　369

メイ・デパートメント・ストアー
　ズ社……………………124
メサ・ペトロリアム社…………101
メリット・チャップマン社………66
メリル・リンチ社…………………33
メルク社…………………………156
メロン・ナショナル・アンド・ト
　ラスト銀行……………………50
メロン・フィナンシャル社………111
モーガンズ・ホテル・グループ社
　………………………196,197
モラン対ハウスホールド事件……124
モルガン・スタンレー社……231,241,
　　　　　　　　248,275,308
モンゴメリー・ワード社………41,66

【や行】
『（新版）野蛮な来訪者』……………217
ヤフー社……………………96,216
ユナイテッド・インダストリアル
　社…………………………69
ユナイテッド・シガー－ウェラ
　ン・ストアーズ社………………41
ユニオン・パシフィック社………156
ユノカル社……………107,115,117
ヨークタウン・パートナーズ……212

【ら行】
『ライアーズ・ポーカー』……………16
ライツ・オファリング……………221
ライツ・プラン……118,119,120,124
ラファー・エクイティ・インベス
　ターズ…………………………202
ラミアス……………………………201
ラルコープ社………………206,207
ラルストン・ピュリナ社…………206
ラルフ・ネーダー……………9,10,160,
　　　　　　　　　　163,164

リースコ社…………………………97,98
『リーマン・ショック・コンフィ
　デンシャル』……………………16
リーマン・ブラザーズ社
　…………………………216,231,298
『リーン生産方式が、世界の自動
　車産業をこう変える。―最強の
　日本車メーカーを欧米が追い越
　す日』……………………………164
リオポルド・シルバースタイン……70
リキャップ…………108,109,110,114,
　　　115,117,118,119,120,121,122,
　　　132,212,213,218,284,285,286
リキャップCB……………………213
リスコープ社………………199,200
リミテッド・パートナー…………238
リミテッド・パートナーシップ…238
リライアンス保険…………………98
リング・テムコ・ボウト社……90,91,
　　　　　　　　　　92,93,112
リン・スタウト……………………254
ルイス・ウルフソン……8,65,66,126,
　　　　　　　　　　197,214
ルシアン・スプレイグ………63,64,69
レイ・クロック……………………214
レヴィン・マネジメント社
　…………………………228,229,234
レオン・ブラック………101,116,117
レス・シュワブ……………………214
レス・シュワブ・タイヤ社……214,262
レッグ・メイソン社…………131,232
レバレッジド・バイアウト
　………102,124,127,131,213,285
レブロン義務……………………131
レブロン社………………128,131
ロウズ社…………………………231
ローブ・ローデス社………………228
ロジャー・スミス………5,33,136,137,

370

138,139,147,148,149,151,152,
153,154,155,156,157,159,160,
161,164,166,287
『ロジャー＆ミー』……………151
ロス・ペロー……3,5,6,7,17,33,133,
134,135,136,137,138,139,148,
149,150,151,153,154,155,156,
157,158,159,160,161,162,164,
165,166,214,287,289
ロックフェラー財団……19,20,28,29,
31,34,36,166,204,263
ロバート・カンポー………………124
ロバート・チャップマン……15,198,
199,200,201,206,207,223,252
ロバート・モース・ジュニア………70
ロバート・モンクス………………160

ロバート・ヤング……4,8,40,41,43,
44,45,46,47,48,49,50,51,52,53,
54,55,56,57,58,59,60,61,62,63,
64,65,66,68,69,74,198,259,268,
273,276,277
ロリマー社……………………………115
ロン・ジョンソン…………………226
ロン・バークル……………………196
ロン・ペレルマン……103,128,131,220
ロン・ラボウ………………………234

【わ行】
ワールドコム社………………………33
ワクテル・リプトン・ローゼン＆
カッツ……………………………105
ワッデル＆リード社…………232,248

事項索引　371

著者略歴

Jeff Gramm（ジェフ・グラム）

コロンビア大学経営大学院ハイルブルン・センター・フォー・グレアム・アンド・ドッド・インベスティング（Heilbrunn Center for Graham and Dodd Investing, Columbia Business School）兼任准教授。バンデラ・パートナーズ（ニューヨーク市を拠点にするバリュー型のヘッジファンド）経営。複数の上場会社の取締役を歴任。コロンビア大学経営大学院では2011年からテリー・コントス氏とバリュー投資の教鞭を執る。1996年シカゴ大学卒業、2003年コロンビア大学経営大学院M.B.A。

訳者略歴

井潟　正彦（いがた　まさひこ）

関西学院大学商学部教授。立教大学ビジネスデザイン研究科客員教授。日本証券業協会金融・証券教育支援委員会公益委員。株式会社助太刀常勤監査役。野村総合研究所アセットマネジメント研究室長、野村ホールディングス経営企画部次長、野村資本市場研究所研究部長・執行役員・常務などを経て現職。金融審議会「我が国金融業の中長期的な在り方に関するワーキング・グループ」専門委員、経済産業省「持続的成長への競争力とインセンティブ～企業と投資家の望ましい関係構築～」（通称・伊藤レポート）会議メンバーなど歴任。横浜国立大学経済学部卒業、シドニー大学経営学修士（M.B.A）。日本証券アナリスト協会検定会員。

仲野　博之（なかの　ひろゆき）

ニューヨーク州弁護士、キャピタル リサーチ＆インベストメンツ株式会社副社長執行役員兼投資銀行本部長（2024年6月時点）。野村アセットマネジメント株式会社において経営企画部門、国内外営業部門、米国拠点チーフアドミニストレーティブオフィサー（CAO）等を経て、現職にてクロスボーダーM&Aを担当。東京大学法学部第二類（公法コース）卒業、米国ペンシルベニア大学法学修士（L.L.M.）・比較法学修士（L.L.C.M.）。日本証券アナリスト協会検定会員。

沼田　優子（ぬまた　ゆうこ）

明治大学専門職大学院グローバル・ビジネス研究科専任教授。野村総合研究所、Nomura Research Institute America、野村資本市場研究所、野村證券、明治大学国際日本学部、帝京平成大学を経て現職。日米企業の経営戦略を研究。日本証券アナリスト協会検定会員、全米取締役協会（NACD）会員。東京大学経済学部経営学科卒業、一橋大学大学院国際企業戦略研究科修了。博士（経営）。

拝啓　取締役会長殿
──台頭する株主アクティビズム、取締役会における闘争

2025年 3 月18日　第 1 刷発行

著　者　ジェフ・グラム
訳　者　井潟　正彦
　　　　仲野　博之
　　　　沼田　優子
発行者　加藤　一浩

〒160-8519　東京都新宿区南元町19
発 行 所　一般社団法人 金融財政事情研究会
出 版 部　TEL 03(3355)2251　FAX 03(3357)7416
販売受付　TEL 03(3358)2891　FAX 03(3358)0037
URL https://www.kinzai.jp/

校正：株式会社友人社／印刷：三松堂株式会社

・本書の内容の一部あるいは全部を無断で複写・複製・転訳載すること、および
磁気または光記録媒体、コンピュータネットワーク上等へ入力することは、法
律で認められた場合を除き、著作者および出版社の権利の侵害となります。
・落丁・乱丁本はお取替えいたします。定価はカバーに表示してあります。

ISBN978-4-322-14497-0